Folke Havekost
ETV Hamburg - 100 Jahre Fußball in Eimsbüttel

ETV Hamburg
100 Jahre Fußball in Eimsbüttel

Folke Havekost

Mit Beiträgen von Volker Stahl und Hans Vinke
sowie einem statistischen Anhang von Walter Lang und Peter Strahl

VERLAG DIE WERKSTATT

Bibliografische Informationen der Deutschen Bibliothek:
Die Deutsche Bibliothek verzeichnet diese Publikation in
der Deutschen Nationalbibliografie; detaillierte
bibliografische Daten sind im Internet über
http://dnb.ddb.de abrufbar.

© 2006 Verlag Die Werkstatt GmbH
Lotzestraße 24a, D-37083 Göttingen
www.werkstatt-verlag.de
Alle Rechte vorbehalten

Satz und Gestaltung: Verlag Die Werkstatt, Göttingen
Druck und Bindung: Westermann Druck Zwickau

ISBN-10: 3-89533-529-0
ISBN-13: 978-3-89533-529-7

INHALT

Vorwort 7
Grußwort 11
Vorlauf: Ein Blick auf Eimsbüttel im Jahr 1906 13
Vorgeschichte: Pioniere mit Turnkreuz tauen das Eis 16

▶ **Rot-weißer Faden 1906 bis 1918** 23
    Gründerjahre und erste Meisterschaft
      > Einwurf: Der ETV-Tribünensportplatz 39
      > Einwurf: Alte Rivalen – Nachbarn des ETV 46
      > Porträt: Hermann Neiße 52

▶ **Rot-weißer Faden 1918 bis 1933** 55
    Der ETV wird erwachsen
      > Einwurf: Verhältnis Turner-Sportler 78
      > Porträt: Otto Rohwedder 82
      > Kasten: Ergebnisse Norddeutsche Meisterschaft 84
      > Doku: Norwegen-Reise 1925 (Bericht vom Torwart) 85

▶ **Rot-weißer Faden 1933 bis 1945** 89
    Wer ist Schalke? – Die Erfolgsjahre
      > Einwurf: Der ETV im Nationalsozialismus 108
      > Einwurf: Endrundenspiele um die Deutsche Meisterschaft 116
      > Interview: Hans-Hermann Weymar 126
      > Porträt: Erwin Stührk 132
      > Porträt: Herbert Panse 134
      > Doku: Bericht ETV – HSV 8:3 aus dem „Fußball" 136

▶ **Rot-weißer Faden 1945 bis 1963** 139
    Der ETV als Rundfunkschlager
      > Interview: Kurt Manja 167
      > Erinnerungen: Karl-Heinz Manja 175

- > Interview: mit Oberliga-Spielern aus den 1950ern 178
- > Porträt: Hans Rohde 188
- > Kasten: Statistik der Oberliga-Einsätze 1948 bis 1956 190
- > Doku: Bericht HSV – ETV 5:3 aus dem „Hamburger Abendblatt" 191

▶ **Rot-weißer Faden 1963 bis 1989** 195
  Abseits im Bundesliga-Zeitalter
  - > Einwurf: Schiedsrichter im ETV 218
  - > Einwurf: Frauenfußball im ETV 222
  - > Doku: Text Walter Jens „Vorbei, die Eimsbütteler Tage" 224

▶ **Rot-weißer Faden 1989 bis 2006** 229
  Neue Wege im Großverein
  - > Doku: ETV – HEBC 3:2 aus der „tageszeitung" 245
  - > Interview: Jens Scharping 247
  - > Einwurf: Jugend und Zukunft 251

▶ **Anhang** 267
  - > Der ETV 269
  - > Übersicht Punktspiele 270
  - > Übersicht Pokalspiele 294
  - > Das Festprogramm zum 100. Jubiläum 299
  - > Literatur 300
  - > Autor 302

Vorwort

Herbei, die Eimsbütteler Tage!

„Vorbei, die Eimsbütteler Tage", schrieb Walter Jens 1974 im Andenken an die große Zeit der ETV-Fußballer in den 1930er Jahren. „Damals spielten sie gegen Schalke, heute spielen sie gegen Lurup", sagt der von Eimsbüttel nach Tübingen gezogene Rhetorik-Professor 2006, und man ist geneigt zu erwidern: Wenn's denn wenigstens Lurup wäre...

Die aktuellen Gegner lauten Curslack-Neuengamme, Vier- und Marschlande oder Eintracht Norderstedt. Die glorreichen Tage, als die Schalker Knappen regelmäßig deutsche Meister wurden und in Eimsbüttel dennoch verloren, sind vorbei.

„Damals": In ihren ersten 50 Jahren waren die ETV-Kicker 49 Jahre erstklassig – eine Bilanz, die in diesem Zeitraum in Hamburg allein der HSV erreicht, wenn auch nicht übertrifft. Früh setzten die Balljäger in Rot und Weiß Akzente: Als die Fußballer im Eimsbütteler Turnverband 1906 eine eigene Abteilung gründeten und für den Spielbetrieb im norddeutschen Verband meldeten, waren sie absolute Vorreiter der Toleranz in ihrem Lager. Während die deutsche Turnbewegung und die Freunde des aus Großbritannien importierten Fußballs noch teils erbittert darum stritten, welche Form der Körperertüchtigung vorzuziehen sei, wussten die Eimsbütteler schon Bescheid und beantworteten die Frage mit einem souveränen: beide! Hier lebten Turner und Fußballer früh unter einem gemeinsamen Dach, wenn es auch manchmal im Gebälk knirschte.

Fünf Nationalspieler, viele norddeutsche und Hamburger Auswahlspieler, 24.000 Zuschauer auf dem Tribünensportplatz an der Hoheluft – über die zahlreichen Erfolge in der Glanzzeit, die 6:0- und 8:3-Kantersiege gegen den HSV, die gewonnenen Meisterschaften, die Triumphe über Schalke 04, wird im folgenden noch genug die Rede sein. Ohnehin hat Walter Jens die Erinnerung an diese Ära auf unübertroffene Weise in Worte gegossen: „Derle Ahlers, Otto Rohwedder, Herbert Panse, Kalli Mohr und Hanno Maack – wenn ich den letzten Goethe-Vers vergessen habe, werde ich den Eimsbütteler Sturm noch aufzählen können."

„Heute": Mit dem Abstieg aus der Oberliga Nord 1956 hat der Verein die Weichen umgestellt und damit auch den Übergang zu einem beachtenswerten Heute eingeleitet. Der ETV, der professionellen Ausübung von Sport stets skeptisch, wenngleich nicht immer grundsätzlich ablehnend gegenüber stehend, entschied sich, auf kostenintensive Abenteuer zu verzichten und statt dessen auf Breitensport zu setzen. Angesichts der Summen, die selbst im Amateurbereich auf Spitzenebene kursieren, beschränkt diese Ausrichtung die sportlichen Aufstiegsmöglichkeiten offenkundig.

Die derzeitige Oberliga Nord, gerade zwei Ligen über der aktuellen Spielklasse Eimsbüttels angesiedelt, erfordert heute einen Etat in sechsstelliger Höhe, um in halbwegs gesicherten Verhältnissen überleben zu können. Zwischen 1999 und 2003 haben die ETV-Fußballer das bei ihrem letzten überregionalen Ausflug in der Oberliga Hamburg-Schleswig-Holstein schmerzhaft erfahren müssen. Zahlreiche klamme Vereine verkündeten ihren Rückzug. Auch Eimsbüttel, das so tapfer wie erfolglos vier Jahre aushielt, trägt noch an angefallenen Altlasten.

Wo gebrannte Kinder bekanntlich das Feuer scheuen, ist es gerade der Nachwuchs, der von der Eimsbütteler Vereinsphilosophie profitiert. Über 700 Kinder und Jugendliche jagen im ETV den Ball hinterher, der Verein nimmt damit im dicht besiedelten Innenstadtviertel Eimsbüttel auch eine wichtige soziale und pädagogische Funktion ein. Der sportliche Erfolg wird dabei nicht aus den Augen gelassen. Aus der breit angelegten Nachwuchsarbeit ist mit Jens Scharping in den 1990er Jahren ein Bundesliga-Spieler (FC St. Pauli) hervorgegangen, und Amir Shapourzadeh, der seine Jugend beim Niendorfer TSV verbrachte, erhielt beim ETV im Herrenbereich den Feinschliff, der ihn 2004/05 zum Erstliga-Spieler von Hansa Rostock aufsteigen ließ.

Es sind die so genannten „Kleinen", die oft die wertvolle Vorarbeit für die Spitzenvereine leisten. Ein herausragender Fußballer würde den ETV heute über kurz oder lang verlassen, insofern ist der Verein zu den „Kleinen" zu zählen. Keineswegs gilt dies, wenn man berücksichtigt, wie der Verein an seine reiche Geschichte mit einer regen Gegenwart anknüpft. Auch davon handelt das vorliegende Buch.

100 Jahre Fußball in Eimsbüttel, das sind auch hundert Jahre Engagement von Menschen, die den ETV und seine Fußballer mit ihrem Einsatz durch die Zeiten belebt und begleitet haben. Zahlreichen unter ihnen bin ich zu großem Dank verpflichtet. An erster Stelle ist Peter Clasen zu nennen, der dem Verein seit Jahrzehnten in verschiedensten Funktionen angehört und 2005 wieder die

Partner des Sports und des Glücks in Hamburg gratuliert dem ETV zum 100. Geburtstag und wünscht weiterhin viel Glück!

www.lotto-hh.de

Leitung der Fußballabteilung übernommen hat. Ohne den Förderer der Jugend, der beim Verfassen dieses Buches stets mit Rat und Tat zur Seite stand, wäre der Fußball im ETV so nicht denkbar.

Undenkbar wären auch die Abschnitte über das Schiedsrichterwesen und den Jugendfußball im ETV ohne den Einsatz von Stefan Thoren, Richard Wenzing und Michael Bade. Die Vollendung des ersten Eimsbütteler Fußball-Jahrhunderts mitzuerleben, ist Fritz Maack leider nicht mehr vergönnt, doch sein Nachlass existiert als reicher Quell zur Hamburger Fußball-Geschichte fort. Auf bewundernswerter Weise hat Maack so akribisch wie liebevoll ein Fußball-Archiv aufgebaut, als Statistik und Datensammlung hierzulande noch wie böhmische Dörfer des Fußballs erschienen.

Der Gesamtverein ETV hat die Arbeit am vorliegenden Buch vorbildlich unterstützt. Gedankt seien insbesondere Geschäftsführer Frank Fechner und die Mitarbeiterinnen der Geschäftsstelle, die keine Mühe scheuen, um mir den Zugang zum Vereinsarchiv zu ermöglichen. Stellvertretend für viele Gesprächspartner in und um den Verein sei die Liga-Beauftragte Katja Gehrmann genannt, deren Engagement dazu führte, dass das Oberliga-Fiasko 2003 nicht im vollständigen Zusammenbruch und dem Verschwinden eines weiteren Traditionsvereins im deutschen Fußball endete.

Außerhalb des Vereins gebührt mein Dank den Gastautoren Volker Stahl und Hans Vinke sowie den Statistik-Datenjägern Walter Lang und Peter Strahl. Für hilfreiche Unterstützung in verschiedenster Form danke ich Sielke Salomon von der Galerie Morgenland, der „fliegenden Fotografin" Stefanie Pape, Anne Hinrichs für die Wiederherstellung des Zehn-Finger-Systems, „Mr. Rescued Document" Timo Rohwer sowie Andreas Wolf für technische Hilfe.

Dankbar bin ich schließlich für das geduldige Lektorat und Layout in den Händen von Hardy Grüne und Bürte Hoppe, deren Herzen für Göttingen 05 und Altona 93 schlagen. Auch diesen beiden Traditionsvereinen seien die besten Wünsche versichert, wenn es nun heißt: Herbei, die Eimsbütteler Tage!

Hamburg, im Februar 2006

Folke Havekost

Iris Kleinert
ETV-Verbandsvorsitzende

Grußwort

Ein Hohelied auf die Jugend und die Hoheluft

Die Fußballabteilung des Eimsbütteler Turnverbandes e.V. wird 100 Jahre alt und gehört damit zu den traditionsreichsten der Hansestadt. Von den Anfängen des „Eimsbütteler Männer-Turnvereins von 1889" bis zum Kampf der Fußballer um Meisterschaftspunkte 1906 dauerte es keine 20 Jahre. Fußball ist eine Keimzelle des heutigen modernen ETV Hamburg, auf die der Verein stolz ist.

Die größten Erfolge erzielten unsere Fußballer in den dreißiger Jahren des 20. Jahrhunderts, als sie sich gegen den HSV, den FC St. Pauli und Holstein Kiel durchsetzten und fünfmal Meister wurden. Zu diesen Zeiten wurden die Spiele im Stadion an der Hoheluft häufig von mehr als 20.000 Zuschauern besucht. In den 1950er Jahren konnte der ETV nochmals an die großen Zeiten anknüpfen und spielte bis zur Professionalisierung des Fußballs eine herausragende Rolle in Norddeutschland. Dieses Buch erzählt die Geschichte des Fußballs in Eimsbüttel.

Der ETV hat sich für die Förderung des Amateur- und Jugendfußballs und gegen die Professionalisierung seiner Fußballabteilung entschieden. Diese Entscheidung hat den Wirkungskreis unserer Ligamannschaft zwar auf die Hamburger Ligen beschränkt, hat aber gleichzeitig mehr als 700 Jugendlichen den Weg in den ETV ermöglicht, die damit eine der größten und besten Hamburgs ist. Wir sind stolz auf unsere Fußball-Jugendabteilung, die jährlich um etwa zehn Prozent wächst. Die Fußball-WM 2006, auf die wir uns alle freuen, wird der ETV-Jugend voraussichtlich weiteren Zulauf bringen. Fußball holt Kinder und Jugendliche von der Straße und vom Computer, Fußball ist und bleibt der Volkssport Nummer eins. Deshalb widmet sich dieses Buch auch dem Kinder- und Jugend-Fußball und dokumentiert die Intensität der ETV-Nachwuchsarbeit.

Mit dem im Winter 2006/07 beginnenden Neubau des Diakonieklinikums auf den Sparbier-Plätzen entsteht an der Bundesstraße ein neues, hochwertiges Sportzentrum für Fußball und Beachvolleyball. In dieser Entwicklung liegt für den ETV die große Chance, mitten in der Stadt erstklassige Bedingungen für die Nachwuchsarbeit im Fußball bieten zu können.

Der ETV ist heute der größte Wettkampf- und Breitensportverein Hamburgs und mit rund 10.000 Mitgliedern auch einer der größten Deutschlands. In den vergangenen Jahren wurden zum Teil herausragende sportliche Erfolge in vielen Disziplinen errungen, in Mannschafts- und Ballsportarten ebenso wie von Individualsportlern. Wir sind davon überzeugt, dass der ETV mit seinen hochwertigen und vielseitigen Sportangeboten eine tragende Rolle bei der Profilierung Hamburgs als Sportstadt einnehmen kann.

So gratuliere ich im Namen des Hauptverbandsvorstandes und des gesamten ETV unserer Fußballabteilung und wünsche unseren Aktiven – Kindern, Jugendlichen und Erwachsenen, unseren Männern und hoffentlich bald auch unseren Mädchen- und Frauenfußballerinnen – eine erfolgreiche Entwicklung und viele Tore für viele weitere Jahrzehnte.

Iris Kleinert
ETV-Verbandsvorsitzende

Vorlauf

Vom Lustdorf zum Wohnviertel
Ein Blick auf Eimsbüttel im Jahr 1906

Eimsbüttel war groß geworden. Über die Hoheluftchaussee ratterte die Straßenbahn-Linie 2, benachbarte Straßen wurden von Planierwalzen in Form gebracht. Nur auf die U-Bahn wartete man noch, als am 12. Mai 1906 die Fußballer im Eimsbütteler Turnverband eine eigene Abteilung gründeten.

Die Infrastruktur-Maßnahmen waren dringend notwendig. 95.000 Menschen lebten mittlerweile in Eimsbüttel, und die Mehrheit von ihnen musste zur Arbeit in die Hamburger Innenstadt fahren. Eimsbüttel hatte sich in einem halben Jahrhundert von einer kleinen Gemeinde vor den Toren der Stadt zum gemischten Wohnviertel der Elbmetropole gemausert. Mitte des 19. Jahrhunderts war diese Entwicklung noch undenkbar gewesen. „Eimsbüttel war damals fast die einzige Gegend in der Nähe der Stadt, welche noch nicht von dem Gedränge des Stadtlebens oder dem Geräusch und Dunst der Fabriken und Dampfmaschinen berührt worden ist", beschrieb Dr. J. N. C. Rothenburg die Zustände um 1852. Der Mediziner musste es wissen, eröffnete er damals doch ein Asyl für Gemüts- und Nervenkranke im ruhigen Revier.

Wachsender Stadtteil: Die Hoheluftchaussee mit Straßenbahn.
Foto: Galerie Morgenland/ Kurt J. Scheffer

Eimsbüttel, als „Eymersbuttele" 1275 erstmals urkundlich erwähnt, zählte noch Anfang 1861 wenige hundert Einwohner. Es diente als Sommerfrische für wohlhabende Hamburger, die im „Lustdorf" gern ihr Ferienhäuschen errichteten. Mit der Aufhebung der Hamburger Torsperre am 1. Januar 1861 änderte sich alles, wenngleich zunächst noch langsam.

In Hamburg schritt die Industrialisierung voran, die Bevölkerungszahl stieg rasch an, die Räume wurden eng. Die schon damals „wachsende Stadt" schleifte zum Bau ihres Freihafens in den 1880er Jahren ihr Elbwohnviertel Speicherstadt. Viele Arbeiter, die in der alten „Hafen-City" wohnten, mussten notgedrungen ins Umland ausweichen. Eines ihrer Ziele: Eimsbüttel, das 1864 an die Hamburger Gasversorgung angeschlossen und 1874 offiziell zum „Vorort Hamburgs" ernannt worden war. Die Landflucht aus den umliegenden preußischen Gemeinden, vornehmlich Schleswig-Holsteins, tat ihr Übriges, um das einst verschlafene Nest zum belebten Wohnstandort zu entwickeln, der längst nicht mehr als Mußestätte für Nervenkranke taugte.

Eimsbüttel, in dem 1879 noch knapp 15.000 Menschen lebten, hatte die 50.000-Einwohner-Marke bereits überschritten, als es am 1. Juli 1894 nach

Plan der Schlankreye 1895: Links oben die Radrennbahn am Grindelberg, auf der Eimsbüttel in den frühen Jahren gegen den Ball tritt.
Foto: Galerie Morgenland/Henry Keidel

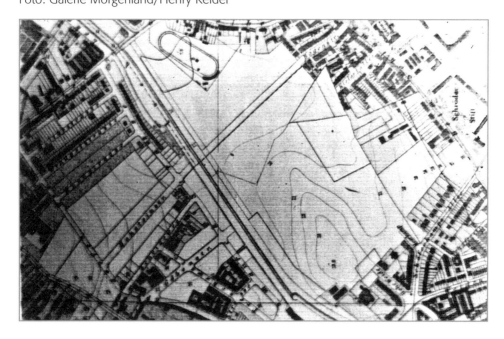

Hamburg eingemeindet wurde – gemeinsam mit zahlreichen anderen Quartieren, die heutzutage das Bild der Stadt prägen, unter anderem St. Pauli, Barmbek und Eppendorf. Zwei Jahre zuvor hatte die Cholera, die in Hamburg aufgrund des Versagens der hanseatischen Gesundheitspolitik(er) massiv wütete, auch im Vorort ihre Spuren hinterlassen. Etwa 9.000 Eimsbütteler erkrankten, 500 von ihnen starben an der durch das ungefilterte Elbwasser eingeschleppten Seuche – eine relativ niedrige Zahl, da zur Versorgung der Bevölkerung in Eimsbüttel auch auf zahlreiche private Brunnen zurückgegriffen werden konnte.

Ebenfalls 1892 hatte sich im Norden Eimsbüttels der einzige nennenswerte Industriebetrieb niedergelassen: Die Beiersdorf AG, deren Gründer Paul Beiersdorf 1882 ein Patent zur „Herstellung von gestrichenen Pflastern" erhalten hatte.

60 Männer widmeten sich zu dieser Zeit weniger der Verarztung als der Körperertüchtigung. Sie gründeten am 2. Juni 1889 in „Jappes Wirtschaft", an der heutigen Fruchtallee gelegen, den Männer-Turnverein-Eimsbüttel, aus dem schließlich nach einem weiteren Zusammenschluss der Eimsbütteler Turnverband (ETV) wurde. 1891 begannen die Turner bereits mit Ballspielen, zu denen damals allerdings nur Faustball, Schlagball und Schleuderball zählten.

Als 1896 eine „Spielabteilung" im ETV gegründet wurde, enthielt diese bereits zahlreiche Fußballer. Zehn Jahre lang beschränkten diese sich auf Freundschaftsspiele, zumeist gegen andere Turnvereine. Am 12. Mai 1906 kam es zur Gründung einer eigenständigen Fußballabteilung, die sofort in die höchste Hamburger Spielklasse eingegliedert wurde und bald energisch um Meisterehren mitstreiten sollte.

Eimsbüttel war groß geworden. Die Fußballer im ETV machten sich auf, es dem nachzutun.

Vorgeschichte

Pioniere mit Turnkreuz tauen das Eis

1895 bis 1906: Die Fußballjahre im ETV vor der
Gründung einer eigenen Abteilung

Auch wenn die Fußballabteilung des ETV erst am 12. Mai 1906 gegründet wird – Vereinsmitglieder, die gegen den Lederball treten und ihn im Tor des Gegners unterzubringen trachten, gibt es schon weit früher. Im Sommer 1895 tummelt sich der Eimsbütteler Turnverein, einer der beiden Vorläufer des ETV, auf einem Grandplatz an der Sternschanze. Die Turner spielen Schlagball, Faustball, Schleuderball „und gelegentlich auch Fußball", wie er beim im gleichen Jahr gegründeten Nachbarklub FC Victoria gepflegt wird. „Gelegentlich" ist einigen Freunden des Fußballs zu wenig: Die eifrigsten der ETV-Kicker schließen sich 1896 zusätzlich dem FC Hammonia an, einem von Seminaristen gegründeten Verein, der bis 1901 an der Hamburger Meisterschaft teilnimmt und in seiner letzten komplett absolvierten Saison 1900/01 mit Platz drei hinter dem HSV-Vorläufer SC Germania und dem FC Victoria seinen größten Erfolg feiert.

Parallel gründet sich am 3. September 1896 im ETV eine „Spielabteilung", die die Ballsportler im Verein organisiert zusammenfasst. Unter dem Vorsitz von Julius Sparbier, dessen Namen heute zwei Grandplätze gegenüber dem ETV-Vereinssitz in der Bundesstraße tragen, wird dort auch Fußball betrieben. Die „13, vielleicht auch 16 Mann" (so eine Chronik aus dem Jahre 1929), die die Spielabteilung ins Leben gerufen haben, finden rasch Zulauf. Ende 1898 widmen sich bereits 118 der etwa 2.000 ETV-Mitglieder dem Fußball, dem Faustball, dem Schlagball oder der Leichtathletik, die aus turnerischer Sicht ebenfalls als „Spiel" zählen.

Fußball wird im Sommer – mittwochs und samstags – auf einem Eisbahnplatz an der Sternschanze gespielt, auf dem „nur in abgelegenen Ecken Gras, im Übrigen viel Staub" wuchert. Ab Oktober, wenn sich dort die Eisläufer tummeln, wird zum Exerzierplatz beim Altonaer Kirchhof ausgewichen, auf dem für die damalige Zeit geradezu paradiesische Verhältnisse herrschen. Neben acht Spielfeldern steht auch eine Erfrischungshalle bereit. Manchmal müssen die Fußballer aber zuvor eimerweise heißes Wasser heranschleppen, um den gefrorenen Platz so weit aufzutauen, dass die Torpfosten im Boden verankert werden können. 1903 findet auf dem Exerzierplatz das Endspiel um die erste Deutsche Meisterschaft zwischen dem VfB Leipzig und dem DFC Prag (7:2) statt.

Bald ist den Eimsbütteler Kickern auch die Nutzung einer Freifläche an der Hohenweide möglich, die den Akteuren jedoch Kummer bereitet, erweist sich der dortige Spielplatz doch „wegen seiner Unebenheiten als nahezu ungeeignet für die feineren Spiele der Erwachsenen". An der Sternschanze taucht das Problem auf, dass durch die Erweiterung des Sternschanzen-Bahnhofs der Platz verkleinert werden muss. Zwischen 1904 und 1906 steht als zusätzlicher Platz auch eine Fläche an der Radrennbahn Grindelberg zur Verfügung.

Den Spitznamen „Rotjacken" können sich die ETV-Fußballpioniere noch nicht erwerben. Die ersten Kicker spielen nicht in den Vereinsfarben Rot und Weiß, sondern in wechselnden Kombinationen von Blau, Weiß und Schwarz, wie eine Vereinschronik schildert: „Unsere Spieltracht bestand zuerst aus blauem Hemd mit weißem Turnkreuz und schwarzer Hose; von dieser Tracht ging man später zu weißem Hemd mit weißer Hose und blauer Schärpe über, um sie wieder mit blauweiß senkrecht gestreiftem Hemd zu vertauschen." Die Turner stoßen sich übrigens etwas daran, dass „ihre" Fußballer gerne in Kniehosen statt mit langem Beinkleid antreten.

Offene Gräben zwischen Turnern und Ballsportlern gibt es allerdings nicht. Die meisten ETV-Mitglieder beschränken sich nicht auf eine Disziplin, sondern streben nach Vielseitigkeits-Ehren. Am 20. Juni 1897 gewinnt der Fußballpionier O. Boyens beim „ersten volkstümlichen Wettturnen des ETV" in einer damals durchaus üblichen leichtathletischen Disziplin – dem Fußballweitstoßen. Boyens' imposante Marke für heutige Torhüter-Abschläge: 47,60 Meter!

Schon in ihrer ersten „Saison" im Frühjahr 1897 messen die Fußballer in Wettspielen ihre Kräfte. Die Ergebnisse der Aufeinandertreffen mit dem FC Allemania, dem FC Victoria und dem FC Association sind leider nicht mehr zu ermitteln. Auf jeden Fall wecken die Spiele Lust auf Mehr: „Gelegenheit zu Wettspielen ist in Hamburg, wenn man vom Fußballspiel absieht, außerordentlich wenig; es besteht daher im Vorstande der Spielvereinigung die Absicht, zum Zwecke von Wettspielen Reisen zu unternehmen."

Die Spiele des ETV sind allesamt Freundschaftsspiele, da man nicht – wie etwa der FC Hammonia – am Ligabetrieb des Hamburg-Altonaer Fußball-

Bunds (HAFB) teilnimmt. In der Regel verabreden sich Fußballer, Faustballer und Schlagballer zu einem gemeinsamen „Großwettkampf" mit einem anderen Verein, um in allen drei Sportarten die Kräfte zu messen.

Den Ball „durch die Welt" zu tragen, ist in der Anfangszeit durchaus von Quersubventionierungen durch die weit größere Turnabteilung des ETV abhängig. So vergisst die Spielabteilung in ihrem Jahresbericht 1899 nicht, sich für einen Zuschuss von 100 Mark aus der Kasse der Turner zu bedanken, der Reisen ermöglicht, „von denen wir im Vorjahr noch nicht annehmen konnten, dass sie so bald auszuführen wären". Denn als der Verein 1898 zu Sachspenden für die „Große Turnhallenbau-Lotterie" aufrief, sah sich die Spielabteilung außerstande, ein Geschenk zu stiften. Die Mittel der Ballspieler setzen sich aus verschiedensten Quellen zusammen: „Man schuf eine Reisesparkasse, die durch Skatgewinne, freiwillige Spenden, Strafgelder, Büchsensammlung und regelmäßige Zuwendungen vom Turnverein immer wieder Zuwachs erhielt." Ebenfalls hilfreich ist der 1892 gegründete „Verein für Jugendspiel und Handfertigkeit", der „zur Hebung des Spielens der Schulen" dienen soll und dem ETV unter anderem Bälle zur Verfügung stellt.

Bereits in ihrer Anfangsphase verfügen die ETV-Kicker über ein beachtliches Niveau. In einem Quasi-Bruderduell wird die zweite Mannschaft des FC Hammonia bezwungen. Das 4:2 am 6. Februar 1898 ist das erste überlieferte Resultat eines ETV-Fußballspiels. Im gleichen Jahr werden zwei Begegnungen mit dem FC Association, der in Hamburgs höchster Klasse so notorisch wie tapfer Jahr für Jahr das Tabellenende ziert (Auf- und Abstieg gab es noch nicht), mit 1:0 und 3:1 gewonnen.

Höhepunkt des Jahres ist jedoch das 9. Deutsche Turnfest, das in Hamburg auf dem Heiligengeistfeld stattfindet. Der ETV nimmt mit zwei Fußballmannschaften teil, „wovon die eine blaue Schärpen, die andre Mützen trug". Aus dem heutigen Hamburg ist nur noch der Altonaer Turnverein mit einer Fußballmannschaft vertreten. Eimsbüttels erste Mannschaft deklassiert den Breslauer ATV Scheitnig mit 8:0 und lässt dabei „mit großem Vergnügen die bärtigen Männer aus Breslau ablaufen", wie Verteidiger Kasch schildert. Die ETV-Elf besteht aus: Schwarz – Dummik, Kasch – Kubasaeck, Peemöller, Fischer – Behr, H. Winkel, Götzel, Kruse, Bothe.

Die zweite Mannschaft des ETV steht dem Torfestival kaum nach und gewinnt 5:0 gegen den Magdeburger MTV in der Aufstellung: Holm – Boyens, G. Weymar – F. Stuht, F. Schmidt, J. Voss – F. Winkel, Kiel, Sperlein, Weymar, Martens.

Dass es bei diesem Spiel heiß hergegangen sein könnte, legt ein heute kurios anmutender Umstand nahe. Zusätzlich zum Ergebnis bewerten Kampfrichter das Geschehen nach vier Kriterien: „Verhalten der Spieler", „Kenntnis der Regel", „Spieltüchtigkeit" und „Zusammenspiel". Beim „Verhalten der Spieler" führen „übermäßiges Schreien, Unbotmäßigkeit gegen den Spieler oder den Schiedsrichter, Zanken und rohes Spielen" zum Abzug. Ebenso wird das Bemühen deutlich, den britischen Import sprachlich zu nationalisieren: „Auch der Gebrauch englischer Ausdrücke hat eine Herabsetzung der Punktzahl zur Folge." Die ETV-Elf erhält, aus welchen „Vergehen" auch immer, hier gerade zwei von fünf möglichen Punkten…

1899 wird die Erfolgsserie fortgesetzt. Drei Mannschaften fahren in zehn Spielen acht Siege ein, in Hamburg kommt nur der FC Eintracht Altona, Fünfter in der Hamburger Meisterschaft, mit einem 2:2 davon. Mit einem 3:1 über den Hamburger FC, einen der drei HSV-Vorläufer, wird auch eine Tradition begründet, die in den folgenden Jahrzehnten für manches hochklassige Match sorgen wird.

Am 21. Mai gehen die Fußballer erstmals auf Reisen und bestreiten drei Begegnungen in Braunschweig. Während die erste Mannschaft gegen den MTV Braunschweig 9:1 gewinnt, werden der zweiten Elf ihre Grenzen aufgezeigt. Obwohl Franz Behr vom Hamburger Meister Altona 93 ihre Reihen verstärkt, verliert das Team mit 2:8 gegen Eintracht Braunschweig. Mannschaft Nummer drei sorgt mit einem 4:3 über Germania Braunschweig für ein positives Saldo unter der ersten Auswärtsfahrt des ETV.

1900 konzentriert sich die Aufmerksamkeit auf schleswig-holsteinische Konkurrenten. Der Kieler MTV wird in Neumünster zweimal (5:3, 8:1) bezwungen, auch gegen den Lübecker MTV werden zwei Siege eingefahren. Nach einem 2:1 im Mai in Lübeck endet das Rückspiel im September auf dem Altonaer Exerzierplatz mit einem 4:0, wobei die Marzipanstädter abseits des Spielfelds glänzen: „Besonders herzlich gestaltete sich unser Verhältnis zum Lübecker Männerturnverein, der uns zur Erinnerung an das gemeinsame Wettspiel eine schöne Photographie davon schenkte."

Die einzige Niederlage des Jahres muss der ETV gegen den Eimsbütteler Fußballclub hinnehmen, der im September 3:1 gewinnt. Der Derby-Gegner verweist bereits frühzeitig auf ein Problem, das die ETV-Kicker in den nächsten Jahren beschäftigen wird: Als Konkurrenz zum großen Turnverband, der eine Teilnahme am HAFB-Spielbetrieb – noch – ablehnt, treten reine Fußball- oder auch

Sportvereine auf, deren Berührungsängste gegenüber einer Liga-Meisterschaft weitaus geringer sind. Dem ETV droht die Abwerbung seiner besten Fußballer durch Vereine, die neben Freundschaftsspielen auch regelmäßige Punktspiele bieten können.

Zunächst bleibt der ETV zwar bei seiner reinen Ausrichtung auf Privatspiele, doch ein stärkerer Grad an Organisation deutet sich bereits durch folgenden Schritt an. 1901 wird „jeden Freitagabend von 6 1/2 Uhr bis Dunkelwerden" in Altona trainiert. Der Aufwand wird mit einem 3:1 über die zweite Mannschaft von Altona 93 belohnt. Die damalige Spielweise ist von Dingen wie Kombination oder gar Taktik noch weitgehend unberührt. Man pflegt das klassische „dribbling game" aus dem englischen Mutterland, bei dem die einzelnen Akteure den Ball so weit wie möglich nach vorn tragen und kaum Augen für ihre Mitspieler haben. Von einem ausgefeilten „Spiel ohne Ball", wie es sich das in Schottland entwickelte „passing game" auf seine Fahnen geschrieben hat, kann kaum die Rede sein. „Das Spiel selbst war noch recht primitiv; von Zusammenspiel war wenig zu spüren. Jeder versuchte, auf eigne Faust die feindlichen Reihen zu durchbrechen, woran ihn der Gegner im harten Kampf Mann gegen Mann hinderte", fasst der spätere Ligaspieler Alfred Heynen den Stil der Anfangsjahre zusammen.

Auch ist Fußball damals keineswegs bereits Spiel der Massen, sondern wird von vielen Zeitgenossen kritisch beäugt, wie ein Bericht im „Hamburger Fremdenblatt" 1903 verdeutlicht: „Man kann über den Wert des Fußballspiels verschiedener Meinung sein. Jedenfalls wird es auch seinen eifrigsten Anhängern nie gelingen, diesem Spiel eine ästhetische Form und gar einen gemütveredelnden Zweck anzudichten." Der ETV lässt sich nicht verdrießen und gewinnt im selben Jahr auf dem 10. Deutschen Turnfest in Nürnberg seine Spiele gegen Breslau (1:0) sowie den MTV München (4:1).

Immer stärker werden die ETV-Fußballer in dieser Zeit zu einer Entscheidung gedrängt. „Donnernd waren die Philippika auf der einen Seite gegen unsern Gutheilgruß, auf der anderen Seite gegen unseren buntfarbigen Dress, der eines deutschen Turners unwürdig wäre", heißt es im Rückblick in einer Chronik. Der „Gutheilgruß" ist die übliche Willkommensgeste der Turner, verwirrt aber offenbar die Spieler des einen oder anderen reinen Fußballvereins, der gegen den ETV antritt. Die balltretenden Turner sitzen zwischen den Stühlen.

Einerseits begegnet die Turnbewegung dem aus England importierten Fußball mit zunehmendem Misstrauen. Großbritannien ist für die von Kaiser Wilhelm II. betriebene deutsche Großmachtpolitik schließlich der größte Rivale. Turnen erscheint aus dieser Sicht als die den Deutschen angemessenere Form der Körperertüchtigung. Andererseits lässt sich mit Freundschaftsreisen und Turnfestteilnahmen der sportliche Ehrgeiz vieler Fußballer kaum noch adäquat befriedigen. Hermann Neiße, der 1910 zum ersten Nationalspieler des ETV wird, streift sich inzwischen das zitronengelbe Trikot des mittlerweile in SC Victoria umbenannten Nachbarvereins über, um auf Punktejagd zu gehen.

Zum Glück für die Fußball-Vorkämpfer sind die Mitglieder und der Vorstand des ETV-Gesamtverbands vom in der Turnbewegung grassierenden deutschnationalen Virus nur gering befallen. Zwar gibt es auch im ETV Einwände gegen die Fußballer im eigenen Haus, doch der Gründung einer eigenständigen Abteilung werden kaum größere Steine in den Weg gelegt. Schwierigkeiten bringt der am 12. Mai 1906 vollzogene Schritt in erster Linie dem Gesamtverband, der innerhalb der deutschen Turnerschaft (DT) von manchen Vereinen schief angesehen wird. „Geradezu unerhört erschien der Schritt der Eimsbütteler den eingefleischten Turnern in den anderen Turnvereinen, welche zu jener Zeit noch eine große Macht besaßen und noch lange nicht darüber beruhigt waren, dass die Eimsbütteler Kniehosen und nicht lange Hosen trugen", blickt Otto Laplace, später Vorsitzender des Fußball-Spielausschusses, zurück.

Den Kickern kann das zunächst egal sein. Der Ball rollt nun eigenständig, eine seit 1895/96 andauernde elfjährige Geburtsphase ist am 12. Mai abgeschlossen. Ein Datum, an dem Katherine Hepburn (1907) und Joseph Beuys (1921) das Licht der Welt erblicken. Die klassische Hollywood-Diva und der eigenwillige Happening-Künstler – Zufall oder nicht, die beiden Berühmtheiten decken eine ähnlich große Bandbreite ab, wie sie auch im Fußball spielenden Turnverein in Eimsbüttel zu finden ist.

Rot-weißer Faden 1
1906 bis 1918
Gründerjahre und erste Meisterschaft

1906 bis 1918

1906/07 **Die Turner kommen!**

Es ist nicht überliefert, ob die Fußballabteilung des ETV zu ihrer Geburtsstunde von sanften Klavierklängen begrüßt wird. Möglich wäre es, denn in der Räucherkate Schöning, in der am 12. Mai 1906 der ETV-Fußball aus der Taufe gehoben wird, ist ein „Klubzimmer mit Piano disponibel". Neben der von Louis Schöning betriebenen Gaststätte im Eimsbütteler Fährhaus (Bismarckstraße 1) liegt passenderweise das Schuhwarenhaus von Adolf Sprätz, das „Turnschuhe und Fußballstiefel in bester Ausführung" anbietet.

Mit dem Schritt in die Eigenständigkeit ist eine weitere Entscheidung verbunden. Die Hauptversammlung beschließt die Teilnahme an den Wettspielen des Norddeutschen Fußball-Verbandes (NFV). Der ETV ist damit der erste Turnverein Hamburgs, der am Liga-Spielbetrieb teilnimmt. „Als sich die Fußballer des Eimsbütteler Turnverbandes zur Teilnahme an den Meisterschaftsspielen in Hamburg-Altona anmeldeten, war das ein außergewöhnlicher Entschluss für ei-

Eimsbüttels erste Liga-Mannschaft der Saison 1906/07: Gatermann, Weymar, Sembritzki, Westerkamp, Husack, Neiße, Fricke, C. Lüdecke, Heß, Clarkson, Jahn (von links)

nen Turnverein, denn die 1868 gegründete Deutsche Turnerschaft hatte eigentlich den Alleinvertretungsanspruch für ihre Mitglieder und betrachtete andere Sportverbände mit Misstrauen", resümiert das 2005 erschienene Jubiläumsbuch des Norddeutschen Fußball-Verbands (NFV) „Fußball im Norden".

Die bahnbrechende Dimension des Beschlusses untermalt das Gründungsmitglied Otto Wulff mit seinem Toast, in dem er den Wunsch ausdrückt, dass es „vom Ganges bis zum Brahmaputra schallt und in den Räumen von Schöning widerhallt". Als Spieltracht entscheidet sich die Versammlung für ein blaues Hemd mit Turnkreuz und weißen Litzen, als Heimspielstätte dient der Grandplatz an der Sternschanze.

Da die Ergebnisse während der Jahren in der Spielabteilung äußerst respektabel ausgefallen sind, wird der ETV nach seiner Anmeldung prompt in die Hamburger A-Klasse eingegliedert, wie die höchste Liga damals heißt. Die zehn Mannschaften treten dort in einer einfachen Runde auf neutralen Plätzen gegeneinander an. Das Liga-Debüt bestreitet Eimsbüttel am 9. September gegen den SC Germania. „Von besonderem Interesse war das Spiel Germania – Eimsbüttel, war man doch allgemein auf das erste Auftreten der Turner gespannt. Sie verloren wider Erwarten mit 1:2. Eimsbüttel leidet noch an dem Mangel an Wettspielpraxis, obwohl sich in der Mannschaft einige altgediente Leute befinden", fasst „Sport und Wort" den misslichen Ausgang des allerersten Punktspiels zusammen.

Doch die Neulinge lernen schnell. Zwar wird gegen den St. Georger FC (0:8) und Altona 93 (0:7) kräftig Lehrgeld bezahlt, doch am 23. September gewinnt der ETV auf dem Altonaer Exerzierplatz beim 1:1 gegen den SC Sperber seinen ersten Punkt. Am 21. Oktober folgt der erste Sieg: Der FC Britannia 01, einer der Vorläufer des heutigen Grün-Weiß Eimsbüttel, wird 1:0 geschlagen.

Die Fortschritte bleiben auch über den Verein hinaus nicht unbeobachtet. Max Fricke wird am 21. November 1906 zum ersten Auswahlspieler des ETV. Als Mittelläufer kann Fricke die 2:5-Niederlage Hamburgs im Städtespiel gegen Berlin vor 2.000 Zuschauern allerdings nicht verhindern.

Der ETV beschließt seine Premierensaison mit 7:11 Punkten auf dem siebten Platz. Zum Sieg über Britannia treten noch Erfolge gegen Union 03 Altona (3:2) und Alemannia 96 (4:2). Die lokale Vorherrschaft in Eimsbüttel und Hoheluft behauptet der SC Victoria, der sich die Hamburger Meisterschaft sichert und auch das Derby gegen den ETV mit 7:3 gewinnt.

Der ETV im Jahre 1908. Hinten stehend v. l.: Plett, Paul Lüdecke, Schramm, Neiße, Fricke, Maas, Eisfeld, Jahn. Vorne: Carl Lüdecke, Heß, Oscar Lüdecke.

1907/08 Die Läuferreihe bleibt in der Familie

In seiner zweiten Punktspielsaison hat der ETV weniger zu tun. Der FC Alemannia hat sich zurückgezogen, der SC Sperber nimmt ebenfalls nicht mehr an der A-Klasse teil. Die verbliebenen acht Mannschaften spielen erneut eine Einfachrunde, aus der Eimsbüttel mit vier Siegen und drei Niederlagen als Vierter hervorgeht. Beachtlichster Erfolg ist ein 3:2 über Germania, chancenlos sind die Turner allein gegen Victoria. Die Blau-Gelben fügen dem ETV mit 11:2 die erste zweistellige Niederlage zu und werden erneut Hamburger Meister.

Das Mittelfeld der Eimsbütteler, die in längs gestreiften Hemden antreten, ist zu dieser Zeit eine reine Familienangelegenheit. Die dreiköpfige Läuferreihe bilden im Regelfall die Brüder P. Lüdecke, C. Lüdecke und Oscar Lüdecke, so auch im November 1907, als St. Georg in folgender Aufstellung 2:1 bezwungen wird: Danker – Kasch, Gatermann – Lüdecke I, Lüdecke II, Lüdecke III – Bartz, Gehrts, Fricke, Schramm, Jahn. Für Beachtung sorgt ein Resultat, das der ETV im Mai 1908 in einem Freundschaftsspiel erzielt: Holstein Kiel, vier Jahre später erster Deutscher Meister des Nordens, behält mit 5:3 nur knapp die Oberhand.

Obwohl wegen der einfachen Runde auf neutralen Plätzen ein Heimspielplatz nicht zwingend erforderlich ist, setzt der Turnrat des Vereins im Oktober 1907 einen Ausschuss ein, um die – bislang unbefriedigende – Platzsituation zu klären.

Auf dem Verbandstag des Norddeutschen Fußball-Verbands (NFV) im April 1908 beginnt die Tradition von ETV-Mitgliedern, in führenden Positionen Verantwortung zu übernehmen. Gustav Weymar übernimmt die Leitung des NFV-Fußballausschusses, Liga-Mittelstürmer Max Fricke steht dem neu ins Leben gerufenen Athletik-Ausschuss vor.

1908/09 Erstmals am Titel geschnuppert

Nach zwei Lehrjahren spielt der ETV 1908/09 erstmals ernsthaft um den Titel mit. Als vier Spieltage absolviert sind und unter anderem Union 03 bei „scharfem Wind" 2:0 geschlagen worden ist, steht Eimsbüttel mit 7:1 Punkten gleichauf mit Victoria an der Spitze. Ein 1:1 gegen Holstein Kiel in einem Freundschaftstreffen im Dezember demonstriert weitere Lernfortschritte, doch im März 1909 missglückt der Start in die Rückrunde. Am Rothenbaum bleibt der Tabellenführer HFC 88 mit 3:1 Sieger.

Nach einem so dramatischen wie überragenden 5:3 (2:1) gegen Altona 93 (Torfolge 2:0, 2:2, 3:2, 3:3, 5:3) steht Eimsbüttel zwei Wochen darauf mit 11:3 Zählern wieder glänzend da. Am 28. März kommt es zum Abschlussspiel bei der punktgleichen Victoria. Erneut erweist sich der Nachbar als Angstgegner. Schon zur Pause liegen die Zitronengelben mit zwei Treffern vorn, am Ende muss der ETV eine 0:5-Packung hinnehmen. Wäre der erste Sieg über „Vicky" gelungen, hätte der ETV in einem Entscheidungsspiel um die Hamburger Meisterschaft gegen Altona 93 antreten müssen. So sichern sich die Altonaer mit einem 3:2 über Victoria den Titel, Eimsbüttel bleibt mit zwei Punkten Rückstand der Bronze-Rang.

Ende Mai tröstet sich Hamburgs Nummer drei mit einem 3:2 (1:2) gegen den dänischen Meister B 93 Kopenhagen. 1.700 Zuschauer verfolgen auf dem Victoria-Platz an der Hoheluft den ersten ETV-Auftritt gegen eine ausländische Mannschaft, der nach einem 7:1-Erfolg gegen Holstein Kiel am Tag zuvor schließlich die Puste ausgeht. Zweimal Mittelläufer Max Fricke sowie Halbstürmer Louis Maaß steuern die Treffer für folgende ETV-Elf bei: Hess – Neiße, Spindler – P. Lüdecke, Fricke, Meihöfener – Schult, Lafferenz, C. Lüdecke, L. Maaß, A. Jahn.

1909/10 Werder an der Schlankreye geschlagen

Erstmals bestreitet der ETV eine Doppelrunde mit Hin- und Rückspielen. An langem Atem, der für die 16 Punktspiele benötigt wird, mangelt es jedoch noch etwas, wie das Fachblatt „Neue Sportwoche" resümiert: „Die Eimsbütteler Turner, die zu Beginn der Serie am besten standen, klappten später ab. In den letzten Kämpfen zeigten sie jedoch, durch neue Spieler verjüngt, dass die Schwächeperiode zu Ende ist."

Nach zwei Auftaktsiegen gegen Germania und Britannia kehren die Eimsbütteler in den Begegnungen gegen die überragenden Teams Victoria (3:5, 1:7) und Altona 93 (1:2, 1:4) rasch auf den Boden der Tatsachen zurück. Mit 13:19 Punkten steht am Ende der sechste Platz zu Buche. Immerhin wird in der Frühjahrsrunde der HFC 88 durch Tore von Munz und Neiße mit 2:0 erstmals bezwungen. Neben dem torgefährlichen Verteidiger Hermann Neiße überzeugen vor allem sein Abwehrkollege Louis Maaß und Torwart Jochen Zeiner.

Wenig Glück hat der ETV trotz ansprechender Leistungen in seinen Freundschaftsspielen. Karfreitag 1910 wird gegen den Berliner Spitzenklub Union Oberschöneweide nach 2:0-Halbzeitführung durch vier Gegentreffer „in rascher Folge" noch 2:4 verloren. Bei den Hauptstädtern, die 1905 den deutschen Meistertitel an die Spree holten, wirkt auch Max Buchmann mit, der später das ETV-Trikot tragen wird. Obwohl Carl Lüdecke „ein hübsches Tor" erzielt, setzt es am Ostermontag eine 1:2-Niederlage gegen den belgischen FC Brügge.

Am 8. Mai 1910 bekommen die Fußballer endlich eine eigene – vorläufige – Heimat. Der Gesamtverband hat an der Schlankreye eine Turnhalle errichtet, auf dem benachbarten Sportplatz lässt sich auf Torejagd gehen. Die Premiere auf dem heute nach dem langjährigen Fußballvorsitzenden August Bosse benannten Areal verläuft außerordentlich erfolgreich. Der Bremer Meister FV Werder wird durch Tore von Sahlmann, Munz, Kühnert und Fricke 4:1 bezwungen.

Zu Pfingsten geraten drei ETV-Kicker erstmals in Berührung mit den Lehrmeistern aus dem Mutterland des runden Leders: Neiße, Lüdecke und Rindermann wirken bei einer kombinierten Elf der Vereine ETV, Victoria und St. Georg mit, die sich gegen Southend United beim 1:4 achtbar aus der Affäre zieht.

1910/11 **Neiße gewinnt die erste Trophäe**

Die Verjüngung der Mannschaft, im Vorjahr eingeleitet, trägt erste Früchte. „In allen Mannschaften sind frühere Schüler tätig", wird in der Vereinszeitung der hohe Stellenwert der Nachwuchsarbeit betont – und die aufgefrischte Liga-Mannschaft sorgt in der Herbstrunde für Furore. Zunächst nimmt nur Victoria beim 1:1 zum Saisonauftakt einen Zähler mit. Titelverteidiger Altona 93 wird dagegen durch Treffer von Maaß, Jahn und Munz 3:1 geschlagen. Anfang Dezember stehen 13:1 Punkte auf dem Konto, doch ungeschlagen geht der ETV nicht in die Winterpause. Union 03 Altona bleibt in einem Wiederholungsspiel 2:1 siegreich. Das erste Aufeinandertreffen im Oktober – schon damals hatte Union mit 3:1 die Nase vorn – musste nach einem Eimsbütteler Protest wiederholt werden.

Das vorentscheidende Spiel um die Meisterschaft findet am 15. Januar an der Schlankreye statt. Vor 1.100 Zuschauern kann Eimsbüttel den Hinrunden-Erfolg gegen Altona 93 nicht wiederholen. Zum 3:1-Sieg der Gäste trägt Altonas Fußball-Legende Adolf Jäger zwei Tore bei.

Dass die Titelchancen erheblich gesunken sind, interessiert eine Woche später wohl nur die wenigsten, denn mit einem 2:1 gelingt nach sechs vergeblichen Anläufen endlich der erste Sieg über den Nachbarn SC Victoria. Max Fricke per Elfmeter und Rudolf Sahlmann sorgen für den historischen Erfolg. Den Victorianern verdirbt die Premieren-Pleite die Meisterschaft, die an Altona 93 geht, das mit 28:4 Punkten einen Zähler vor „Vicky" liegt. Mit 24:8 Punkten läuft der ETV auf Rang drei ein.

Mittlerweile ist die Fußballabteilung auf 360 Mitglieder angewachsen. Der ETV ist damit hinter Victoria, dem HFC 88 und Altona 93 der viertgrößte Fußballklub in Hamburg. Auch außerhalb der Hansestadt wächst das Interesse: „Die vielen Anfragen auswärtiger Vereine haben uns bewiesen, welcher Wert eine gute erste Mannschaft für unsern Verein hat." Die schillerndsten auswärtigen Gegner lauten FC Hertha Berlin (1:1) sowie KSC-Vorläufer Phönix Karlsruhe (1:1). Letzterer ist der Deutsche Meister von 1909.

„Star" der Mannschaft ist, wenn der Begriff damals Verwendung gefunden hätte, Hermann Neiße, auf den inzwischen auch der DFB ein Auge geworfen hat. Am 16. Oktober 1910 spielt der hoch gewachsene Verteidiger als erster Eimsbütteler für die deutsche Nationalmannschaft, die in Kleve den Niederlanden 1:2 unterliegt – einer von drei Einsätzen Neißes im DFB-Trikot, der am Ende der Saison auch als erster Eimsbütteler eine Trophäe gewonnen hat. Am 25. Mai steht er in der Auswahl Norddeutschlands, die durch ein 4:2 nach Verlängerung gegen Süddeutschland das Finale des durch Friedrich Karl von Preußen gestifteten Kronprinzenpokals in Berlin für sich entscheidet. Im Halbfinale gegen Südostdeutschland (11:0!) trug Carl Lüdecke das norddeutsche Trikot.

1911/12 Hindernisse nach der Herbstmeisterschaft

Durch zwei Verstärkungen zählt der ETV zu den Favoriten auf den Hamburger Titel. Von Union Oberschöneweide kommt Verteidiger Max Buchmann nach Eimsbüttel, aus St. Georg der Stürmer Curt Lüders.

Das Auftaktspiel gegen Britannia (3:0), bei dem Maaß erst ein Tor erzielt und dann von Schiedsrichter Köhn vom Platz gestellt wird, bestreitet der ETV noch auf dem Platz Victorias. Eine Woche später gibt es allen Anlass zur Freude: Am 8. Oktober 1911 wird mit einer Begegnung gegen Minerva Berlin (1:2) der neue Sportplatz an der Hoheluft eingeweiht. Zeiner – H. Neiße, Buchmann – Rindermann, Fricke, Meyhöfener – M. Neiße, Lüdecke, Bremer, Maaß, Jahn – so die Namen jener Eimsbütteler, die als Erste auf der neuen Anlage kicken, die zirka 150 Meter vom Stadion Victorias entfernt liegt.

Nicht nur geografisch, auch sportlich rückt der ETV dem Nachbarn immer stärker auf die Pelle. In der Herbstrunde ist kein Konkurrent den Eimsbüttelern gewachsen, die mit einer makellosen Bilanz von 16:0 Punkten und 27:2 Toren überwintern. 2:1 gegen Altona 93, 4:0 gegen Victoria, gar 8:0 gegen Altmeister Germania – die erste Meisterschaft scheint nur noch Formsache zu sein.

Doch im Winter verschlechtern sich die Dinge. Hermann Neiße siedelt nach Wien über, Mittelfeldspieler Rindermann wird zum Militärdienst beim Regiment 76 eingezogen. Ohne die beiden Stützen rutscht der ETV in der Rückrunde zuerst gegen den HFC 88 mit 1:3 aus, um dann vor 5.000 Zuschauern bei Altona 93 mit 1:6 unterzugehen. Torwart Jochen Zeiner schlägt dabei Altonas Adolf Jäger mit der Faust zu Boden und wird nach einem erstinstanzlichen Verweis für ein Jahr gesperrt. Februar-Ausrutscher gegen Sperber (2:3) und Union 93 (1:1) zerstören endgültig die Hoffnungen auf die Meisterschaft, die erneut an Altona geht.

Dem Rivalen verdankt der ETV eine erste Analyse des Eimsbütteler Stils, die sich in Altonas Vereinszeitung findet: „Bei anderen Vereinen war ebenso festzustellen, dass die Spielweise der Ersten auf die übrigen Mannschaften abfärbt.

Fußball in der Frühzeit. Noch sind die Ränge leer...

Besonders ausgeprägt ist dies bei Eimsbüttel, wo sich sämtliche Mannschaften die sog. Husarentaktik zu Eigen gemacht haben. Hierzu gehört vor allen Dingen schnelles Laufen und energisches ‚Andenmanngehen'."

Trotz der verpassten Meisterschaft stehen die „Husaren" gut da. August Bosse, der im Mai 1912 den Vorsitz der Fußballabteilung übernimmt, kann über ein Inkasso von 528,86 Mark verfügen. Für Ärger sorgt eigentlich nur die leidige Presse – in der Vereinszeitung finden sich Klagen über „übel gesinnte Sportberichterstatter".

1912/13 Ein lauter Torwart und ein wirbelnder Innensturm

Zu Beginn der Saison verfasst Schriftwart Gustav Weymar mahnende Worte: „Ziel unserer Spieler muss es sein, durch straffe Disziplin jeden Anlass zu vermeiden, der die Fußballbehörden zu einem Einschreiten gegen uns veranlassen könnte." Das drastische Urteil gegen Torwart Zeiner zeige, dass „gerade gegen uns mit besonderer Härte vorgegangen" werde.

Zum Punktspielauftakt wird St. Georg 5:2 geschlagen, dabei wirbelt das Sturmtrio Bremer-Schneider-Staub mit seinem „vorzüglichen Dreiinnenspiel" die gegnerische Abwehr durcheinander – nach nur 20 Minuten hat Bremer bereits viermal getroffen. Dass danach offenbar einige Gänge zurückgeschraubt wurde, findet den Tadel von „Spiel und Sport": „Das sichtliche Ermattetsein in der zweiten Hälfte stimmt etwas bedenklich. Ausdauer war doch sonst die Stärke der Turner", wundert sich das Fachblatt, das nach einem hauchdünnen 4:2 der Eimsbütteler gegen Germania einen überraschenden Vorschlag macht: „Der größte Teil der Elf machte einen müden Eindruck. Die verbrauchten Lebensgeister scheinen ein ‚dopping' nötig zu haben."

Ansonsten stehen die Torhüter im Vordergrund. Mit Drennon steht ein Engländer als Ersatz für den gesperrten Zeiner zwischen den ETV-Pfosten. Seine lautstarke Anteilnahme am Spielgeschehen trifft nicht überall auf Zustimmung. „Drennon im Tore war gut", urteilt wiederum „Spiel und Sport" nach einem 4:2 bei Sperber, „seine Methode, durch Gestikulieren und Gebrüll die heranrückenden Stürmer zu erschrecken, ist originell, aber weniger schön".

Beim 3:2 gegen den HFC 88 gerät der gegnerische Keeper Beit zur Lachnummer. Als der ETV das 2:0 erzielt hat, streitet sich der Torwart noch minutenlang mit den Zuschauern (!), ob der Ball tatsächlich die Linie überschritten hat. Seine Kollegen verkürzen inzwischen auf 1:2, doch als ETV-Goalgetter Henry Bremer den abgelenkten Beit erspäht, nutzt er dies mit einem 30-Meter-Kracher zum 3:1 aus.

Mit nur einer Niederlage – ausgerechnet gegen Neuling Borussia Harburg – und 15:3 Punkten mischt der ETV gleichauf mit Altona und nur einen Zähler hinter Victoria noch im Titelkampf mit. Auch weil das Hinrunden-Spiel gegen Altona 93 beim Stand von 3:0 für Altona abgebrochen worden ist. Als er nach einigen umstrittenen Entscheidungen aus den Zuschauerreihen heraus angepöbelt wurde, unterbrach der Schiedsrichter zunächst die Begegnung, um sich vor den Rängen aufzustellen und eine belehrende Rede über das Regelwerk zu halten. Die pädagogische Maßnahme erzielte jedoch nicht den gewünschten Erfolg. Statt nunmehr höflich und sittsam zu lauschen, verstiegen sich einige Zuschauer dazu, den Spielleiter auszulachen, woraufhin dieser sich nach 83 absolvierten Minuten entschied, das Match abzubrechen – „aus verletzter Eigenliebe", wie „Spiel und Sport" kritisch kommentierte.

Anfang Februar 1913 endet die Wiederholung an der Hoheluft vor 4.000 Zuschauern mit einem deutlichen 5:2 für Altona, das Eimsbüttel aus der Bahn wirft. Weitere Niederlagen, unter anderem ein 1:3 beim späteren Meister Victoria, folgen. Mit 21:15 Punkten landet der ETV schließlich auf Rang drei. Spannender als der Liga-Schlussspurt gestaltet sich ein Gastauftritt des Londoner

Amateurvereins Ilford FC, der am Karfreitag nur knapp mit 2:1 an der Hoheluft siegt. Chancenlos ist dagegen eine kombinierte Mannschaft der drei führenden Hamburger Klubs Victoria, Altona und Eimsbüttel, als der englische Meister FC Sunderland der Hansestadt am 18. Mai einen Besuch abstattet, die Rekordkulisse von 7.000 Schaulustigen ins Victoria-Stadion lockt und 5:0 gewinnt.

1913/14 Aufbruch zu neuen Ufern

Die letzte Saison vor dem Beginn des Ersten Weltkriegs ist in Norddeutschland zugleich ein Aufbruch. Nach hitzigen Diskussionen beschließt der NFV-Verbandstag im April 1913 die Einführung einer norddeutschen Verbandsliga mit zehn Vereinen. Der ETV gehört zu den sechs Klubs, die für die erste überregionale Eliteklasse gesetzt werden. Die verbleibenden vier Plätze werden in Ausscheidungsspielen vergeben, in denen der HFC 88, zu dieser Zeit der beste unter den HSV-Vorläufervereinen, scheitert. Der spätere Vorzeigeverein der Hansestadt ist in der norddeutschen Verbandsliga somit nicht vertreten – das einzige HSV-Jahr in der Zweitklassigkeit!

Die überregionale Liga ist nicht nur sportlich ein Wagnis. Hinter den Kulissen müssen die Fußballfunktionäre einige Überzeugungsarbeit leisten, um günstige Rahmenbedingungen für das ehrgeizige Projekt durchzusetzen. Erst nach zähen Verhandlungen erklärt sich die Stadt Hamburg bereit, auf die Erhebung einer Lustbarkeitssteuer auf die Spiele an Alster und Elbe zu verzichten. Und auch die Kirche spielt mit, indem sie sich bereit erklärt, von den Kanzeln aus nicht gegen Spiele zu wettern, die während der Gottesdienst-Zeit ausgetragen werden.

Der Start in neuer Umgebung gelingt. Werder Bremen, später ein Angstgegner der Eimsbütteler, wird kurz vor Schluss 2:1 bezwungen. 1.000 Zuschauer begleiten die ETV-Kicker in das Abenteuer Verbandsliga. Das Gastspiel von Altona 93 lockt bereits 5.000 Interessierte an die Hoheluft. Sie sehen ein 1:1, mit dem beide Kontrahenten hadern können. Der ETV ist die meiste Zeit das spielbestimmende Team, dafür vergibt Altona kurz vor Schluss einen Elfmeter.

Als der ETV im März 1914 Union 03 empfängt, ist der Schiedsrichter von der Spielkunst der Akteure offenbar so gebannt, dass er einfach vergisst abzupfeifen! Weil der Schlusspfiff erst weit nach den vorgesehenen 90 Minuten ertönt, legt Union erfolgreich Protest gegen die 2:4-Niederlage ein – und verliert zwei Monate später ohne Überlänge „nur" 1:2. Am Ende der Saison ist Eimsbüttel nach einem kleinen Einbruch im Frühjahr Nummer vier in Norddeutschland hinter

Altona 93, Holstein Kiel und Hannover 96. Die Leinestädter werden in beiden Begegnungen sogar 2:1 geschlagen, nur beim 0:5 in Kiel sieht Eimsbüttel überhaupt kein Land. Das Resümee der ersten Serie mit auswärtigen Gegnern fällt in Eimsbüttel sehr befriedigend aus. „Unsere Kasse steht jedenfalls nicht schlechter da", lautet die Finanzbilanz, zu der auch der ETV-Gesamtverband mit einem Zuschuss von 800 Mark beigetragen hat.

Im November veröffentlicht „Spiel und Sport" das Ergebnis einer Abstimmung. Die Leser waren aufgefordert, ihre Favoriten für eine Hamburger Auswahl zum Städtespiel gegen Berlin zu nennen. Hinter Altona-93-Idol Adolf Jäger belegt Carl Lüdecke den zweiten Platz. Der Verteidiger erhält 975 der 1.031 abgegebenen Stimmen. Stärkste ETV-Gegner in Freundschaftsspielen sind Ilford London (1:2, 0:3) sowie Sparta Rotterdam, das überraschend deutlich 3:0 geschlagen wird.

1914/15 Ungeschlagen zur ersten Meisterschaft

Der Beginn des Ersten Weltkriegs ist nicht nur das Aus für die norddeutsche Verbandsliga, an deren Stelle wieder lokale Spielklassen treten. Weil das Kaiserreich sich seinen „Platz an der Sonne" im Krieg gegen die rivalisierenden europäischen Mächte sichern will und Großbritannien zu den Feinden zählt, muss sich „Britannia", einer der vielen Vorläufer des heutigen Grün-Weiß Eimsbüttel, in „Blücher" umbenennen – der Tribut an das Mutterland des modernen Fußballs wird durch die Verehrung einer preußischen Offiziersfamilie ersetzt. Der Kommentar des Norddeutschen Fußball-Verbands: „Durch den Sport wurdet ihr für den Krieg erzogen, darum ran an den Feind, auf ihn und nicht gezittert."

Max Buchmann leitet den ETV-Spielausschuss, der in dieser trainerlosen Epoche für die Aufstellung der Mannschaften zuständig ist. Der erfahrene Ligaspieler behilft sich angesichts vieler zum Kriegsdienst einberufener Spieler, indem er junge Talente um sich schart – und da kann der ETV aufgrund seiner hervorragenden Nachwuchsarbeit mit einigen Pfunden wuchern.

In der Hamburger Meisterschaft hat die begabte Verlegenheits-Elf in der Tat leichtes Spiel. 15 Vereine bestreiten eine Einfachrunde, Eimsbüttel gewinnt zwölf seiner 14 Begegnungen und teilt nur bei torlosen Unentschieden gegen Victoria (Zweiter) und Sperber (Dritter) die Punkte. Ansonsten beschert die Patchwork-Spielklasse dem ETV seine ersten zweistelligen Punktspielsiege, von denen die Meisterelf gleich drei an der Zahl verzeichnet: Nach einem 15:0 über

Wacker 04 aus dem heutigen Billstedt wird zuerst der SC Germania 10:1 und dann Teutonia 05 Ottensen 13:1 deklassiert. Das Gesamt-Torverhältnis von 69:6 drückt gleichfalls die Überlegenheit aus.

Dass es keine norddeutsche Meisterschaft mehr gibt, in der der ETV als überlegener Hamburger Titelträger ein Mitfavorit gewesen wäre, lässt sich verschmerzen. Doch das Völkermorden im „Menschenschlachthaus", vor dem der Eimsbütteler Schulreformer Wilhelm Lamszus vergeblich gewarnt hat, fordert auch unter den Ligaspielern Opfer. Carl Lüdecke kommt 1915 in Russland, Erich Kühnert 1918 in Frankreich ums Leben.

Ein Andenken an Eimsbüttels erste Meistermannschaft wird im nächsten Weltkrieg zerstört. Das Bild der Erfolgself, das an der Hohelufter Tribüne aufgehängt worden ist, verbrennt in der Folge der alliierten Bombenangriffe auf Hamburg 1943.

1915/16 **Notgedrungene Verjüngung**

Schon im ersten Punktspiel wird deutlich, dass der ETV seine dominante Stellung in Hamburg wieder verlieren wird. Der SC Sperber macht bei seinem 9:1 nicht viel Federlesens mit dem Hamburger Meister. Das Rückspiel endet mit einem 3:3. Im zweiten Kriegsjahr wird der sportliche Rahmen von Einberufungen und Freistellungen bestimmt, von Konstanz kann nur noch bedingt die Rede sein. Gegen den in HSV 88 umbenannten einstigen HFC wird nach einem 3:4 im Hinspiel das Rückspiel gleich mit 7:1 gewonnen. In der Frühjahrsrunde poliert der ETV seinen schwachen Saisonstart etwas auf und landet mit 15:17 Zählern schließlich auf dem fünften Platz von neun Mannschaften – immerhin vor den Lokalrivalen Victoria (Sechster) und Blücher (Achter). Um mitten im Krieg einen Anschein von Normalität zu erwecken, wird wieder eine norddeutsche Meisterschaft ausgetragen. Daran nehmen allerdings nicht die Regionalmeister, sondern Auswahlmannschaften des in zwölf Bezirke unterteilten NFV teil. In der Hamburg-Altonaer Auswahl, die sich den Titel durch einen 5:1-Finalsieg über Hannover sichert, steht auch Max Buchmann.

1916/17 **Leipzigs Lorenz wird zum Protestfall**

Immer stärker reduziert der Weltkrieg die Möglichkeiten zum Fußballspielen. August Bosse, der mittlerweile auch den Vorsitz des ETV-Spielausschusses übernommen hat, kann nur noch zwei Herren- und zwei Jugendmannschaften melden. Verstärkt durch einstige Nachwuchskicker wie Wentorf, Rübecamp, Heynen und Flege, setzt sich der ETV nach einer Auftaktniederlage gegen Altona 93 (1:2) langsam, aber stetig vorne fest. Als die Altonaer im Rückspiel am 7. Januar 4:1 geschlagen werden, hat die verjüngte Eimsbütteler Elf sogar die Tabellenspitze erklommen.

Die Freude ist allerdings nur von kurzer Dauer, denn der Erfolg auf dem grünen Rasen hat am grünen Tisch keinen Bestand. Der AFC zweifelt erfolgreich die Spielberechtigung von Walter Lorenz an, der aus Leipzig nach Eimsbüttel gekommen ist – „ein Klassespieler von ungeheurer Ausdauer und Schnelligkeit", wie der spätere Ligaspieler Alfred Heynen würdigt. Insgesamt fünf Spiele, darunter das 4:1 gegen Altona, werden vom Verband in 0:5-Niederlagen umgewertet. Der lange Weg durch die Instanzen endet erst 1918 mit der Aufhebung des Urteils durch den NFV. Doch dieser Schlusspunkt ist von symbolischer Natur. Längst ist die Saison 1916/17 mit einem sechsten Platz für Eimsbüttel beendet worden.

Dass die Verhältnisse nicht nur vor dem Sportgericht, sondern auch auf dem Fußballplatz zunehmend bizarr sind, zeigen die Begegnungen des ETV mit dem SC Sperber. Während die Alsterdorfer im Oktober 1916 noch ein 2:2 erreichen, gehen sie im Rückspiel drei Monate später 0:14 unter. Die Bedeutung sportlicher Wettkämpfe reduziert sich zwangsläufig in einer Zeit, in der allerorten über einen „Mangel an Fußbällen" geklagt wird. Auch dem Krieg führenden Kaiserreich geht allmählich die Luft aus.

Nichtsdestotrotz sammelt Eimsbüttels Vorzeigespieler Max Buchmann überregionale Meriten. Am 8. April 1917 gewinnt er mit der norddeutschen Auswahl durch ein 2:1 über Süddeutschland in Berlin den Kronprinzenpokal. An den Vorrunden-Begegnungen sind mit Godemann und Lorenz, an dessen Spielberechtigung hier offenbar niemand zweifelt, zwei weitere Eimsbütteler beteiligt.

1917/18 Bosse wird der Boss

Trotz zweier Derby-Niederlagen gegen Victoria (2:5, 0:1) ist der Titelgewinn bis zum 3. März 1918 in Reichweite. Dann jedoch verliert der ETV mit 2:3 gegen den späteren Meister Kriegsvereinigung St. Georg-Sperber, die im untergehenden Staate Wilhelms II. die fußballerischen Kräfte gebündelt hat. Dank vier Siegen im Schlussspurt erreichen die Eimsbütteler Platz drei.

Eine Meisterschaft feiern kann allerdings Eimsbüttels Engel: Mit der Hamburg-Altonaer Auswahl erringt er den norddeutschen Titel durch ein 9:1 über Oldenburg-Wilhelmshaven.

Die Führung der Eimsbütteler Fußballabteilung übernimmt erneut August Bosse, der bereits seit vier Jahren Vorsitzender des norddeutschen Verbandes ist. Bosse, auch „August, der Starke" genannt, ist ein ursprünglich aus Niedersachsen stammender Turnlehrer, der sich ab 1892 bisweilen mit Hamburger Schulleitungen anlegt, weil er im Unterricht auch das „rohe Spiel" Fußball durchführen lässt. Darüber freut sich zunächst ein Nachbar der Eimsbütteler: Einige seiner ballbegeisterten Schüler landen ab 1895 beim FC Victoria. Den Weg zum ETV findet Bosse, als er sich dem Himmel nähert – so erzählt zumindest die Legende. Der passionierte Kraxler soll 1906 mit drei ETV-Mitgliedern in einer Berghütte gesessen haben, als seine Mitstreiter drohten, ohne ihn aufzubrechen, falls er nicht auch ein Eimsbütteler würde. So kommt man wohl auf rauem Wege zu den Sternen…

Als NFV-Vorsitzender setzt der nicht mit übertriebener Harmoniesucht ausgestattete Bosse schnell Akzente: Nur zwei Monate nach seiner Wahl droht er am 4. Juli 1914 mit Rücktritt und verlässt sogar zeitweise den Sitzungssaal, weil die Absteiger aus der norddeutschen Verbandsliga Anträge stellen, in der Liga zu verbleiben.

Rhetorisch ist der wenig konfliktscheue Pädagoge durchaus bewandert. Davon zeugen auch die Reaktionen auf eine Rede, die der strikte Verfechter des Amateurgedankens im Mai 1924 nur zwei Tage nach Inbetriebnahme des Hamburger Rundfunk-Senders als NFV-Präsident hält. „Mit Genugtuung konstatiert man bei solcher Gelegenheit immer wieder, dass wir in unserer Leitung Männer haben, die die Kunst der Rede nicht nur nach dem Rezept turnerischer und kegelbrüderlicher Phrasen beherrschen", stellt die Zeitschrift „Sport-Chronik" fest. Nach seinem Rücktritt als NFV-Vorsitzender 1924 bleibt Bosse als Ehrenmitglied einflussreich. Im September 1931 verlangt er vom norddeutschen Verband die strikte politische Neutralität unter „energischer Abwehr gegen Terrordrohungen politischer Bünde und Organisationen". Es ist der letzte Verbandstag unter demokratischen Bedingungen. Das Jahrestreffen 1932 wird aufgrund von Finanznöten abgesagt, als die Delegierten sich schließlich im Juli 1933 wieder versammeln, beschließen sie ihre Auflösung. Im Januar 1935 stirbt August Bosse 68-jährig.

Einwurf

24.000 Zuschauer an der Hoheluft
Kampf gegen Drängewasser und eine Steine-Bewegungsaktion:
Der ETV-Tribünensportplatz

Dass einmal 24.000 Zuschauer das Gelände säumten, will sich dem zufälligen Besucher im Jahr 2006 nicht sofort erschließen. Von Vereinsheimen, Tennishalle und dem Universitätsklinikum Eppendorf begrenzt, liegt recht prunklos der Tribünensportplatz Hoheluft, dessen wechselvolle Geschichte gleich drei Einweihungsdaten kennt: 1911, 1920 und 1951.

In den ersten fünf Jahren im Liga-Spielbetrieb vermissten die ETV-Fußballer ein eigenes „green, green grass of home". Zwar war an der Turnhalle in der Schlankreye ein Heim-Platz angelegt worden, doch die Spielbedingungen dort gestalteten sich alles andere als optimal. Die Eimsbütteler sahen sich „oft in Verlegenheit", ihren Gästen „keinen tadellosen Rasenplatz" bieten zu können. Überhaupt konstatierte der Geschäftsbericht im Frühjahr 1911 einen „großen Mangel an brauchbaren Plätzen in Eimsbüttel".

Lange mühte sich die Abteilungsleitung um Abhilfe in der misslichen Situation. Die Rettung nahte schließlich im Sommer 1911 von staatlicher Seite: „Nach mehreren vergeblichen Versuchen, auf preußischem Boden mit Privatunternehmern oder Gemeindeverwaltungen abzuschließen, ist uns durch das Entgegenkommen der Finanzdeputation auf einem Staatsgrundstück am Lokstedter Steindamm unmittelbar an der preußischen Grenze ein Fußballplatz von 100 m Front bei 140 m Tiefe mietweise überlassen worden", vermeldete der Abteilungsbericht erfreut und kündigte an: „Die Kosten der Einrichtung werden vor allem aus dem Platzfonds der Fußballabteilung gedeckt; der Rest wird durch bereits gezeichnete, zinslose Anteilscheine aufgebracht werden." 21 „Mitglieder und Gönner" zeichneten Fünfjahresanleihen à 100 Mark, um die neue Heimat zu ermöglichen.

Die ersten zwölf Monate an der Hoheluft können als Lehrstück für die Schwierigkeiten dienen, mit denen Fußball-Pioniere bei ehrgeizigen Projekten konfrontiert werden. Denn so sehr die Hamburger Verwaltung dem Eimsbütteler Drang

Nach ihr war der ETV-Platz benannt – „Tribünensportplatz".

zum gepflegten Rasenfußball nachkam, das Hamburger Wetter tat es nicht. Zum Baubeginn des Hohelufter Platzes wurde die Sonne in der sonst so regnerischen Elbmetropole kaum durch eine Wolke gestört, die mangelnden Niederschläge ließen die Grünanlage einfach nicht satt werden: „Infolge des ungewöhnlich dürren Sommers war die Herstellung einer guten Rasendecke nicht möglich und erforderte viel größere Mittel als angenommen worden war." 6.549,47 Mark waren schließlich notwendig, um den Platz so zu gestalten, dass er am 8. Oktober 1911 mit einem Freundschaftsspiel gegen Minerva Berlin (1:2) eingeweiht werden konnte. Dazu trat als regelmäßiger Fixkostenpunkt eine Jahresmiete von 500 Mark an die Hamburger Finanzbehörde.

Kaum hatte sich der ETV an der Hoheluft niedergelassen, schlug das Wetter erneut Kapriolen. Ein kalter Winter machte die Verantwortlichen unbarmherzig auf die Mängel der jungen Anlage aufmerksam. Die „Durchweichung des Platzes durch Drängewasser, das besonders bei der Schneeschmelze auftrat", machte „neue Erdarbeiten nötig", die den Etat der Abteilung so sehr belasteten, dass nach Abschluss der Serie 1911/12 nicht wie ursprünglich vorgesehen bereits erste Abzahlungen der Anleihen vorgenommen werden konnten.

Zumal die Sonne im Frühjahr 1912 weitere Probleme beziehungsweise die „Ungunst der Verhältnisse" an den Tag legte. „Drainage erwies sich als dringend nötig", lautete das knappe Resümee im Angesicht des Matsches, der sich an der Hoheluft breit gemacht hatte. Eine Lehmschicht verhinderte vor allem auf der

Westseite den Abfluss des durchs Tauwetter schmelzenden Eises, „wodurch die oberen Erdschichten auf einigen Stellen in Moräste verwandelt wurden". Durch die tatkräftige Mithilfe zahlreicher Mitglieder konnten die Zusatzkosten zur Einrichtung eines Wasserabflusssystems allerdings deutlich reduziert werden.

Ein Jahr nach der Einweihung erfüllte die Anlage endlich alle Wünsche. „Durch die Neubearbeitung (ist der Platz) zu jeder Zeit spielfähig und macht äußerlich einen würdigen Eindruck." Auch die Hamburger Baubehörde zeigte sich beeindruckt und entsprach dem Eimsbütteler Wunsch nach einer Vergrößerung. 20 zusätzliche Meter an der „Langseite" sowie zehn Extra-Meter an der „Schmalseite", die dem ETV gewährt wurden, führten zur Diskussion, ob die neue Fläche zur Anlage einer Laufbahn für die Leichtathleten genutzt werden sollte. Im Turnverband waren die Läufer, Werfer und Springer organisatorisch der Fußballabteilung zugeschlagen worden. Alternativ dazu stand der Plan, für das Fußball-Publikum eine Tribüne zu errichten. Der zwei Jahre darauf beginnende Erste Weltkrieg verhinderte jedoch zunächst die Realisation dieser Idee.

Am 1. August 1920 konnte die fertig gestellte Holztribüne mit einem Spiel gegen den 1. FC Nürnberg eingeweiht werden – zusammen mit einem Gedenkstein für die Weltkriegstoten. „Der Granit – ein sichtbares Denkmal für die Toten, der Holzbau – ein sichtbares Denkmal für die Lebenden", koppelte die vereinseigene „Sport-Zeitung" in einer „Sonder-Nummer" beide Anlässe. Heynen und Stüwe erzielen bei der zweiten Einweihung der Hoheluft die ersten ETV-Tore zum 2:3 gegen den Deutschen Meister. Zur damaligen Zeit schenkten die Eimsbütteler ihren Gegnern auch gerne in Preußen ein – zumindest zeitweise. Der Platz lag zum Teil in Lokstedt, das erst mit dem „Groß-Hamburg-Gesetz" 1937/38 nach Hamburg eingemeindet wurde. So ergab sich die kuriose Situation, dass ein Torwart in der einen Halbzeit auf Hamburger Territorium, in der anderen auf preußischem Gebiet seinen Kasten sauber halten musste. Ernsthaft problematisch drohte das „Zweiländereck" Hoheluft 1924 zu werden, als preußische Behörden versuchten, den ETV zur Zahlung einer Lustbarkeitssteuer für seine „teilpreußischen" Heimspiele zu verpflichten – was letztlich aber von Gerichten abgewiesen wurde. In Hamburg war die Verwaltung fußballfreundlicher und ließ sich frühzeitig von der Steuerentbindung der nun immer zahlreicher besuchten Fußballspiele überzeugen.

12.000 Zuschauer sahen ebenfalls 1924 ein ernüchterndes 1:5 gegen den HSV, sorgten aber auch für einen warmen Regen auf die durch die Inflationszeit noch geschundenen Kassen. Nach der großen Einnahme beschloss der Vorstand, die

Die ETV-Tribüne in ihrer ganzen Pracht bei einem Lokalderby gegen den HSV.

Laufbahn für die Leichtathleten wieder zu erweitern sowie feste Sitzbänke auf der Tribüne zu installieren. Dort fanden nun 800 Besucher Platz, zudem konnten weitere 1.200 Stühle auf die Tribüne gestellt werden, auf der sich auch die „besseren Hälften" wohl fühlen sollten: Zusätzlich wurde eine „Kleiderablage für die Damen" eingerichtet. Jedes erwachsene Vereinsmitglied trug mit einer Umlage von fünf Mark zu den Stadionverbesserungen bei.

Den größten Zulauf erlebte die Hoheluft am 20. März 1938, als 24.000 Zuschauer ein 2:2 gegen den HSV verfolgten. Für die insgesamt zwölf Endrundenspiele um die Deutsche Meisterschaft wich der ETV zumeist zum SC Victoria, nach Altona oder an den Rothenbaum aus. Nur drei vergleichsweise unattraktive Begegnungen wurden an der Hoheluft ausgetragen. Die Bilanz mit Siegen über Stettin und Stolp sowie einer Niederlage gegen Jena sprach dabei durchaus für die heimische Anlage.

Nach der deutschen Kapitulation im Mai 1945 wurde Hamburg Teil der britischen Besatzungszone. Die Militärverwaltung aus dem Mutterland des Fußballs beschlagnahmte den „Tribünensportplatz" (dessen Name nach den Bombenangriffen von 1943 nur noch gespenstisch wirken konnte) und zwang den ETV, wie in seinen frühesten Ligajahren wieder auf Reisen zu gehen.

„In Kürze beginnen wir mit dem weiteren Ausbau unseres Hohelufter Platzes", kündigte Ernst Blöhs 1947 an: „Es sollen zuerst einmal die so dringend erforderlichen Umkleide- und Waschräume sowie Toilettenanlagen gebaut werden, weiter wollen wir wie früher wieder auf allen Stehplätzen Traversen einbauen, damit unser Platz sich größeren Beanspruchungen gewachsen ist." An Mitteln mangelte es durchaus noch, an Ideen jedoch nicht, wie eine Art Lotterie veranschaulicht, die Blöhs gleichzeitig ankündigte: „Wir werden in Kürze zu einer Steine-Bewegungsaktion aufrufen und Preise für die erfolgreichsten Sammler aussetzen. Jeder einzelne Sack Zement bringt uns unserem Ziel näher."

Einerseits wurde fleißig am Neuaufbau der Anlage gewerkelt, andererseits musste man vorzugsweise das Stadion des SC Victoria sowie den HSV-Platz am Rothenbaum nutzen, um seine „Heimspiele" auszutragen. Ein teures Vergnügen, hatte der Verein doch etwa 100.000 Mark zu berappen, ehe nach drei Oberliga-Jahren endlich wieder „echte" Heimspiele möglich waren. Erst 1949, als sich aus den drei westlichen Besatzungszonen die Bundesrepublik Deutschland bildete, hatte der ETV die Anlage zur eigenen Nutzung zurückerhalten. Zuvor waren nur vereinzelte Freundschaftsspiele auf dem lädierten eigenen Gelände möglich gewesen - etwa im August 1947, als Borussia Dortmund der Hoheluft einen Besuch abstattete. Für die Oberliga Nord musste der ETV weiterhin Gastrecht auf anderen Hamburger Plätzen beanspruchen. Erst als die Tribüne wieder hergerichtet war, kehrten die Eimsbütteler an die Hoheluft zurück und feierten am 11. August 1951 mit einem 2:0 gegen den FC Basel die dritte „Einweihung" des Stadions.

Nach dem Abstieg in die viertklassige Hamburger Germania-Staffel wurde die Anlage ab 1966 zur Disposition gestellt. Gemessen an den zumeist nur noch dreistelligen Besucherzahlen erschien manchem die aufwändige Erhaltung des Geländes als zu kostenintensiv – zumal das östlich angrenzende Universitätsklinikum Eppendorf seit langem Begehrlichkeiten auf mögliche Freiflächen angemeldet hatte. Angesichts der im bevölkerungsreichsten Hamburger Bezirk nicht gerade im Überfluss vorhandenen Fußballplätze ein gravierender Konflikt um das knappe Gut Großstadtboden.

Für die weitere Entwicklung des Tribünensportplatzes Hoheluft war 1978 ein einschneidendes Jahr. Einerseits erhielt der ETV von der Stadt einen Pachtvertrag über zunächst zehn Jahre, so dass hinreichende Sicherheit für dringend notwendige Sanierungsarbeiten geschaffen war, die insgesamt 210.000 Mark in Anspruch nahmen. „Die sanitären Anlagen waren in einem Zustand, dass sich hier kein Fußballer mehr umziehen oder duschen mochte", schilderte Fußball-Obmann Kurt Lüth den maroden Zustand. Andererseits wurde die Tribüne geschleift, um Platz für eine Tennishalle zu schaffen – obwohl noch niemand von Boris Becker oder Steffi Graf sprach, erwies sich die Jagd nach der kleinen gelben Filzkugel als attraktiver.

Mit dem erneuten Höhenflug Ende des 20. Jahrhunderts war die letzte Modernisierungsmaßnahme an der Hoheluft verbunden. Zwar wurden vereinzelte Pläne, den Erdwall auf der „Gegengeraden" weiter aufzuschütten, um darauf Traversen zu errichten, nicht realisiert, doch erhielt der Sportplatz 2001 eine Flutlichtanlage, so dass der ETV seine Heimspiele seitdem am attraktiven Freitagabend austragen kann. Das Kunstlicht zwinkerte den Eimsbüttelern zunächst zu: „Gut gestrahlt, ETV!", schrieb das „Sport-Mikrofon", als im Premieren-Spiel ein 2:1 gegen Vorwärts-Wacker Billstedt gelang.

Einwurf

Alte Rivalen

SC Victoria, Grün-Weiß und HEBC – die Nachbarvereine des ETV

Den alten Kontrahenten aus der Nachbarschaft geht's heute kaum besser als dem ETV: Sie haben sich in den Gefilden des Hamburger Amateurfußballs gemütlich eingerichtet und kicken nahezu unter Ausschluss der Öffentlichkeit – selten lockt ein Spiel mehrere hundert Zuschauer. Und doch gibt es Unterschiede. Während der HEBC und Grün-Weiß Eimsbüttel nie über lokale Prominenz hinausgekommen sind, gehörte der ärgste Widersacher aus der Nachbarschaft, der SC Victoria, einst zur Crème de la crème des deutschen Fußballs. Aber das ist schon lange her. Heute sind die Blau-Gelben – wie der ETV – ein heißer Kandidat für eine Geschichte aus der Nostalgie-Abteilung, überschrieben mit „Kult im Keller".

Zu große Nähe schafft oft Distanz. Das ist in den besten Familien so, und das ist im Fußball nicht anders. Auch Paul Löffler kann ein Lied davon singen. Der 1949 Geborene wuchs an der Tresckowstraße direkt am Kanal auf und trat zusammen mit zwei Klassenkameraden als siebenjähriger Buttje der Fußballabteilung des ETV bei – zu einer Zeit, als die Kinder noch ihre Drachen steigen ließen über den berühmten Nissenhütten. Die standen vis-à-vis dem Kaifu-Schwimmbad und dienten Flüchtlingen als Unterkunft. Und war der Isebek-Kanal im Winter zugefroren, holten die Jugendlichen ihre Eishockey-Schläger aus dem Keller und jagten dem Puck hinterher. Ansonsten regierte König Fußball. „Damals spielte die Straße, in der man lebte, bei der Vereinswahl eine entscheidende Rolle", erinnert sich der heutige Betreiber des Tonträgermekkas „Plattenrille" am Grindelhof. Die Ecke Bismarckstraße/Tresckowstraße war fest in rot-weißer Hand – nur die in der Bismarckstraße wohnende Familie Seeler sah das etwas anders. Ansonsten waren die „Reviere" klar abgesteckt, erklärt Löffler.

Die Grenze des zentralen ETV-Einzugsgebiets bildete die Eichenstraße bis hin zur Ottersbecker Allee. „Alle, die links der Osterstraße lebten, die Emilien-

und die Tornquiststraße bis zur Schule Eduardstraße inbegriffen, gingen zum HEBC", erinnert sich der Musikliebhaber, der seiner zweiten Leidenschaft die Fußballer-Karriere opferte. Zu Union 03 wiederum zog es jene Jungen, die jenseits der Fruchtallee Richtung Schanzenviertel und an der Eimsbütteler Chaussee aufwuchsen. Grün-Weiß war der Favorit der meisten Besucher der an der Lutterothstraße gelegenen Schulen; auch die Schwencke- und Müggenkampstraße waren grün-weißes Pflaster.

Und Victoria? „Mit den Blau-Gelben hatten wir Eimsbütteler nichts zu tun, das waren die von der Hoheluft", winkt Löffler ab. Obwohl das victorianisch besetzte Generalsviertel (Roonstraße, Mansteinstraße etc.) bis an die Stresemannallee „entfernungstechnisch" näher am ETV lag, verlief eine Trennlinie quer durch die Köpfe. Eine natürliche Grenze gab es aber auch – den besagten Isebek-Kanal. Richtung Schlump, Bundesstraße, bis Mansteinstraße war man rot-weiß, auf der anderen Seite befand sich blau-gelbes Terrain. Zwischen allen Vereinen herrschte in den 1950er Jahren eine „irre Rivalität", erinnert sich Löffler. „Die Straßen wurden von Gangs, Banden oder Cliquen beherrscht. Die entschieden dann, wohin man ging und zu wem man hielt. Das war nicht nur beim Fußball so." Wechselte später jemand die Fronten wie einer der Gebrüder Weißhoff (vom ETV zum HEBC), galt er als „Exot". „Das war wie mit Celtic und Rangers", grinst Löffler. Unser Kronzeuge wechselte übrigens 1977 nach jahrelanger Spielpause zum FC St. Pauli und kickte ein paar Mal bei den Amateuren in der Landesliga mit. Übel genommen hat ihm das niemand mehr.

Das wäre zu Hans Weymars aktiver Zeit sieben Jahrzehnte zuvor noch anders gewesen. Allen Reibereien zwischen den

Tore statt Blumen: Eimsbüttel unterstreicht sein nachbarschaftliches Verhältnis zu Victoria mit treffenden Argumenten.

Tanz mit den Zitronen: Der ETV im Derby-Wettstreit mit Victoria.

Vereinen zum Trotz gebührt dem Victorianer ein Ehrenplatz in der Hamburger Fußballgeschichte. Der smarte Hans, der sich im reifen Alter gerne einige Jährchen jünger machte, trat nicht nur als erster Hamburger Vertreter bei Deutschlands Länderspielpremiere am 5. April 1908 gegen den Ball. Besser noch: Der damals 24-Jährige war bei der 3:5-Niederlage gegen die Schweiz in Basel sogar am ersten Tor der Nationalmannschaft beteiligt. Weymars damaliger Mitspieler, der Frankfurter „Fritzchen" Becker, schilderte den historischen Moment 52 Jahre später in der Festschrift zum 60-jährigen Bestehen des DFB folgendermaßen: „Unser erster Erfolg in der fünften Minute war ein so genanntes Bilderbuchtor. Der Ball kam von Verteidiger Hempel (Sportfreunde Leipzig) zum linken Läufer Weymar (Victoria Hamburg); der setzte mit einem weiten Schlag unseren Rechtsaußen Hensel (Kasseler Fußballverein) ein. Die Flanke, die Hensel nach schönem Lauf zur Mitte gab, fälschte unser Halbrechter Förderer (Karlsruher Fußballverein) aus dem Gedränge vor dem Tore zu einem Schuss ab, der knapp vorbeigegangen wäre. Der Schweizer Torwächter glaubte, nicht eingreifen zu müssen, unterschätzte dabei aber meine Schnelligkeit, und ich konnte den Ball gerade noch ins Tor lenken."

Der SC Victoria, 1900 Mitbegründer des DFB, gehörte in der Frühzeit des deutschen Ligafußballs zu den Spitzenvereinen im Lande. Zwischen 1905 und 1943 war der bis 1948 mit einer Ausnahme (1933/34 nur Bezirksklasse) immer erstklassige Klub achtmal die Nummer eins in Hamburg. Erst nach dem Zweiten Weltkrieg sollte der Glanz des blau-gelben Sterns am Hamburger Fußball-Firmament langsam verblassen. Doch der Blick in die Geschichte erfüllt noch heute jeden Victorianer mit Stolz: Außer dem Fußball-Pionier Hans Weymar wurden bis 1934 zehn weitere Blau-Gelbe in die Nationalmannschaft berufen. Seinen Siegeszug über Hamburgs Fußballfelder hatte der im liberalen Bürgertum verwurzelte Klub, der statt des deutschen „k" das englische „c" in seinem Namen führt, am Heiligengeistfeld angetreten. 1904 zog man zum Grindel um. Das Spielfeld befand sich im Innenraum der damaligen Radrennbahn, die sich einen Steinwurf von der heutigen U-Bahn-Station Hoheluftbrücke entfernt befand. 1907 kaufte der Verein einen Kilometer nördlich eine Wiese, die an das Universitätskrankenhaus Eppendorf angrenzte, und erbaute den heute noch existierenden Victoria-Sportplatz Hoheluft. Die Beschaffung der Geldmittel war für den solventen Klub kein großes Problem: 1907 war Victoria mit 264 Mitgliedern hinter dem Karlsruher FV der zweitgrößte Verein im Deutschen Fußballbund.

Auch Anfang der 1930er Jahre war Victoria eine gute Adresse, die bekannte Fußballer wie Tull Harder und Erwin Seeler lockte. Der „Vadder" von Uwe absolvierte von 1932 bis 1938 insgesamt 125 Ligaspiele für die Blau-Gelben. Nach dem Zweiten Weltkrieg knüpfte der Verein nur noch 1947/48 und 1951/52 als Mitglied der Oberliga Nord (1. Liga) sowie von 1963 bis 1966 in der Regionalliga Nord (2. Liga) an glorreiche Zeiten an. Der letzte große Erfolg war die Erringung der deutschen Vizemeisterschaft der Amateure (0:3 gegen Bürstadt) 1975. Später machte „Vicky" als Talentschmiede von sich reden: Torhüter Walter Junghans wechselte vom Lokstedter Steindamm zu Bayern München und Stefan Effenberg ging zu Borussia Mönchengladbach. Nach dem Gewinn des Hamburger Amateur-Pokals (1990) pendelte der Verein zwischen Viert- und Fünftklassigkeit.

In keiner noch so kurzen Geschichte über den SC Victoria darf der Name von Ernst Eikhof fehlen – der kampfstarke Schnauzbartträger war der populärste Fußballer im blau-gelben Trikot. Eikhof spielte als Mittelläufer von 1911 bis 1930 in der Ligamannschaft, bestritt drei Länderspiele, fungierte als Vereinschronist, hielt für verstorbene Vereinsmitglieder so manche Trauerrede, archivierte die einzige heute noch erhaltene Eintrittskarte vom ersten Endspiel zur Deutschen Meisterschaft 1903 und schrieb ein Hohelied auf die Vereinstreue: „Und wenn einst der Tod mich ruft / wenn die Abschiedsstunde schlägt / leget das mir in die Gruft / was mir stets das Herz bewegt / dass ich stets dich bei mir finde / dich, so eng mit mir verwandt / dich, mein teures heiß geliebtes / dich, mein blau und gelbes Band."

Die beiden anderen Lokalgrößen, der E.S.V. Grün-Weiß 07 Hamburg und der HEBC Hamburg, dürften zwar ihre Farben lieben, können aber nicht auf eine so imposante Historie zurückblicken wie der SC Victoria. Zumindest die Grün-Weißen wollten mal hoch hinaus. 1953 schrieb der aus rund zwei Dutzend Vereinen (!) hervorgegangene Klub sogar Fußballgeschichte: Grün-Weiß war der erste von einem privaten Mäzen „gekaufte" Fußballverein in der noch jungen Bundesrepublik. Nach dem Einstieg des millionenschweren Textilkaufmanns Albert Goetz („Betten-Holm") in den FC Grün-Weiß 07, der 1976 mit dem Eimsbütteler SV fusionieren sollte, träumte der neue Vereins-Chef öffentlich in der „Bild": „Wir können, wenn wir Glück haben, 1957 deutscher Fußballmeister sein." Der Sponsor war zuvor mit der Betriebsmannschaft von „Betten-Holm" (FC Grün-Weiß 1953) in den Traditionsverein Ottensen 07 eingesickert (1953 Fusion zu FC Grün-Weiß 07) und versprach nicht nur sportlich das Blaue vom Himmel – auch ein 32.000 Zuschauer fassendes Stadion an der Kollaustraße sollte her. Doch erst einmal reichte es nur für 4.000 Plätze. Zwar stieg der Goldesel-Klub von Jahr zu Jahr eine Klasse höher, doch 1957 brach der Steigflug des Phönix in der zweitklassigen Amateurliga Hamburg ab; Platz 3 reichte nicht zum Aufstieg in die Oberliga Nord. Ein Jahr später war der Traum vom ganz großen Fußball ausgeträumt. Goetz meldete Insolvenz an, die Mitglieder verließen den Verein in Scharen, 1960 musste das Gelände an der Kollaustraße geräumt werden. Auf dem Areal trainiert heute der FC St. Pauli, Grün-Weiß kickt in der Bezirksliga.

Zwei Klassen höher spielt der HEBC im Jahr 2006. Zwar können die Lila-Weißen nicht auf eine so illustre Vergangenheit zurückblicken wie die Grün-Weißen, dafür aber mit einem harten, roten Pfund wuchern – dem Professor-Reinmüller-Platz. Seit Jahrzehnten schlottern den Gastmannschaften die Knie, wenn sie auf dem Grandplatz zu einer unchristlichen Zeit (sonntags um 10.45 Uhr) auflaufen müssen, auch heute in der Verbandsliga ist das so. Als größten Erfolg verbucht der Klub den 1957 geglückten Aufstieg in die Hamburger Amateurliga, die bis 1960 gehalten werden konnte. Gerne erinnern sich alte HEBCler auch an die ehrenvolle 0:3-Niederlage im DFB-Pokal gegen den Erstligisten Werder Bremen 1953; bis zur 70. Minute stand es 0:0. Zuletzt sorgte der HEBC 1983 für Aufsehen, als der Klub gegen den Hummelsbütteler SV erst nach Elfmeterschießen das Hamburger Pokalfinale verlor. Bekannteste HEBCler, die es in die große weite Fußballwelt zog, sind Torwartlegende „Heini" Kokartis und Thomas Wolter, die beide zum SV Werder Bremen wechselten.

Volker Stahl

Der ETV in den Lokalderbys

SC Victoria
93 Ligaspiele	39-18-36	209:211 Tore	
5 Pokalspiele	2-0-3	7:11 Tore	
98 Pflichtspiele	41-18-39	216:222 Tore	

HEBC
46 Ligaspiele	21-13-12	91:79 Tore	
4 Pokalspiele	4-0-0	23:3 Tore	
50 Pflichtspiele	25-13-12	14:82 Tore	

Grün-Weiß Eimsbüttel
75 Ligaspiele	47-15-13	188:85 Tore	
3 Pokalspiele	2-0-1	8:5 Tore	
78 Pflichtspiele	49-15-14	196:90 Tore	

Die Bilanz gegen die Grün-Weiß-Vorläufer im Einzelnen:

Britannia/Blücher
16 Ligaspiele	15-0-1	50:12 Tore

Ottensen 07
12 Ligaspiele	7-2-3	37:14 Tore

St. Pauli SV
7 Ligaspiele	5-2-0	27:9 Tore
1 Pokalspiel	1-0-0	1:0 Tore

Grün-Weiß 07
16 Ligaspiele	9-4-3	36:23 Tore
1 Pokalspiel	1-0-0	5:1 Tore

Eimsbütteler SV
8 Ligaspiele	5-2-1	16:6 Tore

Grün-Weiß Eimsbüttel
16 Ligaspiele	6-5-5	22:21 Tore
1 Pokalspiel	0-0-1	2:4 Tore

Porträt

Hermann Neiße

Als Francesco Totti 2004 nach einer Niederlage des AS Rom in der Leverkusener BayArena Hemd und Hose ablegte, um in einem grellgelben Einteiler vom Trainer verordnete Strafrunden zu laufen, zog er alle Blicke auf sich. Die einen spotteten über den bananenfarbenen Einteiler, den Totti beim Rundlauf zur Schau stellte. Andere zollten ihre Bewunderung für die – offenbar italienische? – Gabe, als Mann selbst noch in Unterwäsche stilvoll gekleidet zu sein.

Hermann Neiße traf auf andere Reaktionen, als er 95 Jahre zuvor in Altona Ähnliches tat. „Höchst überflüssig und unpassend war es, dass sich der Spieler Neiße von Eimsbüttel den Oberkörper bis auf Haut und Knochen entkleidete und die Wäsche wechselte. Das ist ungebührlich vor dem Publikum, insbesondere, wo Damen dabei sind, und verdient gerügt zu werden."

Ansonsten wurde vor allem Neißes körperbetontes Spiel, das er mit einer ausgesprochenen Kopfballstärke garnierte, gelobt. Der athletische rechte Verteidiger, der am 5. Dezember 1889 in Schleswig zur Welt kam, war nur ein halbes Jahr jünger als der Gesamtverein Eimsbütteler TV, dessen Fußballern er mit seiner kompromisslosen Abwehrarbeit schon vor dem Ersten Weltkrieg in eine der führenden Adressen in Hamburg verwandelte.

Auch beim DFB, dessen Spielausschuss sich bei der Aufstellung der Nationalmannschaft noch beträchtlich vom Gedanken des Regionalproporzes leiten ließ, blieben die starken Auftritte Neißes nicht verborgen. Am 16. Oktober 1910 wurde er zum ersten Eimsbütteler Nationalspieler, als die deutsche Auswahl in ihrem zehnten Länderspiel in Kleve den Niederländern unterlag. Auch das letzte seiner drei Länderspiele verlor Neiße mit 1:2, am 23. April 1911 gegen Belgien in Lüttich.

Doch neun Tage davor lag ein Auftritt, mit dem die deutsche Mannschaft erstmals für Furore sorgte. In Berlin-Mariendorf wurde England ein sensationelles 2:2 abgetrotzt. Die Lehrmeister hatten zwar nur eine Amateur-Auswahl in die deutsche Hauptstadt entsandt, doch auch die – 1908 unangefochten Olympiasieger geworden – galt als unschlagbar.

Neiße, „ein Hüne von Gestalt", wie ihn sein Vereinskollege Alfred Heynen beschrieb, beeindruckte dabei durch sein aufopferndes Spiel, durch das er den übermächtig scheinenden Gästen nicht mehr als zwei Treffer gestattete. Dass er vielseitiger war als viele Abwehrrecken seiner Zeit, demonstrierte Neiße bei einem Turnier des SC Germania im Juli 1911. Dort bewahrte er Eimsbüttel in einem Spiel vor Gegentreffern, indem er sich gleich ins Tor stellte – der ETV gewann 1:0 gegen Ottensen.

Es war eine der letzten Gelegenheiten für das Hamburger Publikum, seine Künste zu bestaunen. Ende 1911 übersiedelte Neiße nach Wien, um fortan Vienna Wien mit seiner robusten Spielweise zu verstärken. Einmal trug er jedoch noch die Eimsbütteler Farben. Als er seinen Weihnachtsurlaub an der Elbe verbrachte, kickte er am 22. Dezember 1912 bei einem Freundschaftsspiel gegen das Elisabether Infanterieregiment Berlin mit. Zurück in Wien, durfte er zufrieden Bericht erstatten. Das Spiel war 0:0 ausgegangen, nicht das schlechteste Ergebnis für einen Verteidiger.

Hermann Neiße starb am 20. Oktober 1932 im Alter von nur 42 Jahren an den Folgen einer Blinddarmoperation.

Rot-weißer Faden 2
1918 bis 1933
Der ETV wird erwachsen

1918 bis 1933

1918/19 **Frieden und ein „neuer" Pokal**

Im November 1918 kapituliert das Deutsche Reich, der Erste Weltkrieg ist beendet. Deutschland wird Republik, Kaiser Wilhelm II. muss abdanken und flieht ins holländische Exil. Die erste Spielzeit im Frieden nach vier Jahren wird vom ETV mit einem 8:0 über den SC Germania furios eingeläutet. Es folgen jedoch zwei 0:2-Niederlagen gegen Altona 93 und die Kombination von Victoria und dem HSV 88, die schließlich auch den ersten Friedenstitel gewinnt. Doch als die in Kriegszeiten gezimmerte Allianz friedenstauglich gemacht werden soll, gibt Victoria dem HSV 88 einen Korb. Zusammen mit Germania und dem unterklassigen FC Falke bildet der HSV 88 daraufhin am 1. Juli 1919 den Hamburger SV, der rasch zum Erfolgsmodell aufsteigen wird. Victoria indes bleiben die Eigenständigkeit und spannende Derbys gegen den ETV.

Durch einige Kantersiege – 8:0 gegen die Kombination St. Georg-Sperber, 8:0 und 11:0 gegen den SC Concordia, der sich mit HSV-Vorläufer Germania kombiniert hat – hält Eimsbüttel die übrige Konkurrenz in Schach und landet auf dem dritten Platz. Mit zwei Toren hat Walter Lorenz entscheidenden Anteil daran, dass Norddeutschland durch ein 5:4 gegen den Süden den Bundespokal gewinnt – so heißt unter republikanischen Verhältnissen mittlerweile der alte Kronprinzenpokal. Im Viertelfinale des Wettbewerbs bestreitet auch Engel eine Partie für die norddeutsche Auswahl.

1919/20 **Generalstreik und Aschenbahn**

13 Vereine bilden die Hamburg-Altona-Staffel der norddeutschen Liga, die nach einer Einfachrunde in Meister- und Abstiegsrunde geteilt wird. Mit 19:5 Punkten qualifiziert sich der ETV souverän für die Meisterrunde, unter anderem mit 7:1-Siegen gegen Union 03 Altona und die SV Blankenese. Das erste Spiel gegen den „neuen" HSV endet mit einem 0:0, das jedoch in einen 5:0-Erfolg Eimsbüttels umgewertet wird – Popp fehlt beim jungen Fusionsklub die Einsatzberechtigung.

Erst ein 1:2 gegen Altona 93 am vorletzten Spieltag raubt dem ETV die Aussichten auf die Meisterschaft, die schließlich an Victoria fällt. Gerade einmal 2.500 Zuschauer sehen das Ende der Eimsbütteler Titelträume in Altona, weil die Verkehrsbetriebe aufgrund eines Generalstreiks ruhen. Die abschließende Begegnung mit dem HSV wird wegen der sportlichen Bedeutungslosigkeit zunächst als Freundschaftsspiel ausgetragen, vom Verband dann aber als Punktspiel gewertet. Je nachdem, ob man dem 6:2-Erfolg der Eimsbütteler offiziellen Charakter verleiht oder nicht, belegt der ETV Rang zwei oder drei in der Abschlusstabelle.

Auf der Anlage an der Hoheluft haben mittlerweile auch die der Fußballabteilung angeschlossenen Leichtathleten eine Heimat gefunden. Ende August 1919 wird mit 2:0 über den Duisburger Spielverein die neue Aschenbahn eingeweiht, die um das Spielfeld herum angelegt ist.

1920/21 Die Tribüne wird eingeweiht

Für ein Jahr kommt es zur Wiederbelebung einer über die Grenzen Hamburg-Altonas hinausreichenden Spielklasse. Acht Vereine aus dem heutigen Hamburg bilden mit den beiden Kieler Vertretern Holstein und Kilia den „Nordkreis" der NFV-Verbandsliga. Die niedersächsischen und Bremer Klubs bilden den „Südkreis".

In einer unspektakulären Serie wird der ETV mit 17:19 Punkten Fünfter. Schillernder verlaufen einige Freundschaftsspiele. Der Höhepunkt steht bereits am 1. August 1920 auf dem Programm, als auf der Anlage an der Hoheluft die Tribüne von August Bosse „in markigen Worten" eingeweiht wird. Zu Gast ist kein Geringerer als der Deutsche Meister 1. FC Nürnberg, der mit etwas Mühe 3:2 die Oberhand behält. Heynen und Stüwe treffen für den ETV, dessen Lernfortschritte nicht zu übersehen sind: Nur einen Monat zuvor hatte Eimsbüttel in Nürnberg 0:4 gegen den „Club" verloren.

Während die Liga-Mannschaft sich mit Altona 93 zusammentut, um den niederländischen Meister Be Quick Groningen 6:3 zu bezwingen, empfängt die Reserve-Mannschaft Besuch aus der weiten Ferne. Am 13. März 1921 tritt Eimsbüttels „Zweite" gegen die Besatzung des argentinischen Regierungsdampfers „Bahia Blanca" an. Vor dem Anpfiff intoniert die Musikkapelle der Hamburger Sicherheitspolizei die argentinische Nationalhymne, und insgesamt scheint die Stimmung so feierlich, dass das Ergebnis zweitrangig wird. Ob Eimsbüttel

4:1 oder 4:2 gewinnt, ist nicht eindeutig überliefert. Das Passagierschiff „Bahia Blanca" (2.408 Plätze, davon 108 I. Klasse) war am 30.12.1911 in Hamburg vom Stapel gelaufen und 1918 an Argentinien verkauft worden, wo es sich während des Ersten Weltkriegs aufhielt. 1940 wird es, inzwischen in „Umbria" umbenannt, von den mittlerweile italienischen Eignern vor Sudan versenkt, bevor der britische Kriegsgegner das zum Munitionsfrachter umfunktionierte Schiff beschlagnahmen kann.

Nicht zur Austragung kommt dagegen ein Spiel, das der ETV gemeinsam mit Victoria gegen Österreichs Champion Amateure Wien (heute Austria Wien) im Juli 1920 geplant hat. Die Einnahmen der in Berlin angesetzten Begegnung sollen der „Deutschen Grenzspende" zugute kommen, doch über die zwei Jahre nach Kriegsende noch immer unruhige Hauptstadt wird ein Spielverbot verhängt.

1921/22 **Nummer drei im Norden**

Nach nur einem Jahr muss der ETV den Kieler Kontrahenten wieder Ade sagen. Eine erneute Ligareform bewirkt, dass es nicht einmal mehr eine eingleisige höchste Liga in Hamburg gibt. Stattdessen werden ein „Alsterkreis" und ein „Elbekreis" gebildet, die jeweils acht Mannschaften umfassen. Die Zuteilung ist recht willkürlich. Der ETV landet mit den Altonaer Vereinen im Elbekreis, Victoria muss sich dagegen im Alsterkreis mit dem HSV messen.

Durch die sportliche Verwässerung ist Eimsbüttel in den Ligaspielen oftmals unterfordert. In 14 Begegnungen trifft der ETV 57-Mal ins Schwarze. Höchster Sieg ist ein 8:0 beim SC Sperber, nur in Altona wird 0:1 verloren. Das Heimspiel gegen den Rothenburgsorter TV muss nach 85 Minuten abgebrochen werden, da es beim Stand von 1:1 zu einer „Belästigung des Schiedsrichters" kommt. Als August Bosse schlichten will, wird auch er attackiert. Das Wiederholungsspiel gewinnt der ETV 4:1.

Von Beginn an entwickelt sich ein Zweikampf mit Altona 93, der erst in der letzten Runde entschieden wird. Beide Rivalen haben 23:3 Punkte auf ihr Konto gesammelt, als es am 26. März an der Hoheluft zum Showdown kommt. Mit 18.000 Zuschauern säumt eine nie zuvor gesehene Menschenmenge den Eimsbütteler Heimspielplatz. Sie sehen eine überragende Vorstellung von ETV-Torwart Hans Wentorf, der im Sommer ausgerechnet nach Altona wechseln wird. Ein ums andere Mal bringt er seine künftigen Kollegen zur Verzweiflung und

Die Mannschaft aus dem Jahre 1921/22.

rettet dem ETV einen 3:1-Erfolg, der durch zwei Treffer von Emil Götze und ein Tor von Erni Michelsen in folgender Formation zustande kommt: Wentorf – Lüdecke, Strege – Heynen, Kramer, Rübecamp – Michelsen, Bennin, Götze, Lorenz, Godemann.

Nicht nur für Keeper Wentorf, auch für Offensiv-Matchwinner Götze ist es eine Art Abschiedsvorstellung. Der Mittelstürmer wandert im Sommer nach Fernost aus. Im September 1922 vermeldet „Turnen Spiel und Sport", der ETV-Goalgetter sei in China angekommen!

Doch zunächst steht nach dem Abschluss der Punktrunde noch die Endrunde um die norddeutsche Meisterschaft auf dem Programm. Ein 0:4 zuhause gegen Holstein Kiel ist ein denkbar schlechter Start, doch mit einem Heimsieg gegen Arminia Hannover (3:0 durch drei Treffer von Heynen) sowie Auswärtserfolgen bei ABTS Bremen (3:2 nach 0:2-Rückstand) und dem Lübecker BV (3:1), der heute den Namen Phönix trägt, sind die Chancen wieder gestiegen. Als mit dem Hamburger Alstermeister St. Georg beim 2:2 schiedlich-friedlich die Punkte geteilt werden, besteht noch die Aussicht auf ein Entscheidungsspiel gegen die Kieler. Doch dafür muss am 14. Mai der norddeutsche Titelträger HSV am Rothenbaum geschlagen werden. Vor 15.000 Besuchern verliert Eimsbüttel die zwei Wochen zuvor wegen starker Regenfälle ausgefallene Begegnung 0:1 – „trotz stark überlegenen Spiels", wie es zumindest die eigene Vereinszeitung gesehen hat. Damit ist der HSV erneut norddeutscher Meister, Eimsbüttel bleibt mit dem dritten Platz der bislang größte Erfolg auf überlokaler Ebene. Attraktivster Gegner in Freundschaftsspielen ist Österreichs Meister Rapid Wien, der am 18. Juli 1921 zum 15. Geburtstag der Fußballabteilung an die Hoheluft kommt und 1:2 verliert. An einem Montag sehen über 10.000 Besucher den Eimsbütteler Erfolg durch Tore von Alfred Heynen und Henry Bremer. Einen Monat später nehmen die Walzer-Kicker mit 3:0 Revanche.

1922/23 **Gaststars bei der Seefischmesse**

Der ETV ist nach wie vor ein gern gesehener Gast. So auch auf der ersten deutschen Seefisch-Messe, in deren Begleitprogramm die Eimsbütteler Kicker im Juli beim Geestemünder SC vorbeischauen und 5:0 gewinnen. Gegen den SC Concordia wird 3:5 verloren, wobei die Einnahmen des Wohltätigkeitsspiels der „Altershilfe" zugute kommen. Für die meisten Eimsbütteler Fußballer ist diese Fürsorgeinstitution noch weit entfernt: Unter den 1.120 ETV-Mitgliedern, die in der sechstgrößten Hamburger Fußball-

ETV-Läufer Rübecamp.

abteilung aktiv sind, befinden sich etwa 500 Jugendliche, von denen einige in den nächsten Jahren in den Liga-Kader aufsteigen werden.

Für die Punktspiele wird Eimsbüttel vom Elbekreis in den deutlich stärkeren Alsterkreis versetzt, in dem neben dem ETV auch der norddeutsche Meister HSV, Vorjahressieger St. Georg sowie Victoria vertreten sind. Hinter den drei prominenten Rivalen, gegen die nur zwei Zähler ergattert werden können, wird Eimsbüttel mit 17:11 Punkten Vierter. Das 0:1 bei Victoria, mit dem Anfang Mai die letzten Chancen auf den Bronze-Rang schwinden, ist zugleich das letzte Spiel für den „Leipziger" Walter Lorenz, der 1917 zum Protestfall geworden war.

1923/24 **Inflation verhindert Pfingstausfahrt**

Wirtschaftliche und politische Ereignisse rahmen das Spieljahr ein. Die traditionelle Pfingstreise mit geplanten Spielen gegen Ring Dresden, DFC Prag, Sportfreunde Breslau und Viktoria Forst fällt aus, weil die Inflation, die Deutschland 1923 erschüttert hat, noch nachwirkt. Und auch der „Ruhrkampf" geht nicht spurlos an den Eimsbüttelern vorüber. Französische Truppen besetzen im Januar 1923 das Ruhrgebiet, da das Deutsche Reich seinen Reparationsverpflichtungen aus dem Versailler Friedensvertrag nicht nachgekommen ist. Im besetzten Gebiet kommt es daraufhin zu von der deutschen Regierung unterstützten umfassenden Arbeitsniederlegungen der Bevölkerung, wobei die Forschung bis heute uneins ist, ob die Streikmaßnahmen als legitimer passiver Widerstand oder als „von unten" betriebene Großmachtpolitik gegenüber dem Kriegsgegner Frankreich einzuschätzen sind.

In dieser Situation fährt der ETV im Dezember 1923 zu einigen Spielen in den „besetzten Westen", um „gegen die Drangsalierung der Besatzung" einzutreten, da „an der Wasserkante noch treudeutsch fühlende Menschen" sind, wie Ligatorwart Willi Meyer formuliert. Meyer, der in dieser Saison auch Hamburgs Farben im Städtespiel gegen Rotterdam (1:3) vertritt, spekuliert nach einem Fußball-„Schlammbad" auf dem matschigen Platz des CfR Köln (1:1) gar über Verwechslungsmöglichkeiten mit schwarzen Besatzungssoldaten im Rheinland.

Im Februar 1924 kommt es zunächst zu einem Schock für den ETV: Weil der Tribünensportplatz zum Teil auf Lokstedter Gebiet liegt, erhebt die Gemeinde Lokstedt auf das stattfindende Punktspiel gegen den HSV (2:5) eine Lustbarkeitssteuer. In zweiter Instanz hat der Einspruch des ETV vor dem Bezirksausschuss Schleswig am 24. April 1925 Erfolg, da die Einnahmen hauptsächlich zur Refinanzierung des Spielbetriebs dienen und ein Verein durch attraktive Mannschaften den Spielbetrieb der weniger beachteten und geförderten Mannschaften quersubventionieren können muss.

Und auch die Verbandspolitik führt zu Querelen.
Die Deutsche Turnerschaft, die auch den ETV beheimatet, beschließt im Dezember 1922 die „reinliche Scheidung" von Turn- und Sportvereinen. Ihre Mitglieder müssen sich von nun an entscheiden, ob sie in einem Turnverein oder einem Sportverein aktiv sein wollen. Für einen Verein wie den ETV, der den lange bestehenden Graben zwischen Turnern und Sportlern zu überbrücken versucht, ist das fast unmöglich. Die Fußballer könnten sich wieder, wie in der Frühzeit, auf Begegnungen mit anderen Turnverein-Kickern beschränken, doch solche Aussichten wecken wenig Begeisterung. Nach teilweise gravierenden Auseinandersetzungen, in denen der ETV zeitweilig aus der Deutschen Turnerschaft ausgeschlossen wird, bleiben die Fußballer sowohl im norddeutschen Liga-Betrieb als auch Bestandteil des Gesamtvereins. Als Tribut an die „reinliche Scheidung" treten sie bis 1933 allerdings als „SV Eimsbüttel im ETV" an – der Übersichtlichkeit halber ist im Folgenden jedoch weiterhin vom „ETV" die Rede.

Gegenüber so viel „Drumherum" verläuft die Saison im Alsterkreis recht unspektakulär. Für die Heimspiele gegen den SC Concordia und den St. Pauli-Turnverein (dessen Fußballer durch die „reinliche Scheidung" bald zum FC St. Pauli werden) werden an Schulen jeweils 5.000 Freikarten verteilt. Beim 6:2 und 6:0 sehen die jungen Gratis-Gäste viele Tore des ETV, der hinter dem HSV und Victoria schließlich auf dem Bronze-Rang einläuft. Gemeinsam mit Victoria und Altona 93 stellt der ETV am 14. Mai einen Verein auf die Probe, der ein Jahrzehnt später als einer der besten Vereine der Welt gepriesen wird: Woolwich Arsenal London kommt in Hamburg mit einem 2:2 davon.

1924/25 Torwart Meyer langweilt sich

Torhüter sind eine besondere Spezies. 20 Leute gehen auf dem grünen Rasen auf Torejagd und nur zwei Menschen, in der Regel auch noch mit andersfarbigen Pullovern ausgestattet, versuchen zu verhindern, dass Salz in die Suppe des Spiels gestreut wird. Haben sie in ihrer Spielverderber-Rolle nicht genügend zu tun, wird ihnen schnell langweilig. So wie Eimsbüttels Torhüter Willi Meyer, der nach Abschluss der Hinrunde resümiert: „Manchmal wollte sich der Torwächter bereits ‚pensionieren' lassen, denn gegen Concordia und St. Pauli ließ man ihn ohne genügend Beschäftigung." Im Zivilstand bietet der sichere Rückhalt Meyer passenderweise Versicherungspolicen – „nur große und erstklassige Gesellschaften" – an.

Trotzdem beendet der ETV die Serie nur auf Platz zwei, weil ausgerechnet gegen den HSV wenig zusammenläuft. Bis zur 35. Minute steht es an der Hoheluft noch 0:0, doch am Ende siegt der Titelverteidiger mit 5:1, wobei allein Henry Bremer für die Rot-Weißen trifft. Weil er das erste Gegentor verschuldet, nimmt Alfred Heynen die Pleite „zu meinem Schmerze zum großen Teil auf mein teures Haupt". Der Rautenklub ist den Eimsbüttelern vor allem physisch deutlich überlegen. Ein Resultat auch der unbefriedigenden Trainingsbeteiligung vieler Spieler, die neben ihrer Berufstätigkeit oftmals nicht genug Zeit zum Üben mit der Lederkugel finden. „Bei den Übungsabenden sind durchschnittlich sechs Spieler anwesend, bei der darauf folgenden Sitzung durchweg neun bis zehn", zählt der selbst ernannte Sündenbock Heynen nach, der ebenso wie Peick gegen den HSV früh angeschlagen weiterspielen muss. Heynen plädiert nach der Niederlage dafür, die Trainingseinheiten im Sommer „in die Morgenstunden vor Geschäftsbeginn" zu verlegen. Auch ohne Frühsport lässt der ETV dem übrigen

Feld im Alsterkreis wenig Chancen. In der Formation Schlubeck – Heynen, Rosenfeld – Peick, Biggen, Rübecamp – Glet, Wollers, Michelsen, Endruleit, Bremer wird zum Auftakt der FC St. Pauli – der nach der „reinlichen Scheidung" vom St. Pauli-Turnverein erstmals diesen Namen trägt – mit 9:1 deklassiert. Während Keeper Meyer sich mal wieder langweilt, wird der SC Concordia dank einer „jungen, schnellen und schusskräftigen Stürmerreihe" – Durchschnittsalter unter 20 Jahren – 4:0 und 8:0 bezwungen. Ergebnisse, die dem ETV das Lob eintragen, er habe es „glänzend verstanden, aus eigener Kraft, aus seinem eigenen Nachwuchs eine Elf herauszubilden, die Groß-Hamburg und darüber hinaus dem ganzen deutschen Fußballsporte als Vorbild hingestellt werden kann". Auch die „Sportchronik" lobt: „Eimsbüttel hat einen schweren Werdegang hinter sich. Ohne große eigene Mittel, ohne Gönner mit dicken Brieftaschen war Eimsbüttel ganz auf sich angewiesen."

Eine kaum verhohlene Anspielung auf den HSV, dessen sportliche Vorherrschaft Eimsbüttel jedoch (noch) nicht antasten kann. Nach der 1:4-Rückspielniederlage gegen die Rothosen im Dezember ist die Meisterschaft im Alsterkreis entschieden. Turbulenzen gibt es für den ETV noch bei den knappen 1:0-Rückrundensiegen gegen den Wandsbeker FC und den FC St. Pauli. Als Wandsbek in der Schlussphase auf den Ausgleich drängt, sammeln sich Anhänger der Gäste hinter dem Gehäuse von ETV-Keeper Meyer und versehen „jeden Schuss

Eimsbüttel gewinnt bei der Polizei mit 1:0 und wird 1925 hinter dem HSV Zweiter.

mit einem Indianergeheul, um unseren Torwächter nervös zu machen". Auch gegen St. Pauli verlaufen die letzten Minuten dramatisch. Kurz vor Schluss steht es am Millerntor noch 0:0. St. Paulis Fischer ist vom Platz geflogen, Eimsbüttels Heynen hat einen Elfmeter verschossen. Als ETV-Stürmer Wollers mit dem gegnerischen Torwart Bergemann aneinander gerät, weil dieser den Ball aufreizend lange hält, werden beide Kicker vom Platz gestellt. Erni Michelsen erlöst den ETV in der 89. Minute mit dem Siegtor.

1925/26 Hamburger Pokalsieger durch „Golden Goal"

Im Sommer 1925 stehen die Schlussrunden des Hamburger Pokalwettbewerbs auf dem Programm. Eimsbüttel gewinnt im Viertelfinale am 12. Juli durch Treffer von Wollers und Michelsen 2:1 gegen den HSV. „Unser Sturm ging von rechts sofort zum Anstoß durch. Durch einen schönen Überraschungsschuss von Wollers gingen wir in der ersten Minute in Führung. Der Ball war für den Torwächter Blunk nicht haltbar. Durch diesen Erfolg hatten wir zweifellos ein moralisches Plus", fasst die Abteilungszeitung „Der Eimsbütteler" den Blitzstart zusammen.

Außergewöhnliche Trophäe: Für den Sieg im Hamburger Pokal erhält der ETV die Nachbildung einer Hansekogge.

Zwei Wochen später muss der ETV zu St. Pauli Sport, einem der zahlreichen Vorläufervereine von Grün-Weiß Eimsbüttel reisen. Doch über dem Sportplatz Tiefenstaaken entlädt sich ein schauriges Gewitter, das den Schiedsrichter nach einer Viertelstunde zwingt, die Begegnung abzubrechen. Nach einer Woche treffen sich die Vereine erneut, wobei inzwischen eine einschneidende Regeländerung in Kraft getreten ist. Ab dem 1. August 1925 müssen auch im deutschen Fußball bei der Ballabgabe nur noch zwei gegnerische Spieler hinter dem Angreifer stehen, um eine Abseitsstellung aufzuheben – bisher waren drei nötig gewesen. Die neue Regel bewirkt in der Folgezeit eine regelrechte Torflut, doch am 2. August halten sich die Kontrahenten noch zurück. Durch einen Treffer von Michelsen in der zweiten Halbzeit gewinnt der ETV 1:0. Der Zigarettenfabrikant „Manoli" ist schnell am Puls der Zeit und wirft die Marke „Abseits" zu fünf Pfennigen das Stück auf den Markt – jede Packung versehen mit dem „Bild eines bekannten deutschen Fußballspielers". Die Konkurrenz reagiert mit dem Produkt „Zuban-Torwart" – wahlweise mit oder ohne Goldmundstück.

Zwei Wochen nach der Abseits-Premiere auf Tiefenstaaken gewinnt Eimsbüttel in einem dramatischen Finale mit der Formation Meyer – Rosenfeld, Klimpel – Buchner, Kramer, Rübecamp – Flory, Michelsen, Stüwe, Endruleit, Bremer den Hamburger Pokal. Altona 93 wird an der Hoheluft vor 6.000 Zuschauern mit 2:1 nach Verlängerung bezwungen. Das Spiel dauert 128 Minuten, weil nach dem 1:1 in der regulären Spielzeit bis zum nächsten Tor weitergespielt wird. Dann bezwingt Flory, der auch schon das erste Tor erzielt hat, den einstigen Eimsbütteler Wentorf, der inzwischen für Altona zwischen den Pfosten steht. Die „Golden-Goal"-Regel, die in den 1990er Jahren für erhitzte Debatten sorgte, war seinerzeit Usus.

In der Liga hält sich der ETV etwas zurück und wird hinter dem HSV und Victoria Dritter im Alsterkreis, obwohl „Vicky" zweimal geschlagen wird. Beim 7:3-Heimsieg im Derby teilen Flory (4) und Michelsen (3) die Tore unter sich auf. Überflüssige Niederlagen gegen die SV Polizei und St. Georg lassen die Nachbarn in der Tabelle jedoch vorbeiziehen. Zu Saisonanfang verdirbt der ETV zwei Premieren. Am 23. August spielt der FC St. Pauli am Millerntor erstmals auf Rasen, muss sich nach Treffern von Wollers, Rübecamp II und Endruleit aber 0:3 geschlagen geben. Eine Woche später weiht Barmbek-Uhlenhorst seinen Rupprechtplatz – Jahrzehnte später als „Barmbek Anfield" gefürchtet – mit einem 1:5 gegen Eimsbüttel ein.

Durch den Hamburger Pokalsieg im Sommer nimmt der ETV an dem zwischen 1924 und 1928 erstmals ausgespielten norddeutschen Pokalwettbewerb teil. Nach Siegen beim Schweriner FC (3:0 – zweimal Heynen, einmal Endruleit) und dem Hannoverschen SC (1:0 durch Bremer) sieht es so aus, als ob Eimsbüttel sich die Trophäe sichern kann, zumal das Endspiel gegen Titelverteidiger Holstein Kiel an der Hoheluft stattfindet. Doch ein mit starken Regenfällen kombinierter Kälteeinbruch lässt den Platz gefrieren und raubt den Eimsbüttelern praktisch ihren Heimvorteil. Gerade 1.000 Zuschauer sehen, wie der ETV am 13. Dezember 1925 über seinen Eisrasen schliddert und trotz eines Treffers von Endruleit 1:3 verliert. „Bei einem derartigen Boden kommt es nur darauf an, wer vor dem Tore das größere Glück hat, und das war wohl Holstein. Trotzdem war eine etwas größere Energie bei den Kielern zu erkennen und dieses Plus entschied das Spiel", bescheinigt „Der Eimsbütteler" den Gästen einen verdienten Sieg „unter sehr ungünstigen Umständen".

1926/27 **Schwieriger Umbruch**

Ein tiefer Einschnitt lässt den ETV zunächst seine Konkurrenzfähigkeit einbüßen. Flory, Wollers, Michelsen und Endruleit verlassen den Verein, auch Klimpel kehrt nach Harburg zurück. Walter Kramer kehrte dem Verein bereits Anfang 1926 den Rücken, weil er in Berlin einen Arbeitsplatz gefunden hat. Alfred Heynen geht mit seinen Mitspielern hart ins Gericht und diagnostiziert, dass die alte Erfolgsmannschaft „sich vielfach nicht als charakterfest genug erwies, um den Lockungen geschäftstüchtiger Konkurrenten widerstehen zu können".

Großes Geld wird anderswo verdient, wie eine ironische „Anzeige" unterstreicht, die ein Kicker in eine Festzeitung setzt: „Tüchtige ligafähige Fußballspieler finden dauernde Ausstellung bei hohem Gehalt im Sportverein Eimsbüttel." Der 3:2-Sieg über die SV Polizei wird vom „Hamburger Anzeiger" gerühmt, „da Eimsbüttel sein Material nur aus den eigenen Reihen nimmt, starke Spielerverluste auffüllen musste und dem Verein nicht aus sämtlichen Gegenden Deutschlands die Amateure zuliefen". Im Gegenteil befürchtet man in Eimsbüttel die Abwerbungsversuche der Konkurrenz. „Es soll sich schon alles Mögliche an die Lokstedter Grenze begeben haben", notiert Vereinschronist Fritz Maack zu den Ausflügen zahlreicher Späher an die Hoheluft. Sie sehen auch die ersten Auftritte eines talentierten Stürmers namens Otto Rohwedder, der später zum Nationalspieler werden wird.

Das erste deutliche Zeichen, dass der Umbau sich schwierig gestalten wird, erscheint im September am Rothenbaum. Der HSV schlägt Eimsbüttel 12:2 und gewinnt später auch das Rückspiel an der Hoheluft 8:1. Zeitweise muss der ETV sogar um den Klassenerhalt bangen. Der Abstiegskampf veranlasst einen Zeitzeugen, unter dem martialischen Pseudonym „Fremdenführer Drillhahn" zur Dichterfeder zu greifen: „Die Fußballer-Helden, o Schreck, o Graus, / sie sollten beinah aus der Liga hinaus. / Gewaltig hat man sich dann aufgerafft, / zwei fette Siege – sie haben's geschafft. / In Zukunft wird dem Kassierer das Herz in der Hose lachen / und die Tribüne braucht nicht zusammenkrachen."

Vergeblich ist dagegen der Einsatz für die Filmgesellschaft „Lignose", für die der ETV im August 1926 in Büchen ein „Propagandaspiel" gegen Rothenburgsort (2:3) bestreitet: Der Farbfilmproduzent aus Nüssau bei Büchen wird bereits 1928 vom Großkonzern IG Farben übernommen.

1927/28 Jugend schlägt den HSV 21:0

Innerhalb Hamburgs wachsen die Gräben. Gegen den HSV (0:5, 0:9) ist Eimsbüttel chancenlos, auch weil die zweite Begegnung am Tag nach dem Maskeraden-Vereinsfest stattfindet. Da hilft auch die Rückkehr von Torjäger Michelsen nichts, die den ETV sogar vier Punkte kostet, da St. Georg und St. Pauli erfolgreich gegen seine Spielberechtigung protestieren.

Gegner wie der Wandsbeker FC (4:0, 3:1) werden dagegen ohne größere Schwierigkeiten in Schach gehalten. Längst fühlen sich die ambitionierten Klubs, an ihrer Spitze der HSV, in der zweigeteilten Hamburger Stadtliga, die insgesamt 18 Erstligisten enthält, unterfordert. Wer nicht um den Titel spielt, muss frühzeitige Langeweile befürchten. „ETV geht anscheinend mit Energie darauf aus, wieder den so berühmten dritten Platz der Tabelle für sich in Anspruch zu nehmen", stellt eine Zeitung nach dem 4:3 gegen die Polizei fest und bemerkt: „Die Eimsbütteler sind noch lange nicht tot, sondern leben sogar recht kräftig." Am Ende steht wegen der Punktabzüge der vierte Platz.

Zu welchen Hoffnungen der Nachwuchs Anlass bietet, zeigt ein Spiel der „Ersten Jugend", in dem dem ETV ein 21:0 gegen den HSV gelingt. Hauptbeteiligte des Schützenfests am 11. September 1927 sind Glindmeyer (8), Lüdecke (6), Ebeling (3), Hesse (2), Friedrichsen und Menes.

In den späten 1920er Jahren zählen die Spiele gegen die SV Polizei zu den Schlagerbegegnungen. 1927 setzt sich der ETV mit 5:2 gegen die Ordnungshüter durch.

1928/29 In der rebellischen Runde

Auf Einladung der Kurverwaltung von Travemünde bestreitet der ETV am ersten Augustwochenende 1928 ein Turnier auf der Rennbahn auf dem Priwall. Nach einem 4:1 gegen Mönchengladbach wird das Finale gegen Werder Bremen 2:3 verloren. Auch sonst erweitert sich der Horizont. Neun Hamburger Vereine und Holstein Kiel beschließen, die verwässerten lokalen Spielrunden hinter sich zu lassen und eine private Liga zu spielen. Die „Runde der Zehn" hat zumindest teilweise Erfolg: Der norddeutsche Verband beschließt eine Straffung seiner Spielklassen für die anschließende Saison. Der ETV gehört zu den Aufständischen, geht aber „mit der stillen Befürchtung, uns zum Schluss am Ende der Tabelle wiederzufinden", in die rebellische Runde. Ein überraschendes 5:1 gegen Altona 93 zum Auftakt leitet jedoch eine herausragende Serie ein. 5:1 gegen St. Pauli Sport, 5:2 gegen die Polizei, 6:0 gegen Ottensen 07, 2:0 gegen St. Georg durch ein „Masseltor" von Stührk sowie einen Elfmeter von Rohwedder – nach fünf Begegnungen steht Eimsbüttel mit 10:0 Punkten glänzend da und ist „nachgerade ein unangenehmer Gast im Konzert der Zehn" geworden! Der Eimsbütteler Kommentar dazu: „Bei solchen Erfolgen möchte man fast vor dem Neid der Götter bange werden."

Ein 1:5 in Kiel sowie ein 1:4 bei Union 03, bei dem Nissen vom Platz gestellt wird, schmälern jedoch die Aussichten auf den Gewinn der Eliteliga erheblich. Nachbar Victoria wird noch mühsam 2:1 bezwungen, doch zum Abschluss der Einfachrunde wird gegen den HSV gleich mit 0:13 verloren. Tull Harder trifft vierfach für die Rothosen, die ihre Vorherrschaft im Norden eindrucksvoll untermauern. Dem ETV, dem ein Unentschieden zur Vizemeisterschaft gereicht hätte, bleibt aufgrund des bescheidenen Torverhältnisses (31:31) nur Rang vier.

Nach Abschluss der Privatrunde und dem Verbandsbeschluss, für die kommende Serie eine mehrgleisige norddeutsche Oberliga einzuführen, in der die zehn Hamburger SpitzenKlubs eine eigene Staffel bilden, stehen im Frühjahr 1929 nur noch Gesellschaftsspiele auf dem Programm. Da allerdings noch ein offizieller norddeutscher Meister gekürt werden soll, werden 16 Vereine für eine improvisierte Endrunde eingeladen. Dazu zählt auch der ETV, der jedoch bereits im Achtelfinale vor nur 300 Interessierten gegen die SpVgg Hannover 97 mit 2:3 die Segel streichen muss. Auch wenn die Fußballer formell losgelöst vom Gesamtverein agieren, kann der ETV doch erfreut auf eine Entwicklung schauen, zu der er selbst ein kleines bisschen beigetragen hat: 1929 wird Fußball in den Ausbildungsplan für Turnlehrer aufgenommen!

1929/30 „Die Zukunft gehört uns doch"

In der Groß-Hamburger Oberliga bestätigt der ETV den guten Eindruck, den er in der „Runde der Zehn" hinterlassen hat. Nur ein „Mittelläufer von Klasse" wird noch verzweifelt gesucht, zumeist versucht sich Michelsen in der zentralen Position. Ansonsten hat sich ein entwicklungsfähiges Team gefunden, das wieder mit allen Gegnern in der Hansestadt mithalten kann.

Mit 7:1 Punkten gelingt der Saisonstart, auch wenn sich der spätere Nationalverteidiger Ebbe Stührk den Tadel einhandelt, den Gegentreffer beim 4:1 bei St. Pauli Sport durch „unnötiges Dribbeln" verschuldet zu haben. Im nächsten Spiel gegen den HSV ist Stührk überragend und stoppt die Angriffe des Abonnementmeisters an der Hoheluft fast im Alleingang – sein Abwehrkollege Heynen muss nach zehn Minuten verletzt den Platz verlassen. Etwas glücklich gewinnen die Rothosen 1:0, was Eimsbüttels Spieler nicht davon abhält, nach dem Schlusspfiff ein Lied anzustimmen: „Und schlagt ihr uns auch heute noch, die Zukunft, die gehört uns doch".

Hart her geht es im Januar, als Ottensen an der Hoheluft 3:1 geschlagen wird. Auf jeder Seite werden drei Spieler vom Platz gestellt. Beim ETV sind es Voss, Rohwedder und Heynen. Durch den Erfolg qualifiziert sich Eimsbüttel als viertbester Hamburger Verein für die Spiele um die norddeutsche Meisterschaft, wird dort aber vom Pech verfolgt. Auf der Radrennbahn Hannover läuft es gegen Hannover 96 zunächst wie am Schnürchen. Mit schnörkellosem Spiel erwischt Eimsbüttel auf morastigem Boden einen Traumstart, als Michelsen schon nach 30 Sekunden zuschlägt – ein Hannoveraner hatte beim Klärungsversuch zuvor über den Ball gesäbelt. Weber erhöht nach 30 Minuten per Freistoß auf 2:0, doch da zeichnet sich das Unheil bereits ab. ETV-Torwart Voss ist nach zehn Minuten mit einem Schlüsselbeinbruch ausgeschieden, den er sich bei einer Rettungsaktion gegen Hannovers Rechtsaußen zugezogen hatte. Für ihn steht Verteidiger Stührk zwischen den Pfosten und muss kurz vor dem Pausenpfiff zum ersten Mal den Ball aus dem Netz holen. Bicker trifft per Kopf zum Anschlusstreffer.

Nach der Halbzeit hat Rohwedder die große Chance, den alten Abstand wieder herzustellen, doch er schießt einen Handelfmeter über die Latte. In Unterzahl und mit Verlegenheits-Torwart Stührk gehen den Eimsbüttelern nun die Kräfte aus – am Ende hat Hannover 96 mit 5:2 gewonnen und der ETV, bei dem Rechtsaußen Weber eine überragende Vorstellung geboten hat, muss seine Hoffnungen auf den norddeutschen Titel wiederum schnell begraben.

1930/31 Taktisches Aus gegen St. Pauli

Das erste Vierteljahrhundert Fußball beim ETV endet mit einer Enttäuschung. Knapp zwei Monate vor „ihrem" 25. Geburtstag verlieren die Eimsbüttler ein Entscheidungsspiel gegen den punktgleichen FC St. Pauli 3:4. Es geht um die Teilnahme an der norddeutschen Meisterschaft, für die Hamburg gleich fünf Vertreter melden darf – doch nach der Niederlage im Entscheidungsspiel muss der ETV als Sechster zuschauen.

Dabei besitzt Eimsbüttel das bessere Torverhältnis, das jedoch nicht zur Klassifizierung herangezogen wird. Mit 8:1 und 4:3 hat der ETV St. Pauli in der Saison geschlagen, doch aus ihren Pleiten haben die Braun-Weißen vom Heiligengeistfeld offenbar einiges gelernt. Deren Spieler Alex Schmidt erklärt den Erfolg mit einem 2-4-4-System: „Wir spielten mit vier Läufern und vier Spitzen. Mit dieser Taktik kam Eimsbüttel nicht zurecht." Für St. Paulis Kicker ist der Sieg sehr lohnenswert, denn Klubwirt Franz Blunk spendiert daraufhin drei Duschen!

Als die Saison mit dem Kanter-Heimsieg gegen St. Pauli beginnt, ist das bittere Ende noch nicht abzusehen. Der ETV setzt sich in den Derbys gegen Victoria (7:3, 2:2) durch, muss im Herbst aber zwei Auswärtsniederlagen bei den späteren Absteigern SV Polizei (2:4) und SC Unitas (4:6) hinnehmen – für Unitas (heute Urania) ist dies einer von insgesamt nur zwei Siegen. Im Rückspiel rächt sich Eimsbüttel mit einem 11:2 am Kurzzeitgast in der Eliteklasse, doch die überflüssigen Punktverluste wirken nach. Als man im Februar sowohl zuhause gegen Union 03 Altona als auch auswärts beim abstiegsgefährdeten SV St. Georg jeweils mit 2:6 unter die Räder kommt, droht bei einer weiteren Niederlage im letzten Saisonspiel sogar noch ein Entscheidungsspiel gegen den Abstieg. Doch St. Georg wird 3:1 geschlagen, und günstige Ergebnisse auf den anderen Plätzen offerieren Eimsbüttel bei 18:18 Punkten sogar noch die Möglichkeit zur norddeutschen Endrunde – bis St. Paulis Taktik dazwischenfährt.

Die 1929 begonnene Weltwirtschaftskrise verhindert, dass attraktive ausländische Mannschaften an die Hoheluft eingeladen werden. Die freie Zeit nach dem Meisterschafts-Aus vertreibt sich der ETV mit Spielen gegen den Cuxhavener SV, Phönix Lübeck sowie einige Hamburger Mannschaften. Darunter befindet sich auch Nachbar HEBC, der gerade in die Oberliga aufgestiegen ist und mit einem 4:1-Sieg aufhorchen lässt.

1931/32 Rohwedder gewinnt Bundespokal

Am 9. August 1931 kommt es dann auch zum ersten Ligaspiel gegen HEBC, der an der Tornquiststraße aus den „Schott'schen Weiden" des letzten Eimsbütteler Bauern einen Grandplatz gezaubert hat. An der Hoheluft behält der ETV noch mit 5:2 die Oberhand, doch beim Rückspiel im November erzwingt der neue Lokalrivale ein 2:2, muss am Ende der Saison Hamburgs Eliteklasse aber dennoch wieder verlassen.

Der ETV läuft diesmal zielgenau ein und sichert sich mit einem Punkt Vorsprung auf St. Pauli als Fünfter die Teilnahme an der norddeutschen Endrunde. Grundlage für die Qualifikation ist ein fulminantes 6:1 gegen Altona 93 an der Hoheluft, wodurch im Abschlussspiel beim SV St. Georg ein 1:1 genügt, um die Konkurrenz vom Millerntor auf Distanz zu halten.

Zur Ermittlung des norddeutschen Meisters wird nicht mehr auf das K.-o.-System zurückgegriffen, sondern die 16 Teilnehmer in vier Vorrundengruppen eingeteilt. Trotzdem stehen die Chancen der Eimsbütteler schon nach dem Auftaktmatch nahe null. Titelverteidiger HSV, der in der Hamburger Liga bereits 8:2 und 4:0 gewonnen hat, kennt auch diesmal wenig Gnade und schickt den ETV mit 7:1 nach Hause. An der Tormaschine vom Rothenbaum nehmen sich die Eimsbütteler allerdings ein gutes Beispiel. In den übrigen Begegnungen werden der VfB Peine mit 5:1 und der Bremer SV mit 8:1 deklassiert. Doch da sich die Rothosen keinen Ausrutscher erlauben und nur der Gruppensieger in die Endrunde einzieht, ist Platz zwei zu wenig, um das Saisonende noch weiter nach hinten zu verlegen.

Nachsitzen muss nur einer: Otto Rohwedder, der in die norddeutsche Auswahl berufen wird. Am 5. Juni gewinnt das Team den Bundespokal durch ein 2:1 gegen Süddeutschland in Leipzig.

1932/33 Unberechenbarkeit führt beinahe nach Dresden

Wieder reicht der fünfte Platz für die norddeutsche Endrunde, wieder läuft der ETV in der Oberliga Groß-Hamburg als Fünfter ein – und wieder ist es ein Punkt, der St. Pauli als Sechsten nur zuschauen lässt. Da gegen die direkte Konkurrenz im Mittelfeld oft geschwächelt wird – gegen St. Pauli wird zweimal verloren, Victoria und St. Georg siegen an der Hoheluft –, dienen überraschende Erfolge gegen die SpitzenKlubs als Grundlage zur Qualifikation. So wird der di-

Volles Haus beim immer wieder jungen Derby gegen den HSV, der im April 1933 allerdings mit 4:0 gewinnt.

rekte Vergleich gegen den HSV mit 2:1 und 1:1 gewonnen, Auswärtssiege gegen die ebenfalls für die norddeutschen Titelkämpfe qualifizierten Altona 93, Union 03 und Polizei Hamburg unterstreichen die Unberechenbarkeit der Eimsbütteler in diesem Spieljahr. Das 2:0 bei Altona 93 am 19. Februar ist nicht nur von „Schneetreiben mit Unterbrechung und unerwünschter Kälte" geprägt – es ist auch das erste Punktspiel Eimsbüttels, seitdem Reichspräsident Hindenburg den NSDAP-Vorsitzenden Adolf Hitler am 30. Januar 1933 zum Reichskanzler ernannt hat.

Während unter den Nationalsozialisten Vereine wie Fichte Eimsbüttel, die sich in der Arbeitersportbewegung organisiert haben, verfolgt und verboten werden, steht für den ETV der Kampf um den norddeutschen Titel an. Nach einem 4:1 gegen den VfB Peine demonstrieren die Eimsbütteler gegen Altona 93 einmal mehr ihre Unberechenbarkeit. Die 0:5-Niederlage gegen den Groß-Hamburger Vizemeister ist ein Rückschlag, lässt aber noch Chancen offen. Da Altona gegen Werder Bremen verloren hat und Eimsbüttel anschließend gegen die Weserstädter 4:0 gewinnt, stehen der ETV und der AFC nach Abschluss der Mini-Liga punktgleich an der Spitze – und im fälligen Entscheidungsspiel hält Eimsbüttel die Altonaer mit 4:1 deutlich auf Distanz.

Damit ist der Einzug in die Finalrunde der vier Gruppensieger geschafft – schon jetzt der wohl größte Erfolg nach dem Ersten Weltkrieg. Nach einem 1:1 gegen Arminia Hannover und einem hoch dramatischen 5:4 über Holstein Kiel winkt den Eimsbüttelern sogar der Meisterlorbeer. Doch der letzte Gegner ist ein alter Bekannter: Der HSV gewinnt 4:0 und sichert sich im Endspurt doch noch den Titel. Im 35. Spiel der Saison – Freundschaftsspiele eingerechnet – tritt der ETV noch einmal gegen Arminia Hannover um den zweiten Platz in Norddeutschland an, der gleichbedeutend mit der Teilnahme an der deutschen Meisterschaftsendrunde ist. Ausgelaugt verliert Eimsbüttel 0:3 und muss den Leinestädtern die Fahrkarten nach Dresden überlassen, wo die Arminen ihr Achtelfinale gewinnen und erst in der Runde der letzten acht am späteren Deutschen Meister Fortuna Düsseldorf scheitern.

Der VfB Peine ist chancenlos an der Hoheluft – im März 1933 setzt sich der ETV mit 4:1 gegen die Niedersachsen durch.

Einwurf

Eimsbüttel ließ sich nicht „reinlich scheiden"

Die Konflikte zwischen Turnbewegung und Fußballern: Auch ein zeitweiliger Ausschluss aus der Deutschen Turnerschaft brachte den ETV nicht vom Ligafußball ab

Das anderswo zu explosiven Aufeinandertreffen führende Verhältnis von Turnern und Fußballern stellte sich im ETV beinahe wie eine Oase der Friedfertigkeit dar. Trotz seiner pluralistischen Ausrichtung gingen die Konflikte zwischen Turn- und Sportbewegung in Deutschland allerdings auch an Eimsbüttel nicht lautlos vorbei.

Der Eimsbütteler Turnverband, der seinen Namen nicht zufällig wählte, verstand sich von Anfang an als ein Verband, in dessen Reihen verschiedene Formen der Körperertüchtigung Platz finden sollten. Dementsprechend gab es zwar Diskussionen, ob sich der auch im ETV boomende Fußball gegenüber dem klassischen deutschen Turnen womöglich zu stark in den Vordergrund spielen würde – an der grundsätzlichen Berechtigung der Fußballer im Großverband wurde jedoch nicht gerüttelt.

Mit dem 1906 gefassten Beschluss, fortan gegen reine Sport- bzw. Fußballvereine in Ligawettbewerb zu treten, betrat der ETV Neuland. Erst 1910 sollte die Deutsche Turnerschaft (DT) – in der auch der ETV Mitglied war – beschließen, dass ihre Mitgliedervereine auch dem Deutschen Fußball-Bund (DFB) angehören dürften. Bis dahin waren die Eimsbütteler die einzigen „Turner", die in Hamburg Ligafußball betrieben. Erst 1919 gelang mit dem St. Pauli Turnverein einem weiterern Klub aus den Reihen der DT der Sprung in die höchste Hamburger Spielklasse.

„Die Turner bestanden auf eine vielseitige Körperausbildung. Sie sahen im Sport statt einer Vielseitigkeit nur eine Einseitigkeit und Spezialisierung, wobei statt der Gemeinschaft die Leistung betont wird. Auch sei der Sport durch das Rekordstreben ungesund und die Konkurrenz fördere die Erziehung zum Individualismus und zum Egoismus", fasste Erich Beyer die ideologischen Vorbehalte der Turner gegen die britisch inspirierte Sportbewegung zusammen.

Der scheinbare Burgfrieden zwischen DFB und DT war nur von kurzer Dauer. Die DT plante ab 1911 die Ausrichtung einer eigenen Fußballmeisterschaft für ihre Turnvereine und traf damit auf den erbitterten Widerstand des DFB, der ein Monopol auf Fußballmeisterschaften („das Alleinrecht am Fußballsport") für sich beanspruchte. Neben den ideologischen Gräben – deutsch(national)e Turner gegen vermeintlich englisch-undeutsche Kicker – spielten auch Kompetenzgerangel und Machtfragen in dieser Auseinandersetzung eine Rolle. Der DFB jedenfalls verbot seinen Vereinen sowohl den Spielverkehr mit als auch die Platzgabe an DT-Vereine. 1913 reagierte die DT mit einem Verbot für ihre Vereine, dem DFB beizutreten – für die ETV-Fußballer hatte dies zunächst keine praktischen Folgen.

Der lange schwelende Konflikt wurde trotz fortwährender Verhandlungen erst nach dem Ersten Weltkrieg 1921 kurzzeitig gelöst. Für die Dauer von zwei Jahren vereinbarten die Kontrahenten den Verzicht der DT auf eine eigene Meisterschaft sowie die Aufnahme der DT-Fußballabteilungen in den DFB. 1922 wurde im Hamburger Fußball sogar auf Auf- und Absteiger verzichtet, um das von den Turnern kritisierte Wettbewerbsdenken und die damit verbundene Härte einzuschränken.

Der Kompromiss erwies sich jedoch als fragil und wurde von beiden Seiten schon bald in Frage gestellt, ehe er Ende 1923 zerbrach, als die DT ihre Mitglieder ultimativ aufforderte, entweder aus dem DFB auszutreten oder die Turnerschaft zu verlassen. Eine unter dem Begriff „reinliche Scheidung" gefasste Zuspitzung, die wohl auch daraus resultierte, dass die Turnerschaft gegenüber den attraktiven Spielsportarten nach Mitgliederzahlen immer stärker ins Hintertreffen geriet. Ins Abseits stellte sich die DT aber auch mit ihrer Forderung nach einem Olympia-Boykott, „solange ein Feind auf deutschem Boden stünde".

Die ideologische Sterilität war nicht die Sache des ETV, der das Bestreben der Turnfunktionäre um eine möglichst vielseitige körperliche Betätigung allerdings teilte und seine Mitglieder dazu anhielt, nicht bei einer einzigen Sportart „stehen zu bleiben". Dafür den DFB zu verlassen, kam jedoch nicht in Frage. Stattdessen organisierte Fußball-Abteilungsleiter August Bosse, der zugleich Vorsitzender des Norddeutschen Fußball-Verbands war, eine an zehn Vereine gerichtete konspirative Umfrage, die die Stimmungslage zur Gründung eines alternativen Turnverbands erörtern sollte. Dort sollten sich diejenigen Turn-

Vielseitig: Dass Eimsbüttels Kicker am Ball nicht stehen blieben, zeigt eine Urkunde, die Otto Rohwedders leichtathletische Leistungen würdigt. Neun Akteure der Meistermannschaft von 1934 besitzen das Deutsche Sportabzeichen.

vereine versammeln, die sich gleichzeitig auch in anderen Sportverbänden organisieren wollten. Ein Affront gegen die DT, der nach Bekanntwerden – ein Kieler Turnverein, der das brisante Schreiben erhalten hatte, meldete dies „treudeutsch" der Turnerschaft – in großen Turbulenzen mündete. Gemeinsam mit dem ebenfalls renitenten St. Pauli Turnverein (dessen Fußballer fortan unter dem Namen FC St. Pauli antraten) wurde Eimsbüttel am 18. September 1924 aus der DT ausgeschlossen. „Einem solchen Zwang können und wollen wir uns nicht unterwerfen, wir wollen bei diesem schädlichen Kampfe der Verbände um die Macht die turnerischen und sportlichen Belange der Einzelnen nicht antasten lassen", protestierte ETV-Gesamtvorstands-Mitglied Julius Sparbier gegen die Maßnahme. Es waren eher prinzipielle Motive, unter einem Dach die verschiedensten Disziplinen verfolgen zu wollen, als ideologische Gräben zum Kurs der DT, wie eine weitere Anmerkung Sparbiers verdeutlichte: „Was wir im deutschen Turnen suchen und immer in der D.T. finden wollten, war nicht vor allem der Wettkampf und das Wettspiel, sondern die gemeinsame völkische Arbeit zum Besten unseres deutschen Volkes."

Die Lösung der kniffligen Situation lag in der Auslagerung der nicht turnenden Sportler, die im Mai 1924 als „SV Eimsbüttel" selbstständig wurden, gleichzeitig aber auch im Gesamtverband ETV verblieben. Ein bis Anfang 1934 aufrechterhaltener Verfahrenstrick, der die Wiederaufnahme des ETV in die Deutsche Turnerschaft unter Gesichtswahrung aller Seiten und gleichzeitig den Verbleib der Fußballer im DFB-Ligasystem ermöglichte. 1930 wurde die „reinliche Scheidung" wieder aufgehoben, die in Eimsbüttel niemals Geltung fand. Über den Gräben stehend, sagte man sich dort: „Wo wi to hop heft stahn, hett uns noch nüms wat dahn." Etwas frei ins Hochdeutsche übertragen: Wo wir gemeinsam standen, kamen wir noch nie zuschanden.

Porträt

Otto Rohwedder

Was bei Altona 93 Adolf Jäger und beim HSV Tull Harder, das war beim Eimsbütteler TV Otto Rohwedder. Ein begnadeter Torjäger, der auch abseits des Platzes über ein Charisma verfügte, das ihm heutzutage wohl die Bezeichnung „Kultfigur" einbringen würde.

Der vielgesichtige Stürmer war athletisch gebaut, bestach gleichzeitig aber auch durch seine Schnelligkeit und Wendigkeit.

Der am 3. Dezember 1909 geborene Rohwedder trat kurz nach Ende des Ersten Weltkriegs dem ETV bei und avancierte schnell zu einer Nachwuchshoffnung, die sich auch bewähren sollte. Schon als 16-Jähriger spielte der linke Halbstürmer in der Ligamannschaft. Die Mischung aus „Größe, Kraft und Spielintelligenz und gewaltiger Schusskraft in beiden Beinen" beeindruckte die Beobachter, die aber auch monierten, dass er ein „mitunter aber etwas langsamer Spieler" sei.

Dass er nach dem Zweiten Weltkrieg als Trainer mit obligatorischer Aktentasche unterm Arm so haargenau dem Klischee der Adenauer'schen Aufbaujahre entsprach, muss verwundern. Denn in seiner Zeit als Spieler schnackte Rohwedder, wie ihm der Schnabel gewachsen war. Er sei „mit der großen Gabe des Humors ausgezeichnet", bemerkten Zeitgenossen – die Schiedsrichter merkten dies nicht immer, wovon einige Platzverweise wegen Meckerns zeugen. Weniger Probleme hatte er mit gegnerischen Spielern. Als die 1,90-Meter-Hüne mit dem „mächtigen Körper" das Wortgefecht mit einem Torwart durch einen kräftigen Tritt in dessen Allerwertesten nachdrücklich zu beenden trachtete, wunderten sich die Beobachter, als sie die beiden Kontrahenten nach Spielschluss an der Theke munter miteinander plaudern sahen.

Rohwedder kombinierte Lebenslust und Launigkeit, was ihn eher zur schillernden Figur denn zur soliden Größe in der Nationalmannschaft befähigte, in der er zudem auf dem Posten des Mittelstürmers eingesetzt wurde. „Wenn er seinen Tag hat, dann dribbelt er, wie es kein Szepan besser kann", stellte ihn das

„Wie kein Szepan es besser kann": Der unberechenbare Otto Rohwedder.

Programmheft für das deutsche Länderspiel gegen Belgien am 25. April 1937 vor. „Technisch sehr gut, leider unberechenbar. Ein ungeschliffener Diamant", urteilte indes „kicker"-Chef Friedebert Becker über Rohwedder, der ihm „trotz Körperkraft fast schüchtern" erschien.

Von seinem Länderspiel-Debüt in Dänemark am 27. Oktober 1934 berichtete Rohwedder zwar, er sei blendend aufgenommen worden und hätte sich neben Schalke-Idol Fritz Szepan sehr wohl gefühlt – doch in der Nationalmannschaft fehlte ihm meist die vertraute Umgebung seiner Eimsbütteler Umgebung.

Zwei weitere Male kickte Rohwedder noch für Deutschland: Am 30. Juni 1935, als er beim 1:3 gegen Schweden das einzige deutsche Tor erzielte, und am 25. April 1937 beim 1:0 gegen Belgien.

1939 kehrte der Blonde mit kaufmännischer Ausbildung dem ETV den Rücken und schloss sich ausgerechnet dem Lokalrivalen HSV an. Nach dem Zweiten Weltkrieg trainierte er unter anderem den Post SV Hamburg.

Otto Rohwedder starb am 20. Juni 1969 im Alter von 59 Jahren.

Einwurf

Zweimal Bronze
Der ETV in den Endrunden um die norddeutsche Meisterschaft

Zwischen 1922 und 1933 nimmt der ETV fünfmal an den Endrunden zur norddeutschen Meisterschaft teil, die gleichzeitig als Qualifikation für die Endrunde zur Deutschen Meisterschaft dienen. In 19 Begegnungen sind bei zwei Unentschieden neun Siege und acht Niederlagen zu verzeichnen. Die besten Platzierungen erreicht Eimsbüttel bei der ersten und der letzten Teilnahme: 1922 und 1933 steht jeweils Rang drei zu Buche, nur haarscharf wird die Qualifikation für die Deutsche Meisterschaft verpasst. Die Spiele im Einzelnen:

Im März 1933 sichert sich der ETV mit einem 4:1 im Entscheidungsspiel über Altona 93 erneut den Einzug in die Endrunde um die „Norddeutsche". Hier eine turbulente Szene vor dem Eimsbütteler Tor.

1922 (3. Platz)		**1930 (Achtelfinale)**		Werder Bremen	4:0
Holstein Kiel	0:4	Hannover 96	2:5	Altona 93	4:1
Arminia Hannover	3:0	**1932 (Vorrunde)**		Arminia Hannover	1:1
ABTS Bremen	3:2	Hamburger SV	1:7	Holstein Kiel	5:4
Lübecker BV	3:1	VfB Peine	5:1	Hamburger SV	0:4
SV St. Georg	2:2	Bremer SV	8:1	Arminia Hannover	0:3
Hamburger SV	0:1	**1933 (3. Platz)**			
1929 (Achtelfinale)		VfB Peine	4:1		
Hannover 97	2:3	Altona 93	0:5		

Doku

„Das Glück, einen kleinen Wal zu erblicken"

Auf großer Überfahrt: Torwart Willi Meyer über „Eimsbüttels Ligamannschaft in Norwegens Fjorden"

Zu den Höhepunkten eines Fußballers in den 1920er Jahren zählen zu Ostern oder Pfingsten unternommene Auslandsreisen mit einer Reihe von Freundschaftsspielen. Im Frühjahr 1925 dauert Pfingsten für die Eimsbütteler Kicker besonders lange: Vom 26. Mai bis zum 7. Juni reist der ETV nach Norwegen, um fünf Begegnungen gegen Brann Bergen (2:2), Djerv Bergen (4:3), FC Aalesund (3:1), Rollow FK Aalesund (2:1) und Skjold Drammen (1:1) zu bestreiten. „Besonderen Reiz erfährt die Reise dadurch, dass sich eine Anzahl Vereinsmitglieder als Schlachtenbummler anschließen werden", vermeldet der „Hamburger Anzeiger" im Vorfeld – und tatsächlich treten angesichts der Fülle von Eindrücken die Ergebnisse rasch in den Hintergrund. Für die Vereinszeitung fasst Liga-Torwart Willi Meyer seine Impressionen zusammen, die nachfolgend in gekürzter Form wiedergegeben werden:

„Kong Gudröd", so heißt der „Wellenbrecher", der uns Eimsbütteler am Dienstag, den 26. Mai, aus den Regionen des Freihafens nach dem Norden entführte. Die Barkasse bringt uns bei hohem Wellengang an Bord und als es dann fortgeht, hatte sich eine stattliche Anzahl Anhänger eingefunden, um uns allen „Segen" mit auf die „Weltreise" zu geben, die aber wirklich zu einer herrlichen, unvergesslichen Reise wurde. – Blankenese, Schulau, rasch geht es vorwärts und in der Ferne blinken noch die alten, lieben Türme des „Michel" und von „St. Nicolai". Der Kaiser-Wilhelm-Kanal wurde passiert und langsam taucht dann auch Cuxhaven auf, wo es hinein in das weite Meer geht; – dort, wo vor Jahresfrist die „Helgoland" auf der Fahrt nach Helgoland ihre Eimsbütteler Besatzung „schweren Tribut" an Poseidon zahlen ließ!

Dann wird es Zeit zum Schlafen und der folgende Morgen sieht uns alle bei fröhlicher Kaffeetafel. Wurst, Dosenfleisch, Käse, „getrocknete, braune Schokolade", der Appetit war noch nicht richtig vorhanden. Lustige Weisen ertönen; hier wird geskatet, dort ist Stüwe als Stepptänzer tätig und dann fangen die Leutchen eine „Schinkenkloppenschlacht" an. Na, Spaß muss sein, meinten einige harte Schläger und so verabreichte man Dolly zwei kleine „Kitzler", die ihn zum „Motordefekt" zwangen; Werner Rosenbusch aus Kiel verlor das Zusammenhalten der Nähte auf der „Richtbank" und musste zu Erni in Behandlung. Zum Abendessen war jeder kräftig bei der „Arbeit". Draußen wird es jetzt ungemütlich; die Wellen werden munterer, denn wir sind inzwischen im Skagerrak und das Schiff legt sich bedenklich auf die Seite. Einige blasse Gesichter sieht man schon wandeln.

Donnerstag, 28. Mai. Gegen 3 Uhr nachmittags Flekkefjord. Das erste typische Bild einer norwegischen Landschaft! Die Einfahrt in den Hafen ist unbeschreiblich schön. Links und rechts fallen die hohen Felsen steil in das Meer; Wasserfälle stürzen hernieder. Einige kleine Häuschen am Bergeshang erhöhen den malerischen Reiz dieses idyllischen Bildes. Ein kurzer Spaziergang durch das Städtchen, Geldwechseln, Post in die Heimat, und weiter geht es in Richtung Stavanger.

Freitag, 29. Mai in Stavanger. Das Schiff wird uns allmählich zur Heimat, – noch immer Wasser, – Wasser –! Um 8 Uhr wird geweckt. Ein freundlicher Beamter stempelt „Paskontrol". Die Wellen spielen lustig im Sonnenschein, – tragen weiße Kämme, wenn sie sich an den Schären brechen. Weiße Kämme! – Zur Feier des Tages, denn Willi Boye hat heute seinen Namenstag und bei der Mittagstafel überreicht die Mannschaft ihm einen silbernen, gravierten Erinnerungsbecher zum Andenken an seinen Geburtstag und an die Reise. Nach glänzender Fahrt zwischen den Fjorden erreichen wir um 1 Uhr Haugesund. Von Bord Einkäufe, ein Glas „Lands-Oil", nein, „Pilsener-Oil" auf das Wohl des Geburtstagskindes und weiter geht es in Richtung Bergen, unserem ersten Ziel.

Pfingstsonnabend, 30. Mai in Bergen. Nach reichlicher Kaffeetafel geht es vormittags mit der Seilbahn auf die hohen Berge. „Flöien" heißt das hübsch gelegene Restaurant, wo wir zur Rast einkehren. Von dieser Bergeshöhe hatten wir einen reizenden Ausblick über die Stadt und in der Ferne sahen wir am Bergesabhang das „Brann-Stadion" liegen, wo wir dann am Nachmittage gegen den norwegischen Fußball-Altmeister anzutreten hatten. Pfingstsonntag ging es zu einem von „Brann" veranstalteten Essen und am Pfingstmontag trafen wir auf den erwähnten zweiten Gegner „Djerv"; abends hatten wir in unserem Hotel nach den Spielen eine kleine, harmonische Siegesfeier und am Dienstag waren die Djerv-Spieler noch einige Stunden fröhlich mit uns zusammen. Mittwoch, 3. Juni in Aalesund. Nach einem feudalen Mittagessen begab sich alles auf eine kleinere oder größere Wanderung. Stüwe, Rübecamp und ich hatten eine etwas größere Tour vorgesehen, nämlich über das Inselchen Slindingen nach dem schneebedeckten „Sulo", aber leider trennte uns das Hessoy-Fjord den Weg ab und so konnte aus der angesetzten „Schneeballschlacht" nichts werden. Wir wurden aber reichlich entschädigt, denn nach einigen photographischen Aufnahmen begegneten wir einem alten Fischer, der uns das Wohnhaus einer deutschen Familie Rondtke verriet, wo wir auf das Herzlichste bewirtet wurden und einige äußerst angenehme Stunden verlebten. Man kann sich wohl die Freude denken, hier auf dem verlassenen Inselchen Deutsche zu treffen.

Am Donnerstag, 4. Juni, gab es eines der herrlichsten Erlebnisse; eine Autotour in die Berge! Unser norwegischer Freund Dahl-Shoyg zeigte uns bei einer rasenden Autofahrt an den Bergabhängen entlang die Schönheiten der Umgegend. Borgundfjorden – gewaltig blicken die Schneekuppen herüber, – ein Berg lugt hinter dem nächsten hervor –, wie im Film wechseln die Bilder; kaum kann das Auge die vielen Naturschönheiten fassen. Auf der „Stromsbroen", einer hohen Steinbrücke, wird Rast gemacht und hier hatten wir das Glück, einen kleinen „Wal" zu erblicken. Alleine konnten wir kaum auf die Straße gehen, denn wer kannte nicht in Aalesund die deutschen Sportler? Unsere blauen Mützen mit dem schmucken E.T.V.-Fähnchen waren überall bekannt und ein Rudel von Menschen bestaunte uns „kleine Fürsten". Eine Einladung folgte der anderen und so gestaltete sich der Aufenthalt in diesem Städtchen zu der angenehmsten Erinnerung; selbst die Vertreter des schönen Geschlechts hielten mit ihrer Zuneigung nicht zurück und die Begleiter der Expedition hatten viele Mühe, – aber keine Sorge –, ihre Schäfchen manierlich beisammenzuhalten. Die letzten Stunden in Aalesund, wo unser früherer deutscher Kaiser des Öfteren weilte und auch sehr verehrt wird, brachten verschiedene Abschiedsfeiern, an die wir gerne zurückdenken. Willi Boye konnte sich an das Alkoholverbot schlecht gewöhnen, denn zu dauernden Magenbeschwerden gehört dauernd „Kognak", ein Wort, das alle Norweger aufhorchen lässt, aber nur in der Apotheke, vom Arzt verschrieben, greifbar ist. So trat denn der Reiseonkel den Weg zum Arzt an, mit „heftigen Magenschmerzen", und wahrhaftig erscheint der „Manager" und noch sonst jemand mit Rezept und – mit dem „Dreistern-Kognak"!! „Nix Alkoholverbot, tyske Kollega kriegt alles", stottert Willi „fließend" norwegisch! Na, das Abschiedfeiern ist oft komisch und ein kleiner, verschwiegener Klub hatte in einer Privatgesellschaft die reizende Apothekerlaborantin als Tischdame und die Lieferquelle war oder wäre erschlossen gewesen!?

Rot-weißer Faden 3
1933 bis 1945
Wer ist Schalke? – Die Erfolgsjahre

1933 bis 1945

1933/34 **Die erste Gaumeisterschaft**

Eine der ersten sportpolitischen Maßnahmen des NS-Regimes ist die Zentralisierung der Spielklassen, mit der eine Konzentration der Kräfte erreicht werden soll. Die Vielzahl höchster Ligen auf schmaler regionaler oder gar lokaler Basis wird durch 16 Gauligen ersetzt, deren Meister künftig die Endrunde um die Deutschen Meistertrophäe „Viktoria" bestreiten (siehe Einwurf „Endrunden"). Die Hamburger Vereine finden sich mit schleswig-holsteinischen und Mecklenburger Klubs in der Gauliga Nordmark wieder.

Im ersten Kräftemessen mit dem HSV unter neuen Ligabedingungen lässt der ETV erahnen, dass eine Wachablösung möglich ist. Mit Müh und Not bringt der Rautenklub in einer turbulenten Schlussphase ein 3:2 über die Runden. Unheil droht indes, als das bewährte Abwehrduo auseinander bricht: Stührk verletzt sich, Endruleit legt sich mit der Vereinsführung an und kehrt dem Klub den Rücken.

Mit wackliger Hintermannschaft gelingt nur ein 3:3 in Kiel. „Hoppla, Eimsbüttel?", wundert sich das Fachblatt „Fußball". Doch die Rot-Weißen geraten nur bedingt ins Trudeln. Nach einem mühsamen 2:1 gegen Polizei Hamburg gelingt mit einem 8:1-Kantersieg bei Schwerin 03 der Sprung an die Spitze. Es folgen ein 3:1 gegen die „Lübecker Marzipanmänner" („Fußball") und ein 7:1 im Rückspiel gegen die Polizisten, ehe am 4. Februar 1934 erneut ein Gipfeltreffen mit dem HSV ansteht.

Gegen die Elf vom Rothenbaum ist das Fehlen der etatmäßigen Abwehr jedoch ein entscheidendes Handicap. Neben Hermes springt Läufer Rohde als Verteidiger ein. Beide geraten jedoch in arge Schwierigkeiten. Otto Rohwedder trifft zwar nach einer Viertelstunde mit einem an ihm selbst verschuldeten Elfmeter zum 1:0, doch zur Pause liegen die Rothosen bereits mit 3:1 vorn. Kein Mittel finden die Eimsbütteler insbesondere gegen den überragenden Rudi Noack, der kurz danach wegen eines „Verstoßes gegen Amateurgesetze" vorübergehend gesperrt wird. „70-prozentig hat die Verteidigung das Spiel verloren", taxiert „Fußball" nach dem ernüchternden 2:5.

▲ Den HSV abgehängt: Eimsbütteler Freude nach der Gaumeisterschaft.

▼ Sie läuten die „Eimsbütteler Tage" ein: stehend v. l. Trainer Risse sen., Ahlers, Panse, Rohwedder, Lüdecke, Stührk, Timm, Schindowski, Walter, Weber, Obmann Wachsmuth. Sitzend: Kleikamp, Böhlke, Rohde.

Beim mühsamen 1:0 in Altona, das Herbert Panse eine Viertelstunde vor Schluss auf Zuspiel von Rohwedder sichert, feiert Ebbe Stührk – noch angeschlagen – sein Comeback. Wegen seines besseren Torverhältnisses – das erstmals zur Entscheidungsfindung herangezogen wird – besitzt der HSV aber nach wie vor die besseren Karten. Doch Holstein Kiel sorgt mit einem 6:2 über die Rothosen für großen Jubel auf dem Tribünensportplatz, wo sich der ETV zeitgleich souverän der Aufgabe Union 03 Altona (6:0) entledigt hat.

Nun reichen drei Punkte aus den beiden noch ausstehenden Spielen. Doch der nächste Gegner heißt – Holstein Kiel! Zahlreiche HSV-Anhänger befinden sich unter den 8.000 Zuschauern in Eimsbüttel, um „mit ziemlichem Stimmenaufwand" („Fußball") die Holsteiner zu unterstützen. Der ETV geht mit einer vorsichtigen Taktik zu Werke. Zur Halbzeit ist noch kein Tor gefallen. Nach 49 Minuten geht Walter Weber die Linie entlang und passt auf Panse, der „unter ungeheurem Beifall" das 1:0 markiert. Zwar gelingt Kiel bald der Ausgleich, doch ein Unentschieden würde den Eimsbüttelern reichen. Der genesene Ebbe Stührk krönt seine Glanzleistung, als er kurz vor Schluss einen Schuss des Kielers Ritter im Fallen von der Linie köpft und seinem Team somit das wichtige 1:1 rettet. Herausragend agieren Stührks Abwehrpartner Hans Rohde, Torwart Böhlke sowie der fast überall zu findende Rohwedder.

Ein 3:0 bei Wilhelmsburg 09 macht die erste Meisterschaft seit 1922 perfekt. 7.000 Zuschauer, darunter laut Zeitzeugen auch drei Brasilianer „in echt südamerikanischem Temperament", sehen bei strömendem Regen, wie Rohwedder (35.) den ETV auf dem engen Platz in Führung bringt. Nach dem Seitenwechsel drängt Wilhelmsburg, vom Wind unterstützt, auf den Ausgleich. Rohwedder, Maack und Mohr, eigentlich fürs Toreschießen vorgesehen, helfen immer wieder hinten aus. Als die Kräfte der Elbinsulaner schwinden, serviert Weber eine Flanke auf Hanno Maack (Spitzname „Hanomag"), der mit einem wuchtigen Schuss unter die Latte für die Entscheidung sorgt. Webers 3:0 setzt den Schlusspunkt. Als der Schiedsrichter abpfeift, hält es keinen mehr in Reih und Glied. Das Magazin „Fußball" schildert, wie die Eimsbütteler Anhänger „die Absperrung der SA durchbrachen und ihre Lieblinge auf die Schultern hoben".

Dass man von Spielern nicht sofort nach dem Abpfiff fundierte Analysen erwarten kann, demonstrierte nicht erst SAT.1, sondern schon 1934 der Berichterstatter des „Fußball", der sich Ebbe Stührk noch auf dem Wilhelmsburger Rasen vornahm. „Wir haben's doch geschafft", sind die einzigen Worte, die der ETV-Kapitän unmittelbar nach dem Titelgewinn herausbringt. Redseliger dürfte er gewesen sein, als am Abend im mit der Vereinsfahne beflaggten Winterhuder Fährhaus gefeiert wird.

1934/35 Titelverteidigung im Torrausch

Vor der Saison wechselt Walter Weber zu Altona 93, dafür kommt Erni Timm von Union 03 Altona, um neben Stührk in der Abwehr zu spielen. Der damalige Aushilfs-Verteidiger Rohde ist damit wieder für Offensiv-Aufgaben in der Läuferreihe oder im Sturm frei.

Aufsteiger FC St. Pauli wird mit 4:0 deutlich in die Schranken gewiesen. Der 20-jährige Böhlke wird inzwischen sogar als deutscher Nationaltorwart gehandelt und im Sommer vom DFB als einer von sechs möglichen Keepern für die 1936 in Berlin stattfindenden Olympischen Spiele nominiert. „Eleganter, ehrgeiziger Torwart, dem noch die taktische Reifung fehlt", urteilt „kicker"-Herausgeber Friedebert Becker – bisweilen neigte Böhlke wohl zu etwas forschem Herauslaufen.

Zu einem Einsatz im DFB-Team kommt der im ETV-Tor oftmals Unterbeschäftigte allerdings nie.

Bei Polizei Lübeck liegt der Meister nach einer halben Stunde 0:2 hinten. Zwar gleicht Rohwedder noch vor der Pause mit zwei Treffern aus, doch es dauert bis zur 82. Minute, ehe die Eimsbütteler Weste im von Sturm

Torwart „Bubi" Böhlke in einer zeitgenössischen Karikatur.

und Regen geprägten Spiel wieder symbolisch „weiß" ist. Ebbe Stührk übt sich einmal mehr in der Rolle als Offensivverteidiger und verwandelt ein Zuspiel von Mohr zum 3:2-Siegtreffer. „Seine Mitspieler umarmen ihn… Die dicht besetzte Tribüne droht einzustürzen… Man hört sein eigenes Wort nicht mehr…", schildert der „Fußball", für den der ETV nach dem 8:0 gegen Union 03 Altona wieder als „hoher Favorit auf den Meistertitel" gilt: „Die Mannschaft spielt mit Kraft und Überlegung, sie hat eine einwandfreie Ballbehandlung und macht einen gut trainierten Eindruck."

Ein erster Dämpfer folgt im Derby gegen Victoria, das trotz einer 2:0-Führung durch Panse und Rohde 2:2 endet. Rohwedder muss mit einer schweren Schulterprellung den Platz verlassen, auf dem der Vater des Hamburger Fußballdenkmals, Erwin Seeler, die Überzahl in zwei Treffer ummünzt. Da sich neben Rohwedder auch noch Mohr verletzt, muss Trainer Michelsen – der just in Berlin die Fußballlehrer-Prüfung mit „sehr gut" bestanden hat – im Sturm umstellen. Mittelläufer Lüdecke rückt nach vorn und schießt nach nur fünf Minuten das 1:0 gegen Polizei Hamburg, die schließlich 5:1 geschlagen wird.

Rohwedder fehlt auch noch gegen Holstein Kiel. Der Stürmer liegt mit hohem Fieber im Bett, die 1:2-Niederlage seiner Kollegen im Spitzenspiel wird die Genesung nicht vorangetrieben haben. In der Schlussphase versucht der ETV alles. Von einer geordneten 2-3-5-Formation mit fester Aufgabenverteilung kann keine Rede mehr sein. „Die Anstrengungen der Eimsbütteler sind unmenschlich. Lüdecke geht auf den Mittelläuferposten, Rohde in den Sturm und Wolter rechter Läufer. Es klappt nicht… Zehn Minuten vor Schluss tauscht Stührk mit Rohde… Aber die Kieler halten eisern den Vorsprung und sind schließlich mit 2:1 verdienter Sieger." („Fußball")

Als Entschädigung für ihre erste Niederlage servieren die Eimsbütteler dem Publikum bei nächster Gelegenheit „Kaviar fürs (Fußball-)Volk". Der HSV wird 8:3 geschlagen und dabei „im Prachtstil überspielt". Weil der HSV sich mit einem 4:2 gegen Tabellenführer Kiel zurückmeldet, wird der ETV durch ein 5:0 über Altona 93 sogar Herbstmeister.

In der Rückrunde brennt nichts mehr an. Die Niederlage gegen Kiel bleibt die einzige der Liga-Saison. Februar-Siege beim HSV (2:1) und bei Holstein Kiel (3:1) sorgen für eine Vorentscheidung, bis zum letzten Spieltag bleibt der ETV ohne weiteren Verlustpunkt, ehe er sich im Derby bei Victoria ein 2:2 erlaubt.

1935/36 **Titel-Hattrick mit nur einer Niederlage**

Nachdem 1934 bis zum März und 1935 bis zum Februar gezittert werden musste, lässt der ETV diesmal von Beginn an nicht den leisesten Zweifel aufkommen, dass der angestrebte Titel-Hattrick gelingen wird. In 18 Spielen stehen 17 Siege zu Buche. Allein bei Altona 93 wird im November 3:4 verloren, auch weil Verteidiger Ebbe Stührk nach einer halben Stunde verletzt ausscheidet. „Über Bahrenfeld brauste nicht mehr der rot-weiße Sturmwind, der in seiner Plötzlichkeit und Stärke so große Verwüstungen angerichtet hatte", heißt es nach dem Spiel ausnahmsweise – gewöhnlich sind die Berichterstatter voll des Lobes für den ETV.

Der dominiert das Feld souverän. Nach einem lockeren 7:1-Aufgalopp bei Aufsteiger Sperber wird auch beim HSV „eindeutig und unerbittlich" 7:0 gewonnen, was den „Fußball" zur Frage veranlasst: „Zweimal erkämpfte Eimsbüttel den stolzen Meistertitel. Wird sie ihn diesmal erspielen?"

Auch der „Rekruten-Abschied", der nach einem 6:0 gegen Holstein Kiel begangen wird, kann den ETV nicht stoppen. Böhlke, Mohr, Rohde und Panse

Im Februar 1936 feiert der ETV auf hohem Schneeboden einen 10:3-Sieg über Phönix Lübeck.

werden vom sich zum Zweiten Weltkrieg rüstenden Militär eingezogen, was allerdings recht unterschiedliche „Auszeiten" mit sich bringt. Während Rohde ins ferne Döberitz gerufen wird, macht sich Panse „mit der Pappschachtel über die Elbbrücken", um bei einem Harburger Truppenteil Dienst zu tun. Nach nur drei Tagen in der Kaserne erhält der Goalgetter, der im Kalenderjahr 1935 die stolze Quote von 37 Toren in 29 Einsätzen erreicht, zum Derby Urlaub – und trifft gegen Victoria gleich viermal. Eimsbüttel gewinnt 7:0, obwohl Timm in der zweiten Halbzeit mit gebrochenem Zeh den Platz verlassen muss. „Wundervoll genaues Zuspiel, lange Pässe, blitzschneller Seitenwechsel, exakte Ballbehandlung eines jeden einzelnen Spielers", lobt die Presse nach den drei Siegen mit 20:0 Toren gegen die renommierten Gegner.

Dass auch gegen eine Übermannschaft, wie Eimsbüttel sie in dieser Serie darstellt, das eine oder andere Kraut gewachsen ist, demonstriert ausgerechnet Underdog Union 03 Altona. Die „Jonier" ziehen einen ihrer fünf Stürmer in die Defensive zurück und müssen sich erst in der Schlussphase 3:4 geschlagen geben. Gerade gegen die vermeintlich Schwächeren kann der ETV nicht immer die Erwartungen des Publikums erfüllen – wie zumindest ein zeitgenössischer Beobachter vermutet: „Eimsbüttel ist eine Mannschaft für große Kampfspiele. In diesen kann sie hinreißend und begeisternd wirken. Kein Gegner ist groß und stark genug, um nicht in einer solchen Entscheidung von den Eimsbüttelern niedergerungen zu werden. In den so genannten kleinen Spielen aber will der Zuschauer etwas anderes sehen. Er erwartet technische Feinheiten, ein gepflegtes Zusammenspiel, kurz alles das, was man die Kultur des Fußballspiels genannt hat."

Zumindest der Torhunger der Zuschauer wird in der Rückrunde beim 10:3 gegen Phönix Lübeck gestillt, und auch an Altona 93 wird durch Rohwedder und Panse etwas glücklich mit 2:1 Revanche genommen.

1936/37 **Zweistellig in Altona**

Wenig eindrucksvolle Auftaktsiege über Phönix Lübeck (4:2) und beim FC St. Pauli (3:2) lassen erahnen, dass die vierte Meisterschaft in Folge ein schwieriges Unterfangen wird. Tatsächlich hat der HSV zu alter Form gefunden und fährt mit sechs Zählern Vorsprung auf Holstein Kiel seinen ersten Gauliga-Titel ein. Dem ETV bleibt mit 23:13 Punkten Rang fünf, knapp hinter Victoria und dem FC St. Pauli.

Dafür schießt Eimsbüttel die ersten Tore in Hamburg-Altona – zumindest die ersten gegen Altona 93. Die preußische Gemeinde ist durch das „Groß-Hamburg-Gesetz" in die Hansestadt eingemeindet worden. Weil im Januar wegen der Witterung nicht gespielt werden kann, gastiert der ETV am 7. Februar als erster Verein in Hamburg-Altona – und begrüßt die neuen Stadtbürger gleich mit einem 10:0-Sieg. Der einstige Altonaer Tappken trifft dabei gleich fünfmal, nach anderen Quellen gar sechsmal für seine neuen Farben. „Haut jem den Kasten vull – Tein to Null! Tein to null!", skandieren die Anhänger in Eimsbütteler Plattdeutsch.

Der Kantersieg gegen „eine Hand voll Unglücklicher, mit dem selbst der oft so bittere Spott der Zuschauer am Ende nur Mitleid empfand"

Ungeschlagen und doch nicht Meister: Der ETV ärgert sich 1938 über sein schlechteres Torverhältnis gegenüber dem HSV.

(„Hamburger Anzeiger"), zeigt das nach wie vor vorhandene Potenzial des Serienmeisters, der auch mit Gegnern wie Sperber (8:1, 6:1) und dem Rothenburgsorter FK (7:1, 5:2) wenig Erbarmen hat. Doch weil gegen den HSV und Holstein Kiel alle vier Treffen verloren gehen, kostet ein 2:6 bei Polizei Lübeck am letzten Spieltag den dritten Platz – nur bei einem eigenen 6:0-Erfolg hätte es hinter dem HSV noch zur Vizemeisterschaft gereicht.

Einen Rekord stellt ein Eimsbütteler Oktett am 19. Juni 1937 auf: Während der HSV um die Deutsche Meisterschaft spielt, laufen mit Böhlke, Stührk, Kleikamp, Rohde, Bergmann, Ahlers, Rohwedder und Panse gleich acht ETV-Kicker für Hamburg auf, das sich im Victoria-Stadion 4:4 vom ebenfalls frisch eingemeindeten Harburg trennt.

Im März 1938 trennen sich der ETV und der HSV 2:2.

1937/38 Zuschauerrekord an der Hoheluft

In 22 Spielen ungeschlagen – und doch nicht Meister. 19 Siege und drei Unentschieden gelingen Eimsbüttel – ebenso wie dem HSV. Ausgerechnet ein 1:1 bei Absteiger (!) Polizei Hamburg wird dem ETV zum Verhängnis. Mit 89:27 Treffern ist das Torverhältnis deutlich schlechter als das des HSV (103:26), von dem man sich 2:2 und 1:1 getrennt hat. Das 2:2 an der Hoheluft sehen am 20. März 24.000 Interessierte – der Zuschauerrekord für die Heimspielstätte am Lokstedter Steindamm.

Die zweisame Überlegenheit der beiden Drei-Buchstaben-Klubs zwingt zur ständigen Torejagd. „Nach der Pause legte Eimsbüttel los wie die Feuerwehr", beschreiben die „Hamburger Nachrichten am Montag" das aufreibende Fernduell, bei dem der ETV aus einem 1:1-Pausenstand gegen Altona 93 noch einen 6:1-Sieg gemacht hat.

Am eifrigsten geht die Eimsbütteler Tor-Feuerwehr gegen Komet 08 zu Werke. Der Gegner aus dem Hamburger Stadtteil Hammerbrook, der sich nach der fast vollständigen Zerstörung im Zweiten Weltkrieg vom einstmals florierenden Wohnviertel in ein graues Industrieghetto wandelt, wird mit 9:2 und 9:0 geschlagen. Im Abschlussspiel bei Borussia Harburg ist die Torfabrik noch einmal gefordert. Im Falle eines 16:0-Sieges würde der ETV das Torverhältnis des HSV erreichen. Von einem knappen Scheitern auf der Zielgeraden zu sprechen, wäre freilich etwas übertrieben – Eimsbüttel gewinnt lediglich mit 2:1 und muss mit der Vizemeisterschaft vorlieb nehmen.

Der traditionelle Wettbewerb für Auswahlmannschaften hieß zunächst Kronprinzenpokal, dann Bundespokal und unter den Nationalsozialisten schließlich „Reichsbundpokal". Er wird von Teams aus den 16 Gauen ausgespielt. Die Nordmark gewinnt den Wettbewerb am 6. März 1938 durch ein 3:1 über den Südwesten. Beim Finale in Erfurt sind aus Eimsbüttel Lüdecke, Rohde, Ahlers und Panse dabei, Rohwedder bestreitet ein Vorrundenspiel des Wettbewerbs.

1938/39 Mit weißem Kragen gegen Belgrad

Erneut steht in der Gauliga ein Zweikampf mit dem HSV auf dem Programm. Mit einem 2:1 im direkten Duell setzt Eimsbüttel im November ein Zeichen. Doch während im Vorjahr kaum ein anderer Kontrahent eine Chance gegen die beiden Großen besessen hat, säumen in dieser Saison einige Stolpersteine den

Weg. Einer davon heißt Altona 93 und schlägt den ETV im Januar mit 5:1. „Die erfolgreiche Arbeit während einer ganzen Serie brach – wie so oft in der Sportgeschichte – wieder einmal an einem Tag zusammen", beklagt Robert Finn, der damals die Fußballabteilung leitet und später Vorsitzender des Gesamtvereins wird.

Im Februar verliert Eimsbüttel das Rückspiel beim HSV 1:3 und befindet sich in einer fast aussichtslosen Verfolgerrolle. Auch ein 12:1 gegen Komet 08 nützt nichts, weil man in 180 Minuten nicht einen Treffer gegen Rasensport Harburg (0:0, 0:1) zustande bringt. Drei liegen gelassene Zähler von vieren, die der HSV am Ende vorn liegt.

Die letzten Schritte auf dem Weg zur erneuten Vizemeisterschaft legen die Eimsbüttler auf dem Laufsteg zurück und setzen modische Akzente. Im Frühjahr laufen die Rothemden mit einem „schmucken weißen Kragen" auf, „der sich recht nett ausnimmt", wie ETV-Chronist Fritz Maack erfreut notiert.

Weniger erfreulich ist die geringe Resonanz, die der Verein mit seinen Freundschaftsspielen gegen den AS Rom (1:3) und den zweifachen jugoslawischen Landesmeister SK Jugoslavija Beograd (3:4) erfährt. Angesichts der geringen Zuschauerzahlen reift die Überlegung, auf solche aufwändigen Engagements künftig zu verzichten. Die Begegnung mit den Belgradern ist tatsächlich für zwölf Jahre das letzte Spiel gegen eine ausländische Mannschaft – doch das liegt an ganz anderen Ereignissen.

1939/40 **Zehn Tore gegen den HSV**

Am 1. September beginnt das nationalsozialistische Deutschland seinen Angriffskrieg gegen Polen. Der Zweite Weltkrieg, der 55 Millionen Menschen das Leben kosten wird, wirkt sich zunächst nur geringfügig auf den Fußballbetrieb aus. Ursprünglich ist vorgesehen, die Gauliga aufzugeben und nur eine Hamburger Meisterschaft auszuspielen. Nach sechs Runden, in denen der ETV 8:4 Punkte sammelt, wird der lokale Wettbewerb jedoch abgebrochen und zur alten Nordmark-Klasse zurückgekehrt. Diese startet im Dezember in zwei Sechser-Staffeln, deren Gewinner den Meister ermitteln.

Eimsbüttel befindet sich in Staffel B, der HSV in Staffel A – mit Otto Rohwedder, der sich im Sommer nicht ohne missliche Zwischentöne in der Presse („Vor Wandervögeln wird gewarnt") den Rothosen angeschlossen hat. Einschneidender wird die ETV-Elf durch Hitlers Griff zur Weltmacht beeinflusst. „Vom alten

▲ Am 12. Mai 1940 erlebt der ETV beim 6:0-Kantersieg über den HSV eine Sternstunde seiner Vereinsgeschichte.

▼ Die Meister von 1940: Trainer Risse sr., G. Meyer, Karl Manja, O. Lüdecke, Kurt Manja, Schindowski, Stührk, Timm. Knieend: Baldauf, Kowalkowski, Weber, Risse jr.

Stamm ist nicht mehr viel da. Unser Nachwuchs muss jetzt herangezogen werden", heißt es in der Vereinszeitung, nachdem Stührk und Ahlers zur leichten Artillerie eingezogen worden sind.

Der Nachwuchs hat mit widrigen Platzverhältnissen zu kämpfen. Im November wird Komet 2:1 geschlagen. „Der Sturm ließ jedoch die tollsten Sachen aus", heißt es nach dem knappen Sieg, bei dem vor allem Werner Baldauf mit dem schweren Boden nicht zurechtkommt und zahlreiche Gelegenheiten versiebt. Das Rückspiel im Februar beginnt verspätet, weil Schiedsrichter Ewers vom HSV das Geldstück, mit dem er die Seitenwahl vorgenommen hat, nicht mehr wieder findet. Zuerst robben die Spieler auf der Jagd nach dem Mammon durch den dichten Pulverschnee. Dann, als die Münze gefunden ist, unternimmt der ETV mit einem 2:0 einen weiteren Schritt in Richtung Staffelsieg.

Mit einem Zähler Vorsprung vor Altona 93 reist Eimsbüttel am 14. April 1940 zum schärfsten Verfolger. Ein Unentschieden im letzten Spiel genügt, doch mit einem 3:1-Erfolg lässt der ETV erst gar keine Zweifel aufkommen. Während Nationalverteidiger Hans Rohde den Altonaer Innensturm Mühle-Durin-Wrage fast allein im Griff hält, bringt Kurt Manja Eimsbüttel noch vor der Pause 1:0 in Führung. In der Kabine schlägt Heimkehrer Erwin Stührk vor, sich auf dem Vorsprung nicht auszuruhen, sondern das Tempo weiter zu forcieren. Er selbst

Vor dem 3:1-Sieg über den VfL Osnabrück am 19. Mai 1940.

geht mit gutem Beispiel voran und erzielt das zweite Eimsbütteler Tor. Manja I trifft noch zum 3:0, ehe Altona wenigstens der Ehrentreffer gelingt.

Um die Nordmark-Gaumeisterschaft stehen anschließend zwei Endspiele gegen A-Staffelsieger HSV an. Der Titelverteidiger geht zwar als klarer Favorit in das Aufeinandertreffen, wird aber vor 10.000 Zuschauern an der Hoheluft deutlich mit 4:1 im Zaum gehalten. Nach nur zehn Minuten steht es bereits 2:0. Zweimal Kurt Manja, Kirschenstein sowie der in der Angriffsreihe überragende Stührk sind schließlich für „vier klare muntere Sachen" verantwortlich. Rohde als Stopper geht „mit geradezu stoischer Gewissenhaftigkeit" zu Werke, wie die Defensive sich überhaupt ein Lob verdient: „Fast mühelos hielten hinten Lüdecke, Timm und Kowalkowski den Laden dicht." Ein wenig hilft auch der HSV mit, den zeitgenössische Berichterstatter für seine ständigen Abseits-Reklamationen tadeln. Dadurch kann der ETV seinen dritten Treffer nahezu unbedrängt erzielen.

Noch will sich der HSV nicht geschlagen geben, zur Vorbereitung walzt der Rautenklub Altona 93, immerhin Nummer drei in Hamburg, mit 7:1 nieder. Im Rückspiel um die Meisterschaft setzt der HSV auf eine Aufholjagd. Eimsbüttels Abwehr ist gefordert, muss des Öfteren – gerade gegen den einstigen Mitspieler Rohwedder – klären, behält aber die Übersicht. Als Risse einen Konter einleitet und Panse zum 1:0 für den ETV abschließt, brechen die Rothosen zusammen: Zweimal Kurt Manja, Stührk, Weber und Risse schrauben das Ergebnis auf ein sensationelles 6:0 am Rothenbaum. Die Überraschung ist perfekt: „Was vor Wochen kein Mensch für möglich hielt, ist eingetreten. Eimsbüttel hat den Abonnementsmeister HSV abgelöst."

1940/41 **Rohwedder bezwingt alte Kollegen**

Im zweiten Kriegsjahr kann der ETV seine Führungsposition nicht verteidigen. Zwar starten die Rot-Weißen mit fünf Siegen, doch dann fügt ausgerechnet Victoria beim 3:1 dem ETV die erste Niederlage zu. Der HSV erobert seine führende Rolle zurück, revanchiert sich an den Eimsbüttelern mit 3:1 und 4:1, wobei in der ersten Begegnung die einstige „Rotjacke" Rohwedder zweimal gegen seine alten Kollegen trifft. Im zweiten Match gibt es „einen pfundigen Kampf voll Spannung und spaßiger Einlagen", der von Seiten des ETV durch einige grobe Abwehrschnitzer verloren wird.

Die Gastspielerlaubnis für kickende Soldaten für Vereine ihres Stationierungsortes bringt den Spielbetrieb zunehmend in Unordnung. So läuft Lüdecke zu

Saisonbeginn beim 13:1 gegen Concordia noch mit „soldatisch kurzem Haarschnitt" für den ETV auf, wie ein Beobachter feststellt. Als der Luftwaffen-SV Stettin im Februar 1941 zu Gast an der Hoheluft ist, findet sich der dort stationierte Lüdecke auf Seiten des Gegners wieder. Torwart Kowalkowski wird Gast beim Schweriner SV, Erni Timm bei Hannover 96. Wegen Stürmer Ahlers, der für Preußen Itzehoe eine Gastspielerlaubnis besitzt, legt Aufsteiger Fortuna Glückstadt sogar – erfolglos – Protest ein. Ahlers hatte beim 4:0-Auswärtssieg wieder für den ETV die Stiefel geschnürt…

Des Öfteren sind nun auch die Ergebnisse kurios. Die Barmbeker SG, die im Vorjahr mit 4:1 für die einzige Eimsbütteler Niederlage in Hamburg gesorgt hat, muss sich an der heimischen Brucknerstraße mit 0:9 geschlagen geben. Panse trifft fünfmal, Manja I (2), Kirschenstein und Baldauf besorgen die weiteren Tore. Es ist das letzte Spiel von Ebbe Stührk, der zurück an die Front beordert wird und den „Kampf für Führer, Volk und Vaterland" im März 1942 mit seinem Leben bezahlt.

Am Tag vor dem Rückspiel am 11. April 1941 heiratet Hans Rohde. Die Gratulationen seiner Mitspieler waren wohl sehr herzlich, am folgenden Tag verliert der ETV sein Heimspiel gegen Barmbek mit 1:2. Allerdings stehen auch einige Eimsbütteler Nachwuchsakteure auf dem Platz, den Kurt Manja zudem angeschlagen verlassen muss – die Luft ist ein wenig raus, da der HSV in allen 22 Begegnungen ohne Punktverlust bleibt und die Meisterschaft für die Konkurrenz somit in weiter Ferne liegt.

Eine ETV-Notmannschaft verliert 0:6 bei St. Pauli, wobei der etatmäßige Torwart Karl Böhlke sich als Feldspieler versucht. „Man merkte ihm an, dass er lange nicht geübt hat", schildert die Vereinszeitung, lobt allerdings: „Seine Ballbehandlung und das Abspiel waren gut." Im März sichert ein 7:2 gegen Victoria, bei dem Panse (5) und Rohde (2) die Treffer unter sich aufteilen, den zweiten Platz. Trainer Walter Risse sehnt sich angesichts der zumeist deutlichen Ergebnisse – Höhepunkt ist ein 13:1 gegen Concordia Hamburg – nach mehr Konkurrenz: „Es wäre zu begrüßen, wenn die Spielstärke der anderen Staffelvereine gehoben würde, denn es lässt sich nicht verheimlichen, dass der Hamburger Fußball sich verschlechtert hat."

1941/42 Meisterschaft mit Manjas

9:3 gegen Kilia Kiel, 2:0 bei Holstein Kiel, 4:0 beim WSV Schwerin – ein Auftakt mit sechs Siegen verheißt einiges, zumal der ETV auch im siebten Spiel bei Altona 93 früh mit 2:0 vorne liegt. 1.500 Zuschauer sehen dann allerdings eine Aufholjagd des AFC, die Rolf Jäger, Sohn des Altonaer Idols, nach 75 Minuten mit dem 3:2-Siegtor krönt.

Als Hitlers Truppen am 22. Juni 1941 die Sowjetunion überfallen, verschärft sich der Zweite Weltkrieg. Auch Kurt Manja muss an die Front, Walter Risse junior wird zum Reichsarbeitsdienst beordert. Neben den beiden wichtigen Spielern geht offenbar auch die Ordnung verloren, wie Trainer Walter Risse in einer scharfen Ansprache bemängelt: „Entweder wir spielen nach den so oft gepredigten und auch geschriebenen Grundsätzen, oder wir müssen radikal durchgreifen und Leute berücksichtigen, die das nützliche Spiel beherrschen."

Ende November sehen 12.000 Zuschauer, wie der ETV an der Hoheluft 1:2 gegen den schwach gestarteten HSV verliert. Damit haben die Rothosen gleichgezogen, und so bleibt die Konstellation bis zum Rückspiel am 26. April. Eimsbüttel, gegen Victoria in beiden Derbys (8:2, 6:1) deutlicher Sieger, hat sich Unentschieden bei Kilia Kiel und der Lübecker Polizei geleistet, doch auch der HSV hat zwei Zähler abgegeben.

Das vorentscheidende Match gewinnt der ETV am Rothenbaum mit 2:1 und stellt damit die Weichen zum Titelgewinn. Die beiden restlichen Heimspiele gegen Altona 93 (2:1 vor 6.000 Zuschauern) und den WSV Schwerin (4:0) sind nur noch Formsache. Mit zwei Punkten Vorsprung auf den HSV sichert sich Eimsbüttel seine fünfte Nordmark-Meisterschaft.

1942/43 Reduzierter Betrieb

Im vierten Kriegsjahr wird der Schritt vollzogen, der ursprünglich bereits 1939 vorgesehen war: Die Gauliga Nordmark teilt sich, der ETV spielt nur noch gegen Hamburger Vereine, nicht mehr gegen die Klubs aus Kiel, Lübeck und Schwerin.

„Dann wurde das Material mit dem Beginn des Russland-Feldzugs immer dünner", schildert Alfred Heynen in der Rückschau die sportlichen Widrigkeiten, die sich mit zunehmender Fortdauer des Krieges verstärken. Was sich hinter dem Terminus technicus „Material" verbergen kann, vermeldet der „Hamburger

Anzeiger" am 7. Januar 1943: „Kurt Manja wurde in den Kämpfen bei Rschew durch Granatsplitter schwer verwundet, mit dem Flugzeug nach Warschau und im Lazarettzug nach Dresden transportiert."

Im Januar 1943 verliert die deutsche Armee die Schlacht um Stalingrad. Die Ostfront bricht zusammen, für einen aufwändigen Fußballbetrieb ist da kein Platz mehr. Am 19. Februar 1943, einen Tag, nachdem Propagandaminister Goebbels den „totalen Krieg" ausgerufen hat, befiehlt Reichssportführer Tschammer, „Meisterschaften in der Reichsstufe bis auf weiteres abzusetzen". Mehr als 100 Reisekilometer dürfen von Sportlern ohne vorherige Genehmigung nicht zurückgelegt werden. „Mit umso mehr Liebe kann der Gedanke der Leibesübung an seinem Quell gepflegt werden", salbadert die „Fußball-Woche" die logistischen Schwierigkeiten des langsam untergehenden NS-Regimes schön.

Der ETV schließt eine mittelprächtige Serie als Sechster ab. Einem 8:0 gegen die Barmbeker SG steht ein 2:6 bei Altona 93 gegenüber. Das letzte Saisonspiel wird am Millerntor 1:2 verloren. Kurt Manja feiert ein Comeback, Mittelläufer Baldauf zieht geschickt die Fäden, doch „die Glücksgöttin hielt es mit St. Pauli", wie die „Fußball-Woche" urteilt. Walter Risse junior, der Eimsbüttels Tor erzielt hat, kann den „Gedanken der Leibesübung" nicht mehr zivil pflegen: Er muss nun ebenfalls an die Front.

1943/44 Rumpfelf verliert Elfmeterschießen

Das Freundschaftsspiel Eimsbüttels gegen den Zweitligisten Vorwärts Billstedt muss abgesagt werden. Angesetzt ist es für den 25. Juli 1943, doch dies ist der Tag nach den alliierten Fliegerangriffen, die Hamburg verwüsten und in Eimsbüttel beinahe jedes zweite Haus zerstören.

Perfiderweise tritt in diesem Gauliga-Spieljahr mit dem Luftwaffen-Sportverein (LSV) Hamburg eine neue Kraft auf, die nach dem Vorbild zahlreicher deutscher Militärmannschaften die besten Kicker unter den Soldaten zum Fußballspielen an der „Heimatfront" rekrutiert. Die sportliche Landschaft der zerbombten Hansestadt wird von der Luftwaffe prompt nach Belieben dominiert. Die Militärkicker geben nur einen Punkt ab, erzielen in 18 Begegnungen 117 Tore und halten auch den ETV mit 6:0 und 8:1 auf Distanz. Beim ersten der beiden Aufeinandertreffen tritt Eimsbüttel aus Personalnot nur zu zehnt an, wobei als zehnter Spieler der schon 50-jährige Walter Risse senior als Linksaußen aufläuft, der sich eigentlich längst auf seine Aufgaben als Trainer konzentriert hat. Im Januar ist Risse senior gegen St. Pauli wieder dabei – diesmal als Rechtsaußen! Er prallt aber mit Delewski so unglücklich zusammen, dass er ins Krankenhaus muss. Trotzdem verteidigt Eimsbüttel lange in Unterzahl ein 1:1, um dann sogar binnen zehn Minuten auf 5:1 davonzuziehen und am Ende 5:3 zu gewinnen.

Ein seltener Höhepunkt in einer Spielzeit unter obskuren Voraussetzungen. Victoria kommt damit offenbar besser zurecht, gewinnt die Derbys 5:0 und 4:1. Der gerade aufgestiegene HEBC, der seine Kräfte mit Sport 01 (später Teil von Grün-Weiß Eimsbüttel) in einer „Kriegssportgemeinschaft" (KSG) bündelt, steigt dagegen wieder ab. Der ETV behält gegen den Nachbarn mit 9:1 und 3:3 die Oberhand und landet schließlich auf dem sechsten Platz.

Interessant noch ein Vorgriff auf spätere Zeiten: Im April 1944 findet am Rothenbaum ein Sechserturnier statt, bei dem der ETV und Victoria um den Finaleinzug kämpfen. Nach einem 1:1 nach 120 Minuten werden zur Entscheidungsfindung Elfmeter geschossen. Bei der gern als „Lotterie" bezeichneten „Entscheidung von der Strafstoßmarke" behält „Vicky" das glücklichere Ende für sich.

1944/45 **Bis zum letzten Abpfiff**

Überall im niedergehenden NS-Deutschland wird der Spielbetrieb im Laufe des letzten Kriegsjahres eingestellt. Nur in Hamburg wird die Saison noch zu Ende geführt.

Die sportliche Aussagekraft der Ergebnisse ist jedoch gering. Zuhause wird gegen St. Pauli 2:7 verloren, zwei Monate später am Millerntor 4:0 gewonnen. Mit 15:21 Punkten wird der ETV in der Zehnerstaffel Siebter, hinter notdürftigen Zusammenschlüssen wie der KSG Alsterdorf und der KSG Blankenese-Wedel. Das letzte Punktspiel vor der Befreiung vom Nationalsozialismus bestreitet Eimsbüttel am 18. März 1945 gegen Wilhelmsburg 09. Das Mittelfeldduell endet mit einem 3:3, wodurch sich der Gegner von der Elbinsel knapp vor dem ETV auf Platz sechs behauptet. Danach werden noch Freundschaftsspiele gegen den HSV (1:1) und Altona 93 bestritten. Das 2:4 gegen Altona am 15. April ist, knapp drei Wochen vor der Kapitulation der deutschen Truppen, der endgültig letzte Auftritt der Eimsbütteler im längst nicht mehr „Großdeutschen Reich".

Einwurf

„Eine Zelle der Volksgemeinschaft"
Vereinsführer und Sonnenwendfeiern – der ETV im Nationalsozialismus

Am 30. Januar 1933 wurde Adolf Hitler von Reichspräsident Paul von Hindenburg zum Reichskanzler ernannt. Am 5. März 1933 festigte der „Führer" der Nationalsozialistischen Deutschen Arbeiterpartei (NSDAP) seine Herrschaft durch unter repressiven Bedingungen abgehaltene Reichstagswahlen. Am 23. März 1933 wurde die nationalsozialistische Regierung durch das „Ermächtigungsgesetz" mit umfassenden Vollmachten ausgestattet. Der Weg war bereitet für das „Dritte Reich", das erst zwölf Jahre später nach einem Weltkrieg mit 55 Millionen Toten und der weitgehenden Vernichtung des europäischen Judentums endete.

Die neuen Machthaber prägten auch den Fußball in Hamburg nach ihrem Bilde. Am 11. April 1933 wurden zahlreiche Vereine verboten, die den Arbeitersport-Organisationen ATSB (sozialdemokratisch) oder „Rotsport" (kommunistisch) angehörten. In Eimsbüttel war davon der FTSV Fichte von 1893 betroffen, der aus dem Vereinsregister gestrichen und dessen Eigentum beschlagnahmt wurde. Nach der Befreiung von der NS-Herrschaft wurde Fichte Eimsbüttel neu gegründet, schloss sich aber bereits 1946 mit Sport 01 zum Eimsbütteler SV zusammen, einem der Vorläuferklubs von Grün-Weiß Eimsbüttel.

Den Nationalsozialisten war allerdings auch die heterogene Struktur des im DFB organisierten Fußballbetriebs mit einer Vielzahl kleinerer Vereine ein Dorn im Auge. Vor allem ETV-Nachbar HEBC als kleiner, auf Fußball begrenzter Spartenverein sah sich Anfeindungen ausgesetzt, die sein „Lebensrecht" in Frage stellten. Einige Klubs mit niedriger Mitgliederzahl wurden einfach aufgelöst, andere „Miniatur-Sportvereinchen" wie Stern 99 und Alemannia nachdrücklich zu Fusionen gezwungen – ihnen wäre ansonsten die Nutzung der knappen Sportplätze untersagt worden. Andere Vereine wurden kurzzeitig verboten, weil in ihnen eine „verbotene politische Betätigung" marxistischer Mitglieder vermutet wurde. Ohnehin galt der Verein als bürgerliche Organisationsform, der dem NS-Ideal der „Volksgemeinschaft" widersprach. „Der Sport als Geschäft von Vereins-Unternehmern ist zu zertrümmern", forderte der NS-Schriftsteller Bruno Malitz und geißelte den „sinnlosen Vereinsfanatismus" als „liberalistisch". Im Juni 1933 kursierten in Hamburg demgemäß Pläne, die sportliche Landschaft durch Bildung von acht Großvereinen zu begradigen. Der ETV hätte, wären diese im „Hamburger Fremdenblatt" publizierten Bestrebungen jemals realisiert worden, zusammen mit dem SC Victoria, HEBC und dem SC Sperber den „SV Hoheluft" gebildet.

Solche Ideen waren jedoch eher dem Vorpreschen besonders eifriger Funktionäre und Ideologen geschuldet. Der Sport besaß im nationalsozialistischen Gedankengebäude einen denkbar geringen Stellenwert, in Hitlers „Mein Kampf" finden sich nur wenige Stellen, und die sind auch noch auf den Aspekt des Schulsports reduziert. Nach den repressiven Maßnahmen gegen sozialdemokratische und kommunistische Sportorganisationen beschlossen die neuen Machthaber schließlich, die bürgerliche Vereinslandschaft weitgehend unangetastet zu lassen.

Die grundsätzliche Bedingung, sich in die veränderte politische Situation einzugliedern, wurde von zahlreichen Vereinsfunktionären geradezu eilfertig und mit großem Eifer akzeptiert. Die vorgeschriebene Eingliederung der Nachwuchsabteilungen in die „Hitler-Jugend" konnte in Hamburg schon Wochen vor dem anvisierten Termin vermeldet werden. Die Anpassung war vielschichtig. „In den Vereinen arbeiten die Fußball-Funktionäre weiter, die auch schon vor 1933 deren Geschicke geleitet haben", resümierte der Hamburger Fußball-Verband in seiner Jubiläumsschrift „100 Jahre Fußball in Hamburg" und konstatierte: „So bleibt die Fußballbewegung trotz der massiven politischen Veränderungen im Innern (!) intakt."

Alle fortbestehenden Vereine mussten ihre Satzung im Sinne des nationalsozialistischen Führerprinzips ändern. Auch der ETV strebte nun satzungsgemäß nach der „leiblichen und seelischen Erziehung seiner Mitglieder im Geiste des nationalsozialistischen Volksstaats". Statt eines Vorsitzenden wurde ein „Vereinsführer" berufen, der der Zustimmung des Reichssportführers Hans von Tschammer und Osten bedurfte und „jederzeit" von diesem abgesetzt werden konnte. In der Praxis gab Tschammer („Es wird in Zukunft keinen Unterschied mehr geben können zwischen dem Geist der deutschen Leibeserziehung und dem Geist der SA") diese Befugnis an örtliche Stellen ab, so dass die Kontrolle der Vereine vor Ort gewährleistet wurde. Im ETV wurde der bisherige Vorsitzende Hans Winkel 1933 durch Eduard Brose abgelöst.

Auch in Eimsbüttel funktionierte die nationalsozialistische Herrschaft. Der hohe Anteil politisch organisierter Industriearbeiter sowie Wahlerfolge von SPD und - gerade im Norden des Stadtteils - auch der KPD hatten dem Stadtteil den Ruf „rotes Eimsbüttel" eingebracht. Tatsächlich gab es im Viertel Formen politischen Protests, etwa als am 1. Mai 1933 von zahlreichen Einwohnern nach dem Verbot roter Fahnen rote Bettwäsche „zum Lüften" aus den Fenstern gehängt wurde. Doch die sicherlich nicht unsympathische These, die NSDAP habe wie ein Fremdkörper über einen renitenten Stadtteil geherrscht, lässt sich in dieser Form nicht aufrechterhalten. 1938 zählte die NSDAP in Eimsbüttel etwa 14.000 Parteimitglieder und bot der Bevölkerung über zahlreiche Organisationen und Aktionen Gelegenheit zur Integration, wie Beate Meyer in ihrer Abhandlung über „Goldfasane und Narzissen" darlegte.

Wie sich der Eimsbütteler TV in diese Gemengelage einordnete, ist noch zu untersuchen; ein Hort des Widerstands war er jedenfalls nicht – wie allerdings auch kaum ein Sportverein, der unter den Bedingungen des NS-Systems fortexistierte.

Über den Weg jüdischer Mitglieder, die durch den „Arierparagraphen" aus den Vereinen ausgeschlossen wurden, ist sehr wenig bekannt. Eimsbüttel, in dem 1925 exakt 1.334 Einwohner der jüdischen Gemeinde angehörten, besaß mit dem Grindelviertel eine jüdische Hochburg. Die Sportinteressierten sammelten sich vorwiegend in religiös geprägten Vereinen wie Bar Kochba, das 1932 mit vier Fußballmannschaften am unterklassigen Hamburger Spielbetrieb teilnahm. 1911 vermietete der ETV seine Turnhalle an die Damenabteilung von Bar Kochba, was zumindest für diesen Zeitpunkt auf die geringe Relevanz antisemitischer Einstellungen schließen lässt, die in der deutschen Turnbewegung durchaus verbreitet waren und im Kaiserreich mit der Deutschen Reformpartei eine eigene parlamentarische Vertretung besaßen.

In der Leichtathletik-Abteilung des ETV betätigten sich 1933 einige jüdische Mitglieder, von denen nach Angaben von Vereinsmitglied Hans-Hermann Weymar zumindest zwei nach Beginn der NS-Herrschaft rasch ins Ausland flohen. „Sie haben das Beste gemacht, was sie machen konnten, und sind leise gegangen", erinnerte sich Weymar 2006.

In einzelnen Bereichen kam es – sympathisch, wenngleich politisch irrelevant – im ETV zumindest zu einer praktischen Zurückweisung von NS-Vorstellungen. Das lässt sich vor allem am Beispiel der „Dietwarte" darstellen. In allen Sportvereinen wurde ein solcher „Dietwart" installiert, der mit der ideologischen Schulung der Mitglieder im nationalsozialistischen Sinne beauftragt war. „Nur in Verbindung mit den Leibesübungen erhält die politische Schulung sich lebendig", hieß es im Sammelbilderalbum „Sport und Staat". Mit Vorträgen, Filmvorführungen, Ausflügen und ähnlichen Unternehmungen sollten die Dietwarte „ihren Kameraden eine andere Seite der Leibesübungen nahe bringen, die dem Cracktum abgewendet ist" – sie also vom individuellen Streben nach Erfolg zur Opferbereitschaft als Teil der „Volksgemeinschaft" erziehen.

Wie bei vielen anderen Vereinen stießen die Aktivitäten des Dietwarts auch im ETV auf geringe Resonanz. Der „Hüter der Volkswerdung" und „Verwalter völkischer Belange" stand bei seinen Lichtbildvorträgen des Öfteren vor halb leerem Raum. Heinrich Rusch beklagte 1935 „die raue Wirklichkeit im E.T.V.", bei der die Schulungsarbeit auf „starke Hemmnisse" stoße. Schon die Organisierung „großer Gemeinschaftsräume mit den notwendigen Einrichtungen" gestalte sich schwierig.

Was sich als „Burgfrieden" zwischen NS-Machthabern und realer bürgerlicher Vereinslandschaft nach 1933 weitgehend etabliert hatte – die Vereine ordneten sich ein, übernahmen das „Führerprinzip" und blieben ansonsten unangetastet –, blieb auf dieser Stufe aus Sicht der Nationalsozialisten überwiegend erfolglos. Am 2. Juni 1935 fuhr nur eine Hand voll Vereinsmitglieder aufs Land nach Over, um dort die „Sonnenwendfeier" – ein typischer Fall von ideologisch verquickter NS-Folklore – zu begehen. „Es fehlt sogar – die Beteiligung an der Sonnenwendfeier hat es erwiesen – vorläufig an der Bereitwilligkeit zur wenn auch nur hinnehmenden Beteiligung", stellte Rusch ernüchtert fest.

Aus der Vereinsführung wurde ihm gleichzeitig mitgeteilt, der Wunsch nach einem wöchentlichen „Diet-Tag" sei als „untragbare Terminbelastung" anzusehen. Heino Frost beklagte in wütendem Tonfall die „unlustige, ja die geradezu feindselige Haltung gegenüber solchen Dingen". „Es sind offensichtlich die Anordnungen missachtet worden, weil man unserem Fest ablehnend gegenüberstand", wetterte Frost und kündigte eine Untersuchung an, „wieweit durch das Verhalten einzelner Abteilungen ein Verstoß gegen die Vereinsdisziplin vorliegt". Doch die meisten Vereinsmitglieder zeigten offenbar wenig Interesse, neben ihrer sportlichen Betätigung und der üblichen Vereinsgeselligkeit – die Festbälle blieben weiterhin gut besucht – auch noch Kurse für den „guten Volksgenossen" zu belegen.

Mit seiner geringen Bereitschaft zur vollständigen Einordnung ins nationalsozialistische Sportprogramm stand der ETV nicht allein da. Nahezu überall klagten die Dietwarte über mangelnde Teilnehmerzahlen. Befördert wurde diese Haltung durch eine „Vorgeschichte" im Kaiserreich und in der Weimarer Republik, in der der Verein im Gegensatz zu manchem strikt deutschnational ausgerichteten Turnverein in seiner Migliederschaft eine recht große Bandbreite aufwies und sich in seiner Vereinspolitik oftmals an pluralistischen Vorstellungen orientierte. Dies betraf nicht allein die liberale Haltung gegenüber anderen Sportarten oder der Deutschen Turnerschaft, sondern lässt sich auch an vereinsinternen Diskussionen aufzeigen.

Offiziell war der Sport „unpolitisch." Eine Vorstellung, von der sich Verbände wie der DFB bis heute noch nicht endgültig verabschiedet haben. Unberührt von diesem Leitbild veröffentlichte die Vereinszeitung des ETV am 15. November 1924 eine Anzeige der rechtskonservativen Deutschnationalen Volkspartei (DNVP), die mit der Parole „Deutschland den Deutschen!" ganzseitig um die Stimmen der Vereinsmitglieder bei den bevorstehenden Reichstagswahlen warb.

Weniger die Anzeigenschaltung der Partei, die 1933 als Mehrheitsbeschaffer mithelfen sollte, Hitlers Position zu festigen, ist erstaunlich als vielmehr die sich anschließende Diskussion. In der folgenden Ausgabe vom 1. Dezember 1924 reagierte die Vereinsführung mit den Worten: „Die Anzeige auf Seite 24 unserer Vereinszeitung Nummer 11 A hat den Vorstand überrascht. Dem Verleger gegenüber sind Schritte unternommen worden, um Wiederholungen derartiger oder ähnlicher Art ein für alle Mal unmöglich zu machen."

Mit dieser Distanzierung von politischer Werbung war die Diskussion noch nicht beendet. Aus Protest gegen die DNVP-Anzeige hatte ein Vereinsmitglied dem ETV offenbar den Rücken gekehrt, woraufhin in der Vereinszeitung ein Gedicht „vom Vogel, der das eigene Nest beschmutzt", veröffentlicht wurde. Gemeint war ein „Herr Wolfheim", dem unterstellt wurde, eine Wahlanzeige der KPD hätte nicht zu seinem Austritt geführt – die Bandbreite politischer Anschauungen im ETV war relativ groß und konnte auch im „unpolitischen" Verein zu heftigen Debatten führen.

Solche Debatten waren nach 1933 in Vereinspublikationen natürlich undenkbar. Mit Beginn des Zweiten Weltkriegs im September 1939 verschärfte sich die Situation weiter. Nicht allein, dass zahlreiche Aktive an die Front beordert wurden, es kam zudem die Frage auf, welche Rolle die „Leibesübungen" in einer

Krieg führenden Gesellschaft einnehmen sollten. Überspitzt formuliert: Diente der Sport als ideales Terrain zur kriegsrelevanten Wehrertüchtigung der Jugend oder war er bloßer Luxus in einer Zeit, in der alle Kräfte für den deutschen Eroberungskrieg konzentriert werden sollten?

In der Vereinszeitung „Der Eimsbütteler" finden sich dazu diverse programmatische Aufsätze. „Gewiss sind wir eine Gemeinschaft für Leibesübungen, aber wir sind unendlich viel mehr", schlug der Leitartikel Anfang 1940 eine Brücke zu den Anforderungen der Politik: „Wir werden den Beweis fortan zu führen haben, bis die Entscheidung im Ringen des Reiches um seine Lebensgrundlagen gefallen ist." Robert Finn stellte heraus, „dass der ETV eine Zelle der Volksgemeinschaft ist, welche ein Stückchen des völkischen Lebens im besten Sinne zu tragen vermag". Noch deutlicher das Plädoyer für den Sportverein in einem Text, der den Krieg darstellte als „letzten schweren Kampf, der sein muss, weil die westlichen Demokratien den Lebensraum uns schmälern wollen aus Angst vor unserer jugendlichen Kraft".

Es ist nicht exakt zu rekonstruieren, ob hinter solchen Äußerungen Überzeugung oder Strategie (oder auch beides) stand. Viele Sportfunktionäre bemühten sich ab 1933 eifrig, den Sport als mustergültigen Teil des nationalsozialistischen Systems darzustellen – sei es, weil sie davon überzeugt waren, sei es, weil sie sich Vorteile erhofften beziehungsweise Nachteile für ihr eigenes Betätigungsfeld zu verhindern trachteten. Wie viele Vereine blickte der ETV auf den Ersten Weltkrieg allerdings durchaus schwärmerisch zurück. „Rasch und freudig drängten sie sich beim Ausbruch des Weltkrieges zu den Fahnen. War es ein Wunder?", fragte Gustav Weymar und gab gleich die Antwort: „Turnen und Sport bezwecken ja körperliche und sittliche Ertüchtigung und pflegen deutsches Volksbewusstsein und vaterländische Gesinnung. Unsere Jugend gab sich freudig dem Vaterlande."

Einzelne Äußerungen im „Eimsbütteler" gingen unzweifelhaft über das hinaus, was man in liberalen Demokratien „Lobbyarbeit" nennen würde. „Die Reichskriegsflagge weht vom Olymp, unsere Wehrmacht verjagt die letzten Reste englischer Söldnersoldaten vom europäischen Festland", jubelte der Leitartikel im Mai 1941, dem ein Goethe-Gedicht („Wie herrlich leuchtet/ mir die Natur!") vorangestellt war. Auch Trainer Walter Risse wandte sich, den Kriegsgegner Großbritannien betreffend, an die „lieben Ligaspieler im feldgrauen Rock" – und wünschte sich, „dass dieses verjudete Volk jenseits des Kanals eines Tages vernichtet am Boden liegen wird".

Viele Texte blieben dagegen vordergründig unpolitisch und flüchteten sich in die beschränkte Perspektive auf den eigenen Verein. „Oft und gern denken unsere Soldaten an die hier verlebten schönen Stunden zurück", hieß es etwa, wenn die Keimzelle Verein als gedanklicher Rückzugsort bemüht wurde. Zahllos die Aufrufe an die Mitglieder, den ETV unter schwierigen Bedingungen so gut es geht zu erhalten, damit nach dem Ende des – natürlich zu gewinnenden – Krieges die Rückkehr zum Alltag möglichst reibungslos vonstatten gehen könne. Durchhalteparolen, die sich gleichfalls von schmissigen, mit „Heil Hitler!" unterzeichneten Traktaten absetzten.

Unvollständig wäre eine Betrachtung des ETV zwischen 1933 und 1945 ohne eine Erörterung der sportlichen Auswirkungen der NS-Machtübernahme, die sich allerdings notgedrungen weitgehend im Spekulativen bewegt. Dass die ETV-Fußballer mit ihrer Betonung von Nachwuchsarbeit und ihrer Stellung in einem Großverein mit umfassendem Sportangebot eher auf Sympathie bei den neuen Herrschern stießen als etwa der HSV, der sich frühzeitig um die Verpflichtung auswärtiger Kicker bemühte und seine Kräfte weitgehend auf den (Spitzen-)Fußball konzentrierte, dürfte verständlich sein. Inwieweit diese strukturelle Nähe den Siegeszug der Fußballer von 1933 bis 1936 und darüber hinaus begünstigte, lässt sich allerdings nur mutmaßen.

Der HSV litt 1933/34 unter einer kurzzeitigen Sperre von Stürmer Rudi Noack wegen eines „Verstoßes gegen den Amateurparagraphen". Eimsbüttel dagegen konnte die Abwanderung von Otto Rohwedder zur finanzstarken Arminia aus Hannover im Sommer 1933 abwenden. Wie eine zeitgenössische Karikatur nahe legt, durchaus dank einer Intervention des langjährigen NFV-Vorsitzenden August Bosse, der mit einem Zauberstab abgebildet wurde. „August Bosse zauberte Rohwedder wieder auf die Bildfläche", lautete der zugehörige Kommentar.

Bleibt Otto Rohwedder, den es eigentlich zu Arminia Hannover zieht, nach Intervention von August Bosse in Eimsbüttel?

Erfolgreiche Interventionen gegen Spielerwechsel waren gleichfalls auch in der Weimarer Republik gang und gäbe, ebenso wie verhängte Sanktionen gegen Spieler oder Mannschaften, die ihre verdeckten Zahlungen nicht unauffällig genug entgegennahmen. Die Verbände ahndeten dies bisweilen mit drakonischen Strafen wie etwa dem Ausschluss der Ligamannschaft von Schalke 04 aus dem Westdeutschen Spielverband 1930. Inwieweit im Sommer 1933 Entscheidungen anders ausfielen, als es noch ein Jahr zuvor der Fall gewesen wäre, lässt sich häufig nicht beurteilen – gerade im Fußball herrschte nach der NS-Machtübernahme in vielen Bereichen eher Kontinuität, als dass es zu einem Bruch mit dem Bestehenden gekommen wäre.

Der DFB befand sich am Ausgang des demokratischen Deutschlands in einer bereits seit Jahren andauernden Debatte um die Einführung des Profifußballs, wie sie die mitteleuropäischen Fußballmächte Österreich, Ungarn oder die Tschechoslowakei bereits in den 1920er Jahren vollzogen hatten. Am 22. Januar 1933 debattierte der DFB-Vorstand in Berlin über die Einführung einer „Reichsliga", die zwangsläufig auf professioneller Basis entstanden wäre. Den drängenden Spitzenvereinen signalisierte der Verband, trotz seiner Vorliebe für den Amateurismus nötigenfalls zu einem solchen Schritt bereit zu sein. Ohne Beschlussfassung vertagte sich die DFB-Führung auf Mai 1933. Acht Tage später wurde Hitler zum Reichskanzler ernannt, was allen Bestrebungen für einen Profifußball in Deutschland die Grundlage entzog.

Möglicherweise hätte der ETV die Teilnahme an einer professionellen Reichsliga abgelehnt, weil er – obgleich auch die Eimsbütteler Fußballer die eine oder andere Vergünstigung für ihre Tätigkeit erhielten – den Berufsfußball grundsätzlich ablehnte. Infolge der Auseinandersetzung mit der Deutschen Turnerschaft besaßen die Fußballer als „SV Eimsbüttel im ETV" 1933 allerdings auch noch eine weitgehende Autonomie innerhalb des Vereins. Feststehen dürfte allerdings, dass der einzige Hamburger Verein, der 1933/34 zur Teilnahme an einer Reichsliga ausgewählt worden wäre, der HSV gewesen wäre. Ein Jahr oder mehrere Jahre später hätte sich die Situation möglicherweise anders dargestellt, so dass auch hier die counterfactual history auf ein hohes Maß an Spekulation angewiesen bleibt.

Einwurf

„Eimsbüttel bläst den Schalker Knappen das Licht aus"

Der ETV in den Endrunden um die
Deutsche Meisterschaft 1934 bis 1942

In Eimsbüttel war man auf den Geschmack gekommen. Am 8. Mai 1933 hatte der Hamburger SV sein Achtelfinalspiel um die Deutsche Meisterschaft gegen Eintracht Frankfurt auf dem Tribünensportplatz ausgetragen. Die Hamburger verloren 1:4, aber das war dem ETV nur Anlass, es besser machen zu wollen – was nicht immer und nicht in letzter Konsequenz gelang, aber für einige beachtliche Wegmarken in der deutschen Fußball-Landschaft sorgte.

1934 und 1935 trat mit Schalke 04 die überragende Mannschaft jener Tage beim ETV an – und verließ beide Male als Verlierer den Platz. In beiden Jahren holten Fritz Szepan & Co. den deutschen Meistertitel in die Glückauf-Kampfbahn, unbeirrt von den Pleiten gegen die Eimsbütteler, die selbst nie auch nur das Halbfinale erreichten.

Warum die Schalke-Besieger nicht selbst Hand an die Meistertrophäe Viktoria legen konnten? Vor allem fehlte die Konstanz: Die beiden Erfolge gegen die Gelsenkirchener „Knappen" blieben die Ausnahme, bei den Rückspielen war Eimsbüttel (1:4, 0:4) jeweils chancenlos. Dazu traten schwer verständliche Ausrutscher bei Außenseitern. Die aufwändigen Titelgewinne in der Gauliga Nordmark hatten bisweilen an Kraft und Konzentration der – nebenbei ja berufstätigen – Kicker gezehrt, um im April und Mai eines Spieljahres noch regelmäßig Höchstleistungen zu erbringen.

Regelmäßige Höchstleistung wurde vom Modus der Meisterschaft verlangt. Der deutsche Titel wurde ab 1934 von den 16 Siegern der Gauligen zunächst in vier Vierergruppen ausgespielt, deren Sieger dann im K.-o.-System den Meister ermittelten. In den regional zusammengestellten Gruppen lauerten Gefahren. Was die Hannoveraner Klubs in der norddeutschen Endrunde waren, wurde Werder Bremen in den Spielen um die Deutsche Meisterschaft: der Angstgegner schlechthin – und das, obwohl die Bremer damals keineswegs zur nationalen Spitze zu zählen waren. Doch davon war noch nichts zu ahnen, als am 8. April 1934 das erste Eimsbütteler Endrundenspiel angepfiffen wurde.

1934 Publikum rast gegen Schalke

Die Endrunden-Geschichte des ETV beginnt mit einem Paukenschlag. Beim Nachbarn SC Victoria wird Niederrhein-Meister VfL Benrath vor 14.000 Zuschauern 5:1 geschlagen. Linksaußen Maack fehlt verletzungsbedingt und wird durch Reuter ersetzt, doch das stört die Eimsbütteler genauso wenig wie das frühe 0:1 der Düsseldorfer in der zweiten Minute. Mohr (8.), Rohwedder (10., 35.) und Panse (23., 29.) schießen noch vor der Halbzeit den Endstand von 5:1 heraus.

Im Dortmunder Stadion „Rote Erde" rutscht der ETV eine Woche später gegen Schalke 04 wieder auf den Boden der Tatsachen. Um dem großen Andrang Herr zu werden, verfrachtet man zahlreiche Anhänger auf die Terrasse der angrenzenden Westfalenhalle. Die Zuschauermassen kommen aus dem Staunen über die Gäste aus Hamburg zunächst gar nicht hinaus. Nachdem Reuter von Tibulski gefoult worden ist, schlägt Schindowski den fälligen Freistoß in den Strafraum, wo mit Panse und Mohr gleich zwei Eimsbütteler frei vor Schalke-Keeper Mellage stehen. Panse, Torjäger vom Dienst, macht den Abschluss zur Chefsache und lässt Mellage keine Chance – der ETV hat in der ersten Spielminute das 1:0 erzielt!

Die Schalker um Fritz Szepan bleiben ruhig und versuchen, ihr Kreiselspiel unbeirrt aufzuziehen. Zunächst verfangen sie sich aber in der dicht gestaffelten Abwehr Eimsbüttels. ETV-Linksaußen Reuter leitet einige Gegenangriffe ein, doch mit zunehmender Spieldauer wird der Druck der Gelsenkirchener zu stark. Nach einer halben Stunde überwindet Szepan den bis dahin überragenden Torwart Böhlke mit einem Drehschuss zum 1:1, mit dem es in die Halbzeitpause geht.

Die Eimsbütteler sind vom Dauerdruck erschöpft und bereits am Ende ihrer Kräfte. Nach dem Seitenwechsel schraubt Schalke das Ergebnis auf 4:1. „Alle Läufer- und Stürmerarbeit machte den Eindruck des Halbfertigen", beurteilt der „Fußball" die Eimsbütteler Offensive am hohen Maßstab der Schalker – „ganz groß dagegen" sei die Abwehr, „wo der spurtschnelle Stührk beste Aufräumungsarbeit leistete".

Als am Rothenbaum gegen Werder Bremen 1:2 verloren wird, ist der Einzug ins Halbfinale in weite Ferne gerückt. Maack ist wieder dabei, dafür fehlt Mohr in der Sturmreihe. Der ETV-Angriff lässt insgesamt an Gefährlichkeit vermissen. Ein Flachschuss und ein Kopfball bringen die Weserstädter mit 2:0 in Führung. Stührk, der nach dem Rückstand in den Angriff gewechselt ist, staubt nach einem Weber-Schuss in der 77. Minute immerhin noch zum 1:2 ab.

Alle Messen scheinen gesungen, als Schalke 04 im Rückspiel nach acht Minuten durch Kalwitzki und Szepan bereits 2:0 vorne liegt. Doch der ETV gibt sich nicht geschlagen. Stührk ordnet die Abwehr, die Sturmreihe übt permanent Druck auf Schalkes Abwehr aus. „Publikum rast", notiert der „Fußball", als Eimsbüttel in der zweiten Halbzeit erfolgreich zur Aufholjagd ansetzt. Erst scheitert Rohwedder mit einem Elfmeter, dann sorgt er mit einem Fernschuss und einem Freistoß für den Gleichstand. 88 Minuten sind gespielt, als Panses Schuss aufs Schalker Tor abgewehrt wird. Reuter nimmt den Ball auf und jagt ihn zum 3:2-Sieg in die Maschen. „Eimsbüttel bläst den Schalker Knappen das Licht aus", heißt es nach der dramatischen Wende. In einer ausgeglichenen Gruppe besitzt der ETV mit 4:4 Punkten nun wieder Chancen, die nach einem 1:4 gegen Benrath aber schnell zu den Akten gelegt werden müssen. Ausgerechnet der zuvor überragende Stührk ist bei der in Essen ausgetragenen Partie „ziemlich aus dem Leim", wie der „Fußball" anmerkt. Pech hat der ETV, als der Schiedsrichter einen vermeintlichen Kopfballtreffer zum 1:1 von Rohwedder (29.) nicht anerkennt, weil der Ball die Linie nicht vollständig überschritten haben soll. Bis zur Pause liegt Eimsbüttel 0:3 zurück, auch Panses Tor zum 1:3 nach 52 Minuten bringt den ETV nicht zurück ins Spiel. Ein 2:4 bei Werder Bremen, bei dem eine 2:1-Führung durch Panse und Rohwedder verspielt wird, beschließt das Endrunden-Debüt, bei dem der ETV mit 4:8 Punkten nur der vierte Platz bleibt.

1935 Ein echter Höhenflug

Allzu bequem dürfte die Pioniertat nicht gewesen sein, aber im Prinzip können sich die Eimsbütteler Kicker entspannt zurücklehnen, als sie die erste deutsche Fußballmannschaft sind, die per Flugzeug zum Auswärtsspiel reist. Die Begegnung beim Stettiner SC am 5. Mai 1935 ist angesichts von 2:4 Punkten auf dem eigenen Konto eher ein reizvoller Aus-Flug als ein entscheidendes Spiel um den deutschen Titel. Niederlagen gegen Hannover 96 (1:3) und Schalke 04 (0:4) haben die Aussichten aufs Halbfinale auf ein Minimum reduziert. Der einzige Sieg resultiert aus dem Hinspiel gegen Stettin, das an der heimischen Hoheluft 3:1 bezwungen wurde.

Acht Jahre nach Charles Lindberghs Soloflug über den Atlantik macht der Jetlag den Eimsbüttelern im Rückspiel bei den Westpommern zunächst arg zu schaffen. Der vermeintliche Punktelieferant liegt zur Pause 2:0 in Führung, ehe der ETV durch einen energischen Schlussspurt noch zum 2:2 gelangt und wenigstens mit einem Zähler den Rückflug antreten kann.

Das anschließende 3:9 (!) bei Hannover 96 lässt nicht erahnen, zu welchem Höhenflug Eimsbüttel zum Abschluss der Gruppenspiele noch einmal in der Lage ist. Der Deutsche Meister Schalke 04 – der allerdings bereits fürs Halbfinale qualifiziert ist – wird beim Nachbarn Victoria 2:1 bezwungen. Am Ende einmal mehr ein Paukenschlag, dem sich im Laufe der Endrunden-Jahre nur selten ein kontinuierlichen Rhythmus anschließen soll.

1936 Favorit stolpert in Stolp

Mit großen Hoffnungen geht Eimsbüttel nach dem souveränen Gewinn der Nordmark-Meisterschaft in die Endrunde 1936. „Der Durchbruch zur deutschen Spitzenklasse schien geglückt", resümiert Alfred Heynen – doch der Schein trügt. Eimsbüttel, zum ersten und einzigen Mal Favorit in seiner Endrundengruppe, startet zwar mit einem überzeugenden 3:0 gegen den schlesischen Meister Vorwärts-Rasensport Gleiwitz, erlebt dann aber eine böse Überraschung bei Außenseiter Viktoria Stolp. Die pommerschen Kicker aus dem heutigen Slupsk verlieren sämtliche Spiele – mit Ausnahme dessen vom 19. April, als sie den ETV mit 1:0 bezwingen.

Ihren Respekt vor den „international erprobten Kanonen Stührk, Rohde, Panse und Rohwedder" legen die Hausherren vor 6.000 Zuschauern auf dem Germaniaplatz schnell ab. Eimsbüttels Innensturm sieht sich vor allem durch Heinz Gliffe gebändigt, den die findigen Pommern zur zusätzlichen Absicherung als Doppelstopper aufgestellt haben. Nicht schön fürs Auge, aber gut für das Punktekonto: Garz erzielt in der 34. Minute das Tor des Tages. Panse besitzt noch die beste ETV-Chance, scheitert aber mit einem scharfen Flachschuss an Viktoria-Keeper Dettlaff.

Auch im Rückspiel tut sich der ETV mit dem Außenseiter schwer, der bis zur Pause ein 0:0 hält und kurz nach dem Seitenwechsel durch einen Hermann-Abstauber sogar in Führung geht. Glücklicherweise nimmt dann ein Stolper beim direkten Gegenangriff im eigenen Strafraum die Hand zur Hilfe. Ein Fall für Otto Rohwedder, der zum Punkt schreitet – und gleich zweimal verwandelt.

Nur Siegen ist schöner: Im Mai 1935 reist Eimsbüttel als erste deutsche Fußballmannschaft per Flugzeug zum Endrundenspiel nach Stettin. Nach dem „Einchecken" zeigen sich Wolter, Zollgreve, Rohwedder, Kleikamp, Schindowski, Reuter, Böhlcke, Panse, Timm, Lüdecke, Soll, Ahlers, Stührk und Rohde dem Fotografen.

Sein erster Schuss zum 1:1 muss wiederholt werden, weil bei der Ausführung zu viele Fotografen auf das Feld gelaufen sind! Schindowski überlistet den starken Stolper Torwart Dettlaff mit einem Schrägschuss zum 2:1-Endstand, doch der Sieg kommt zu spät.

Mit einem katastrophalen 1:6 gegen Angstgegner Werder Bremen in Altona hat sich der ETV sein Torverhältnis bereits nachhaltig verdorben. Nur noch theoretischer Natur sind daher die Chancen, als die Elf zum Auswärtsspiel nach Gleiwitz aufbricht. Die Überraschungsmannschaft der Gruppe hat aus ihrer Auftaktniederlage offenbar gelernt und raubt Eimsbüttel beim 4:1 die letzten Aussichten. Das 0:2 gegen Werder Bremen zum Abschluss ist nur insofern von Bedeutung, als dass der ETV eine enttäuschende Endrunden-Teilnahme mit dem vorletzten Gruppenplatz beschließt – ein undankbares Ende für die erste Generation Eimsbütteler Spitzenfußballer, die zumindest in einzelnen Spielen ihre Konkurrenzfähigkeit mit den führenden Vereinen an den Tag gelegt hat.

1940 An Helmut Schön gescheitert

Nach vier Jahren Abwesenheit qualifiziert sich Eimsbüttel mit Kantersiegen über den HSV (4:1, 6:0) wieder für die Endrunde. Die erste Kriegsmeisterschaft soll die Hohelufter so nahe an eine Halbfinal-Teilnahme bringen wie nie zuvor oder danach. Bis zum letzten Spiel bestehen realistische Aussichten auf eine Vorschlussrunden-Begegnung gegen Schalke 04, Rapid Wien oder Waldhof Mannheim.

Beim 3:1 gegen den VfL Osnabrück am Rothenbaum verrichtet der ETV bereits zum Auftakt „eine Stunde Meister-Arbeit". Die Treffer zum 2:0 markiert Kurt Manja, der nach 22 Minuten zunächst geschickt VfL-Torwart Flotho umspielt und zur Führung einschiebt. Fünf Minuten später erhält Manja I eine Musterflanke von Weber und nickt zum 2:0 ein.

Nur drei Minuten später ist Osnabrück durch einen abgefälschten Billen-Schuss wieder im Rennen. Nach der Pause greift der VfL wütend an, fordert zweimal einen Foulelfmeter, muss sich aber geschlagen geben, als Ebbe Stührk nach einer Risse-Vorlage eher am Ball ist als Keeper Flotho und den 3:1-Endstand erzielt. Für das „Hamburger Fremdenblatt" gilt die hochklassige Partie als „eindrucksvolle Bestätigung der außerordentlichen Kampfkraft dieser Mannschaft". An Kampfkraft mangelt es auch im nächsten Spiel nicht, als gegen den 1. SV Jena ein schweres Unwetter über die Hoheluft zieht, das beinahe zu einem

Spielabbruch führt. Eimsbüttel muss auf Rohde und Panse verzichten, eine zu schwere Hypothek. In durchnässter Kleidung jubeln schließlich die Thüringer über ihren 1:0-Überraschungssieg, der vor allem Erni Timm als begossenen Pudel hinterlässt. „Timm hatte einen schwarzen Tag", schildert Vereinschronist Fritz Maack: „Er verschuldete den einzigen Treffer, als er einem kräftigen Schuss, der weit am Tor vorbeigegangen wäre, in den Weg sprang und den Ball in die obere Torecke lenkte." Danach scheitert der arme Verteidiger auch noch mit einem Handelfmeter, den Jenas Torwart Patzl zur Ecke lenken kann.

Anders als in den Vorjahren führt der überraschende Rückschlag aber nicht zu einem Einbruch. Beim Dresdner SC, der sich gerade zur führenden Mannschaft Deutschlands aufschwingt, wird ein beachtliches 0:0 erzielt, das 15.000 Sachsen im gefürchteten Ostragehege beeindruckt hinterlässt. Mit zwei Auswärtssiegen wahrt der ETV seine Chancen: In Jena sorgen zweimal Kurt Manja sowie Ebbe Stührk für eine erfolgreiche 3:2-Revanche. Beim VfL Osnabrück wird nach einem 1:3-Rückstand noch 4:3 gewonnen. Neben Weber und Bargstedt trifft zweimal Kurt Manja, dem „eine ganz ausgezeichnete Leistung" attestiert wird.

Damit ist die Situation klar: Vor dem letzten Spiel liegt Eimsbüttel nur einen Zähler hinter den Dresdnern, die am 23. Juni auf dem Victoria-Sportplatz der Gegner sind. Der ETV tritt an mit: Kowalkowski – Lüdecke, Timm – Manja II, Baldauf, Schindowski – Weber, Risse, Manja I, Stührk, Bargstedt.

Lange steht die Begegnung vor 18.000 Zuschauern auf Messers Schneide. Der ETV, zum Sieg gezwungen, drängt vors Dresdner Tor, doch bis zur Halbzeit fallen keine Treffer. In der zweiten Hälfte schlägt dann der spätere Bundestrainer Helmut Schön zu. Zwei, nach anderen Quellen sogar alle drei Tore gehen auf das Konto des langen Schlakses in der Sturmmitte der Sachsen, die nach ihrem Gruppensieg zwar nicht Deutscher Meister werden, ihre Qualität aber mit dem Gewinn des Tschammerpokals unterstreichen.

Das 0:3 hat noch ein kurzes, folgenloses Nachspiel. Vergeblich legt Eimsbüttel Protest ein, weil „beim DSC der linke Läufer Schubert mitwirkte, eigentlich Mittelläufer beim Planitzer SC. Schubert dient in Zwickau als Soldat. Einen Gastspiel-Ausweis für ihn hat nach Angabe ETVs der DSC nicht im Besitz – dieser ist erst am 28.6. schriftlich bei Planitz beantragt worden", hält ETV-Chronist Fritz Maack eine Angelegenheit fest, die sich heute nicht mehr exakt rekonstruieren lässt.

1942 Kein Wunder gegen Werder

Die letzte Eimsbütteler Endrunde verläuft denkbar unspektakulär. Im dritten Kriegsjahr werden die 25 Gaumeister nicht mehr in Gruppen unterteilt, sondern treten im K.-o.-System gegeneinander an. Die Paarungen werden dabei nach regionalen Gesichtspunkten festgelegt, um die Reisewege gering zu halten. Auf Fußball wollen die NS-Machthaber nicht verzichten, den Treibstoffverbrauch dabei aber so gering wie möglich halten.

Nach einem Freilos in der Ausscheidungsrunde muss der ETV im Achtelfinale ausgerechnet zu Angstgegner Werder Bremen reisen. Im Weserstadion erweist sich erneut, dass die Werderaner für den ETV einfach nicht zu schlagen sind. Durch das 2:4 muss Eimsbüttel nach nur einem Spiel vorzeitig die Segel streichen. Die letzte Endrunden-Formation lautet: Delewski – Bargstedt, Timm – Sell, Baldauf, Bergmann – Pohl, Rohde, Panse, Beth, Einfeld.

In 25 Endrunden-Begegnungen sind damit neun Siege und zwei Unentschieden gelungen. 14-Mal hat der ETV als Verlierer den Platz verlassen (davon fünfmal gegen Werder Bremen!). Im Torverhältnis stehen 43:65 Treffer zu Buche.

08. April 1934	ETV – VfL Benrath	5:1 (5:1) bei Victoria
15. April 1934	Schalke 04 – ETV	4:1 (1:1) in Dortmund
22. April 1934	ETV – Werder Bremen	1:2 (1:0) am Rothenbaum
29. April 1934	ETV – Schalke 04	3:2 (0:2) in Altona
06. Mai 1934	VfL Benrath – ETV	4:1 (2:1) in Düsseldorf
13. Mai 1934	Werder Bremen – ETV	4:2 (3:2) in Bremen

Tabelle:

1. Schalke 04	16: 7	8-4
2. VfL Benrath	12:11	7-5
3. Werder Bremen	11:17	5-7
4. Eimsbütteler TV	13:17	4-8

07. April 1935	ETV – Hannover 96	1:3 (0:1) in Altona
14. April 1935	ETV – Stettiner SC	3:1 (1:1) an der Hoheluft
28. April 1935	Schalke 04 – ETV	4:0 (1:0) in Bochum
05. Mai 1935	Stettiner SC – ETV	2:2 (2:0) in Stettin
19. Mai 1935	Hannover 96 – ETV	9:3 (7:1) in Hannover
26. Mai 1935	ETV – Schalke 04	2:1 (1:0) bei Victoria

Tabelle:

1. Schalke 04	27: 6	10-2
2. Hannover 96	24:12	8-4
3. Eimsbütteler TV	11:20	5-7
4. Stettiner SC	5:29	1-11

05. April 1936	ETV – VR Gleiwitz	3:0 (2:0) bei Victoria
19. April 1936	Viktoria Stolp – ETV	1:0 (1:0) in Stolp
26. April 1936	ETV – Werder Bremen	1:6 (1:2) in Altona
03. Mai 1936	ETV – Viktoria Stolp	2:1 (0:0) an der Hoheluft
10. Mai 1936	VR Gleiwitz – ETV	4:1 (2:0) in Gleiwitz
17. Mai 1936	Werder Bremen – ETV	2:0 (2:0) in Braunschweig

Tabelle:

1. VR Gleiwitz	21:9	10-2
2. Werder Bremen	22:11	8-4
3. Eimsbütteler TV	7:14	4-8
4. Viktoria Stolp	4:20	2-10

19. Mai 1940	ETV – VfL Osnabrück	3:1 (2:1) am Rothenbaum
26. Mai 1940	ETV – 1.SV Jena	0:1 (0:0) an der Hoheluft
02. Juni 1940	Dresdner SC – ETV	0:0 in Dresden
09. Juni 1940	1.SV Jena – ETV	2:3 (1:2) in Jena
16. Juni 1940	VfL Osnabrück – ETV	3:4 (1:1) in Osnabrück
23. Juni 1940	ETV – Dresdner SC	0:3 (0:0) bei Victoria

Tabelle:

1. Dresdner SC	9:0	10-2
2. Eimsbütteler TV	10:10	7-5
3. VfL Osnabrück	11:14	4-8
4. 1. SV Jena	7:13	3-9

24. Mai 1942	Werder Bremen – ETV	4:2 (2:1) in Bremen

Interview

„Theo muss nach vorne!"

Hans-Hermann Weymar, langjähriges Vorstandsmitglied,
über die großen Jahre des Eimsbütteler Fußballs

Als Hans-Hermann Weymar am 18. August 1912 geboren wurde, gewann der ETV gerade ein Freundschaftsspiel bei Teutonia Kiel mit 4:0. Eine angemessene Begrüßung für den 93-Jährigen, der mittlerweile auf eine 83-jährige Vereinsmitgliedschaft, darunter Jahrzehnte im Vorstand, zurückblicken kann. „Als Weymar ist man Mitglied im ETV", erläutert das Ehrenmitglied das Credo der Dynastie und blickt auf die erfolgreichen Zeiten der Eimsbütteler zurück.

> *Wie sind Sie zum ETV gekommen?*
Mein Vater Robert ging jeden Sonntag selbstverständlich zum Fußball, da bin ich immer mit gewesen. Bei der Familie Weymar, da war man im ETV. Da gab's nichts anderes. Ich bin 1922 in die Leichtathletik-Abteilung eingetreten, als Mittelstreckenläufer mit mittlerer Leistung, würde ich sagen. Als ich dann eine Zimmerer-Lehre mit praktischer Arbeit am Bau machte, kam ich nicht mehr regelmäßig zum Trainieren, weil ich abends meistens zu erschöpft war. Ich habe dann im ETV Tennis gespielt oder auch mal Handball.
Fußball habe ich in unteren Mannschaften gespielt, etwa bei den 7. Herren. Das war eine ausgesprochene Freundschaftsmannschaft. Wir haben meistens sonntags vormittags gespielt, bei Heimspielen meistens an der Schlankreye und etwa einmal im Jahr durften wir auch draußen auf der Hoheluft spielen. Einmal haben wir in einer niedrigen Klasse den Meister gemacht, und zu unserer Feier kam dann sogar Otto Rohwedder. Das war natürlich eine Auszeichnung.
> *Sie sagten, als Weymar sei man beim ETV gewesen. Ihr Bruder Hans, der 1908 Hamburgs erster Nationalspieler wurde, trat allerdings für den SC Victoria gegen den Ball...*

Wir waren sechs Brüder Weymar und auch noch einige Schwestern, die auch alle im ETV waren. Hans war als Einziger nicht im ETV, war sportlich aber auch der Beste von uns.

> *War das der Grund, warum er zu Victoria gegangen ist?*

Nein. Er wohnte an der Hoheluftchaussee, in der Nähe von Victoria. Als er bei Victoria war, spielte der ETV ja noch an der Schlankreye oder auf einem Exerzierplatz und nicht wie heute am Lokstedter Steindamm an der Hoheluft. Dass Hans bei Victoria war und wir anderen Weymars alle im ETV, führte aber zumindest zu ziemlichen Meinungsverschiedenheiten. Also, er gehörte noch zur Familie, aber er war doch irgendwie… – na ja, es war Victoria. Für uns war es unverständlich, wie er bei Victoria sein konnte.

> *Gab es auf dem Platz denn mal die Begegnung „Weymar gegen Weymar"?*

Nein. Hans Weymar war immer oberste Liga, und die anderen Weymars trieben zwar auch Sport, aber nicht auf diesem Niveau. Ihre Tätigkeit bestand eher im Organisieren. So wie mein Onkel Gustav Weymar, der die Fußballabteilung, später auch die Tennis- und Hockeyabteilung, mitbegründet und Jahrzehnte im Vorstand mitgearbeitet hat. Mein Vater Robert war mehr finanzieller Förderer des Vereins. Oder es war so, dass manche Liga-Fußballer in den wirtschaftlich schlechten Jahren keine Arbeit hatten. Mein Vater war Direktor der Landwirtschaftsvereinigung Schleswig-Holstein und konnte einigen dann Büroarbeit vermitteln. Zum Tribünenbau 1920 hat mein Vater sich nicht nur selbst engagiert, sondern auch viele Geschäftsfreunde für Spenden herangezogen. Victoria hatte schon lange eine Tribüne, da mussten wir auch eine haben, denn wir waren ja schließlich die beiden Konkurrenzvereine von der Hoheluft.

Persönlich hatten wir allerdings nichts gegen Victoria, eher im Gegenteil. Victoria schickte früher in den großen Ferien immer Jugendgruppen auf Reise. Da bin ich mit meinem Vetter Carl-Heinz, dem Sohn von Hans Weymar, mitgefahren.

> *Haben Sie sich auch als ETV-Anhänger zu Auswärtsfahrten aufgemacht?*

Sehr oft. Wir fuhren zum Beispiel zu Werder Bremen oder Holstein Kiel. Meistens gemeinsam mit Extrabussen, das hat man dann organisiert. In meiner Tätigkeit im Vorstand bin ich auch mit den Spielern zusammen gefahren, etwa nach Belgien. Morgens vor der Fahrt habe ich noch Aufschnitt eingeholt, damit die Ligaspieler ein Frühstück hatten. Das ist mit heutigen Verhältnissen gar nicht zu vergleichen. Die großen internationalen Spiele waren schon etwas ganz Besonderes, schließlich gab es damals noch keine Champions League oder Ähnliches.

Der ETV hatte schon in den 1920ern eine für Hamburger Verhältnisse gute Mannschaft, damals waren der HSV, Victoria, Altona 93 und Union 03 die großen Mannschaften. Ich habe noch Altonas Adolf Jäger und Tull Harder vom HSV spielen sehen. Adolf Jäger hatte nachher ein Zigarettengeschäft in der Altonaer Straße. Da gingen wir dann hin und kauften Zeitungen oder ein paar Zigaretten, bloß um Adolf Jäger zu sehen. Ein bewundertes Idol, aber ein sehr bescheidener Mann. Tull Harder trat da etwas anders auf. „Hallo, ich bin so ungefähr der beste Stürmer" – und so weiter.

> *In den 1930er Jahren wurde der ETV dann richtig erfolgreich. Solange es um die norddeutsche Meisterschaft ging, war die Mannschaft immer sehr gut. Aber bei den Spielen um die Deutsche Meisterschaft haben sie nie diese Form erreicht. In der Liga haben sie ihre besten Spiele gemacht, bei der Deutschen haben sie meistens versagt. Haben Sie dafür eine Erklärung? Immerhin wurde ja selbst Schalke zweimal geschlagen.*

Vereinzelt waren gute Spiele dazwischen. Aber um in der Deutschen Meisterschaft ein Wort mitzureden, musste man ja auch eine Beständigkeit zeigen. Und komischerweise gelang das nie. Vorher wurden sie meistens überlegen Nordmarkmeister, und man ging mit den größten Erwartungen zu den Endrundenspielen – und dann war's wieder nix. Sie schlugen Schalke, aber das waren die Ausnahmen. In leichteren Spiele wie gegen Stettin stolperten sie dann wieder.

> *In dieser Zeit wurden mit Rohwedder, Stührk, Panse und Rohde vier Eimsbütteler Nationalspieler. Welche Eindrücke haben sie vom ETV-Quartett, das den DFB-Dress trug?*

Hans Rohde war ein ausgesprochener Kämpfertyp mit Einsatz bis zum Letzten. Er hat hart gespielt, aber nicht unfair, was ein klarer Unterschied ist. Später habe ich in einer Altherrenmannschaft gespielt, in der Hans Rohde und auch die beiden Manjas waren. Ich war Rechtsaußen, und Rohde schlug gerne ganz lange Pässe. Dann hieß es immer: „Hans-Hermann, lauf!" Wir normalen Spieler konnten uns die größte Mühe geben, aber die waren doch eine Klasse besser und stellten ganz andere Anforderungen. Die waren dann enttäuscht, wenn wir nicht so gut spielten wie sie.

Unserer Freundschaft hat das aber überhaupt keinen Abbruch getan. Wir haben späterhin mindestens 20 Jahre zusammen gekegelt. Dieser Zusammenhalt, der vor 40, 50, 60 Jahren entstanden ist, der ist geblieben. Leider lebt von den Ligaspielern aus unserem Kreis keiner mehr, der letzte, der vor ein paar Jahren gestorben ist, war der Theo Uppenkamp. Wir treffen uns aber auch jetzt noch alle vier Jahre mit der Witwe von Kurt Manja und der Turner-Familie Lüdemann, um zusammen essen zu gehen. Mit Kegeln ist es jetzt nichts mehr, der eine hat's im Kreuz, der andere hat's da. Na ja, inzwischen sind wir auch alle zumindest über 80.

Mit den Turnern haben wir früher im Festausschuss gesessen, um die jährlichen Vereinsbälle zu organisieren. Wen wir bei unseren Treffen immer sehr gerne dabei haben, ist der Sohn von Kurt Manja, Kurt-Rainer Manja. Weil seine Mutter im Rollstuhl sitzt, bringt er sie immer. Es hat sich so eingebürgert, dass er dann in den drei Stunden, die wir zusammen sind, bei uns bleibt. Das ist dann immer ganz nett, wenn im Kreis der Älteren auch mal ein bisschen was Jüngeres ist und nicht nur von Krankheiten und Ähnlichem gesprochen wird.

> *Wie haben Sie Herbert Panse und Otto Rohwedder erlebt?*

Herbert Panse war auch in unserem Kegelkreis, kam aber nicht so regelmäßig, weil er selber eine Gaststätte am Mühlenkamp hatte, eine Wein- und Probierstube. Er hatte einen ganz kleinen Buckel. Als er gemustert wurde, hat man ihm gesagt, er müsse mal ein bisschen Sport treiben…

Otto Rohwedder kannte ich nicht so gut, er war eher in so einer Gruppe mit Spielern wie Schindowsky. Ich will vorsichtig sein: Das waren nicht ganz so solide Typen wie die anderen.

> *Rohwedder soll sich ja gerne mit Schiedsrichtern angelegt haben…*

Otto Rohwedder wusste, dass er etwas kann, und das trug er auch offen zur Schau. Damals kamen auch schon mal ein bisschen Differenzen auf, dass einzelne Spieler mehr haben wollten. Ich erinnere ein Ligaspiel an der Hoheluft, wo Rohwedder und ein, zwei andere Spieler nicht aufliefen. Offensichtlich war es so, dass Rohwedder vor dem Spiel in den Umkleideräumen gesessen und gesagt hat: Entweder das und das oder ich spiele nicht. Und dann hat man konsequent gesagt, dann spielst du eben nicht. Den Vorsitzenden Dr. Fricke habe ich am Platz sagen gehört: „Ich verliere lieber mit einer anständigen Mannschaft und lasse mich nicht erpressen." Darüber waren natürlich die Meinungen etwas unterschiedlicher Art, aber die Mehrheit im ETV stand doch im Großen und Ganzen hinter Dr. Fricke.

> *Dass man in Eimsbüttel nicht unbedingt reich werden konnte, hat sich durch die Jahrzehnte gehalten…*

Der alte Turnergeist war bestimmend, auch als die Entscheidung getroffen werden musste, ob man zum Berufsfußball übergeht oder bei den Amateuren bleibt. Der ETV war ja ursprünglich ein Turnverein, und die größte Abteilung sind auch immer die Turner gewesen. Zu dieser Zeit war Robert Finn Vorsitzender, der vom alten Turnergeist her absolut gegen Berufsfußball eingestellt war. Die Leute sollten Freude am Sport haben, aber sie sollten nicht dafür bezahlt werden. Das war wohl ausschlaggebend dafür, dass der Verein sich gegen den Schritt zum Berufsfußball entschied.

> *Gab es einen Publikumsliebling an der Hoheluft?*

Einen Starkult gab es damals nicht. Sehr beliebt war Ebbe Stührk. Wenn man mit dem zusammen war, stand nicht hier der Spitzenspieler und dort der kleine Bolzer. Man wurde von ihm genauso anerkannt, auch wenn man nicht für die deutsche Ländermannschaft nominiert war. Daneben war Kurt Manja jemand, der sich mit jedem gerne unterhielt. Nach dem Krieg machte er am Heußweg einen Zigarren- und Zeitschriftenladen auf, der sehr gut lief. Viele ETVer aus der Gegend haben sich wohl gesagt, ehe ich bei Meier oder Schulz meine Zigaretten hole, kann ich sie auch bei Kurt Manja holen. Auch ein richtiger Volksheld war Theo Uppenkamp. Wenn es im Sturm nicht richtig klappte, dann forderte die Menge: „Theo muss nach vorne!" Und der hat dann manchmal dolle Tore geschossen.

> *Warum war Uppenkamp ein Volksheld?*

Erst mal war er immer vergnügt, er hatte immer gute Laune. Außerdem war er sehr einsatzfreudig. Manchmal hat man es ja, dass der Einsatz ein bisschen nachlässt, wenn das Spiel verloren ist. Das gab's bei Theo nicht. Der kämpfte bis zum Letzten, und das machte ihn so beliebt.

> *Am Rothenbaum hörte man in den 1930ern zur Unterstützung des HSV oft den Schlachtruf „Auf, ihr Männer!". Was wurde beim ETV geschrien?*

Es gab allgemeinen Beifall und Anfeuerungsrufe, aber einen bestimmten Schlachtruf wie bei manchen anderen Vereinen gab es beim ETV nicht.

> *Recht wenig ist über Hermann Neiße bekannt, den ersten Nationalspieler des ETV, der 1911/12 nach Wien zog. Gab es danach noch Kontakte zum alten Verein?*

Davon ist mir nichts bekannt. Zur Zeit von Neiße hatten wir ja auch schon eine recht gute Mannschaft, aber Neiße selbst ist dann, ich möchte beinahe sagen: verschollen. Heutzutage wird ja schon fünf Jahre im Voraus geschrieben, was ein Spieler machen will. Das interessierte die Leute früher gar nicht.

> *Der ETV hatte auch einen Fast-Nationalspieler: Böhlke gehörte zur Vorauswahl von sechs Torhütern für das olympische Fußballturnier 1936, hat aber nie für Deutschland zwischen den Pfosten gestanden…*

Ja, Bubi Böhlke, mit dem habe ich auch noch 20 Jahre zusammen gekegelt. Der war von allen, die keine deutschen Auswahlspieler waren, wohl am nächsten dran. Aber nach den damaligen Trainern Nerz und Herberger gab es wohl immer ein, zwei Torhüter, die entweder besser waren oder in höherem Ansehen standen.

Böhlke war wohl der beste Torwart, den Eimsbüttel jemals hatte. Der hat eigentlich nie einen Fehler gemacht. Doch, an einen einzigen kann ich mich erinnern. Da spielten wir gegen den HSV, mussten gewinnen, führten auch 2:1 und waren dem dritten Tor nahe. Dann gab's einen Eckball für den HSV, und der kleine Noack ist mit seinem Kopf vor Böhlke an den Ball gekommen und hat das 2:2 gemacht.

Böhlke saß nach dem Spiel da und hat geheult wie ein Schlosshund. Ich habe selten einen jungen Menschen so weinen sehen.

> *Welches war nach Ihrer Meinung das größte ETV-Spiel: das 3:2 gegen Schalke 1934?*

Schalke gehört auch dazu. Wenn man 0:2 zurückliegt und noch 3:2 gewinnt, ist das immer ein Jubelfest. Aber weil die Rivalität in Hamburg zwischen HSV und ETV damals sehr groß war, erinnere ich mich am liebsten an zwei andere Spiele. Das 7:0 am Rothenbaum im September 1935 und das Spiel an der Hoheluft Ende 1934. Wir gingen da mit sehr gemischten Gefühlen hin, weil Rohwedder nicht spielen konnte. Stührk, der ja eigentlich Verteidiger war, ist dann mit in den Sturm genommen worden. Ahlers und Panse waren dann die tragenden Kräfte, und wir haben 8:3 gewonnen.

Porträt

Ebbe Stührk

Der am 4. Juli 1910 geborene blonde Wuschelkopf war auf den Namen Erwin getauft. In Eimsbüttel kannte man ihn jedoch nur unter dem Namen „Ebbe". Von eher schmächtiger Gestalt, bestach der Hohelufter Publikumsliebling durch seine „famosen Kopfbälle" und die Zähigkeit, die er im Zweikampf an den Tag legte. Oft war das gar nicht nötig, denn spurtschnell, wie er war, hatte der gelernte Maler die Situation oft schon geklärt, bevor ein Gegenspieler den Ball überhaupt erreichen konnte.

Zu Stührks Zeit waren die Aufgaben noch klar verteilt, Begriffe wie Rochieren, Übergeben oder Positionswechsel Fremdworte in der Fußballsprache. Ein Verteidiger überschritt im Regelfall nicht die Mittellinie, ein Stürmer rannte bei Ballverlust nicht zurück, sondern lauerte weiterhin vorne auf Einschussgelegenheiten. Manchmal spielte auch Stührk im Sturm und erwies sich dabei als durchaus torgefährlich. Hätte es die Beschränkungen im Fußballsystem damals nicht gegeben, Ebbe Stührk hätte vielleicht zum Prototypen des Offensivverteidigers werden können, wie später Paul Breitner oder sein Hamburger Fußball-Nachfahr Manfred Kaltz.

Auch als Verteidiger bestach Stührk durch seine Cleverness im Aufbauspiel, mit der er manchen Eimsbütteler Angriff einleitete. Beinahe hätte ihn das zur Weltmeisterschaft 1934 geführt, doch als Reichstrainer Otto Nerz ihn beim Endrundenspiel 1934 in Düsseldorf-Benrath beobachtete, hatte der „blonde Teufel" einen rabenschwarzen Tag erwischt. Nerz sah ein Eigentor des Eimsbüttelers und beförderte ihn erst im Folgejahr zum Nationalspieler.

„Unerschrockenheit und Schnelligkeit sind seine besonderen Eigenschaften", stellte Stührk das Programmheft zu seinem Länderspiel-Debüt gegen die Schweiz am 27. Januar 1935 in Stuttgart vor. Nach dem 4:0-Erfolg wurde sein „hervorragendes Verteidigerspiel" gelobt, das die „ganz große Fußballhoffnung" auch zu einem Kandidaten für die Olympischen Spiele 1936 werden ließ. Beim 3:2 in den Niederlanden sowie beim 3:0 gegen Lettland in Königsberg trug Stührk 1935 abermals den Adler-Dress, doch das deutsche Olympia-Debakel (0:2 gegen Norwegen) blieb dem einstigen Schlagballspieler erspart.

Nach Vollendung des Eimsbütteler Meisterschafts-Hattricks 1936 wurde es um Stührk etwas ruhiger – zumindest, was Eintragungen in das berühmt-berüchtigte Notizbuch von Sepp Herberger betraf, der inzwischen für die Nationalmannschaft zuständig war. Eine langwierige Meniskusverletzung zwang Stührk Ende der 1930er Jahre dazu, kürzer zu treten.

Erwin Stührk wurde im Zweiten Weltkrieg an die Ostfront beordert und starb am 13. März 1942 mit 31 Jahren in der Sowjetunion.

Erwin Stührk (rechts) im Nationaldress – hier beim 3:2 über die Niederlande in Amsterdam.

Porträt

Herbert Panse

Was weltumspannende Sportartikelkonzerne wie „Nike" der heutigen Jugend gerne glauben machen möchten, stimmt manchmal tatsächlich: Ein Paar Schuhe kann das Leben verändern!

Herbert Panse bekam ein solches Paar Buffer anno 1922 vom Eimsbütteler TV gestellt, da der achtjährige bolzende Buttje als Straßenfußballer den spärlichen Etat der Familie für Freizeitausgaben nicht mehr weiter belasten durfte. Eine Investition, die sich langfristig mehr als bezahlt machte: „Panse, nicht Rohwedder, ist der Explosionsmotor im Angriff des Nordmarkmeisters", bejubelte ihn die Fachpresse ein Jahrzehnt später, als er begann, die Vorlagen Rohwedders mit oft traumwandlerischer Sicherheit ins gegnerische Netz zu befördern.

Als der Mittelstürmer ab der Saison 1932/33 mit seinen Toren dazu beitrug, dem HSV die Vorherrschaft an Alster und Elbe streitig zu machen, war der am 6. März 1914 in Dresden geborene Panse noch ein Jungspund, der gerade erst seine Lehre zum Dreher beendet hatte. Auf dem Platz drehte er seine Runden als „zäher Kämpfer" und „junger, einsatzbereiter, schussstarker Stürmer", der so manchen Torhüter schwindeln machte. Die Fähigkeit, kommende Spielzüge zu erahnen, trug entscheidend dazu bei, dass der nicht besonders groß gewachsene und eher schmächtige „Wühler" im Strafraum zumeist an der richtigen Stelle stand.

Die deutsche Nationalmannschaft griff auf den Torriecher des Gerd Müller Eimsbüttels nur ein einziges Mal zurück. Gemeinsam mit Ebbe Stührk bestritt er das Spiel gegen Lettland am 13. Oktober 1935. Zum 3:0-Sieg steuerte Panse einen Treffer bei und galt danach auch als Kandidat für die Olympischen Spiele 1936. Doch es kam zu keiner weiteren Berufung, so dass Panse auf den imposanten Schnitt von 1,0 Toren pro Länderspieleinsatz kommt.

Nach sowjetischer Gefangenschaft im Zweiten Weltkrieg ging der Goalgetter von 1946 bis 1948 nochmals für Eimsbüttel auf Torejagd und half dabei, den

„Betriebsunfall" Zweitklassigkeit von 1947 zu reparieren – Panse ist damit der einzige (Ex-)Nationalspieler, der für den ETV auch in der zweiten Liga gespielt hat!

In Köln baute Panse anschließend sein Trainerdiplom und blieb als Spieler zunächst in der Region. Für die TSG Vohwinkel und die SpVgg Andernach schnürte er noch seine Buffer, in Andernach fungierte er auch schon als Trainer. Eine Beschäftigung, der er bald wieder im Norden nachgehen sollte: Rasensport Harburg, VfB Lübeck, Altona 93 und der Lüneburger SK erlebten Panse an der Seitenlinie. Im Frühjahr 1956, kurz bevor der ETV sich vom Erstliga-Fußball verabschiedete, eröffnete er in Hamburg eine Wein- und Probierstube.

Herbert Panse starb am 25. August 1980 im Alter von 66 Jahren.

Doku

„Die Ränge rasten vor Begeisterung"

Das Magazin „Fußball" über das Spiel ETV – HSV 8:3 am
2. Dezember 1934

Erstens kommt es anders, zweitens als man denkt! In einer unerhörten Energieleistung haben die Eimsbüttler Jungens, die immer noch ohne ihren besten Otto Rohwedder antreten mussten, den HSV. mit 8:3 (!!) Toren – bitte kein Druckfehler – niedergekantert!! Der Bann ist gebrochen! Nie war den Eimsbüttlern in den letzten Jahren – auch in der vorigen Saison siegte der HSV. zweimal – ein Erfolg über die Rothosen geglückt. Die HSV.ler gingen auch diesesmal – das wird niemand bestreiten – schon im Hinblick auf das Fehlen Rohwedders mit den festesten Siegshoffnungen in den Kampf. Sie wollten zunächst einmal mit den heute pausierenden Holsteinern punktgleich sein, um dann am nächsten Sonntag in Kiel gegen Ludwig und Co. den Herbstmeistertitel zum Rothenbaum zu holen. Aber grau ist alle Theorie! Nüchtern betrachtet haben die Eimsbüttler den Holsteinern einen großen Gefallen getan. Die Kieler werden, gestützt auf das heutige HSV. Debakle, bangig besorgt sein, den bös zerzausten Rothosen einen weiteren Schlag zu versetzen. Und trotzdem ist die Kraftprobe HSV. – Holstein am nächsten Sonntag alles andere als entschieden. Der HSV. pflegt sich von schweren Niederlagen recht bald wieder zu erholen, und gerade die Holsteiner werden verteufelt achtpassen müssen, dass diesesmal der H.S.V. nicht Schrittmacherdienste für seinen Kollegen, der heute so „liebevoll" mit ihm verfahren ist, tut. Meister Eimsbüttel hat „schlagend" bewiesen, dass er seinen Titel nicht „so mir nichts dir nichts" abgeben will. Man muss sich nur wundern, was alles in diesen jungen Kerls drin steckt. Rohwedder konnte nicht spielen, man stellte Stührk in den Sturm, Ahlers wurde nach seinem ansprechenden Debüt gegen Holstein auf Rechtsaußen belassen, Mohr füllte Rohwedders Platz aus – und wie!!!! – Panse führte den Sturm, und das eisern, und schließlich ergänzte Reuter diese Stürmerreihe hundertprozentig, ein Sturm, der dem HSV. sage und schreibe 8 (!!) muntere Dinger aufbrummte. Wolter, Lüdecke, Schindowsky, die Standardläuferreihe, wurde diesmal nicht auseinandergerissen, und das mit Recht.

Alle drei stellten ihre Gegenüber in jeder Beziehung in den Schatten, und dann wirkten da hinten Rohde, Timm und Böhlke mit einer Ruhe und Sicherheit, die den HSV.lern schließlich jeden Mut zu forschen Aktionen nahmen. Allerdings zeigte Timm bei den 3 Toren der Rothosen einige Schwächen, die er dann aber später vollständig verwischte. Was war nur mit dem HSV. los? Busch schien gänzlich indisponiert. Auch Höger und Henneberg spielten weit unter ihrer sonstigen Form. Durch krasse Stellungs- und Deckungsfehler machten sie es dem Meister besonders leicht, zu solch vielen Torerfolgen zu kommen. Treu und brav hatte Noack drei Minuten vor Halbzeit auf 2:2 aufgeholt, alles schien in Ordnung, aber dann waren auf einmal in den beiden letzten Minuten die beiden Verteidiger der Rothosen von allen guten Geistern verlassen. Zwei Überrumpelungen durch Panse und Ahlers... und mit 4:2 für den Meister ging es in die Kabinen... Mahlmann spielte wie immer zu massiv. Auch Glöde schien den Kopf verloren zu haben, während Wrages Ausfall dann nicht besonders zu verwundern war. Der Sturm der Rothosen war nicht einmal schlecht, hatte viel Pech, dazu verlor man schließlich bei den vielen Gegentoren die Lust. Noack war noch der Beste. Politz dagegen biss sich diesesmal an der kräftigen Gegenwehr die Zähne aus. Dörfel I schoss zuviel auf Distanz, während sein Bruder und Heine nicht richtig mitkamen. Solch einen Jubel hat der Hoheluft-Platz lange nicht mehr erlebt. Die Spieler umarmten die Torschützen und trugen sie zu ihren Plätzen zurück, die Tribüne hallte wider unter den Anfeuerungsrufen der Eimsbüttler, die Ränge rasten vor Begeisterung, der Schlachtruf der HSV.ler „Auf ihr Männer!" erstarb auf den Lippen der Rothenbaumer, denen es bei den Torschüssen der Rotjacken grün und blau vor den Augen wurde. 1:0 für Eimsbüttel, 1:1, 2:1 für den Meister, 2:2, und plötzlich wie Blitze aus heiterem Himmel: 3:2, 4:2,... 5:2; ein kleiner Dämpfer 5:3, aber dann wieder: – der Sturm des Meisters war nicht mehr zu halten –, Trommelfeuer von allen Seiten... der HSV. ging unter...6:3...!, 7:3...!!, 8:3...!! Das war ein Cannae...

Aber als Sportsleute vom Scheitel bis zur Sohle, anständig, ergaben sich die elf HSV.ler in ihr Schicksal... Der HSV. ist sich auch im Unglück treu geblieben... 12.000 Zuschauer bezeugten die Wichtigkeit und Bedeutung dieses Spieles, das von Trimpler (Hamburg) ganz ausgezeichnet geleitet wurde. Der Gastgeber Eimsbüttel stellte: Böhlke, Rohde, Timm, Wolter, Lüdecke, Schindowsky, Ahlers, Stührk, Panse, Mohr und Reuter. Der HSV. war mit: Busch, Henneberg, Höger, Wrage, Glöde, Mahlmann, Politz, Noack, Dörfel I, Dörfel II und Heine gekommen. Schon in den ersten Minuten versiebt Noack 3 m ganz allein vorm

Tor eine große Sache. In der 5. Minute Ecke von Ahlers, Panse drückt ein. 1:0 für Eimsbüttel. Das Spiel ist furchtbar aufgeregt. Eimsbüttel etwas im Vorteil. Ein Zögern von Timm in der 19. Minute und schon hat Noack ausgeglichen. 1:1. Noack schießt herzerfrischend. Der HSV. kommt allmählich auf. Aber Rohde ist ohne Tadel. Fabelhaft seine Ballabnahme. 31. Minute: Stührk wühlt und wühlt, ein Pass zu Mohr, und halbhoch trifft sein Schuss ins Schwarze. 2:1 für den Meister. Der kleine Ahlers auf Rechtsaußen ist unbedingt gauligareif. In der 42. Minute erspäht Dörfel I eine Lücke, und Böhlke ist geschlagen. 2:2. Und nun folgen drei dramatische Minuten. Ahlers stößt vor, flankt zu Panse, kurz entschlossen, 3:2!, eine Minute später geht Ahlers auf eigenes Risiko los. 4:2. Die HSV.-Verteidigung hatte die Nerven verloren. Und wieder hat Böhlke zu Beginn der zweiten Halbzeit mehr als Dusel… In der 8. Minute Durchbruch Panses… 5:2. Noack holt 11 Minuten später ein Tor auf. Aber Panse stellt einen Augenblick später den alten Abstand wieder her… 6:3. Der HSV. ist aus dem Häuschen… er versiebt einen 11 m… den Torabstoß nimmt Panse auf… durch… und 7:3!!! Endlich beschließt Reuter in der 38. Minute mit einem feinen Schrägschuss den Torreigen 8:3!!!

Der Meister hat ein Spiel gezeigt, das nur in dem seinerzeitigen 3:2-Sieg über Schalke eine Parallele hat. Die Mannschaft spielte wie aus einem Guss. Der H.S.V. war machtlos und dazu vom Pech verfolgt, um so mehr lächelte Fortuna heute den Eimsbüttlern, denen aber auch alles gelang. Es gibt in jedem Sport Leistungen, die nur einmalig sind. Fast möchte man sagen, dass die 11 Eimsbüttler Jungens diesesmal über sich selbst hinausgewachsen sind.

Der Meister empfängt am nächsten Sonntag die 93er aus Altona. Arme Bahrenfelder! Polizei Hamburg, die von den 93ern heute 5:2 geschlagen wurden, werden gegen die Kollegen aus Lübeck wenig Chancen haben, denn die „süßen Marzipanmänner" gaben dem F.C. St. Pauli heute mit 7:1 das Nachsehen…

Rot-weißer Faden 4
1945 bis 1963
Der ETV als Rundfunkschlager

1945 bis 1963

1945/46 Neuaufbau mit Vertrauenskrise

Der Zweite Weltkrieg hat in Eimsbüttel viele Ruinen hinterlassen. Auch der Tribünensportplatz ist kein solcher mehr: Die Tribüne liegt in Schutt und Asche. Da die britische Besatzungsmacht Anlage und Räumlichkeiten requiriert, steht der ETV zunächst heimatlos da. Auch viele Spieler sind nach dem Zusammenbruch des NS-Regimes in alle Winde zerstreut. Walter Risse, in diesen Wochen eher ein englischer „Team Manager" als ein reiner Trainer, bemüht sich, die alten Eimsbütteler um sich zu scharen.

Denn bereits wenige Wochen nach Kriegsende rollt der Ball wieder durch Hamburg. Die „großen Fünf" HSV, Altona 93, FC St. Pauli, SC Victoria und ETV werden für die Anfang 1946 beginnende Stadtliga gesetzt. Zuvor bestreiten die weniger schillernden Namen Ausscheidungsspiele zur Einteilung der Ligen.

Das erste Punktspiel des ETV findet somit erst am 13. Januar 1946 statt und wird beim SC Concordia 2:3 verloren. Nach einem 1:4 gegen die SV Blankenese kommt es zu einer „Vertrauenskrise", in deren Folge einige Unzufriedene den Verein verlassen. Die insgesamt unspektakuläre Saison findet am letzten Spieltag noch einen kleinen Höhepunkt, als Eimsbüttel zum Zünglein an der Waage wird. Drei Minuten vor Schluss kassiert der ETV den 1:2-Verlusttreffer gegen den HSV, der sich durch den Sieg ein Entscheidungsspiel um die Stadtmeisterschaft gegen den FC St. Pauli erspart.

1946/47 Ein Punkt fehlt zur Oberliga

Kaum ist der Spielbetrieb reorganisiert, stehen schon wieder große Aufgaben an. Für das Jahr 1947/48 wird die Einführung einer Oberliga Nord mit zwölf Vereinen beschlossen, Hamburg erhält vier Plätze zugesprochen. Zum Saisonauftakt gelingt den nun von Ex-Kicker Ernst Michelsen trainierten Eimsbüttelern ein wichtiges 4:3 bei Altona 93, und lange spricht fast nichts dafür, dass der ETV bald zum ersten Mal nur noch zweitklassig sein könnte.

Im Gegenteil: Manche Ergebnisse in der Hamburger Stadtliga bestätigen die Notwendigkeit einer neuen Eliteklasse. Eimsbüttel schlägt Viktoria Wilhelmsburg 11:1 und kantert die Betriebsmannschaft vom Post SV gar mit 16:1 nieder. Siebenmal beißt Herbert Panse auf seine alten Tage gegen die Briefträger zu, als wolle er an seine Torrekorde aus Gauliga-Zeiten anknüpfen. Die Post wird in diesen Jahren zum Lieblingsgegner des ETV, der zwischen 1946 und 1948 alle fünf Aufeinandertreffen mit einer Tordifferenz von 39:9 gewinnt. Als Trostpflaster trainiert später mit Otto Rohwedder ein einstiger Eimsbütteler die Postler.

Zwischendurch schleichen sich jedoch Niederlagen ein, die in der Endabrechnung schmerzen. Gegen das überraschend starke Concordia wird trotz zweier Treffer von Kurt Manja 2:3 verloren. Dennoch wird Eimsbüttel knapp vor St. Pauli Herbstmeister, unter anderem mit einem Erfolg gegen den HSV. Weil nicht genügend rote Trikots vorhanden sind, treten die Eimsbütteler in Blau und Weiß gegen den HSV an – und überrollen den Meister mit 6:2. „ETV ist zurzeit Hamburgs beste Fußballmannschaft", jubelt das „Hamburger Echo" nach den Toren von Kurt (4) und Karl-Heinz Manja sowie Herbert Panse.

Das Abstiegsgespenst feiert Weihnachten beim HSV, der auf Platz fünf überwintern muss. Eimsbüttel reist als Test für bevorstehende Aufgaben zu einem Freundschaftsspiel bei Holstein Kiel. Wegen einer Verkehrspanne auf dem Hinweg muss die Mannschaft auf das vor Ort eingeplante Mittagessen verzichten und verliert mit knurrenden Mägen 1:3.

Als Eimsbüttel sich Anfang Juni mit dem HSV zum Rückspiel trifft, ist die Lage für den ETV jedoch brisant geworden. Niederlagen gegen die direkten Konkurrenten Victoria (1:4), Concordia (0:4), St. Pauli (2:5) und auch gegen die SV Blankenese (2:3) haben den Klub zurückgeworfen. Nach dem 2:4 gegen die Rothosen muss auf Schützenhilfe gehofft werden.

Mit dem 3:2 gegen Sperber erfüllt Eimsbüttel seine Hausaufgaben, schaut aber missgelaunt in Richtung St. Pauli. Die Kicker vom Millerntor stellen die überragende Mannschaft der Saison, haben sich längst die Stadtmeisterschaft gesichert – und treten gegen Eimsbüttels Konkurrenten SC Victoria mit einer besseren Reserveelf an. Victoria gewinnt und behauptet damit seinen Ein-Punkte-Vorsprung – der ETV ist erstmals seit Gründung der Fußballabteilung 1906 nur noch zweitklassig.

1947/48 Souveräner Aufstieg

Im August kann der ETV erstmals wieder auf der notdürftig hergerichteten Anlage an der Hoheluft spielen. Das 2:4 gegen Borussia Dortmund sehen 15.000 Zuschauer – die Begeisterung ist so groß wie der Mangel, der vor der Währungsreform noch überall herrscht. „Seht einmal in allen Ecken und Winkeln nach, ob sich nicht noch irgendwo altes Spielzeug findet, das der Jugend-Abteilung zur Verfügung gestellt werden kann", lautet ein Aufruf in der Vereinszeitung: „Der Bedarf ist groß, und jeder Fußballstiefel, jede Hose, jedes Hemd und jedes Paar Stutzen helfen uns weiter. Etwa erforderliche Reparaturen nehmen wir gern selbst vor."

Der Betriebsunfall Zweitklassigkeit wird ebenfalls gern selbst repariert. Wie stark der ETV ist, zeigt sich beim Freundschaftsspiel im September 1947, als dem 60-jährigen Jubilar HSV ein 3:3 abgetrotzt wird. In der zweigeteilten Hamburger Verbandsliga dreht der ETV unter Trainer Walter Risse in der Alster-Staffel einsam seine Kreise und wird mit 35:1 Punkten und 87:18 Toren souverän Erster. Höchster Sieg ist ein 11:2 beim SV West-Eimsbüttel. Der einzige Zähler wird mit einem 1:1 bei Wilhelmsburg 09 (heute Teil des SV Wilhelmsburg) abgegeben.

Endlich zurück im Oberhaus – die Aufstiegsmannschaft von 1948.

Vor die Oberliga hat der NFV jedoch noch eine Aufstiegsrunde gesetzt, für die sich Eimsbüttel auf einer Osterreise fit macht. Nach einem 6:1 zuhause gegen Nordhorn folgen im Westen ein 3:3 bei Alemannia Aachen und ein 2:0 bei Hamborn 07. Anschließend besuchen die Aachener Eimsbüttel und erreichen am 4. April vor 10.000 Zuschauern am Millerntor ein 1:1.

Am 23. Mai beginnt die Aufstiegsrunde mit einem 3:0 gegen den Itzehoer SV. Hass, Kurt Manja und Fleischmann schießen den souveränen Sieg heraus, dem ein 3:2 bei Teutonia Uelzen folgt. Am 6. Juni sehen 20.000 Zuschauer, wie Eimsbüttel gegen Altona 93 vorzeitig die Ernte einfährt. Zwar vergibt Karl-Heinz Manja einen Elfmeter, doch Röwe, Fleischmann und Panse sorgen für einen 3:1-Erfolg, mit dem der Aufstieg in die Oberliga vorzeitig feststeht.

Zu Ende ist die Saison allerdings erst am 4. Juli. Nach einem 2:2 gegen Bremerhaven 93 findet an jenem Tag die ursprünglich für den 20. Juni vorgesehene Begegnung bei Göttingen 05 statt. Doch am 20. Juni findet in den westlichen Besatzungszonen Deutschlands weit wichtigeres statt als ein Fußballspiel: Jeder Westdeutsche erhält 40 Mark als Startkapital für das noch nicht vorhersehbare „Wirtschaftswunder". Die Währungsreform dämmt den florierenden Schwarzhandel ein, die Schaufenster der Geschäfte füllen sich wieder – und niemand denkt an jenem Tag daran, eine Hamburger Fußballmannschaft im fernen Göttingen antreten zu lassen. „Es gab ja die wildesten Gerüchte, wie die Währungsreform vonstatten gehen sollte, und jedes Mal hörte man etwas anderes", erinnert sich Hans-Hermann Weymar an den Chaos-Tag, an dem sich die Deutsche Mark als härter erweist als ein Fußballspiel um den Aufstieg in die Oberliga Nord – das Göttingen zwei Wochen nach der viel beschworenen „Stunde Null" übrigens mit 3:1 gewinnt.

Für überregionales Aufsehen sorgen die „Jungmannen" des ETV, die im Sommer 1948 ein stark besetztes Jugendturnier in Osnabrück gewinnen, das – in Ermangelung eines entsprechenden Wettbewerbs – als inoffizielle deutsche Meisterschaft angesehen wird. Mit dem 2:1 im Finale gegen den 1. FC Kaiserslautern reüssieren: Rohweder – Büttner, Jüngling – Koch, Kracht, Kolbow – Mares, Kowalski, Pommerenke, Schildt, Kumleben.

Während Torwart Hans Rohweder und Stürmer Kowalski später auch für den ETV in der Oberliga kicken, versucht sich Emil Schildt an gleicher Stelle für St. Pauli und den HSV. Mittelläufer Horst Kracht erwirbt sich Meriten als Trainer, indem er den Meiendorfer SV 1988 zu Hamburger Meisterschaft und Pokalsieg coacht – der bislang letzte Double-Gewinn in Hamburg. Außenstürmer Rolf

Mares hingegen gibt auf verschiedene Weise den Ton an: Erst wird er Direktor der Hamburgischen Staatsoper, dann übernimmt er kurzzeitig auch die Präsidentschaft des Hamburger SV.

1948/49 **Aufsteiger sorgt für Furore**

Erstmals tritt der ETV als Aufsteiger auf und bezahlt nach einem Auftakt-1:1 gegen Arminia Hannover, das Manja II mit einem verwandelten Foulelfmeter sicherstellt, zunächst Lehrgeld. In Osnabrück bringt Manja I Eimsbüttel nach nur fünf Minuten 1:0 in Führung, doch als die 90 Minuten vorüber sind, steht es 1:6. Während des Spiels wird Manja I vom VfL-Verteidiger Otto Coors per Faust zu Boden gestreckt – der Osnabrücker will sich für ein Manja-Foul an Hesse rächen.

Eine Woche später geht der ETV beim FC St. Pauli erneut 1:0 in Führung, um schließlich 1:5 zu verlieren. Eimsbüttel ziert das Tabellenende, als ausgerechnet gegen Nordmeister HSV der erste Sieg gelingt. 15.000 Zuschauer sehen, wie Hans Fleischmann die Partie fünf Minuten vor Schluss mit seinem 2:1 entscheidet. Positiv auf die beginnende Aufholjagd wirkt sich auch aus, dass ein 1:5 bei Holstein Kiel nur 14 Tage nach dem Debakel annulliert wird, weil die Kieler wegen einer erschlichenen Spielerberechtigung aus der Oberliga ausgeschlossen werden.

Eintracht Braunschweig, das bis März nur TSV Braunschweig heißt, kommt am ersten Weihnachtstag an die Hoheluft. Beim 2:1-Sieg heimst vor allem Manja I großes Lob ein: „Fast auf einsamer spielerischer Höhe: Kurt Manja. Er zwingt das Leder in seine pendelnden Bewegungen und setzt

Mit dem ETV kann man reich werden – sofern das Endresultat gegen Angstgegner Werder Bremen richtig vorausgesagt wird.

Oberligaspiel am Rothenbaum – am 12. Dezember 1948 bezwingt der ETV Göttingen 05 mit 1:0. Im Kopfballduell Manja (links) und der Göttinger Schulze.

immer wieder aus der Diagonale die Flügel ein." Torwart Kowalkowski, dem bescheinigt wird, er habe „die kalte östliche Ruhe aus langer Gefangenschaft mit heimgebracht", hält einen Handelfmeter und schlägt in Windeseile auf Kurt Manja ab, der aus spitzem Winkel in den langen Giebel zum 1:0 einschießt. Ein Fleischmann-Abstauber sichert den Sieg, nachdem Karl Manja einen Foulelfmeter vergeben hat.

Als Eimsbüttel bei Arminia Hannover auf souveräne Weise 3:1 gewinnt, steht der Aufsteiger Anfang Januar auf dem vierten Platz – lediglich drei Punkte hinter dem FC St. Pauli und nur einen Zähler hinter dem HSV. Ausgerechnet der wenig schillernde Bremer SV wird zum Stolperstein und entführt einen 1:0-Erfolg aus Hamburg. Da sich auch der HSV anschließend für die Hinrunden-Niederlage revanchieren kann, verbringt Eimsbüttel den Rest der Serie im Mittelfeld.

Am 13. Februar tritt der ETV am Rothenbaum gegen Spitzenreiter VfL Osnabrück an. Nach den Vorfällen im Hinspiel wird die Begegnung nicht nur sportlich als brisant eingestuft. „Alle VfL-Spieler sind gewiss nicht reine Engel", räumt das „Osnabrücker Tageblatt" im Vorfeld ein. Doch 25.000 Besucher sehen nicht viel – in einer „Nebelschlacht" fallen keine Tore. Zum Saisonabschluss wird Bremerhaven 93 furios mit 7:0 bezwungen, wobei Nauke Sell allein für drei Treffer verantwortlich zeichnet. Nach einem hervorragenden Einlauf als Sechster belohnt sich Eimsbüttel zum 60. Geburtstag des Gesamtvereins mit einem Freundschaftsspiel gegen Schalke 04. Unter der Leitung der englischen Nachkriegs-Schiedsrichterlegende Captain Crane trifft Fleischmann zwar zum 1:1, doch am Ende gewinnen die Gelsenkirchener vor 10.000 Zuschauern mit 2:1.

1949/50 **Kowalkowski glänzt am Rothenbaum**

Otto Lüdecke, der von 1928 bis 1949 in der „Liga" gekickt und damit einen schwer zu übertreffenden Vereinsrekord aufgestellt hat, hängt seine (Liga-)Schuhe an den Nagel und betreut künftig die Oberliga-Elf Eimsbüttels. Schnell bedauert der Neu-Funktionär, dass es „dem durch die Kriegsschäden schwer mitgenommenen Verein nicht möglich war, aus der Flut der hereinströmenden Spieler der Ostzone ein Bächlein in unsere Reihen abzuleiten". Viele Fußballer, die in der sowjetischen Besatzungszone, aus der bald die DDR wird, gelandet sind, suchen in diesen Tagen ihr Heil im Westen. Der FC St. Pauli beispielsweise hat sich mit zahlreichen Verstärkungen aus Dresden-Friedrichstadt eine „Wunderelf" zusammengezimmert.

Auch ohne ostdeutsche Verstärkungen gelingt am 7. August 1949 vor 20.000 Zuschauern ein 1:1 gegen den (west-)deutschen Meister VfR Mannheim, der zum 60. Geburtstag des Gesamtvereins eingeladen worden ist. Besonders gelobt wird Kurt Manja, der Eimsbüttel nach 57 Minuten in Führung bringt und Anfang Oktober auch in die norddeutsche Auswahl berufen wird, die dem Süden in München ein 2:2 abtrotzt.

Wegen des nach wie vor unfertigen Tribünensportplatzes tritt der ETV an den ersten drei Oberliga-Spieltagen auswärts an. Nach Niederlagen bei Arminia Hannover und Bremerhaven 93 wird durch ein 3:0 bei Werder Bremen ein Fehlstart vermieden. Der Knoten ist geplatzt: Im November zählt Eimsbüttel 12:6 Punkte auf seinem Konto, fährt als Tabellendritter zum Rothenbaum und knöpft dem HSV dort ein Unentschieden ab. Rohrberg, der zweieinhalb Jahre danach selbst Eimsbütteler wird, bringt die Rothosen mit einem Volleyschuss nach 17 Minuten in Führung. Kurz nach Wiederanpfiff gleicht Nauke Sell auf Flanke von Gerd Ihns zum 1:1-Endstand aus. Das Remis am Rothenbaum vor 25.000 Zuschauern gilt als „bisher bestes Spiel der Saison". Besonderes Lob erntet Torwart Kowalkowski: „Seinem Schneid, seiner Fangkunst und seinem fehlerlosen Stellungsspiel verdankt der ETV in erster Linie das günstige Ergebnis." Schlechter kommt in der Kritik ein späterer 1954er-Weltmeister vom HSV davon: „Posipal findet zu dem weit zurückhängenden Manja als Stopper keine Einstellung, wagt die Verfolgung nicht."

Am 15. Januar wird Hannover 96 durch drei Treffer von Kurt Manja und ein Sell-Tor 4:0 geschlagen und die eindrucksvolle „Heim"-Bilanz an Victorias Hoheluft untermauert: sechs Spiele, sechs Siege, 16:0 Tore. Erst im Februar hat die makellose Bilanz ein Ende. Arminia Hannover entführt beim 0:0 den ersten Punkt, Göttingen 05 geht zwar 2:7 unter, erzielt aber die ersten Gegentore, und dem HSV ist es vorbehalten, mit einem 3:1-Erfolg den ersten Sieg „beim ETV" zu schaffen.

Dennoch ist der Sprung in die Deutschen Meisterschaftsendrunde weiter möglich. Eimsbüttel liegt nach einem 2:1 beim Bremer SV Ende März gerade zwei Punkte hinter dem Zweiten St. Pauli. Da die Elf vom Millerntor bei Werder Bremen verliert, wäre mit einem Sieg gegen Holstein Kiel Rang zwei eingenommen. Doch die Eimsbütteler verlieren 0:1 und sind offenbar so geschockt, dass die sechs restlichen Saisonspiele allesamt verloren gehen. „Erst gegen Schluss der Saison fielen die Mannen um die Gebrüder Manja und den prächtigen Torsteher Kowalkowski immer mehr ab und kamen über einen guten Mittelplatz nicht hinaus", fasst „Köhlers Fußball-Kalender" das Spieljahr zusammen.

Dass die Luft dünn wird, liegt auch daran, dass der Verein lediglich 13 Kicker zu Vertragsspielern erklärt hat – Pausen zur Schonung und Regeneration sind da für die Stammkräfte kaum möglich, zumal nur der Einsatz von höchstens drei Amateuren erlaubt ist. Dazu zieht sich „Eule" Durin beim 2:4 in Osnabrück noch einen komplizierten Beinbruch zu. Gerd Ihns, der beim selben Spiel vom Platz fliegt, wird am 14. Mai norddeutscher Auswahlspieler, als das NFV-Team in Köln gegen eine westdeutsche Elf 4:3 gewinnt. Der „wohl jemals erfolgreichste Linksaußen bei uns", wie Alfred Heynen über Ihns sagt, der von Schwerin über den VfB Lübeck zum ETV gekommen ist, steuert zwei Treffer zum Prestigeerfolg bei.

Sein Verein tingelt im Vorsommer wie gewohnt über die Dörfer und geht dabei auf Torejagd. Einer der Gegner heißt im Juni VfL Wolfsburg – und wird mit 10:0 geschlagen.

1950/51 **Spritzig und kühl gegen die Bayern**

Nach dem Einbruch in der Rückserie werden in Eimsbüttel Anstrengungen unternommen, den Kader zu „verbreitern". Haß und Kunkel verlassen den Verein. Mit insgesamt acht Neuzugängen wird der Kader aufgestockt. „Es war nicht leicht, die damit verbundenen finanziellen und wirtschaftlichen Schwierigkeiten zu überbrücken", schildert ein Vorstandsbericht die Mühen, sich im deutschen (Halb-)Profifußball möglichst günstig aufzustellen. Als die Saison beginnt, haben noch nicht alle Neuen Wohnung und Arbeit gefunden, die Abteilung gibt sich aber zuversichtlich, „nach und nach auch diese Probleme (zu) meistern".

Auf dem Platz hat Eimsbüttel zunächst wenig Schwierigkeiten. Der Start gelingt mit 7:1 Punkten, und als Gerd Ihns nach nur zehn Minuten das 1:0 bei Hannover 96 markiert, scheint sich der Höhenflug fortzusetzen. Zwei Tore von Loth in der Schlussviertelstunde drehen die Begegnung aber zugunsten der Niedersachsen.

Der späte Misserfolg kann den ETV nicht erschüttern. Am 22. Oktober 1950 muss der HSV eine 0:1-Niederlage verzeichnen. Der goldene Torschütze ist in

Auf widrigem Terrain: Albert Wullenweber am Ball.

der 47. Minute Röwe, dessen Vater als Architekt eifrig am Wiederaufbau des Stadions und seiner Tribüne werkelt. Mit 12:4 Punkten steht Eimsbüttel als beste Hamburger Mannschaft da und besitzt die wenigsten Minuspunkte der gesamten Liga, einen weniger als Überraschungs-Spitzenreiter Göttingen 05 (15:5).

Mal wieder sorgt ein eher mittelprächtiger Gegner für einen Rückschlag. In Braunschweig verliert der ETV sang- und klanglos 0:3. Als das Punktekonto auf 17:9 steht, beginnt eine Achterbahnfahrt: Zuerst werden vier Spiele in Folge verloren, dann leitet ein 3:2 über St. Pauli eine Serie von vier Siegen ein. Beim „Triumph des Mannschaftsspiels" gewinnt Ihns auch das Torjäger-Duell mit dem braun-weißen Goalgetter Boller mit 3:2. Im März 1951 ist Ihns mit von der Partie, als Norddeutschland in Hamburg 2:4 gegen eine Süd-Auswahl verliert.

Das folgende 2:1 beim VfB Oldenburg sieht den aus sowjetischer Kriegsgefangenschaft zurückgekehrten ETV-Rekordnationalspieler Hans Rohde das erste und einzige Mal als Oberliga-Torschützen. Als der Winter sich am grimmigsten zeigt, demonstriert der ETV seinen besten Ball. Die schlechte Witterung führt trotz der Erfolge zu einer „teilweise katastrophalen rückläufigen Entwicklung der Besucherzahlen", wie Abteilungsleiter Fritz Bormann traurig feststellt.

Zu Ostern ist der wichtige zweite Platz bei zwei Punkten Rückstand auf St. Pauli noch immer in Reichweite. Doch der Spielplan hat Eimsbüttel den HSV ins Nest gelegt. Drei Treffer von Woitkowiak entscheiden das Match, das die Rothosen schließlich 4:1 gewinnen.

Anders als im Vorjahr geht Eimsbüttel danach aber weder die Luft aus noch lässt man die Zügel schleifen. Unter anderem durch ein 5:0 gegen Göttingen 05 steht am Ende Rang fünf zu Buche.

Anfang Mai bestreitet der ETV als eine der ersten westdeutschen Mannschaften Spiele in der DDR. Rotation Dresden (4:0) und Motor Zwickau (2:1) werden ebenso geschlagen wie nach einer weiteren strapaziösen Fahrt der FC Bayern München. Am 26. Mai steigen die Eimsbütteler nach einer 16-stündigen Tour aus ihrem Omnibus und gewinnen in München „spritzig und sachlich kühl" mit 4:3.

Der ETV demonstriert damit, dass er in der erweiterten Spitze mithalten kann, ist aber nicht zu weiteren einschneidenden Zugeständnissen an den sich entwickelnden Berufsfußball bereit. Fußballchef Bormann ruft dazu auf, „den sportlichen Gedanken auch oder gerade in der materiellen Welt des Vertragsspielersystems hochzuhalten und in erster Linie zu ihm zu bekennen, ohne damit den Boden der realen und materiellen Tatsachen unter den Füßen zu verlieren".

1951/52 **Nummer vier im Norden**

Die „realen Tatsachen" zwingen den ETV dazu, seine Mannschaft umzustellen. Risse und Schildt gehen, ebenso Nauke Sell, den es zu Arminia Bielefeld zieht. Es kommen Kalkowski und Schwarz (beide aus Altona) sowie Einfeld vom TSV Uetersen. Verbliebene und Neuzugänge feiern am 11. August gemeinsam die Rückkehr zum fertig gestellten Tribünensportplatz, der mit einem 2:0 (zweimal Eckhoff) über den FC Basel (wieder) eingeweiht wird.

Weihnachten 1951 ist auch um den Tribünensportplatz herum aufgeräumt. Eimsbüttel meldet als erster der sieben Hamburger Bezirke, „trümmerfrei" zu sein. Ein Teil des Kriegsschutts wird ins benachbarte Altona geschafft und dient dort dem Ausbau des Hamburger Volksparkstadions.

Mit dem Schlagwort einer „Rückkehr zur Normalität" lässt sich auch der Verlauf der Hinrunde beschreiben, die Eimsbüttel im gesicherten Mittelfeld sieht. Arminia Hannover wird zuhause 6:1 geschlagen, dafür bei Holstein Kiel 2:6 verloren. Gegen den Aufsteiger SC Victoria wird die Rangordnung mit zwei deutlichen 5:1-Erfolgen gefestigt.

Deutsch-deutsche Begegnung: Der ETV ist einer der ersten westdeutschen Vereine, der zu Freundschaftsspielen in die DDR reist.

Als Ende Januar mit 5:0 so erfolgreich wie deutlich Revanche an Holstein Kiel genommen wird, löst der Blick auf die Tabelle endlich wieder mehr als nur ein Achselzucken aus. Mit 25:17 Zählern hat sich der ETV auf den vierten Platz geschlichen – um sich dann prompt bei Werder Bremen eine 1:6-Abfuhr zu holen. Danach führt Eimsbüttel nach nur zwei Minuten 2:0 beim direkten Konkurrenten VfL Osnabrück, verliert in der Schlussviertelstunde auf Schneeboden aber noch 2:4. Osnabrück lässt sich Platz zwei in der Folgezeit nicht mehr nehmen.

Dennoch steht am Saisonende mit Platz vier der größte Nachkriegserfolg. Dem HSV wird noch ein 2:2 abgerungen, bei St. Pauli in einem vorentscheidenden Spiel für die „Hamburger Hackordnung" jedoch 1:2 verloren. Durch das bessere Torverhältnis behauptet der FC St. Pauli als Dritter im Norden schließlich seine Rolle als Nummer zwei der Stadt.

Zu Ostern geht es wieder in die damals gerne „Ostzone" genannte DDR. Stahl Magdeburg (6:1) und Turbine Halle (3:1) werden geschlagen, Wismut Aue bleibt dagegen mit 3:2 im innerdeutschen Duell Sieger.

1952/53 Eimsbütteler als Radio-Stars

Trainer Paul Bornefeld muss sich um Ersatz für Ihns bemühen, der zum HSV wechselt. Im Gegenzug kommt Rolf Rohrberg vom Rothenbaum an die Hoheluft. Aus Lüneburg wird Maack verpflichtet, dem der Ruf eines „Torjägers" vorauseilt. Dritter Neuzugang ist Theo Uppenkamp von Hannover 96, ein auch offensiv starker Verteidiger, der bald zum Publikumsliebling avanciert.

Uppenkamp & Co. machen dem Publikum zunächst überhaupt viel Freude, denn nach einem 4:2 bei Göttingen 05 – wo inzwischen Nauke Sell beschäftigt ist – übernimmt der ETV mit einem 5:0 über Neuling Harburger TB die Tabellenführung. Das 1:1 bei Concordia Hamburg ist nur ein kleiner Dämpfer, denn durch ein 2:0 gegen den Bremer SV kehrt Eimsbüttel mit 7:1 Punkten an die Spitze zurück.

Eine Woche später wird Mediengeschichte geschrieben. Der Nordwestdeutsche Rundfunk führt eine 45-minütige Konferenzschaltung von den Oberliga-Plätzen ein. Das Topspiel zur Premiere des vielleicht beliebtesten deutschen Radioformats: Zweiter VfL Osnabrück gegen Spitzenreiter ETV! Herbert Zimmermann, der keine zwei Jahre später durch seine Reportage vom WM-Endspiel 1954 („Wunder von Bern") zur Legende aufsteigt, hält für die Anhänger Eimsbüttels keine guten Nachrichten bereit. Als die Sendung zum Anpfiff der zweiten Halbzeit beginnt, führt der ETV durch Rohrberg (13.) noch 1:0, zudem spielt Osnabrück nach der frühen Verletzung von „Ötti" Meyer nur noch zu zehnt – doch als der Schlusspfiff ertönt, haben die Niedersachsen 2:1 gewonnen.

Die erste Saisonniederlage leitet eine Phase ein, in der Eimsbüttel aus acht Begegnungen ganze drei Zähler einheimst und zwischenzeitlich sogar in Abstiegsgefahr gerät. Wie in einigen Spielzeiten zuvor beherrscht der ETV aber auch dieses Mal das Achterbahn-Prinzip, nach dem es zwangsläufig bergab wie bergauf geht – und das oft sehr rasant. Heimsiege gegen Arminia Hannover (2:0) und St. Pauli (3:2) stehen am Anfang einer 15:3-Punkte-Serie, in der auch Werder Bremen mit 2:3-Verlierer die Hoheluft verlässt.

Ausgleichstraining: Paul Ahrens beim Seilspringen in der später nach Robert Finn benannten Halle Bundesstraße.

Wieder sind es nun, was die Endrunde zur Deutschen Meisterschaft betrifft, nur zwei Punkte Rückstand auf Holstein Kiel und Altona 93 – und einmal mehr macht der HSV die Ambitionen zunichte, als er am Rothenbaum 2:1-Sieger bleibt. „Um die Plätze wollen wir noch fleißig mitwürfeln", gibt Trainer Bornefeld als neues Ziel aus – doch der Achterbahn treu bleibend, springt für seine Schützlinge aus den nächsten sieben Begegnungen nur ein Punkt heraus, ehe wenigstens das letzte Saisonspiel gegen Absteiger Eintracht Osnabrück 3:1 gewonnen wird.

Genervt vom ewigen Auf und Ab, vermisst Trainer Bornefeld im Rückblick einen „Mann mit Führungseigenschaften, der nicht mit Zurufen, sondern mit klugem Kopf die Fäden in die Hand nahm".

Neue Einsichten gewinnen die Eimsbütteler auf einer Dänemark-Fahrt im Sommer. „Das Oel (Bier) schmeckte uns gleich sehr gut, ist aber nicht so stark

Paul Ahrens gegen St. Paulis „Coppi" Beck.

wie unser Bier", analysiert Pressewart Günter Blöß und schränkt gleich sorgsam ein: „Als erfreuliche Tatsache möchte ich festhalten, dass unsere Spieler als Getränk meistens Milch verlangten."

Erstmals nach dem Zweiten Weltkrieg wird der DFB-Pokal ausgespielt. Nach Siegen beim Heider SV (4:3) sowie über den VfR Neumünster (4:1) steht der ETV kurz vor der Qualifikation für die erste Hauptrunde auf Bundesebene. Im letzten Ausscheidungsspiel gewinnt Eintracht Braunschweig jedoch deutlich mit 6:0 gegen die Eimsbütteler.

1953/54 **Abstiegsgespenst vertrieben**

Mit Altonas Neuzugang Edu Preuß gelingt der Start exzellent. 6:0 Punkte und Rang zwei hinter Hannover 96 sind zu verzeichnen, als der ETV nach einem 4:1 über den SV Werder aus Bremen zurückkehrt. Doch der nächste Gegner ist mal wieder der schwerste. Der Harburger TB, in den ersten drei Spielen ohne Punktgewinn geblieben, entführt ein 3:1 von der Hoheluft.

Auch wenn gegen den HSV ein 2:2 erzielt und das Derby gegen Victoria mit 2:1 erfolgreich bestritten wird, rutscht Eimsbüttel im Winter in die Abstiegszone. Das Wetter gibt den passenden Kommentar ab. Schnee liegt auf dem Rasen, kurz vor dem Anpfiff geht ein Wolkenbruch nieder. Als das Spiel im Morast läuft, prasselt auch noch Hagel: Der ETV verliert 0:4 beim VfL Osnabrück. Ein 0:2 bei Göttingen 05 lässt Ende Januar die Alarmglocken schrillen: Mit 17:27 Punkten ist der ETV als Vorletzter auf einem Abstiegsplatz angekommen, nur Victoria steht noch bescheidener da.

Im Kellerduell mit dem gerade einen Zähler besseren VfB Lübeck gelingt eine eindrucksvolle Trotzreaktion. Beim 6:1 treffen Rohrberg und Riedel je einmal, doch den Löwenanteil am Erfolg besitzt der überragende vierfache Torschütze Heitmann. Eine Woche später ist es erneut Heitmann, der in der 84. Minute zum 2:1-Endstand beim SC Victoria trifft und seine Farben der größten Sorgen entledigt. Als durch Platzverweise für Ahrens und Wullenweber im März nach 3:1-Vorsprung in Harburg noch 3:4 verloren wird, befindet sich der ETV aber „nach wie vor in ärgster Gefahr" („Sport"). Erst ein dramatisches Schlussphasen-2:1 gegen Holstein Kiel bringt den Klassenerhalt auch rechnerisch unter Dach und Fach. „50 Sekunden retteten Eimsbüttel", notiert der „kicker" zu den „goldenen Punkten", die mit „bewundernswertem Offensivgeist" errungen worden seien.

Danach trumpft der ETV sogar noch mit einem 3:2 beim HSV – Siegtorschütze: Maack – auf. Die Rothosen erleben ein wahres Seuchenjahr und stecken durch den Abzug von vier Punkten im April sogar im Abstiegskampf! Letztmals landet Eimsbüttel in einer Abschlusstabelle vor dem HSV. Als abgerechnet wird, steht der ETV auf Platz acht, der HSV ist nur Elfter.

1954/55 Furioser Auftritt am Rothenbaum

Zur Abwechslung misslingt der Auftakt dieses Mal total. Die ersten vier Spiele werden allesamt verloren, ehe Riedel (2) und Rohrberg zum 3:0 beim Harburger TB treffen und die rote Laterne an den Gegner weiterreichen. Katastrophale Schwächen auf den Flügeln bewirken im September ein 2:8 beim VfL Osnabrück. Doch die Mannschaft lernt schnell. Schon einen Monat später sorgt der ETV bundesweit für Schlagzeilen, als der Deutsche Meister Hannover 96 in einem dramatischen Match 2:1 bezwungen wird – nach Schalke 04 der zweite

Meister geschlagen: Im Oktober 1954 besiegt Eimsbüttel den deutschen Titelträger Hannover 96 in einer dramatischen Schlussphase.

amtierende Deutsche Meister, der in einem Punktspiel gegen den ETV verliert. Am 10. Oktober 1954 spielen für Eimsbüttel: Schwarz – Uppenkamp, Manja II – Sell, Ertel, Ahrens – Rohrberg, Riedel, Manja I, Wullenweber, Heitmann.

Ein weiterer Höhepunkt sieht Eimsbüttel am 7. November beim letzten Sonntagvormittags-Spiel am Rothenbaum zu Gast. 17.000 Zuschauer säumen die Anlage, als das zutiefst weltliche Vergnügen um 10.30 Uhr angepfiffen wird. Sie sorgen für eine Geräuschkulisse, die den Berichterstatter des „Hamburger Abendblatts" um das Seelenheil der Anwohner fürchten lässt: „Die über den Lautsprecher vorgetragene Bitte, auf den Gottesdienst der nahen Johanniskirche Rücksicht zu nehmen, schien in den Wind gesprochen." Eimsbüttel muss auf seinen verletzten Verteidiger Ahrens verzichten und gerät schon nach 30 Sekunden durch Klaus Stürmer in Rückstand – ausgerechnet durch Stürmer, der seine Jugend beim ETV verbracht hat und nach seinem Wechsel zum HSV zunächst eine Sperre absitzen muss. Manja köpft eine Viertelstunde später zum Ausgleich ein. Nach dreißig Minuten hat der ETV sogar die große Chance, in Führung zu gehen. Maack ist im Strafraum von Weltmeister Posipal zu Fall gebracht worden, doch Sell scheitert mit dem fälligen Elfmeter an HSV-Keeper Schnoor.

Im Gegenzug bringt Schlegel die Rothosen 2:1 in Führung, Minuten danach staubt der beim Strafstoß so unglückliche Sell zum Ausgleich ab. Kurz vor der Pause ist es Uwe Seeler, der mit einem Schuss aus der Drehung den 3:2-Halbzeitstand für den HSV markiert.

Nach dem Seitenwechsel kocht die Stimmung über. Im zweiten Anlauf verwandelt Albert Wullenweber einen Handelfmeter zum 3:3, ehe ein HSV-Doppelschlag durch Schlegel und Posipal die Entscheidung bringt. Am Ende von 90 turbulenten Minuten hat der HSV 5:3

Mit Herz und Hand gegen Hannover: Paul Ahrens (links) überflügelt den Deutschen Meister.

gewonnen – und eine lieb gewonnene Tradition verloren. Wegen der Störung des Gottesdienstes müssen die Rothosen ihre Heimspiele künftig nachmittags austragen.

Beim 3:0 gegen Oldenburg erlebt das „Hamburger Abendblatt" eine „Eimsbütteler Mannschaft, die entgegen sonstigen Gepflogenheiten von Beginn an scharf auf Angriff spielte". Im November wird bei Arminia Hannover höchst spektakulär 5:4 gewonnen. 4:0 führt der ETV bereits, doch die Niedersachsen holen Tor um Tor auf und schaffen schließlich den Ausgleich. Zwei Minuten vor Ultimo neigt sich die Waage erneut zugunsten Eimsbüttels, als Verteidiger Uppenkamp mit nach vorn geht und den Siegtreffer markiert. Ein „Tor des Monats" gibt es noch lange nicht, doch „über den brillanten Kopfball von Maack wird man im Eimsbütteler Lager noch lange reden", stellt das „Hamburger Abendblatt" fest, als der ETV gegen Altona 93 ein 0:2 noch in ein 2:2 verwandelt hat.

Im Februar lautet die Bilanz 18:18 Punkte. Der ETV kann das Duell mit Tabellenführer HSV ganz ruhig angehen lassen – und ist so ruhig, dass die Rothosen nach sechs Minuten schon 3:0 in Führung liegen. Riedel verkürzt zwischenzeitlich zum 1:6, nach 90 Minuten hat der HSV mit „nur" zwei Toren von Uwe Seeler 8:1 gewonnen. Stadtderbys sind in dieser Zeit kein Fall für Eimsbüttel, wie ein weiteres 0:5 beim FC St. Pauli belegt. Insgesamt verläuft die Rückrunde durchaus zufrieden stellend. Vor allem auswärts überzeugt die Mannschaft ein ums andere Mal. Beste Belege: Ein 1:1 beim Dritten Werder Bremen und ein 0:0 bei Bremerhaven 93, das als Zweiter anschließend um die Deutsche Meisterschaft spielt. Durch ein 4:0 zum Abschluss gegen Holstein Kiel wird Platz acht erobert.

Im April 1955 beweist Albert Wullenweber seine Vielseitigkeit mit einer Vorschau auf einen Nachholspieltag, den er für eine Zeitung verfasst. Drei von sechs Ergebnissen diktiert er dem Toto-Tipper korrekt in die Blöcke. Leider gehört der Zweifel daran, „dass die schwache Hintermannschaft der Oldenburger unserem ausgefeilten Sturm gewachsen sein wird", nicht zur korrekten Hälfte. Wullenweber selbst bringt den ETV nach zwölf Minuten in Führung, später trifft auch Ertel, doch kurz vor Schluss sichert Hänel den 3:2-Erfolg der Niedersachsen.

1955/56 **Abschied aus der Eliteklasse**

Die 50. Saison der Eimsbütteler Fußballer ist zugleich ihre letzte in der höchsten Spielklasse. Ab dem dritten Spieltag steht der ETV mit dem Rücken zur Wand,

Paul Ahrens gegen HSV-Legende Heinz Spundflasche, hier im Altonaer Dress.

nur sporadisch wird der letzte Tabellenplatz verlassen. „Die Mannschaft besitzt nicht mehr das Format früherer Jahre. Beide Manjas haben den Zenit ihres Könnens überschritten, der in Hamburg sehr populäre Uppenkamp zollt ebenso wie Sell langsam dem Alter Tribut", stellt „Lipphardt's Sport-Programm" gnadenlos fest.

Nur vereinzelt keimt Hoffnung auf - etwa als Göttingen 05 durch einen energischen Schlussspurt mit zwei Treffern von Kurt Manja 3:2 geschlagen wird. Vor allem aber nach einer Serie von fünf Spielen ohne Niederlage, als nach Erfolgen beim VfL Wolfsburg (2:1) und gegen den VfB Oldenburg (3:0) auch in Neumünster und Kiel sowie gegen Hannover 96 immerhin drei Unentschieden erzielt werden. Das rettende Ufer in Gestalt des schwächelnden FC St. Pauli ist nur einen Punkt entfernt, die rote Laterne leuchtet inzwischen in Oldenburg – doch genau dorthin muss Eimsbüttel nun reisen.

Paschke erzielt in der 70. Minute den einzigen Treffer und schubst den ETV wieder auf den letzten Platz. Fortan geht das Schlusslicht in Eimsbüttel nicht mehr aus. Braunschweig wird noch 3:2 geschlagen, in Nordhorn erst in letzter Minute der 3:3-Ausgleich kassiert – doch gegen Spitzenmannschaften wird dem ETV brutal aufgezeigt, wie eng seine Grenzen in der Eliteklasse mittlerweile geworden sind. Am 3. März 1956 ist ein schauriges 2:9 beim HSV zu verzeichnen. Kurt Manja beschränkt sich als Doppelstopper auf Defensivaufgaben, Ertel reibt sich gegen Uwe Seeler auf, auch der nach Eimsbüttel zurückgekehrte Sell orientiert sich nach hinten. Die übervorsichtige Haltung wird vor 12.000 Zuschauern im bislang letzten Punktspiel der großen Rivalen hart bestraft. „HSV-Gewittersturm fegte Eimsbüttel weg", meldet das „Hamburger Abendblatt".

Im letzten Auswärtsspiel gelingt dem ETV immerhin beinahe etwas, was im Saisonverlauf noch keinem Klub gelungen war – ein Sieg bei Göttingen 05, das für sein widriges Geläuf im Maschpark gefürchtet ist. „Wir sagten immer Matschpark", erinnert sich Ligaspieler Gerd Riedel. Nach einer 3:1-Pausenführung muss Verteidiger Ahrens nach einem Nasenbeinbruch bei Zusammenprall aber zeitweilig ausscheiden und das Spiel endet 3:3. „Nach dem Göttinger Spiel darf man sagen: Schade, dass diese Hamburger Elf absteigt. HSV, Hannover 96, Werder Bremen und Holstein, sie alle haben hier nicht so viel gezeigt wie Eimsbüttel", findet das „Hamburger Abendblatt" freundliche Töne zum Abgesang.

Sein letztes Erstliga-Spiel bestreitet der ETV gegen Bremerhaven 93 (2:4) vor trauriger Kulisse. „Eimsbüttel hatte beim letzten Oberligaspiel gegen Bremerhaven nur 1.000 Zuschauer und musste in die Vereinskasse greifen, um dem Gast die ihm zustehenden 1.500 Mark auszahlen zu können", bilanziert das „Hamburger Abendblatt". In einer Zeit, in der noch keine „Fernsehgelder" zu verteilen sind, erhält die Auswärtsmannschaft eine Reisekostenpauschale von 1.500 Mark, die vom Heimverein – unabhängig von den erzielten Zuschauereinnahmen – auszuzahlen ist.

Am 13. Juni spielt der bislang letzte Eimsbütteler in einer internationalen Auswahlbegegnung. Reinhold Ertel trägt die Farben Norddeutschlands, das in Groningen 2:4 gegen die besten Fußballer Nordhollands verliert.

1956/57 Schwierige Eingewöhnung

In der ersten Saison nach dem Abstieg wird schnell deutlich, dass der Abschied vom Elitefußball kein nur vorläufiger ist. Zahlreiche Ligaspieler finden einen Platz bei anderen Hamburger Oberligisten, und um Torwart Hans Rohweder herum wird eine neue Mannschaft aufgebaut, die sich zunächst sehr schwer tut.

Mit 1:2-Niederlagen beim seinerzeit im Hamburger Ligabereich spielenden Lüneburger SK sowie zuhause gegen Union 03 misslingt der Start. Erst als Mittelstürmer Erhorn gegen Einigkeit Wilhelmsburg doppelt trifft und Buss ein weiteres Tor zum 3:1 beisteuert, kann gejubelt werden. Danach geht es manchmal auf und meistens ab, wie ein 0:4 gegen Victoria und ein 0:6 gegen Grün-Weiß 07 belegen, einem frühen Beispiel der an Retorten-Klubs nicht armen Hamburger Fußball-Geschichte. Die dortigen Kicker beziehen ihr Gehalt von der Firma Betten-Holm, deren Inhaber bei der Freistellung seiner „Angestellten" zum Fußballtraining sehr großzügig ist – bis das Unternehmen Pleite geht und der Traum von einem Aufstieg in die Oberliga zerplatzt.

Nach dem Debakel gegen die Grün-Weißen übernimmt mit Walter Risse wieder ein alter Bekannter das Ruder und ersetzt den bisherigen Trainer Rantzow. Auch unter dem Routinier steckt Eimsbüttel weiter im Abstiegskampf – der Durchmarsch von der ersten in die dritte Liga droht!

Am 20. Januar 1957 bäumt sich die neu formierte Elf auf und gewinnt das Derby gegen Victoria 5:2. Neben einem Eigentor des Nachbarn steuern Buss, Trainersohn Risse, Hoffmann und Kracht die Tore zum überraschenden Erfolg bei. Als im Februar die Gebrüder Manja ins Team zurückkehren, wächst die Zuversicht. Kurt Manja erzielt das goldene Tor beim 1:0 gegen Grün-Weiß 07 und trifft dreimal beim 11:1-Kantersieg über Lüneburg, gegen das auch Karl Manja zweimal erfolgreich ist. Am vorletzten Spieltag ist der Klassenerhalt durch ein 3:1 (zweimal Kurt Manja und Strohkirch) gegen Schlusslicht Viktoria Wilhelmsburg unter Dach und Fach.

1957/58 Rettung in Wilhelmsburg

Während Kurt Manja noch sporadisch eingesetzt wird, verstärken die Oberligaerfahrenen Nauke Sell und Gerd Riedel wieder regelmäßig die ETV-Elf, die im Frühherbst eine reiche Ernte einfährt. In den ersten sieben Runden wird kein

Spiel verloren. Zu den Eimsbütteler Opfern zählt auch der spätere Meister Bergedorf 85, auf dessen Platz der ETV durch zwei Treffer von Schlumberger 2:0 gewinnt. Ende September stehen 10:4 Punkte auf dem Konto, doch Niederlagen gegen Union 03 und beim Harburger TB sorgen für einen Rückfall ins Mittelfeld, wo man mit einem 1:7 beim HEBC im Dezember unsanft zwischenlandet.

„Alle Trainer, die immer noch in dem System des Doppelstoppers eine ‚witzvolle' Angelegenheit sehen, sollte man wegen ihrer ‚Witzlosigkeit' mit Strafe belegen", kritisieren die „Eimsbütteler Blätter" nach einem 0:5 in Uetersen. Als auch das Rückspiel gegen den HEBC durch eine umstrittene Elfmeter-Entscheidung 2:3 verloren wird, nähert sich das Abstiegsgespenst abermals der Hoheluft. Nach einem 1:2 im letzten Heimspiel gegen Bergedorf verlassen 7.000 Zuschauer bangend das Stadion – nun muss bei Einigkeit Wilhelmsburg ein Sieg her.

Wie schon 1934 ist die Elbinsel aber erneut ein gutes Pflaster für die Eimsbütteler: Beim rettenden 3:0 treffen Knubbe, Roden und Nauke Sell, der im März auch für die Hamburger Auswahl im Länderpokal eingesetzt wird. Beim 3:4 gegen den Niederrhein in Bottrop macht ihn die Kritik allerdings für zwei Gegentore mitverantwortlich.

1958/59 Meister von Hamburg

Mit Karl-Heinz Manja übernimmt eine Spielerlegende das Traineramt an der Hoheluft. Genoss er als Aktiver den Ruf, als Teil der Manja-Dynastie ein strenges Regiment über junge, nachrückende Kicker zu führen, wagt er nun in seiner neuen Funktion einen radikalen Umbruch – und wird überraschend schnell belohnt. Nach zwei Jahren in Abstiegsnot sichert sich der ETV unter seiner Regie souverän den Hamburger Meistertitel.

Dabei ist aller Anfang schwer. Ein 2:1 in der Vorbereitung beim VfB Kiel weckt Hoffnungen, doch der Liga-Auftakt wird mit einem Heim-1:3 gegen den Wandsbeker FC gründlich verpatzt.

Doch in den nächsten fünf Monaten wird der ETV von keinem Gegner mehr geschlagen. 2.000 Zuschauer feiern am 24. August den Geburtstag von Karl Manja und ein 2:1 über den HEBC. Drei Wochen später wird Victoria durch einen Treffer des Rückkehrers Wullenweber bezwungen, der sich hervorragend mit dem „nachgewachsenen" Mittelstürmer Schlumberger versteht. Störfaktoren sind in dieser Phase nur neben dem Platz zu verzeichnen. Nach einer Punkteteilung mit Grün-Weiß 07 muss der Schiedsrichter mit Geleitschutz das Stadion verlassen, „nachdem er von einem Rowdy geschlagen worden war". Erst mit einem 2:4 beim HEBC reißt die Serie, durch die sich Eimsbüttel aber längst einen beruhigenden Vorsprung erarbeitet hat. Anfang April kann der ETV mit einem Sieg gegen Union 03 Meister werden, unterliegt aber vor 5.000 Zuschauern mit 0:1. Knubbe trifft zweimal die Latte, Schlumberger köpft am leeren Tor vorbei, in der 82. Minute trifft Heine zum 0:1. Union 03 freut sich über den Sieg und versteckt die Blumen wieder, die man zur Gratulation bereits mitgebracht hat.

Eine Woche später verdienen sich die Eimsbütteler ihre Blumen ausgerechnet gegen die Kicker aus der Rosenstadt Uetersen. Das 2:1 ist hart erkämpft, weil Schlumberger und Wullenweber per Foulelfmeter erst in den letzten zehn Minuten einen 0:1-Rückstand noch drehen.

Am Montag meldet das „HA" auf seiner Titelseite „Eimsbüttel Amateurliga-Meister" in weißer Schrift auf rotem Grund – noch über Berichten zur Verschlechterung des Gesundheitszustands des krebskranken US-Außenministers John Foster Dulles sowie zwei Fotos von Bundeskanzler Konrad Adenauer, der am Comer See urlaubt, Boccia spielt und sich Gedanken um das Amt des Bundespräsidenten macht.

Hamburger Meister 1959, der letzte große Erfolg der ETV-Herren: Strauch, Knubbe, Riedel, Rohden, Guhl, Rohweder, Wullenweber, Risse jr., Sell, Schlumberger, Richert, Karl Manja (Trainer).

Wie der Kanzler, der von der CDU-Nachwuchsriege um Ludwig Erhard langsam ins Abseits gedrängt wird, ist aber auch der ETV von seiner Bestform weit entfernt, als die Aufstiegsrunde zur Oberliga Nord beginnt. Der Vorsitzende des Gesamtverbands, Robert Finn, kalkuliert vorab entstehende Verluste bei einer Rückkehr in die Eliteklasse. Das ernüchternde Resultat: Bei einem Zuschauerschnitt von 4.000 müssten 25.000 Mark zusätzlich aufgebracht werden, kommen durchschnittlich nur 2.000 Besucher, fehlen 60.000 Mark an der schwarzen Null. Die Rechnung basiert nur auf dem Abschluss von Mindestverträgen für die Lizenzspieler – dennoch gibt der Hauptverein grünes Licht. „Dass die Mannschaft es nicht geschafft hat, muss man nachträglich in dieser Beziehung als wahren Glücksfall bezeichnen", resümiert „Bild Hamburg".

Denn vom Wiederaufstieg ist Eimsbüttel weit entfernt. Nur gegen den Bremer Vertreter Blumenthaler SV (4:1, 1:1) kann gepunktet werden, die Spiele gegen den VfB Oldenburg und den schließlich aufsteigenden VfB Lübeck gehen allesamt verloren. Schlüsselbegegnung ist das Heimspiel gegen die Oldenburger, das am Millerntor stattfindet und trotz 2:0-Führung noch 2:4 verloren wird. Es ist der letzte Anlauf in Richtung Oberliga, denn der Verein entschließt sich anschließend, das kostenaufwändige Modell Vertrags- bzw. Berufsfußball nicht weiter zu verfolgen. „Wir haben durch die hanseatische Handlungsweise unserer früheren Vereinsführung den Weg in den Profisport nicht oder nicht weiter mitgemacht", fasst Finn-Nachfolger Horst Bremer den damaligen Schritt dreißig Jahre später nüchtern zusammen.

Passenderweise ist 1959 auch das Jahr des letzten großen Erfolges von ETV-Auswahlspielern. Durch ein 4:1 über Hessen gewinnt Hamburg am 25. April am Millerntor den Länderpokal. In der Auswahl von Trainer Martin Wilke stehen mit Albert Wullenweber und Nauke Sell gleich zwei Eimsbütteler. Sell, dessen Sinn für Humor und Entertainer-Eskapaden ihn bei seinen Mitspielern beliebter machen als bei der Vereinsführung, agiert als Stopper und liefert eine überragende Partie gegen den Frankfurter Erwin Stein, der zwölf Monate später mit der Eintracht im Europapokal-Finale gegen Real Madrid zwei Tore schießt. Sells schnippisch-rhetorische Frage nach den 90 Minuten: „Ob man jetzt immer noch sagt, Erwin Stein sei ein zweiter Uwe Seeler?"

1959/60 Norwegen sehen und Vierter werden

Nach gelungener Meisterschaft, missglückter Aufstiegsrunde und geselliger Ausfahrt nach Norwegen kann Manjas Elf ihren Titel nicht verteidigen. Anfang September macht ein 5:3 gegen den SC Victoria Mut auf eine erfolgreiche Saison, doch im Verlauf des Spieljahres befindet sich Eimsbüttel immer ein Stück weit von der absoluten Spitzengruppe entfernt.

Als „Vicky" sich Anfang März mit 1:0 revanchiert, schwinden sämtliche Hoffnungen. Schließlich beendet der ETV die Serie auf dem vierten Platz, wobei das Abschlussspiel für die Zuschauer reichlich Spektakel bietet. Thiess, Schlumberger und Guhl treffen gegen Bergedorf 85, doch schließlich gewinnen die Gäste aus dem Südosten Hamburgs noch mit 4:3.

Kühle Belohnung: Nach dem Gewinn der Hamburger Meisterschaft urlauben Eimsbüttels Kicker in Norwegen.

1960/61 Dreifacher Bischoff setzt Akzente

Karl-Heinz Manja sagt als Trainer Ade, und mit Oberliga-Stürmer Rolf Rohrberg führt ein ehemaliger Mitspieler Manjas die Tradition fort, einstige Kicker auf der Trainerbank zu platzieren. Die Saisonvorbereitung bringt beachtliche Ergebnisse. So wird gegen den Oberligisten FC St. Pauli nur mit 2:3 verloren.

Der „Ernstfall" verläuft weit weniger gut. Eine mittelmäßige Saison beschließt der ETV auf Rang zehn. Herausragend allein das 6:1 im Duell der Traditionsvereine gegen Union 03 Altona, bei dem Bischoff mit drei Treffern die größten Akzente setzt.

1961/62 Aufholjagd sichert Klassenerhalt

Im Jahr vor der Weltmeisterschaft in Chile muss sich Eimsbüttel erstmals mit Gedanken an die Drittklassigkeit beschäftigen. Von den ersten zwölf Spielen wird kein einziges gewonnen, magere 4:20 Punkte sind die Ausbeute. Absoluter Tiefpunkt ist ein 1:10 zuhause gegen den Harburger Turnerbund.

Harburg verheißt allerdings auch Besserung. Der ETV hält an Trainer Rohrberg fest, und am 12. November gelingt durch Treffer von Wullenweber, Schlumberger und Zerbe ein 3:1 bei Viktoria Harburg, mit dem das Signal zur Aufholjagd gegeben ist. Zwei 2:1-Erfolge gegen Wilhelmsburg 09 und Uetersen stellen den Anschluss her.

Das Vertrauen in Rohrberg zahlt sich aus. Torreiche Rückrunden-Erfolge gegen den Ahrensburger TSV (6:2) sowie die Amateure des SC Concordia (4:3) sichern frühzeitig den Klassenerhalt. Auch bei den Harburger Turnern wird immerhin ein 2:2 erreicht.

1962/63 Zwei Siege gegen „Vicky"

In der Nachbarschaft deutet Eimsbüttel sein Potenzial an. Dank eines Schneekloth-Treffers gelingt ein 1:0 beim Hamburger Meister Victoria, gegen den Rot-Weiß auch im Rückspiel mit 3:1 die Oberhand behält. Zweimal Grünke sowie Mollenhauer sorgen für die weiße Weste gegen den Titelverteidiger.

Jenseits der Derbys ist der ETV aber nicht stabil genug, um vorne mitzumischen. Wird der aufstrebende Vorortklub VfL Pinneberg zuhause noch 4:1 geschlagen, muss im Rückspiel ein 0:4 in Kauf genommen werden. So reicht es nach 30 Spieltagen gerade zu einem elften Platz – was an und für sich bequem zum Erhalt der Zweitklassigkeit genügt hätte.

Da der Deutsche Fußball-Bund (DFB) aber nach langem Zögern für die Saison 1963/64 mit der Bundesliga eine eingleisige höchste Spielklasse schafft, rutscht der ETV in der Ligenpyramide in die Drittklassigkeit. Die zweimal geschlagene Victoria qualifiziert sich dagegen für die Regionalliga Nord, die künftig zwischen der Bundesliga und der Hamburger Amateurliga liegt.

Ein unglücklicher Abschluss für Rolf Rohrberg, der nach drei Jahren als ETV-Trainer aufhört. Versüßt wird der Abschied durch ein beachtliches 3:3, das seine Elf nach Saisonende in einem Freundschaftsspiel gegen den FC St. Pauli erzielt.

Interview

„Am wichtigsten war, gut zu kombinieren"

Fast 1000 Spiele für den ETV: Eimsbüttels Fußball-Legende Kurt Manja erinnert sich

Kurt Manja (* 5. Februar 1920, † 20. September 1993) zählt zu den größten Söhnen des Eimsbütteler TV. Der gebürtige Barmbeker trug zwischen 1930 und 1957 in fast 1.000 Pflicht- und Freundschaftsspielen den rot-weißen ETV-Dress. Manja I, wie der technisch perfekte Angriffsspieler in den Tages- und Fachzeitungen stets genannt wurde, gehörte zu den Stützen jener ETV-Mannschaften, die 1940 und 1942 den Meistertitel der Gauliga Nordmark jeweils vor dem Hamburger SV gewannen. Zwischen 1948 und 1956 stieg er in der damals höchsten deutschen Spielklasse, der Oberliga Nord, zur Leitfigur des ETV auf und erzielte bei 205 Einsätzen 79 Tore. Seinen Liga-Ausstand gab der große Blonde mit dem tollen Ballgefühl am 6. Oktober 1957 im Heimspiel der Amateurliga Hamburg gegen den SC Union 03. Gemeinsam mit seinem Bruder Karl-Heinz (Manja II) vertrat er über viele Jahre nicht nur die Farben des ETV, sondern auch die Hamburgs und Norddeutschlands. Insgesamt wurde Manja zwischen 1938 und 1954 zu 29 Repräsentativeinsätzen (26 Tore) berufen. Eine mögliche Nationalmannschafts-Laufbahn des Eimsbütteler Fußballidols verhinderte der Zweite Weltkrieg, der Manja nicht nur seiner besten Fußballerjahre beraubte, sondern auch fünf Verwundungen einbrachte. In einer Rangliste der zehn größten Fußballer Hamburgs stellte ihn einst die „Hamburger Morgenpost" über Felix Magath, Willi Schulz und Kevin Keegan. Das folgende, bislang unveröffentlichte Interview mit Kurt Manja führte der Hamburger Sportjournalist Hans Vinke im Herbst 1990.

> *Herr Manja, erinnern Sie sich noch an Ihr erstes Ligaspiel für den ETV?*

Oh ja, sehr genau sogar. Das war am 28. August 1938 gegen Borussia Harburg, wir gewannen 3:0. Ich war erst 18 Jahre jung und spielte Linksaußen. Drei Wochen später gab es das zweite Saisonspiel, und da siegten wir gegen Altona 93 mit 4:1. In der damaligen Saison wurden wir Herbstmeister im Gau Nordmark, das war die höchste Klasse in Norddeutschland. Den Titel hat sich später aber der HSV wegen des besseren Torverhältnisses gesichert.

> *So jung in der Liga eingesetzt zu werden, war sicher ein großes Erlebnis.*

Natürlich. Mit 18 Jahren in eine erste Mannschaft zu kommen, stellte damals eine Ausnahme und eine Auszeichnung dar. Bei uns tummelten sich fast nur Nationalspieler und sonstige Auswahlspieler: Otto Lüdecke, Ernie Timm, Hans Rohde, Otto Rohwedder, Herbert Panse und die anderen – alles tolle Fußballer, so wie sie da waren. Man darf nicht vergessen, dass der ETV zwischen 1934 und 1936 dreimal hintereinander Meister der Gauliga Nordmark war und damit eine Spitzenmannschaft, die den HSV regelmäßig abhängte.

> *Wann haben Sie denn eigentlich Ihre Liebe zum Fußball entdeckt?*

Das ging ungefähr mit zehn Jahren los. Zwischen meinem achten und zehnten Lebensjahr habe ich geturnt, und zwar beim VfL 93. Das war früher ein Arbeitersportverein. Wir haben in Barmbek gewohnt, mein Vater kam aus Thüringen und war gelernter Schneider. Als Zehnjähriger habe ich dann vereinsmäßig mit dem Fußballspielen begonnen und sechs Jahre Uhlenhorst-Herta angehört. In den Mannschaften, in denen ich mitwirkte, haben wir jedes Jahr einen Meistertitel geholt. A-, B- und C-Jugend gab's damals noch nicht; das hieß einfach Knaben, Schüler und Jungmannen.

> *Wie kamen Sie denn zu Uhlenhorst-Herta?*

Durch „Motte" Martens, den dortigen Jugendleiter. Sein richtiger Vorname war Kurt, aber alle nannten ihn nur Motte. Der war immer auf der Lauer, hat nach Talenten Ausschau gehalten und mich sozusagen entdeckt. Eines Tages hat er mich in einer Straßenmannschaft spielen sehen und überredet, zu Uhlenhorst-Herta zu kommen. Natürlich habe ich damals auch in Schul- und Straßenmannschaften gespielt. Wir hatten in jeder freien Minute einen Ball unterm Arm, so dass wir überall bolzen konnten.

> *Danach ging's zum ETV…*

…zu dem ich als 16-Jähriger wechselte. Da durfte ich als Jugendlicher schon frühzeitig am Ligatraining teilnehmen. Ich war voller Ehrfurcht vor den großen Namen und mochte beim ersten Mal gar nicht so einfach auf den Platz

Fuß vor: Kurt Manja versucht im Februar 1955, Harburgs Torwart Manke am Abschlag zu hindern.

gehen. Erst mal habe ich eine Weile hinter dem Tor gestanden und durchs Netz zugeschaut. Aber dann bin ich von den anderen gut aufgenommen worden.

> *Sind Ihnen Spiele aus jener Zeit besonders im Gedächtnis haften geblieben?*

Gerne erinnere ich mich an eine Partie als Jugendlicher in der Hamburger Auswahl. Im voll besetzten Stadtparkstadion haben wir eine Wiener Auswahl mit 3:1 bezwungen. Malek Hinsch war Mittelstürmer, Adamkiewicz spielte halbrechts und ich halblinks. Jeder von uns Dreien hat ein Tor gemacht. Da waren die Wiener mächtig sauer, ja regelrecht böse. Ein anderes Mal durften wir gegen eine Berliner Auswahl das Vorspiel zu einem Städtevergleich zwischen Hamburg und Bremen bestreiten. Am Ende hieß es 2:2; auch das war für mich ein großes Erlebnis.

> *Und wenig später waren Sie schon Stammspieler in der „Ersten" des ETV.*

Stimmt. In meiner ersten Ligasaison sind wir, wie schon erwähnt, Vizemeister der Nordmark geworden. 1940 und 1942, also zu Kriegszeiten, haben wir dem HSV den Titel dann zweimal weggeschnappt. Beim zweiten Meisterschaftsgewinn besiegten wir den HSV zu Hause 4:1 und auswärts sogar 6:0. Ich spielte immer im Angriff, egal ob als Mittelstürmer oder auf einer der Halbpositionen. In dieser Zeit habe ich, wenn ich das in aller Bescheidenheit sagen darf, auch eine ganze Reihe Tore erzielt. Trotzdem war es für mich immer am wichtigsten, gut zu kombinieren und die Tore im wahrsten Wortsinn herauszuspielen. Auch wenn ich selbst in guter Schussposition war, habe ich den Ball im Strafraum gern mal auf einen Nebenmann zurückgepasst, der dann nur noch den Schlappen hinzuhalten brauchte. Natürlich benötigt man dafür eine gute Technik und muss sich viel bewegen.

> *Auch aus dieser Zeit gibt es sicher interessante Geschichten zu erzählen.*

Natürlich. Zum Beispiel haben wir 1939 kurz vor Kriegsausbruch eine Freundschaftsspielreise nach Dänemark unternommen. Vor der Abfahrt wurde die Mannschaft in ihren Grundzügen nominiert, und unser Trainer Walter Risse hatte mich als Mittelstürmer vorgesehen. Otto Rohwedder, immerhin Nationalspieler, sollte stattdessen Linksaußen spielen, was er aber nicht wollte. Er sagte dann, er könne aus irgendwelchen Gründen nicht mitfahren, und blieb somit zu Hause. Drei der vier Spiele in Dänemark gewannen wir, nur gegen Odense gab es ein 2:3. Dort arbeitete übrigens der frühere Victoria-Torwart Charly Pohl, ein Zahnarzt, als Trainer. Zurück in Hamburg erfuhren wir, dass Rohwedder den ETV verlassen hatte und dem HSV beigetreten war. Während wir in Dänemark waren, hatte er seinen Vereinsaustritt erklärt. Aber beim HSV hat er dann vor allem als linker Läufer und Linksaußen gespielt, genau dort, wo er eigentlich nicht aufgestellt werden wollte. Also, Rohwedder hat praktisch meinetwegen den Klub gewechselt. Er war elf Jahre älter als ich, war ein Kopfballspezialist und eine Schusskanone. Später, in den fünfziger Jahren, haben wir eine zweite Dänemark-Reise unternommen. Da sahen wir Charly Pohl als Trainer von Aalborg wieder. Während dieser Fahrt mussten wir einmal mit alle Mann unseren Reisebus zur nächsten Tankstelle schieben – der Sprit war ausgegangen…

> *Wurden Sie zu diesem Zeitpunkt auch schon in Auswahlmannschaften berufen?*

Ja, das ging früh los. Mein erstes Repräsentativspiel als Erwachsener durfte ich als 19-Jähriger im November 1939 bestreiten. Die Gau Nordmark spielte auf dem Rothenbaumplatz gegen Südschweden – eine Elf, die fast identisch mit der schwedischen Nationalmannschaft war. Der Nordmark stellte sich mehr oder weniger als eine Kombination aus ETV und HSV dar. Rechtsaußen spielte Derle Ahlers, halbrechts Herbert Panse, als Mittelstürmer durfte ich auflaufen, und der linke Flügel wurde gebildet von Rudi Noack und „Guschi" Carstens. Wir haben 3:2 gewonnen, wobei ich vor allem das Siegtor noch vor Augen habe. Nachdem ich mich in der schwedischen Abwehr durchgespielt hatte, passte ich den Ball auf Rudi Noack zurück, der ihn unhaltbar einschoss. Das war insofern ein besonderer Erfolg, weil zwei Wochen später die deutsche Nationalmannschaft gegen Schweden 2:4 verlor – gegen fast genau die Mannschaft, die wir geschlagen hatten.

> *Und dann brach mitten in ihrer fußballerischen Blütezeit der 2. Weltkrieg aus.*
Darüber möchte ich eigentlich gar nicht so viel sprechen. Es war eine schwere Zeit für uns alle. Was den Fußball angeht, nur so viel: Ich habe 1943 als Verwundeter in Dresden im Lazarett gelegen. Nach einiger Zeit habe ich dort mal mittrainiert und dann auch ein Meisterschaftsspiel für den Dresdner SC bestritten. Wir gewannen 7:1 gegen Riesa, und mir gelangen dabei vier Tore. Den Innensturm bildeten Helmut Schön auf halbrechts, Heiner Schaffer auf halblinks und ich als Mittelstürmer. Rechtsaußen spielte einer von Vienna Wien namens Ertel. Der Linksaußen hieß Köpping; später tauchte er bei Teutonia Uelzen und auch bei St. Pauli auf. Ab März 1945 war ich in Frankreich

Kurt Manja im Duell mit St. Paulis Torjäger Alfred Boller.

in amerikanischer Kriegsgefangenschaft. Da habe ich als Mannschaftskapitän zusammen mit Ernst Liebrich vom 1. FC Kaiserslautern und dem Schalker Willi Dargaschewski in der Gefangenen-Mannschaft, der so genannten „Virginia-Elf", gespielt. Unser Trainer war der vielfache österreichische Nationalspieler Ferdl Swatosch. Obwohl unser Schicksal ungewiss war, haben wir dort viele sportlich schöne Stunden erlebt. Am 8. September 1945 wurde ich aus der Gefangenschaft entlassen.

> *Wie ging es nach dem Krieg sportlich für Sie weiter?*

Es war so, dass ich überall hätte spielen können; es gab Anfragen von vielen Vereinen. Aber für mich war es ein klarer Fall, dass ich beim ETV weitermachen würde. Walter Risse hat die Spieler zusammengetrommelt, und dann ging es gleich wieder mit Begeisterung zur Sache. Allerdings haben wir die ersten Jahre immer nur auswärts gespielt, weil unser Sportplatz ja von den Engländern beschlagnahmt worden war. Unsere Heimspiele, wenn man die so bezeichnen kann, haben wir meistens auf dem Victoria-Platz, manchmal auch bei St. Pauli und sogar auf dem HSV-Platz am Rothenbaum ausgetragen. Ungefähr 1949 wurde der ETV-Platz wieder freigegeben, was mit einem Spiel gegen Borussia Dortmund gefeiert wurde. Der Platz war im Krieg stark verwüstet, ja praktisch zerstört worden. Die Tribüne war komplett abgebrannt. Aber alle haben angepackt, um den Platz wieder bespielbar zu machen. Ich selbst habe viel an den Traversen gearbeitet. Für so etwas würde sich heute kein Spieler mehr freiwillig zur Verfügung stellen. Trainiert haben wir zweimal in der Woche, immer nach der täglichen Arbeit. Beruflich war ich zunächst als Bauschlosser tätig. 1950 habe ich am Heußweg ein Zigarren- und Zeitschriftengeschäft mit Totoannahmestelle übernommen. Ich habe mich in diese Aufgabe gekniet, eine Prüfung abgelegt und das Geschäft erst im November 1984 abgegeben.

> *In den ersten Nachkriegsjahren fuhren ja viele Mannschaften über Land und spielten für Kartoffeln, Butter und Speck. Wie war das beim ETV?*

Ja, ja, die Kartoffelspiele, von denen haben wir natürlich auch viele ausgetragen. Einmal waren wir in Ebstorf in der Lüneburger Heide; auch unsere Frauen waren dabei. Nach der Partie erhielt jeder Spieler einen Zentner Kartoffeln. Auf der Rückfahrt mussten wir an einer britischen Kontrollstelle anhalten, aber da wir eine Sportdelegation waren, ließ man uns problemlos passieren. Wir sind dann bis zum Eppendorfer Weg gefahren, wo jemand aus unserem Vorstand ein Gemüsegeschäft besaß; dort sollten die Kartoffeln zwischengelagert werden. Das haben einige Leute aus seiner Nachbarschaft, die bei ihm keine Kartoffeln bekamen, mitgekriegt und die Zonenverwaltung informiert. Aber der gute Mann hatte ja tatsächlich selbst keine Kartoffeln zu verkaufen. Er war einfach einer der wenigen, die ein Fahrzeug besaßen, und deshalb sollte er die erspielten Kartoffeln nur an uns weiterliefern. Na, und dann wurde nachts alles beschlagnahmt. Am nächsten Tag mussten wir bei der Verwaltung schwer darum kämpfen, unsere Kartoffeln wieder zurück zu bekommen, aber letztlich haben wir es geschafft. Man musste in solchen Fällen schon gute Beziehungen zu den Behörden haben und glaubhaft erklären können, dass die Naturalien erspielt worden waren.

> *An welche Spiele in diesen Jahren erinnern Sie sich besonders gern?*

Da gibt es viele; die kann ich gar nicht alle aufzählen. Aber ein dolles Spiel war sicher das 5:5 gegen Concordia an einem frostigen Tag auf dem Rothenbaumplatz. Im Mai 1951 gewannen wir in einem Freundschaftsspiel gegen Bayern München 4:3. Ich spielte gegen Jackl Streitle, den Münchner Mittelläufer und Nationalspieler. Und die Nürnberger schlugen wir auf deren Platz am Zabo mit 4:2 – dieselben Nürnberger gewannen zwei Wochen später in Hamburg gegen den HSV 5:2. Gegen Werder Bremen gewannen wir mal am Rothenbaum mit 3:1. Von dieser Partie gibt es ein schönes Foto, auf dem ich Herbert Burdenski umkurve. An dem Tag habe ich mit gebrochenem Finger gespielt. Von wegen den Finger schienen – ich habe einfach einen Handschuh drübergezogen.

> *Was ist Ihnen denn unangenehm in Erinnerung geblieben?*

Das war, als 1947 die Oberliga Nord eingerichtet wurde und wir nicht berücksichtigt wurden. Die vier Tabellenersten aus Hamburg kamen hinein. Wir wurden mit einem Punkt Rückstand Fünfter, weil ein Spiel ganz klar verschoben wurde – das habe ich nie vergessen. Und zwar spielte St. Pauli gegen Victoria auf dem Vicky-Platz, die St. Paulianer traten mit fünf Ersatzleuten an. Natürlich verloren sie, und dadurch stieg Victoria in die Oberliga auf. Normalerweise hätten sie gegen St. Pauli keine Chance gehabt. Danach haben wir gesagt: jetzt erst recht! Wir blieben alle zusammen und holten mit 35:1 Punkten die Meisterschaft der Alster-Staffel. In der Elbe-Staffel setzten sich die Altonaer durch, auf die wir dann in der Aufstiegsrunde trafen. Am Ende schafften wir mit 7:3 Punkten und 12:8 Toren als Gruppenerster den Aufstieg. Danach haben wir acht Jahre in der Oberliga gespielt und meistens einen soliden Mittelfeldplatz belegt.

> *Beim ETV wurde ja nicht nur Fußball gespielt, sondern ab und zu auch kräftig gefeiert.*

Oh, ja. Der ETV hat immer die Geselligkeit gepflegt und zum Beispiel große Maskeraden aufgezogen, bei denen tolle Kapellen spielten. Das firmierte unter dem Namen Tatü-Tata. Einmal war ich der so genannte Prinz, da hatte ich die großartige Handballerin Christa Warns als Prinzessin an meiner Seite. Anfangs haben wir im Curiohaus gefeiert, später bei Planten un Blomen. Ich erinnere mich auch an eine Mannschaftsfeier an Silvester 1945 in der damaligen Gaststätte am Sternschanzen-Bahnhof. Nach durchzechter Nacht spielten wir am Neujahrstag auf dem Victoria-Platz gegen den VfL Benrath und gewannen 1:0. Ich erzielte das Tor per Kopfball – und das trotz eines Brummschädels…

> *Abschließend: Gab es in Ihrer Laufbahn einen Moment, der Sie noch besonders bewegt?*

Den gab es kurz nach Kriegsende. Wir spielten mit der Hamburger Stadtauswahl vor 15.000 Zuschauern am Rothenbaum für einen guten Zweck gegen eine Londoner Universitätself. Eine englische Rotkreuz-Helferin führte den Anstoß aus, geleitet wurde die Partie von einem bekannten Schiedsrichter namens Captain Crane. Wir gewannen 6:1, wobei ich drei Treffer erzielte. Als Hamburger Mannschaftskapitän durfte ich damals den Londoner Spielführer begrüßen – meines Wissens war es der erste Händedruck zwischen den Kapitänen einer deutschen und ausländischen Fußballmannschaft nach dem Krieg.

Erinnerungen

„Dafür waren die Manjas verantwortlich"

Mittelfeldspieler und Reiseleiter, Faustballer und Trainer: Erinnerungen des vielseitigen Karl-Heinz Manja

Als ich 1938 von Uhlenhorst-Herta zum ETV wechselte, hatte mein Bruder Kurt – anno 1920 geboren – gerade den Sprung in die Ligamannschaft geschafft. 1939 durfte ich – 17 Jahre alt – ebenfalls in dieser Mannschaft kicken. Unsere sportlichen Erfolge in dieser Saison konnten sich sehen lassen! Als norddeutscher Meister hatten wir die Teilnahme an den Gruppenspielen um die Deutsche Meisterschaft erreicht. Namhafte Landesmeister wie VfL Osnabrück sowie den SV Jena konnten wir hinter uns lassen. Nur gegen den Dresdner SC mit dem Altinternationalen Richard Hofmann, mit Walter Dzur, Heinz Hempel sowie dem späteren Bundestrainer Helmut Schön verloren wir in Hamburg 0:3, nachdem wir in Dresden ein 0:0 erreicht hatten.

Diese Zeit – 1939 – war schon von Einberufungen zum bevorstehenden Krieg geprägt. Hans Rohde, unser 25facher Nationalspieler, Ebbe Stührk, Herbert Panse, Karl Böhlke, Derle Ahlers, Willy Kleikamp und viele andere wurden einberufen und standen der Mannschaftsleitung nicht mehr zur Verfügung. Ich selbst wurde Anfang 1941 eingezogen; kehrte im Juni 1945 unbeschadet aus amerikanischer Gefangenschaft zurück. Bruder Kurt – fünfmal verwundet – folgte drei Monate später.

Nach dem Krieg lag vieles in Trümmern. Die Menschen mussten sich daran gewöhnen, ihre Freizeit grundlegend anders zu gestalten, als es vorher üblich war. Obwohl sich die „leichte Muse" langsam wieder zu regen begann, hat der Fußballsport seine Anziehungskraft jedoch behalten.

1946 habe ich mir bei einem Gruppenspiel in Saarbrücken gegen Süd/West-Deutschland bei einem Zusammenprall meinen rechten Unterarm gebrochen und musste für einen längeren Zeitraum pausieren. Insoweit waren meine Ambitionen, jemals das Nationaltrikot zu tragen, erledigt. Immerhin habe ich etwa 20-Mal für Hamburg und Norddeutschland repräsentativ gespielt. Derartige Spiele gibt es heute nicht mehr.

Zu einer Fußballmannschaft gehören bekanntlich elf Spieler. Mitspieler wie Karl Böhlke, Hans Kowalkowski, Ernie Timm, Ebbe Stührk, Otto Lüdecke, Willy Schindowski, Hans Rohde, Herbert Panse, Derle Ahlers, Walter Risse jr., Gerhard Ihns, Theo Uppenkamp, Hartwig Kühne, Albert Wullenweber, Gerd Riedel, Hans Kreher sind mir heute noch in besonderer Erinnerung. Meinem Bruder Kurt kommt dabei ein besonderer Stellenwert zu. Er war nicht nur unser langjähriger Kapitän, sondern auch ein Vorbild in allen Lebenslagen!

1949 verfügte der DFB, dass die Vereine mit ihren Spielern bezahlbare Verträge abschließen konnten. Der monatliche Endbetrag – Grundgehalt und Leistungszulage – durfte 320 DM monatlich nicht übersteigen. Jeder Spieler war darum gehalten, wie bisher seinem Beruf nachzugehen.

Mit Vergnügen erinnere ich mich an unsere Auslandsreisen. 1953 spielten wir im belgischen Brüssel, 1956 in Aalborg und Aarhus in Dänemark. Es versteht sich von selbst, dass unser Auftreten in allen Lebenslagen korrekt war.

Mit dem Abstieg 1956 aus der Oberliga waren Kurts und meine Laufbahn beendet. Wir haben dann noch einige Jahre bei den „alten Herren" gespielt.

Von 1958 – 1960 war ich dann als Trainer unserer Ligamannschaft tätig. Meine Befähigung, als Trainer wirken zu dürfen, habe ich 1936 bei einer zuständigen Organisation an der Nordsee gemacht. Mit der von mir betreuten Mannschaft wurde ich 1959 Hamburger Meister. Damals spielten: Hansi Rohweder, Strauch, Knubbe, Riedel, Rohden, Guhl, Wullenweber, Risse jr., Sell, Schlumberger, Richert.

In der Aufstiegsrunde zur Oberliga hatten wir insofern Pech, als sich unser Spielmacher Hansi Knubbe beim ersten Spiel in Lübeck so schwer verletzte, dass er für den Rest der Spiele ausfiel.

In all den Jahren wurden wir von kompetenten Trainern betreut. Der altinternationale Spieler vom HSV – Walter Risse – war der erste, der uns zu einer Spitzenmannschaft formte. Ernie Michelsen, der langjährige Ligaspieler Otto Lüdecke, Ruppel, Paul Bornefeld aus Düsseldorf sowie der ehemalige Ligaspieler aus Jena und HSV, Heinz Werner, waren weitere mehr oder weniger erolgreiche Trainer unserer Mannschaft.

1962 bin ich in den Spielausschuss des Hamburger Fußballverbandes gewählt worden. Dieses Gremium ist verantwortlich für den gesamten Spielbetrieb der einzelnen Klassen. Später wurde ich dann Vorsitzender des Sportgerichts des HFV. So genannte „Rotsünder" wurden – und werden – von dieser Institution wieder „auf den rechten Weg" gebracht.

Die heutigen Spiele unserer Ligamannschaft verfolge ich interessiert, die Ergebnisse sind allerdings enttäuschend. Infolge meines „biblischen Alters" muss ich es mir versagen, persönlich auf der Hoheluft zu erscheinen.

Dem ETV wünsche ich, dass er der Breitenarbeit auf allen Gebieten und damit seiner Hauptaufgabe nachkommen kann, vielen Menschen die Möglichkeit zu bieten, Sport zu treiben. Wenn dabei auch der Fußballsport profitiert, sind wir auf dem richtigen Weg!

Interview

„In diese Mannschaft muss ich reinkommen"

Mit Gregory Peck an der Hoheluft:
Drei Oberliga-Spieler über den ETV in den 1950er Jahren

Zusammen kommen sie auf 14 Jahre, 270 Einsätze und 41 Tore für den ETV in der Oberliga Nord:
Wenn Paul Ahrens, Gerd Riedel und Albert Wullenweber beisammensitzen, gibt es einiges zu erzählen. Auf dem Tisch liegen ausgebreitet ihre Alben: mit viel Sorgfalt und noch mehr Liebe zusammengestellte Memorabilia mit Zeitungsausschnitten, selbst verfassten Erinnerungstexten und Schwarz-Weiß-Bildern, die befreundete Fotografen den dreien zugesteckt haben. Als es um die acht Oberliga-Jahre des ETV geht, von denen Wullenweber sechs (1950-56), Ahrens und Riedel jeweils vier (beide 1952-56) mitgeprägt haben, ist der Redefluss kaum zu bremsen.

> *An welche Ihrer Spiele erinnern Sie sich am liebsten?*

Paul Ahrens: Als wir auf der Hoheluft den Deutschen Meister geschlagen haben. Im Oktober 1954 kam Hannover 96 zu uns, und wir haben 2:1 gewonnen.

Albert Wullenweber: Da hat Kurt Manja in letzter Sekunde ein Kopfballtor gemacht. Nach 89 Minuten lagen wir noch mit 0:1 zurück.

Ahrens: Erst Theo Uppenkamp mit einem gewaltigen Fernschuss zum Ausgleich und dann macht Kurt den Kopfball. Der Platz an der Hoheluft war proppevoll.

Gerd Riedel: In der Saison davor haben wir im Januar gegen Hannover 96 1:1 gespielt. Ein paar Monate später wurden sie Deutscher Meister. Im Volksparkstadion haben sie Kaiserslautern mit 5:1 geputzt. Highlights waren auch immer die Spiele gegen den HSV, aber da haben wir oft fürchterlich auf die Nase gekriegt. Ein Spiel haben wir am Rothenbaum 3:2 gewonnen. Unser

Albert Wullenweber, Gerd Riedel und Paul Ahrens im Jubiläumsjahr 2006.

bestes Spiel gegen den HSV haben wir aber 3:5 verloren. Und natürlich die Derbys gegen Vicky.
Wullenweber: Ich erinnere mich auch gerne an die Einweihung des alten Volksparkstadions 1953, als ich vor 60.000 Zuschauern mit der Hamburger Auswahl gegen Birmingham dabei war. Da habe ich gegen den großen Billy Wright gespielt, das war eine Ehre für mich. Wir haben schon 2:0 geführt, dann kam nach der Halbzeit ein Gewitter nach dem anderen. Für die Engländer war das toll, dass der Platz so matschig wurde, das Spiel ist dann 2:2 ausgegangen.
Ahrens: Albert war ja das große Talent vom ETV. Ich lese mal vor, was ich Jahre später einmal als lustig gehaltene Erinnerung aufgeschrieben habe: „Albert Wullenweber, auch Alla oder Wulle genannt. War einer der wenigen, der gut beidfüßig schießen konnte."
Riedel: Ja, das war seine Stärke.
Ahrens: „Vom Kopfball bekam er immer Kopfschmerzen." Stimmt das?
Riedel: Nee, das war nicht sein Ding.
Ahrens: „Daher zog er notgedrungen oft die Birne zurück. Über Fußball wusste Albert alles." Er war wirklich unser Vorbild – und übrigens auch mit

Gemeinsamer Jubel von Paul Ahrens und Gerd Riedel über ein Tor gegen Altona 93.

ein Grund, warum ich damals zum ETV gegangen bin. Ich war beim Harburger TB und wir spielten im Viertelfinale um die Hamburger Jugend-Meisterschaft zuhause gegen seinen ETV.

> *Ein unbequemes Pflaster. War es damals nicht sehr aufwändig, für ein Jugendspiel die Elbe zu überqueren?*

Wullenweber: Wir mussten mit der Straßenbahn-Linie 33 nach Harburg und dann noch weiter zur Jahnhöhe, wo der HTB spielte. Anpfiff war um neun Uhr morgens, wir haben uns alle um sechs in der Früh am Hauptbahnhof getroffen.

Ahrens: Wir hatten als Harburger eine gute Mannschaft und uns eingebildet, jetzt mal die Eimsbütteler zu putzen. Tja, umgekehrt war das – der ETV hat 2:1 oder 3:1 gewonnen. Nach dem Spiel habe ich zu meinem Vater gesagt: „In diese Mannschaft muss ich reinkommen". Und so kam es, dass ich dann ein paar Wochen später beim ETV war. Zu Gerd finde ich hier in meinen Aufzeichnungen auch etwas: „Nummer vier ist Gerd Riedel: ‚Ich bin Tom Mix.'"

> *Tom wer?*

Ahrens: Tom Mix, der Spitzname kam aus einem der Bücher über den Wilden Westen. „Wie Paul und Albert vom tüchtigen ETV-Nachwuchs. Gerd war unermüdlich und tüchtig wie ein frecher Dackel. Sein linkes Bein benutzte er nur zum Stehen, wie viele andere gute Spieler – siehe Overath. Er bekam zusammen mit Paul bei Alma Schulz Harmonielehre…"

Riedel: (lang gezogen) Alma Schulz, ja…

Ahrens: „Das war unser Fußballobmann Werner Schulz und seine Frau."

Riedel: Weihnachtsfeiern haben wir immer in seiner Wohnung gemacht.

Ahrens: „Wir sollten wissen, wie man mit Mädchen umgeht. Das wollte sie uns zeigen."

> *Klingt ein wenig nach Tanzschulunterricht…*

Riedel: Wir waren ja auch zu doof dazu…

Ahrens: Ein wenig naiv, ja.

> *Wie standen Sie als jüngere Spieler in der Mannschaft da, die von den erfahrenen Manja-Brüdern geprägt wurde?*

Ahrens: Die Manjas, das waren ja *die* Spieler – höflich und zurückhaltend wie man war, haben wir noch einen Diener vor ihnen gemacht. Wir haben die Vorgaben befolgt und uns durchgesetzt, andere sind abgehauen. Etwa Emil Schildt, Don Emilio, der sich bei uns einfach nicht durchsetzen konnte. Eigentlich begreife ich das bis heute nicht.

Riedel: Als Schildt zu St. Pauli ging, war er besser. Er war ein guter Techniker, aber wohl etwas zu weich.

Ahrens: Dass er überhaupt zu St. Pauli gegangen ist, die hatten doch damals den Ruf als Rupperklub weg. Als Nachwuchs musste man beim HSV spielen, da hat man mehr Fürsprecher gehabt und kam schneller in die erste Mannschaft.

> *Als Sie 1950 zum ersten Mal in der ETV-Liga spielten, war der im Krieg beschädigte Tribünensportplatz noch gar nicht wieder aufgebaut.*

Wullenweber: Den Sportplatz gab's schon wieder, aber der Rasen musste noch gemacht werden. Wir haben bei Sperber in Alsterdorf trainiert und bei Victoria unsere Heimspiele ausgetragen. Im Sommer 1951 ist unser Platz dann gegen den FC Basel wieder eingeweiht worden.

Ahrens: Dass wir in der Halle trainiert haben, war ja ganz selten. Wir waren eigentlich immer draußen.

Wullenweber: Man konnte eigentlich nie in der Halle trainieren, weil da immer gerade ein paar Turnerinnen drin waren.

Riedel: Der ETV war von Haus aus eben ein reiner Turnverein. Bei den Versammlungen waren die Turner immer in der Überzahl. Wir waren zu unserer Zeit eben auch teilweise recht gut, da konnten sie an den Fußballern auch nicht ganz vorbeigehen.

> *1950 wurde in Westdeutschland das Vertragsspielertum eingeführt. Wie sah das in der Praxis aus?*

Riedel: In meinem ersten Vertrag beim ETV bekam ich 80 Mark Grundgehalt und 20 Mark Punktprämie.

Wullenweber: Bei Altona nachher war's dann ein bisschen mehr.

Ahrens: Beim HSV gab's 100 Mark Siegprämie, hat uns Jupp Posipal mal erzählt. Das wurde auf ein Sperrkonto gegeben, man durfte über das Höchstgehalt von 320 Mark ja nicht rüberkommen – das war ja das Dilemma. Das wurde dann nach und nach kontinuierlich ausgezahlt.

Riedel: Walter Weber, der ehemalige Ligaspieler, der einige Tankstellen besaß, wollte mich auch irgendwo unterbringen. Ich arbeitete bei der Bundesbahn und war kurz davor rauszufliegen, weil ich als Fußballer kaum Schichtdienst machen konnte.

Ahrens: Weber hat da schon ein bisschen Geld reingesteckt, nach dem Spiel für die Mannschaft.

Riedel: Es waren immer mal ein paar Gönner da, die einem nach dem Spiel mal einen Zehner zusteckten.

Ahrens: Zum Beispiel Helmut Wieser, ein Wurstgroßhändler aus dem Harburger Raum, den alle nur „Wurst-Maxe" nannten.

> *Anderswo saß das Geld der Mäzene noch etwas lockerer als in Eimsbüttel. Gab es Abwerbungsversuche?*

Wullenweber: Wir haben einmal in der Totorunde gegen Bayer Leverkusen gespielt. Anschließend gab's einen Festball, da kam dann ein junges Mädchen auf mich zu und forderte mich zum Tanzen auf. Ich sagte, ich kann gar nicht tanzen, aber sie meinte nur: „Das macht doch nichts." Wir hampelten ein bisschen rum, und dann meinte sie: „Da hinten am Tisch sitzt mein Vater, der ist Präsident von Bayer Leverkusen und hat Sie spielen gesehen. Er will sich gern mit Ihnen unterhalten." Ich kam an den Tisch, und er hat mich gleich gefragt, was ich haben will. Ich habe nur gesagt, aus Hamburg komme ich gar nicht raus, ich bin schließlich bei meinem Vater beschäftigt.

> *Mit dem ETV kamen Sie allerdings oft aus Hamburg raus, nicht nur nach Leverkusen. Eimsbüttel hat frühzeitig in der DDR gespielt. Welche Erinnerungen haben Sie an den deutsch-deutschen Sportverkehr?*

Riedel: Ich meine, der ETV war sogar die erste westdeutsche Mannschaft überhaupt, die drüben war.

Wullenweber: Die haben für uns alles gemacht, was uns da morgens zum Frühstück aufgetischt wurde, gab's für andere im ganzen Monat nicht.

Ahrens: Es war ganz toll. In Aue haben sie sogar ein Kaufhaus extra für uns geöffnet, obwohl Sonntag war.

Wullenweber: Wir haben für unser Spiel eine Garantiesumme in Ostmark gekriegt, und die mussten wir ja auch ausgeben...

Ahrens: Als wir mit dem Bus vom Bahnhof mit ein, zwei Stunden Verspätung zum Empfang kamen, saßen die da ganz artig an den Tischen und haben auf uns gewartet.

Riedel: Die hatten große Geduld, wir waren dort echt die Könige.

Ahrens: Von Kaltem Krieg war da nichts zu spüren, im Gegenteil. Die haben vielleicht auch gedacht, dass Deutschland schnell wieder zusammenkommt.

Wullenweber: Wir fuhren mit einem Bus, der mit Holzgas betrieben wurde. Da musste man immer das Holzgas nachschütten, damit es weiterging.

> *Schwierige Touren waren Sie gewohnt. Der ETV spielte damals auch in Bayern...*

Wullenweber: Bayern München hatte auch damals schon eine sehr gute Mannschaft. Wir fuhren 16 Stunden mit dem Omnibus, sind ausgestiegen und gleich auf den Platz an der Grünwalder Straße. Ihns hat drei Tore gemacht, wir haben 4:3 gewonnen.

> *Optimale Spielvorbereitung stellt man sich eigentlich anders vor...*

Ahrens: Dieser ganze Zirkus heute ist doch kindisch, heute musst du ja ein halber Schauspieler sein. Wir kamen an der Hoheluft durch den Gang auf den Platz und dann mussten wir spielen, ohne vorher noch groß nach links oder rechts zu gucken.

Riedel: Früher gab es auch gar kein Aufwärmen vor dem Spiel.

Ahrens: Die Älteren haben das gemacht. Die Manjas und Uppenkamp waren vorher auf dem Platz, und wir haben uns gesagt: Na, da ist jetzt auch gar keine Zeit mehr für.

Riedel: Na ja, wir haben zweimal die Woche trainiert, heute trainieren sie zweimal am Tag.

Ahrens: Auch wenn sich die Spieler heute kugeln oder einen Flicflac machen, wenn sie gefoult worden sind. Da hieß es bei uns: „Stehen Sie auf, Ahrens, laufen Sie weiter!"

Riedel: Wenn die sich heute drei-, viermal überschlagen, denke ich mir auch, das darf doch alles gar nicht wahr sein.

Ahrens: Der Salihamidzic kann das besonders gut.

Wullenweber: Das trainieren die heutzutage ja auch alle.

Riedel: Gut, es wurde damals auch nicht so eingestiegen wie heute teilweise.

Ahrens: Ja, man konnte eher mal einen Ball annehmen, die Schiedsrichter hatten weniger zu pfeifen.

> *Aber Reibereien gab es auch zu Ihrer Zeit, oder?*

Riedel: Einmal gab's die Überschrift „Dieter Seeler legt sich mit Reinhold Ertel an". Ja, das waren beide so Giftköppe.

Ahrens: Reinhold Ertel war außerhalb des Platzes ein absoluter Pfundskerl, aber in den 90 Minuten manchmal ein echtes Ekel. Wenn er mit deiner Leistung unzufrieden war, hat er dich gerne mal angeraunt: „Willstu'n Stuhl, dann kannstu auch sitzen?" Aber was für ein Fußballer: Der konnte alles, links und rechts und Kopfball und ein Körper wie Adonis. Er kam aus Kiel-Ellerbek und war Schiffsheizer auf einem Kreuzer, deswegen hat man ihn manchmal veräppelt. Ertel stand auch in Herbergers Notizblock. Wir haben ihn Gregory Peck genannt, weil er ähnlich aussah wie der Schauspieler und auch seine Haare so zurechtmachte. Der Scheitel musste immer gezogen sein, und er ging auch so wie ein Schauspieler.

Riedel: Nach dem Spiel war er der beste Kumpel, aber mit dem Ball war er ein Tier. Er hat mir beim Training mal eine Kopfnuss verpasst, da habe ich ihm eine gescheuert. Wir sind dann beide vom Trainer weggeschickt und vom Verein für ein Spiel gesperrt worden.

> *In Harburg sind zwei von Ihnen im selben Spiel vom Platz geflogen. Was war da los?*

Ahrens: Da bin ich den Harburger Stürmer Franke völlig unmotiviert angesprungen und wurde vom Platz gestellt. Ich musste dann in die Kabine, das waren Eisenbahnwaggons, weil das Spiel auf dem Platz von Reichsbahn Viktoria Harburg stattfand. Und kurze Zeit später kam auch Albert und sagte nur: „Ja, ich bin auch vom Platz geflogen."

> *Weshalb das?*

Wullenweber: Wegen Meckerns. Aber was ich dem Schiedsrichter da genau erzählt habe, weiß ich nicht mehr. Wir haben 3:1 geführt und verloren dann noch 3:4.

> *Zurück zu den größeren Ausflügen nach Belgien, Dänemark oder Norwegen. Solche Reisen waren ja für junge Leute einige Jahre nach dem Weltkrieg und noch vor dem großen Wirtschaftswunder durchaus ungewöhnlich.*

Wullenweber: 1952 sind wir nach Belgien gefahren und haben gegen den Daring Club gespielt. Die hatten ein tolles Stadion mit einem Schwimmbad nebendran. Gibt es den Verein eigentlich noch?

Ahrens: Da haben wir doch im Brüsseler „Hotel Albert" übernachtet, wodurch du deinen Spitznamen weg hattest: Prinz Albert. In der südbelgischen Kohlenecke Charleroi haben wir auch gespielt. Gerd und ich haben uns gefreut, dass wir damals als Ersatzspieler mitfahren durften.

Riedel: 1953 sind wir dann nach Dänemark gefahren, das war eine Tour…

> *In der Vereinszeitung wurde nach der Rückkehr lobend erwähnt, dass die meisten Spieler sich dort lieber an Milch als ans dänische Bier gehalten hätten. Stimmt das wirklich?*

Riedel: Na, das kann ich mir nicht so ganz vorstellen…

Ahrens: Wir haben aber insgesamt wenig getrunken und auch nicht geraucht. Das hat man damals als Sportler einfach nicht getan.

> *Und es soll Irritationen mit den am Tisch gereichten Süßkartoffeln gegeben haben…*

Ahrens: Ja, die Dänen hatten ja alles süß. Die Mädchen waren aber auch süß. Mit dieser Reise haben sie uns auch ein bisschen gelockt, wenn es um

Vertragsverlängerungen ging. Ich saß mit Günter Blöß in einem Café in der Mönckebergstraße, da hat er mich mit dieser Reise festgenagelt und ich habe gleich unterschrieben.

> *Das klingt nach einem unkomplizierten Verhältnis mit den Vereinsfunktionären.*

Ahrens: Unser Präsident damals, das war so ein Spaßmacher. Der hat in der Straßenbahn Handstand gemacht. Der Trainer Paul Bornefeld kam damals immer mit einem Porsche und hat jeden gefragt: „Haben Sie meinen neuen Porsche schon gesehen? Kommen Sie mal bitte her." Dadurch fing das Training dann immer etwas später an.

Riedel: Bornefeld ist dann nach Osnabrück gegangen und hat sein altes Wissen über uns genutzt.

Ahrens: Auf der Linie war unser Torwart Schwarz unschlagbar. Bornefeld wusste das und hat seinen Spielern gesagt: „Ihr müsst bei dem von der Mittellinie aufs Tor schießen!"

Wullenweber: Die Osnabrücker haben dann immer aus 30 Metern geschossen, weil Bornefeld wusste, dass Schwarz da seine Schwächen hatte. Die kurzen Bälle hielt er alle, aber da waren dann einige drin.

Riedel: In einer Schlammschlacht haben wir dort 1:5 verloren.

> *Das war die Zeit, in der der ETV sich langsam aus der höchsten Spielklasse verabschiedete.*

Wullenweber: Dieser Paschke hat uns direkt ein Ding reingeschossen, in Oldenburg. Dadurch sind wir erst richtig in Abstiegsgefahr geraten und dann abgestiegen.

Ahrens: Wirklich schade. Wären wir nicht abgestiegen damals… Das war der Bruch, auch mit unseren Leistungen.

> *Nach dem Abstieg 1956 haben Sie der Hoheluft zumindest kurzzeitig Ade gesagt…*

Riedel: Albert und ich sind zu Altona 93 gegangen, beide aber zum ETV zurückgekehrt. Ich nach einem Jahr, Albert nach zweien – er hat für Altona beim 2:2 gegen den HSV noch beide Tore gemacht.

Ahrens: Ich hatte schon einen Vorvertrag mit Werder Bremen, bin dann aber zu Arminia Hannover gewechselt. Unser alter Trainer Walter Risse Senior war dort, brauchte einen Mittelfeldspieler und rief mich an: „Paul, können Sie nicht zu zwei Probetrainings nach Arminia kommen?" Dann bekam ich aber Tbc, und es war aus mit höherklassigem Fußball. Das war damals ja noch eine schwere Krankheit.

Wullenweber: Ein Vierteljahr lang war ich auch mal beim HSV. Bei mir standen Trainer Knöpfle und Präsident Mahlmann vor der Tür und wollten mich haben – was aber nicht so richtig geklappt hat. Ich sollte neben dem jungen Uwe Seeler mit in den HSV-Innensturm rein.

> *Warum nur so kurz bei den Rothosen?*

Wullenweber: Ich hatte einen Vorvertrag beim ETV unterschrieben, und dann ging die ganze Sache vor den Norddeutschen Fußball-Verband. Die Verhandlung war im Hotel Europäischer Hof, und dort hieß es: Für den HSV dürftest du ein Jahr lang nicht spielen. Und ich wollte ja Fußball spielen.

Riedel: Das mit dem Sperren war immer schlimm. Als ich 1957 von Altona zurück zum ETV wollte, wurde ich auch ein halbes Jahr gesperrt.

> *1959 sind Sie dann aber mit dem ETV Hamburger Meister geworden.*

Riedel: Da hatten wir auch eine schöne Truppe. Mit Hansi Rohweder im Tor – das ist nicht so ein Flieger gewesen, der hatte ein unglaublich gutes Stellungsspiel. Kalle Manja war unser Trainer.

Wullenweber: Ein Schlitzohr, das uns zur Meisterschaft geführt hat. In der Amateurliga hatten wir auch wieder viele Zuschauer.

> *Woran lag es, dass es in der anschließenden Aufstiegsrunde nicht geklappt hat?*

Riedel: Das entscheidende Spiel war auf dem St. Pauli-Platz gegen Oldenburg. Wir haben 2:0 geführt und dann noch 2:4 verloren. Ohne Frage wären wir gerne wieder in die Oberliga gegangen, so etwas wie ein Aufstiegsverbot durch den Gesamtverein gab es nicht. Aber wir haben's einfach nicht geschafft.

Albert Wullenweber (links).

Porträt

Hans Rohde

Eine große Klappe konnte man Hans Rohde wahrlich nicht nachsagen. „Er hatte mir gar nicht erzählt, dass er Fußballer ist. Ich habe ganz zufällig vor einem Länderspiel sein Bild in der Zeitung entdeckt." Das erzählte nicht etwa ein Kneipengast nach einem zufälligen Tresenabend mit Hans Rohde, sondern seine Ehefrau Marianne!

Als er 60 wurde, stellte man auch Rohde die beliebte Frage, ob er, falls ein Neuanfang möglich wäre, in seinem Leben etwas ändern würde. „Ja", erwiderte der Jubilar: „Ich würde noch früher anfangen, Fußball zu spielen!" In seinem wirklichen Leben hatte er das „erst" mit sieben Jahren getan, als er 1922 in den ETV eintrat…

Zumeist war er dabei im Mittelfeld angesiedelt, und als er in der Gauligaära zum Verteidiger umfunktioniert werden sollte, gab es prompt Eingewöhnungsprobleme. Doch bald schon agierte der am 7. Dezember 1914 geborene Rohde so souverän in der Abwehr, als hätte er nie etwas anderes getan als zu verteidigen. Das Zusammenspiel von Konditionsstärke, Ausdauer und Ehrgeiz trug ihm den respektvollen Spitznamen „der eiserne Hans" ein. 1937 erhielt er ein Angebot von Tennis Borussia Berlin, schon vorher hatte ihn mehrmals der HSV kontaktiert. Doch Rohde, dessen Eltern nahe dem Tribünensportplatz Hoheluft ein Gemüsegeschäft betrieben, blieb in Eimsbüttel.

Nationalspieler war er da schon. Am 27. September 1936, als nach dem Olympia-Debakel gegen Norwegen eine neue deutsche Mannschaft geformt werden sollte, debütierte er beim 7:2 gegen Luxemburg. In der Folgezeit spielten sich jedoch andere Nachwuchskräfte in den Vordergrund, die als „Breslau-Elf" für Furore sorgen sollten – ohne Rohde, den eine Trommelfellentzündung, die er sich bei einem Nationalmannschafts-Kurs eingehandelt hatte, zu einer mehrmonatigen Pause zwang.

Rohde, im Zivilleben als Chauffeur tätig, kehrte erst 1939 in die deutsche Auswahl zurück, wurde dann aber als Mittelläufer zu einer festen Größe bis Ende 1942, als er das letzte seiner 25 Länderspiele bestritt. Danach verbot Propagandaminister Goebbels im Zuge des ausgerufenen „totalen Krieges" weitere internationale Begegnungen.

Sein größtes Länderspiel absolvierte er zweifelsohne am 26. November 1939 in Berlin, als Deutschland den amtierenden Weltmeister Italien 5:2 schlug. Wen wundert's, dass auch Sepp Herberger lobende Worte fand: „Auf den Hans war stets Verlass. Wenn ich ihm vor dem Spiel sagte, dass ich seinen Gegenspieler 30 Minuten nicht sehen wollte, dann war von dem aber auch nichts zu sehen!" Der Belobigte selbst hat seine Erinnerungen an die Nationalspieler nüchterner beschrieben: „Wir bekamen damals 7,50 Mark Spesen pro Tag. Und wenn die Stiefel gut besohlt waren, sogar acht Mark. Davon wurde die Bahnfahrt und das Mittagessen bezahlt."

Als Soldat im Zweiten Weltkrieg geriet Rohde in sowjetische Kriegsgefangenschaft, aus der er Weihnachten 1949 wieder entlassen wurde. Nach „diesen fünf Jahre beim Iwan", wie das „Hamburger Abendblatt" formulierte, kehrte er zum ETV zurück und bestritt sogar noch drei Spiele in der Oberliga Nord, in denen ihm ein Treffer gelang.

Doch hauptsächlich zog es ihn nach Köln, wo er seine Trainerlizenz erwarb. Auch in diesem Metier bewies er Ausdauer: Rohde war als Verbandstrainer in Schleswig-Holstein und Hamburg tätig, coachte Concordia Hamburg und war 1955 kurzzeitig für die Betreuung der deutschen B-Nationalmannschaft zuständig.

1964 pachtete der gelernte Maschinenbauschlosser eine Tankstelle, blieb dem Fußball aber weiterhin verbunden – wobei er die Entwicklung zum Profifußball und die zunehmende Kommerzialisierung („Die Spieler haben nicht mehr die richtige Einstellung") recht kritisch betrachtete. In der deutschen „Altherren-Nationalmannschaft" kickte er an der Seite der Weltmeister Fritz Walter und Toni Turek.

Nicht bei den Oldies dabei waren Jupp Posipal und Fritz Laband. Als das HSV-Duo 1954 mit zum „Wunder von Bern" beitrug und an der Elbe begeistert gefeiert wurde, durfte staunen, wer einen Blick in die Statistik warf: Hamburgs Rekordnationalspieler war damals nach wie vor – Hans Rohde vom Eimsbütteler TV!

Hans Rohde starb am 3. Dezember 1979 im Alter von 64 Jahren.

Statistik

Manja knapp vor Manja
Die Oberliga-Spieler des ETV 1948 bis 1956

Nur die Gebrüder Manja kamen in allen acht Oberliga-Jahren des ETV zum Einsatz. Nach Einsätzen hat dabei der „kleine" Karl-Heinz Manja mit 215:205 knapp die Nase vorn. Kurt Manja ist dafür mit 79 erzielten Treffern mit Abstand der beste ETV-Torschütze in der norddeutschen Eliteklasse. Insgesamt kamen 65 Spieler für Eimsbüttel zum Einsatz. 14 Torschützen des ETV sind nicht eindeutig ermittelbar.

Manja II	215/15	Kunkel	23/8	le, Schildt, Weigel, Wilke jeweils 2/0
Manja I	205/79	Rohweder	23/0	
Wullenweber	128/27	Durin	20/0	Ackerschott, Buß, Kühne II, Niß, Ohlendorf, Pfaff, Wonnenberger jeweils 1/0
Sell	128/21	Thielhorn	19/1	
Uppenkamp	108/6	Ehrhorn	18/8	
Kühne I	104/2	Pinz	16/0	
Schwarz	101/0	Nega	15/2	
Röwe	97/11	Komoß	15/1	
Kreher	91/3	Niemann	15/1	
Kowalkowski	88/0	Betz	15/0	
Ihns	87/46	Lüdecke	15/0	
Heitmann	86/22	Schneider	12/0	
Riedel	85/12	Ziethemann	11/1	
Rohrberg	81/31	Vesovic	9/0	
Risse	81/0	Einfeld	7/1	
Maack	66/23	Kowalski	7/0	
Eckhoff	64/30	Köhna	6/0	
Kalkowski	58/11	Mädge	6/0	
Ahrens	57/2	Strüth	6/0	
Baldauf	57/2	Rachow	5/2	
Ertel	56/7	Rudloff	5/1	
Ackermann	55/3	Delowski	4/0	
Helms	55/1	Enckhusen	4/0	
Haß	47/13	Lembke	4/0	
Preuß	37/6	Rohde	3/1	
Fleischmann	33/5	Arens, Pölitz, Präger, Schee-		

Einwurf

„Spiel der gehaltenen und wiederholten Elfmeter"

Das „Hamburger Abendblatt" über das letzte Sonntagvormittags-Match am Rothenbaum: HSV – ETV 5:3 am 7. November 1954

HSV: Schnoor; Börner, Klepacz; Meinke, Posipal, Liese; Schemel, Stürmer, Uwe Seeler, Schlegel, Woitkowiak.
Eimsbüttel: Schwarz; Preuß, Manja II; Sell, Ertel, Riedel; Rohrberg, Wullenweber, Manja I, Maak, Heitmann.

Es war zu erwarten, dass es am Vormittag am Rothenbaum zu einem Großkampf kommen würde. Eimsbüttels derzeitige Form und die bekannten Abwehrschwächen des HSV ließen allen Spekulationen freien Raum. 17.000 Zuschauer bildeten die erwartete Kulisse. Die über den Lautsprecher vorgetragene Bitte, auf den Gottesdienst der nahen Johanniskirche Rücksicht zu nehmen, schien in den Wind gesprochen, als der selten temperamentvolle Spielverlauf die 17.000 immer wieder zu stürmischen Beifalls- oder Missfallensäußerungen hinriss. Erst spät in der zweiten Halbzeit beruhigte sich das Spiel. Dem NFV übrigens ins Stammbuch: Ein Vormittagsspiel zwischen Lokalrivalen ist am Rothenbaum niemals lautlos durchzuführen.

Zum Spiel selbst ist zu sagen, dass es sich von einer beiderseits technisch guten Demonstration der ersten Halbzeit schließlich immer mehr zu einem Kampfspiel entwickelte, das seinen Niederschlag in einer Reihe von Elfmetern fand, von denen zwei von Schnoor und einer von Schwarz gehalten, zwei aber wiederholt und dann verwandelt wurden. Bemerkenswert die Frische des HSV-Angriffs gegenüber einer klugen Deckung Eimsbüttels, die ausgezeichnete Leistung beider Torwächter und die immer wieder erkennbare Hilflosigkeit der HSV-Abwehr, die den Raum anstatt den Mann zu decken versucht, aber auch damit nicht fertig wird. Selbst Posipal, spritzig, schnell und hart wie immer, ließ im Abspiel Wünsche offen. Im Angriff wurde zu viel innen statt über beide Flügel gespielt.

Eimsbüttel lieferte dem HSV eine ausgezeichnete Partie, hatte in Ertel den überragenden Abwehrspieler im Zentrum und in Sell den besten Außenläufer auf dem Feld. Auch der Sturm wusste sehr zu gefallen. Kurt Manja ist immer noch ein Spieler von überdurchschnittlicher Übersicht. In den Schlussminuten langte allerdings die Kondition der Mannschaft nicht mehr, die aber im Ganzen gesehen doch ein großes Spiel geliefert hat.

HSV spielt in Blauschwarz, Eimsbüttel in Rotweiß. Der Anstoß ist kaum erfolgt, da schickt Liese über Seeler eine Steilvorlage zu Stürmer, der das Leder blitzschnell aus 25 m unhaltbar ins obere linke Eck feuert. 1:0 für HSV nach 30 Sekunden!

Eimsbüttel lässt sich nicht erschüttern, spielt forsch auf Angriff, erzwingt die 1. Ecke. Gefahr bei Rohrberg-Durchbruch wird von Posipal überlegen bereinigt. Eine „tolle" Kanonade aufs Eimsbütteler Tor folgt unmittelbar. Zweimal boxt Schwarz das Leder weg. Schüsse von Schemel und Schlegel erzwingen Ecken. Stürmer legt („Uwe hau ab!") steil vor, aber Schlegel verschießt das Zuspiel von Seeler.

Dann fällt der Ausgleich für Eimsbüttel. Ein verunglückter Abwehrschlag Börners landet bei Wullenweber, der gibt zu Heitmann, der zurück zu Wullenweber, dessen Schuss klar neben den Pfosten zu gehen scheint, von Kurt Manja aber sehr geschickt mit dem Kopf ins Tor gelenkt wird. Ein Tor, bei dem die HSV-Abwehr unschlüssig und keineswegs im Bilde war. 1:1 also (16. Min.). In der nächsten Minute steht Rohrberg frei vor Schnoor, verfehlt aber den Einschuss. Wullenweber foult Schlegel und wird verwarnt. Schnoor hat Mühe mit einer Bombe von Sell. Eimsbüttel zeigt ein sauberes Kombinationsspiel. Posipal köpft das Leder Kurt Manja vor die Füße, dessen Sofortschuss Schnoor unter der Latte herunterholt. Auch Schwarz zeichnet sich aus, hechtet einen prachtvollen Schlegelschuss zur 5. Ecke.

In der 31. Min. rennt Posipal Maak im Strafraum über den Haufen. Elfmeter. Sell tritt, aber Schnoor hält großartig. Posipal gratuliert seinem Torwart, HSV stößt sofort durch, Schlegel fackelt diesmal nicht, schmettert hoch ins Netz! Aus dem drohenden 1:2 ist innerhalb einer Minute ein 2:1 geworden. Eimsbüttel steht auch in den folgenden Minuten stark unter Druck, fängt sich aber schnell wieder und greift plötzlich mit der ganzen Mannschaft an. Zwei-dreimal hat Schnoor in dem tollen Gewühl Glück, lenkt einen Ball an die Latte, als Sell dazwischenspringt und zum 2:2 einlenkt (38. Min.). Schemel „fummelt", anstatt schnell abzuspielen. Besser machen es die Jungen. Stürmer schießt, Schwarz lässt das Leder prallen, Uwe Seeler erwischt den Ball aus der Luft, schießt aus der Drehung unmittelbar und schon führt der HSV wieder. 3:2 (43. Min.). Eine echte Woiflanke lenkt Schwarz brillant ab, Rohrberg zieht damit ab, wird aber von Posipal mit gewaltigem Antritt gestoppt. Pause.

Mit drei HSV-Ecken beginnt die zweite Halbzeit. Ertel zeigt ein hochklassiges Stopperspiel, wirft sich immer wieder in den Kampf, der härter geworden ist und aus dem schönen Spiel der ersten Halbzeit mehr und mehr ein großes Kampfspiel werden lässt. Uwe köpft eine Stürmer-Flanke vorbei, als Eimsbüttel plötzlich von links angreift.

Meinke nimmt, als Heitmann ihn überspielt, beide Hände, hält klar vor dem Strafraum den Ball an. Schiedsrichter Zimmermann entscheidet jedoch auf Elfmeter. Wieder hält Schnoor den Strafstoß, aber Schnoor hat sich anscheinend vorher bewegt. Also Wiederholung. Diesmal verwandelt Wullenweber zum 3:3 (16. Min.). Und wieder schlägt der HSV unmittelbar zurück. Innenspiel Schlegel-Seeler-Schlegel, und wieder führt der HSV 4:3 (17. Min.),

Eimsbüttel scheint deprimiert. Als der kleine Stürmer links durchgeht, wird er im Strafraum von Ertel überfahren. Neuer Elfmeter! Posipal schießt, aber auch Schwarz hält, und wieder gibt es eine Wiederholung. Diesmal verwandelt Schlegel unhaltbar zum 5:3 (19. Min.).

Das Spiel wird turbulent. Schwarz zeigt sich den gewaltigsten Schüssen gewachsen. Noch einmal greift Eimsbüttel stürmisch an, hat Chancen genug, dringt aber nicht durch, obwohl die HSV-Abwehr sich tolle Schnitzer leistet. Kein Mensch deckt seinen Mann. Ertel geht nach vorn, zieht sich aber bald wieder zurück, als der HSV-Sturm zuviel Spielraum findet.

Gegen Schluss fällt das Spiel immer mehr auseinander. Eimsbüttel ist mit den Kräften am Ende. HSV steigert das Eckenverhältnis auf 13:2, es bleibt aber beim 5:3.

Zimmermann (Göttingen) erregte Widerspruch.

Rot-weißer Faden 5
1963 bis 1989
Abseits im Bundesliga-Zeitalter

1963 bis 1989

1963/64 Der „Eiserne Hans" wird Trainer

Rohrbergs Nachfolger ist – natürlich ein ehemaliger Liga-Spieler. Und was für einer: Eimsbüttels Rekordnationalspieler Hans Rohde übernimmt für zwei Jahre die Regie an der Seitenlinie!

Seine Premiere fordert dem „Eisernen Hans" stahlharte Nerven ab. 1:3 beim VfL Pinneberg, 0:1 gegen den VfL Stade, 0:1 bei der SV Blankenese – die ersten drei Spiele gehen daneben. Als Riesner trifft, darf Rohde in der vierten Runde ein 1:0 gegen Uetersen bejubeln. Der ETV korrigiert seinen misslungenen Start und spielt eine ruhige Serie mit 32:28 Punkten. Torreich fällt einmal mehr eine Begegnung mit dem Harburger Turnerbund aus, diesmal jedoch zugunsten der Eimsbütteler. Beim 6:1 im November treffen Krohn (2), Strauch (2), Marquardt und der unverwüstliche Wullenweber, der vierzehn Jahre zuvor seinen Einstand in der Oberliga-Mannschaft gegeben hat.

1964/65 Der HSV gratuliert

Zunächst gibt es Grund zu feiern. Zum 75. Geburtstag des Gesamtvereins kommt Bundesligist HSV an den Lokstedter Steindamm und gratuliert mit einem 4:1-Erfolg, bei dem Tiedemann das Eimsbütteler Tor erzielt.

Andere Gegner sind nicht ganz so attraktiv, wie der Alltag in der Landesliga

Zum Jubiläum kommt der HSV: Der Gesamtverein wird 75.

Hamburg – so heißt die höchste Hamburger Spielklasse mittlerweile – rasch unterstreicht. Beim 0:4 gegen Sperber erleben 800 Zuschauer einen „ETV außer Rand und Band", in dem nur Mittelläufer Mischke – „eindrucksvoll, den Anforderungen jederzeit gerecht werdend" – beim Berichterstatter Gnade findet.

Eimsbüttel muss sich nach unten orientieren, schwimmt sich aus zeitweiligen Abstiegsnöten aber recht souverän wieder frei und landet auf Rang zwölf – unter anderem dank zweier Erfolge gegen den HEBC (4:0, 3:0).

1965/66 **Lospech und Abstieg**

Fortuna zwinkert dem ETV nicht gerade zu. Als das Pokalspiel gegen den Post SV Ende September nach 120 Minuten noch 1:1 steht, entscheidet das Los für den Gegner. Dabei hätten die Eimsbütteler in dieser Saison Glück mehr als nötig: Schnell ziert das Team das Tabellenende, und trotz vereinzelter Lichtblicke gelingt es nicht, den Abstieg aus Hamburgs höchster Liga zu vermeiden. Der zweite „echte" sportliche Abstieg vollzieht sich mit 17:43 Punkten mit demselben Zählerstand wie der erste aus der Oberliga zehn Jahre zuvor.

Schon der Start mit 1:9 Punkten lässt Schlimmes für die Elf befürchten, die nach dem Abschied Rohdes mit Walter Risse junior wiederum von einem einstigen Erstliga-Kicker trainiert wird. Dann erzielt Wolniak allerdings ein goldenes Tor zum 1:0 gegen die HSV-Amateure. Gegen den Rothosen-Nachwuchs muss der ETV im Rückspiel aber auch eine der bittersten unter den zahlreichen Niederlagen hinnehmen. Im Dezember führt Eimsbüttel durch Lanser zur Halbzeit 1:0, doch dann muss Torwart Jimmy Wolters in sieben Minuten gleich dreimal hinter sich greifen – das Spiel geht 2:3 verloren und ist damit symptomatisch für eine verkorkste Saison. Ganze fünf Siege gelingen in 30 Spielen, einer davon immerhin im Februar 1966 beim Lokalrivalen HEBC (2:0). Im letzten Spiel schafft Gerhard Grünke beim 3:2 gegen Holsatia Elmshorn wenigstens noch einen Hattrick.

Bereits im Januar versichert sich die Mannschaft bei einer Krisensitzung, auch im Abstiegsfall zusammenzubleiben. Der Mannschaftsgeist wird im Mai aufgefrischt, als es gemeinsam zu einer Ausfahrt nach Kopenhagen geht. Dank 3.500 Mark Eigenbeteiligung des Teams können die Spielerfrauen auf die Tour mitgenommen werden.

1966/67 Im Schlussspurt geht die Puste aus

Nicht nur die Mannschaft muss sich nach dem Abstieg umgewöhnen, auch die Anhänger sind vor neue Herausforderungen gestellt. „Da unsere Spielergebnisse nicht mehr in der Sportsendung durchgegeben werden, besteht gleichfalls die Möglichkeit, unter der Rufnummer 48 21 31 diese hier zu erfragen", verweist Hans-Günther Dreyer auf den Info-Service am Stadiontelefon.

Am 9. Oktober benötigen 450 Anwesende diese Möglichkeit nicht. Sie sehen, wie der ETV den bisherigen Tabellenführer Eidelstedter SV durch Mischke (30.), Grünke (52.) und Hameister (86.) 3:0 bezwingt und selbst die Spitze der Germania-Staffel in der dreigeteilten Verbandsliga übernimmt.

Im April steuert der ETV klar auf die Rückkehr in Hamburgs höchste Klasse zu. Siege über TuRa Harksheide (1:0), bei Stellingen 88 (4:1) sowie ein schwer erkämpftes 4:3 über Union Tornesch verschaffen dem Team von Walter Risse jr. eine glänzende Ausgangsposition.

Ein Sieg im Abschlussspiel würde die sofortige Rückkehr in Hamburgs höchste Spielklasse bedeuten – doch es geht mit 0:1 gegen Fichte Langenhorn verloren. Als kurz vor Schluss noch kein Tor gefallen ist und die ETV-Verteidiger mit nach vorn rücken, schlagen die Langenhorner per Konter zu. „Bleich, vom Staub verschmiert wie Grubenarbeiter nach der Schicht, schauten sich die Eimsbütteler Spieler an", notiert ein Augenzeuge.

Es bleibt nur ein Entscheidungsspiel um Platz zwei und die Teilnahme an einer Aufstiegsrunde, die sich für den ETV allerdings als bedeutungslos erweisen wird.

1967/68 Heimstärke reicht nicht

Trotz des verpassten Aufstiegs werden die Eimsbütteler mit einer Vielzahl neuer Gegner konfrontiert. Der HFV teilt den ETV in die Hansa-Staffel ein, kein ungewöhnlicher Vorgang. Als innerstädtischer Verein wird Eimsbüttel gern als „Verschiebemasse" zwischen den grob geografisch (westlich der Alster: Hammonia, östlich der Alster: Hansa) geordneten Staffeln benutzt.

Erstmals ist bei Pflichtspielen eine Auswechslung erlaubt, doch auch die Aussicht auf Bankdrücker, die als Joker zu Helden werden, lockt die Massen nicht an die Hoheluft. Die Heimspiele besuchen „oft nicht einmal hundert Zuschauer", wird in der Vereinszeitung beklagt. Dabei sehen die wenigen gerade an der Hoheluft passable Auftritte der Rot-Weißen, die dort allein gegen den TuS Finkenwerder verlieren. „Unser großes Ziel, der Wiederaufstieg", wird mit 33:19 Punkten verfehlt. Durch Treffer von Jester und Heike wird Victoria in einem Testspiel vor dem Saisonauftakt 2:1 geschlagen, Mittelfeldspieler Mischke wird beim 1:2 im Hamburger Pokal gegen die HSV-Amateure für sein 200. ETV-Spiel geehrt – doch in der Liga zieht Hoheluft-Gewinner Finkenwerder mit zehn Zählern Vorsprung einsam seine Kreise. Eimsbüttel bleibt Platz fünf und ein weiteres Jahr Verbandsliga.

1968/69 **Äußerst ausgeglichen**

Trotz Klassenverbleib warten viele neue alte Gegner, denn Eimsbüttel wird in die Germania-Staffel zurückversetzt, die tendenziell den Nordwesten des HFV-Gebiets umfasst. Ein Wiedersehen gibt es auch mit Victoria, das nach seinen Regionalliga-Jahren tief gestürzt ist, in den direkten Begegnungen aber keinen Zweifel aufkommen lässt, dies schnell wieder zu korrigieren. Der ETV, mittlerweile von Emil Sommer gecoacht, muss sich mit 0:5 und 0:3 geschlagen geben.

Ansonsten schenkt Eimsbüttel den Gegnern auch gerne ein. In der äußerst ausgeglichenen Saison (26:26 Punkte, 45:45 Tore) wird Union Tornesch durch drei Treffer von Wichner 7:0 geschlagen, das untergehende Grün-Weiß 07 gar mit 8:0 deklassiert. Dabei trifft Weishoff gleich viermal, während Klaus Heike leer ausgeht, sich aber dennoch freuen kann: Er wird für seinen 200. ETV-Einsatz geehrt.

1969/70 **Reiche Ernte in Wedel**

Mit Hans Knubbe, einem Mitglied der Meistermannschaft von 1959, übernimmt einmal mehr ein Ex-Spieler das Traineramt an der Hoheluft. Seine Aufgabe wird dadurch erschwert, dass das Abstiegsgespenst in dieser Serie an Alster und Elbe Hochkonjunktur hat. Grund ist der HFV-Beschluss, seine zweithöchste Spielklasse nur noch in zwei statt in drei Staffeln spielen zu lassen (und sie nebenbei von Verbandsliga in Amateurliga umzubenennen). Schon der zehnte Platz bedeutet daher den Abstieg.

Der ETV hält sich meistens im gehobenen Mittelfeld, ohne sich ganz aller Sorgen entledigen zu können. „Erni Eckstein", Amateurfußball-Kolumnist im „Hamburger Abendblatt", macht sich im Januar 1970 dennoch Gedanken. „Vor einigen Wochen wurde ich Zeuge, als auf dem ETV-Sportplatz ein Zuschauer Wedeler Fußballspieler mit ‚Bauern' titulierte." Nun, die „Bauern" haben an der Hoheluft mit 2:0 eine reiche Ernte eingefahren, erweisen sich aber weder als undankbar noch als beleidigt: Im letzten Spiel der Saison 1969/70 sichert ein 5:2 in Wedel dem ETV die Zugehörigkeit zur neuen Verbandsliga.

1970/71 **Hammonia schützt, Niels trifft**

Die neue Heimat Eimsbüttels heißt Verbandsliga Hammonia, und in der nach Hamburgs Schutzgöttin benannten Staffel fühlt sich der ETV offenbar wohl. „Hammonia, Hammonia – oh, wie so herrlich stehst du da!", heißt es in Hamburgs Stadthymne von Albert Methfessel, nach dem eine Straße in Eimsbüttels Norden benannt ist. Und der ETV steht tatsächlich da und rührt sich kaum vom Fleck: Es beginnt eine fünfjährige Periode, in der die Rot-Weißen regelmäßig zwischen den Plätzen sechs und neun einlaufen.

Rang sechs steht in der ersten Saison zu Buche, obgleich die Knubbe-Elf am dritten Spieltag beim Meiendorfer SV gleich mit 1:7 untergeht. Trainer der Meiendorfer ist die HSV-Legende Georg „Schorsch" Knöpfle, die sich nur über den ETV-Treffer von Udo Niels ärgern muss.

In der Hinrunde hat Eimsbüttel noch Akklimatisierungsschwierigkeiten, doch nach der Winterpause kommt auch die Tormaschine in die Gänge. 6:2 gegen Komet Blankenese, 4:0 in Harksheide, 5:1 beim Wedeler TSV – und dazwischen ein beachtliches 2:1 an der Hoheluft gegen Blau-Weiß 96 Schenefeld, das sich vor dem Polizei SV immerhin den Staffelsieg sichert. Des Weiteren gelingen zwei Siege gegen den Lokalrivalen HEBC (2:0, 3:1), der die Liga als Drittletzter verlassen muss.

1971/72 **Zum letzten Mal kommt die Polizei**

Die zweite Hammonia-Saison wird mit 33:27 Punkten und Platz sieben abgeschlossen. Vier Heimniederlagen, darunter ein torreiches 3:5 gegen Meiendorf, verderben die Aussichten auf ein Vordringen in die Spitzengruppe. Besser liegt den Eimsbüttelern der Bramfelder SV, der mit 4:3 und 4:0 auf Distanz gehalten wird, sich einige Jahre später allerdings in einem wichtigen Pokalspiel revanchieren wird. Abschied nehmen heißt es nicht nur – vorläufig – von Trainer Knubbe, sondern auch von einem alten Rivalen: die SV Polizei, einst Gauliga-

Konkurrent der Eimsbütteler, steigt als Tabellenletzter ab und verliert auch die letzten Aufeinandertreffen mit dem ETV 0:2 und 0:1. Beim eigenen Turnier um den „ETV-Pokal" erreichen die Rot-Weißen das Endspiel, in dem sich Victoria mit 2:1 allerdings als stärker erweist. Dafür bedient sich Eimsbüttel auf der Suche nach dem neuen Trainer beim Nachbarn: Werner Thomsen wechselt von der Seitenlinie der „Zitronen" auf die Trainerbank des ETV.

1972/73 Große Namen, kleine Ausbeute

Mit Trainer Thomsen kommen zahlreiche neue Spieler zum ETV, darunter auch der 20-jährige Holger Gerth von Grün-Weiß 07. Im Zivilleben Technischer Zeichner, drückt er dem rot-weißen Mittelfeld in den 1970er Jahren seinen Stempel auf.

Während Gerth einschlägt, enttäuscht „die Mannschaft der großen Namen" fast auf ganzer Linie. Nach fünf Runden steht der ETV mit 3:7 Zählern als Drittletzter da. Vom angepeilten Aufstieg ist das Team weit entfernt. Gegen schwächere Mannschaften wie Komet Blankenese (4:0, 8:0) geht Eimsbüttel zwar auf Torejagd, doch zum Saisonschluss stehen gleich fünf Konkurrenten besser da als der ETV.

Trainer Thomsen wechselt nach der unbefriedigenden Spielzeit zu den HSV-Amateuren. Die erheblichen, auch finanziellen Anstrengungen, um in Hamburgs Oberhaus zurückzukehren, schlagen ins Kontor und belasten noch den Etat der Folgejahre.

1973/74 Erinnerungen

Vom Barmbeker Verein USC Paloma zieht es Trainer Jochen Knaack an die Hoheluft. Unter seiner Regie soll „ganz in Ruhe eine neue Elf" aufgebaut werden. Bei sechs Abgängen und einer schwachen Finanzlage steht der Klassenerhalt im Vordergrund. „Heute stecken wir erst richtig in den roten Zahlen", schildert Obmann Kurt Lüth: „Deshalb haben wir in diesem Jahr keinen Pfennig ausgegeben."

Im Juli-Trainingslager in Suhlendorf stehen auch „Regelfragen" auf der Tagesordnung: „Wenn du Schiedsrichter wärst… wie würdest du entscheiden…?"

Zwar misslingt der Start mit vier Niederlagen und dem letzten Tabellenplatz, doch nachdem in der fünften Runde ein 2:1 beim TSV Uetersen gelingt, schleicht sich die umformierte Elf langsam ins Mittelfeld. Die Fortschritte werden Ende Oktober mit einem 8:1 beim SC Condor kräftig unterstrichen. Gerth und Gadesmann treffen jeweils dreifach, je ein Tor steuern Weishoff und Kempke per Handelfmeter zum Kantersieg bei. Die anschließend ruhig verlaufende Saison erlebt als weitere Höhepunkte ein 5:0 über Moorege und ein knappes 1:0 im Derby gegen den HEBC, das Kurt Gadesmann in der 82. Minute sicherstellt.

Im März 1974 werden zwei Meilensteine der Erinnerungskultur gesetzt. Am 2. März findet das erste „Weißt du noch?"-Treffen ehemaliger Ligaspieler im Klubheim statt, das 2006 seine 32. Auflage erlebt. Und am 15. März können die Leser der „Zeit" als Einstimmung auf die Fußball-WM in der Bundesrepublik einen Text von Rhetorik-Professor Walter Jens goutieren. Die mit „Vorbei, die Eimsbütteler Tage" überschriebene Abhandlung ist nur zum Teil ein nostalgischer Rückblick auf die große Zeit der ETV-Fußballer und rechnet im Weiteren mit dem unattraktiv-stromlinienförmigen, den Zuschauern entfremdeten Berufsfußball der 1970er Jahre ab. Berühmt bleibt ein Satz aus dem ersten Teil: „Derle Ahlers, Otto Rohwedder, Herbert Panse, Kalli Mohr und Hanno Maack – wenn ich den letzten Goethe-Vers vergessen habe, werde ich den Eimsbütteler Sturm noch aufzählen können."

1974/75 **HSV-Coach Klötzer sieht Altherrenmannschaft**

Im Sommer muss zunächst ein weiterer Aderlass verkraftet werden. Regisseur Holger Gerth, tragende Kraft im Team, wechselt zum zwei Klassen höher spielenden SC Victoria, der bei einem Freundschaftstreffen im Oktober die Hohelufter Hackordnung mit einem 7:0 übermäßig verdeutlicht.

Trainer Jochen Knaack, im Zivilleben Kriminalbeamter, lässt allerdings wenig Spannung aufkommen – glücklicherweise, denn der befürchtete Abstiegskampf bleibt aus, mit 28:32 Punkten wird der neunte Platz erreicht.

Mit Norbert und Kurt-Rainer setzen die beiden Söhne von Kurt Manja die Manja-Dynastie an der Hoheluft fort. Zunächst sieht es so aus, als könne das Team höhere Ambitionen verfolgen, doch am 18. Spieltag langt es nur zu einem 1:1 gegen Eisenbahn Altona, das zuvor mit 0:34 Punkten eine eindrucksvolle Negativbilanz erreicht hat. „Ich habe immer gesagt, dass Eisenbahn auch mal Punkte machen würde. Aber ich habe nicht geahnt, dass es ausgerechnet bei uns passieren wird", kommentiert Obmann Lüth lakonisch. Danach kommt es zu einem Einbruch, bei dem die Elf sich entweder in „unproduktiver Schönspielerei" übt oder wie eine „Altherrenmannschaft" (Lüth nach einem 0:2 bei HEBC) auftritt. Im Abschlussspiel gewinnt Lurup vor den Augen von HSV-Trainer Kuno Klötzer 3:1 und behält ETV-Kicker Rolf Lüdemann gleich da.

Dass sich das innenpolitische Klima nach Willy Brandts sozialliberalen Reformjahren langsam verschärft, lässt sich beim torlosen Unentschieden gegen Germania Schnelsen feststellen. ETV-Neuzugang Dragan Curak wird wegen einer Tätlichkeit vom Platz gestellt – er stößt seinen Gegenspieler zu Boden, der ihn zuvor mit den Worten „Du blödes Ausländerschwein" tituliert hat.

1975/76 Ein langer Sommer mit Beruhigungspillen

Auch wenn in der Vorbereitung eine Hamburger Uni-Auswahl 9:0 bezwungen wird – von akademischen Weihen sind die Eimsbütteler zumeist weit entfernt. Eine Ehrendoktorschaft für Ausdauer, Schlussspurt und Solidarität hätten sie sich allerdings verdient, als im Juni 1976 eine schier endlose Saison zu Ende geht.

Nach einem 0:2 zuhause gegen Güldenstern Stade steht der ETV mit 0:12 Punkten und 1:10 Toren da, der einzige Treffer resultiert auch noch aus einem Elfmeter. „Ein Königreich für einen Mann, der Tore schießt", setzt Obmann Kurt Lüth aus – doch lange findet sich kein Eimsbütteler mit monarchischen Gelüsten. Als im März nach einer 2:0-Pausenführung gegen den direkten Konkurrenten Germania Schnelsen noch 2:3 verloren wird, scheinen die Lichter bei drei Punkten Rückstand aufs rettende Ufer vorzeitig auszugehen. Bei Raspo Elmshorn wird nach 0:2-Rückstand zwar noch 3:2 gewonnen, doch vier Runden vor Schluss sind es mittlerweile vier Punkte Rückstand geworden.

Bei einem Osterausflug nach Eutin tankt das Team neuen Mut. Anfang Mai gelingt beim 3:1 gegen den WSV 93 der erste (!) Heimsieg der Saison. Am vorletzten Spieltag bei Tabellenführer Wedel ragt Torwart Norbert Manja heraus und sichert einen überraschenden 2:0-Sieg, mit dem sich die Lage zuspitzt. Das „Hamburger Abendblatt" empfiehlt zum letzten Spieltag: „Vergessen Sie die Beruhigungspillen nicht!" Der ETV verliert 0:1 bei Güldenstern Stade und liegt punktgleich mit vier weiteren Vereinen auf den Plätzen 12 bis 16. Eimsbüttel besitzt zwar die beste Tordifferenz, doch die wird in Fragen des Auf- und Abstiegs erst ab 1984 herangezogen. Somit muss das Quintett nach Abschluss der regulären Saison noch einmal nach dem Prinzip „Jeder-gegen-jeden" zwei Absteiger ausspielen.

Zunächst erwischt es Rasensport Elmshorn. Die drei abermals punktgleichen Klubs Eimsbüttel, Schnelsen und Finkenwerder (jeweils 4:4) treffen sich zu einer zweiten Entscheidungsrunde. Finkenwerder schlägt Schnelsen und verliert gegen Eimsbüttel, das wiederum den Schnelsenern unterliegt – wieder liegen alle gleichauf, was den Verband dazu veranlasst, eine weitere Entscheidungsrunde anzusetzen. „Ihre Schritte sind schleppend. Die Stutzen sind auf die Knöchel gerutscht, die schweißnassen Trikots hängen aus der Hose. Abpfiff: Germania Schnelsen – ETV 2:1. Sportgruß, aber kein Jubel, denn alle wissen: Die Quälerei war vergebens, alles geht noch mal von vorne los", schildert das „Hamburger Abendblatt" die Plackerei.

„Wir wollen nicht darauf warten, bis der erste Spieler bei diesen Hitzeschlachten tot umfällt", warnt Schnelsens Obmann Walter Bossel. ETV-Obmann Kurt Lüth pflichtet bei: „Seit Wochen müssen wir Spieler aus dem Urlaub zurückholen. Diese finanziellen Belastungen kann man doch keinem Amateurverein zumuten. Wir wollen auf jeden Fall hart bleiben. Spielen werden wir nicht mehr."

Das „Hamburger Abendblatt" vermerkt: „Das gab es noch nie: Die Fußballer sind in den Streik getreten." Die drei betroffenen Vereine verabreden einen Sitzstreik im Mittelkreis, sollte der Verband eine weitere Runde ansetzen. Doch der zeigt sich einsichtig und beschließt, die Staffel von 16 auf 17 Vereine aufzustocken – die Abstiegsrunde hat sich als Hornberger Schießen mit Happy End erwiesen. Das Schlusswort von Kurt Lüth: „Selten habe ich erlebt, dass Vereine sich so einig sein können wie in diesem Extremfall um den Abstieg."

1976/77 Glasgow Rangers schnuppern Hoheluft

Hans Knubbe, zwischendurch beim Nachbarn Victoria an der Seitenlinie, kehrt an die Hoheluft zurück, strebt einen „guten Mittelplatz" an und setzt die Verjüngung konsequent fort. Sechs A-Jugendliche rücken in den Kader, darunter der 17-jährige Mittelfeldspieler Sven Bartsch, der als „größtes Talent seit Jahren" („Eimsbütteler Zeitung") gilt. Mit neun Treffern wird der Newcomer auch prompt bester Torschütze der Hoheluft und weckt Begehrlichkeiten beim SC Victoria. Obmann Lüth regt sich über die „sehr ärgerlichen Methoden" auf, „die Victoria da praktiziert" – doch Bartsch bleibt dem ETV über die Saison hinaus erhalten.

Hohen Besuch erfährt die Hoheluft, als die Glasgow Rangers auf ihrer Norddeutschland-Tournee auf dem Gelände Trainingseinheiten abhalten. Die Hausherren müssen sich in der 17er-Staffel nach unten orientieren, schaffen mit 28:36 Punkten aber den Klassenerhalt – vor allem, weil aus den Derbys gegen Grün-Weiß und HEBC 7:1 Zähler herausspringen. Nach dem 2:0 beim HEBC, das er selbst mit dem zweiten Tor sichergestellt hat, gewinnt Uwe Schamkowski auf der Weihnachtsfeier in Eutin ein Klappfahrrad und muss sogleich eine Ehrenrunde durch das Hotel „Eulenkrug" drehen.

Im Hamburger Pokalwettbewerb scheitert der ETV nach Erfolgen unter anderem gegen den VfL Lohbrügge und beim SC Poppenbüttel erst in der Vorschlussrunde mit 0:2 beim Harburger SC.

1977/78 **Hieronymus zu Gast**

Gerhard „Mücke" Friedrich, früher für BU am Ball, wird Trainer. „Geld kann man bei uns nicht verdienen", betont Obmann Lüth, dessen Kneipe „Du und Ich" ein beliebter Fußballer-Treffpunkt ist, und fügt an: „Wir sehen darin auch keinen Erfolgsweg." Dennoch ist die Vorgabe ein Platz unter den ersten fünf, die aber deutlich verfehlt wird.

Das Potenzial dafür besitzt die Mannschaft durchaus, wie nicht nur ein freundschaftliches 0:0 gegen Victoria demonstriert, sondern auch ein späterer Europapokal-Gewinner erfährt. Beim 3:3 auf einem Grandplatz vor dem Millerntor trifft Holger Hieronymus zum zwischenzeitlichen 2:2 für die St. Pauli-Amateure, die am Ende die Staffel gewinnen. Auch im Rückspiel trifft „Hiero" zum 1:1-Endstand, verschuldet mit einem Foul an Holger Gerth aber auch einen Elfmeter, den Bartsch zur Führung nutzt. „Rückkehrer" Gerth ist mit 11 Toren der beste Schütze.

Noch mehr gefeiert wird allerdings Dirk Lanser, der seit 1969 Mannschaftskapitän ist und Anfang Oktober beim 0:2 gegen Union 03 Altona sein 400. Ligaspiel bestreitet. Der Zollinspektor im Freihafen, der trotz Angeboten von Victoria und Bergedorf 85 seit 1964 beim ETV kickt, ist zuvor schon zum Ehrenkapitän ernannt worden. Gut getimt: Seine Frau Heidrun hat am Spieltag Geburtstag.

Ansonsten sind die Gründe zum Feiern rar. Coach Friedrich wird nach einem Heim-0:1 gegen Wedel im November entlassen. Sein Nachfolger Werner Thomsen, seit über 30 Jahren ETV-Mitglied, setzt auf drei Spitzen und beklagt konditionelle Defizite: „Ich muss bei Null anfangen." Dass er dort nicht stehen bleibt, zeigt die Kritik nach einem 1:1 bei Tabellenführer Holstein Quickborn: „Die ETV-Gäste igelten sich in Quickborn keineswegs ein, sondern versuchten es mit

Dirk Lanser wird für sein 400. Ligaspiel ausgezeichnet.

einem ‚Rollsystem' nach dem Motto: ‚Mit allen stürmen und mit allen verteidigen'", analysiert das „Hamburger Abendblatt". Nach einem 6:2 gegen HEBC schwärmt Obmann Lüth gar: „Zeitweise gelang uns einfach alles."

Mit 25:35 Punkten gelingt zwar nicht alles, zumindest aber der Klassenverbleib. Uwe Schamkowski hat sich da bereits in die Rekordlisten eingetragen. Als Testballon war im Januar 1978 die Zehn-Minuten-Strafe im Amateurbereich eingeführt worden, und Schamkowski ist am 8. Januar der erste Eimsbütteler, der im Spiel gegen den WSV 93 einen „Platzverweis auf Zeit" erhält – der Stopper darf nach 36 Minuten wegen Meckerns für zehn Minuten sein Mütchen kühlen.

1978/79 Mauerblümchen im Mittelfeld

Trainer Thomsen heuert beim Hummelsbütteler SV an, bei dem Hausmakler Peter Bartels mit Ehrgeiz und Geldkoffern an einem neuen Hamburger Profiklub bastelt. Im August gewinnt der ETV im „gelobten Land, in dem Fußballstiefel mit Geldscheinen gepolstert zu sein scheinen" („Hamburger Abendblatt"), durch einen Tiedje-Treffer mit 1:0.

Thomsens Nachfolger beim ETV wird Fred Weber vom Meiendorfer SV. Mit zehn Neuzugängen soll der 45-jährige Handlungsreisende den „Durchbruch zur Spitze nach langen Jahren der Mittelmäßigkeit" realisieren. „Die Jungen sind überhaupt nicht verwöhnt", stellt Weber erfreut fest: „Von Siegprämie oder so etwas wird beim ETV gar nicht gesprochen."

Weil am Lokstedter Steindamm im Zuge von Sanierungsmaßnahmen ein neuer Rasen eingesät wird, bestreitet Eimsbüttel seine ersten Heimspiele am Sternschanzenpark, wo der damalige ETV-Obmann Kurt Lüth noch bis 2006 das Klubheim der SV Polizei leiten wird. Tatsächlich entwickelt sich das Team „vom Mauerblümchen zum heißen Meisterschaftskandidaten" („Sport-Megaphon") und steht nach einem 3:0 gegen Viktoria Wilhelmsburg-Veddel in der fünften Begegnung mit 8:2 Punkten da. Nach dem 1:0 durch Victoria-Neuzugang Klaus Christmann verlässt Gästekeeper Eskelsen das Gehäuse, weil seine Kollegen ihn beschimpfen!

Doch den guten Auftakt kann die Elf nicht bestätigen, so dass schließlich mit 30:30 Punkten nur Mittelfeldplatz neun zu Buche steht. Zu wenig auch für Trainer Weber, der sich nach Wellingsbüttel verabschiedet, weil „zahlreiche Spieler in immer stärkere Opposition gingen" („Eimsbütteler Zeitung"). Weber dazu: „Wir scheiden als Freunde. Für eine weitere Zusammenarbeit war einiges nicht gegeben."

1979/80 Kohlmetz-Brüder kegeln Vicky aus dem Cup

Im Angriff sehe es „zappenduster" aus, klagt Hans Knubbe, der als Trainer zum ETV zurückgekehrt ist – und aus der Not eine Tugend macht: „Wir spielen diszipliniert und gekonnt aus der Deckung heraus."

Knubbe kann dabei auf zwei wirkungsvolle Neuzugänge zählen: Torwart Wolfgang Kayser von der SV Blankenese sowie Mittelfeldakteur Thomas Eickhoff vom SC Victoria tragen zu einer erstaunlichen Saison bei.

Der ETV startet mit 8:2 Punkten sowie 17:8 Toren und steht nach zehn Begegnungen noch ungeschlagen da. „Die Moral in dieser Mannschaft ist so groß, dass sie das Zeug hat, ein Wort an der Spitze mitzureden", heißt es in der „ETV-Publikumsinformation" zum anschließenden Spiel gegen den SC Egenbüttel – zu Recht, wie 250 Zuschauer bestätigen können, die ein 2:0 durch Tore von Stielert (26.) und Grossmann (38.) verfolgen. Bei Egenbüttel fungiert Europapokalsieger Peter Nogly als Trainer – „nebenbei" kickt er auch noch beim HSV.

Ein Nachholspiel am Buß- und Bettag wirft Eimsbüttel zurück. Nach zwei groben Schnitzern in der Abwehr liegt Holsatia Elmshorn nach einer Viertelstunde 2:0 vorn und gewinnt 4:1. „Wir haben uns selbst geschlagen", ärgert sich Knubbe, der feststellen muss, dass sich sein Team in der Folgezeit vor allem gegen kämpferisch eingestellte Gegner schwer tut.

Auf ihrer Weihnachtsfeier huldigen die rot-weißen Kicker bei „Disco-Sound die ganze Nacht" John Travolta & Co., doch am 20. Januar 1980 sind die Gemüter nicht vom „Saturday Night Fever" erhitzt. Vergeblich reklamieren die Eimsbütteler einen Elfmeter, als der debütierende Linksaußen Torsten Reimer zu Fall gebracht wird. Der Pfiff bleibt aus, nach dem 1:2 bei Tabellenführer Güldenstern Stade muss der ETV seine Ansprüche zurückschrauben und wird am Ende Vierter.

Verlaufen die Liga-Spiele zufrieden stellend bis gut, gelingen die Auftritte im Hamburger Landespokal sensationell. In der vierten Runde führt das Los am 24. Februar 1980 Eimsbüttel und Victoria zusammen. Der favorisierte Nachbar, der seit 13 Jahren kein Derby mehr verloren hat, liegt zur Pause 1:0 in Führung, doch in der 68. Minute köpft Hans-Werner Kohlmetz zum Ausgleich ein. Sein Bruder Ralf-Peter markiert in einer turbulenten Schlussphase zwei Minuten vor Ultimo den 2:1-Siegtreffer – der ETV hat den höherklassigen Nachbarn aus dem Pokal befördert! „Jeder unserer Spieler kannte seinen Gegner – sogar beim Namen", verrät Obmann Kurt Lüth augenzwinkernd das Erfolgsgeheimnis der Mannschaft: Kayser – Sass, Henne, Meier – Fischer, Bartsch, Eickhoff (46. H. W. Kohlmetz), Stielert – R. P. Kohlmetz, Gerth, Reimer.

Damit ist der Siegeszug nicht zu Ende, er fängt gerade erst an. Gegen Norderstedt wird im Elfmeterschießen gewonnen, danach der Boom-Klub Hummelsbüttel mit Werner Thomsen als Trainer mit 3:2 nach Verlängerung geschlagen. Der ETV steht unter den letzten sechs, die in der Schlussrunde drei Hamburger Teilnehmer für den DFB-Pokal ermitteln, der damals noch von 128 Teilnehmern ausgespielt wird.

Kurz vor der Aussicht auf das erste überregionale Pflichtspiel seit 1959 verlässt Eimsbüttel jedoch am 8. Juni 1980 das Glück. Gehrt, Stielert und Ralf-Peter Kohlmetz scheitern mit guten Chancen in der ersten Halbzeit, nach 90 Minuten steht es beim Bramfelder SV noch 0:0. In der Verlängerung läuft der ETV in zwei Konter und lässt die Bramfelder jubeln, die als DFB-Pokal-Gegner dann Bayer Leverkusen ziehen...

Fußball   Fußball

KAISER FRANZ
können wir nicht bieten!

Dafür haben wir
KA(I)YSER WOLFGANG
bei uns im Tor

und präsentieren Ihnen das
Landesliga - Spitzenspiel

EIMSBÜTTELER T. V.
gegen
S. C. PINNEBERG

Fußball zum „Anfassen"

Sonntag, 8. 3. 1981, 16 Uhr
auf dem ETV-Sportplatz Hoheluft
Lokstedter Steindamm 77
Busse 102, E12, 22 direkt bis zum Platz

SCHAUEN SIE DOCH 'MAL HEREIN!

1980/81 **Kayser & Co. bleiben ungekrönt**

Nach den Pokalerfolgen „gilt das ETV-Team als heißer Favorit" („Hamburger Abendblatt") und gibt selbst das Ziel Verbandsliga aus. Beim 1:0 gegen die FSV Harburg gelingt Thomas Lürssen ein spektakuläres „olympisches Tor" – seinen Eckstoß kann Harburg-Keeper Stuyrz erst hinter der Linie unter sich begraben.

Auch weniger komplizierte Treffer gelingen zunächst. Mit 12:4 Punkten setzt sich der ETV oben fest, ehe ein verschossener Handelfmeter von Buttgereit und ein Eigentor von Sass zu einer 1:2-Heimniederlage gegen den Harburger SC führen. Nichtsdestotrotz ist Eimsbüttel dank einem 7:2 in Altenwerder und einem 3:0 beim Tabellenführer SC Pinneberg zur Halbserie Zweiter: „Die Fans fehlen noch, doch der ETV träumt vom Titel."

Die Träume verdichten sich, als mit einem 2:0 gegen Egenbüttel durch Tore von Riedmann und Gerth am 4. Januar der Sprung an die Spitze glückt. Nach einem Wintereinbruch mit vielen Spielabsagen, ausgedehnten Waldläufen und wenig erquicklichem Hallentraining ist Eimsbüttel vor dem Heimspiel gegen Verfolger SC Pinneberg wieder Tabellenführer.

Vor dem Gipfeltreffen werden 5.000 Flugblätter im Stadtteil verteilt, die auf eine HSV-Neuverpflichtung namens Beckenbauer anspielen: „Kaiser Franz können wir nicht bieten! Dafür haben wir Ka(i)yser Wolfgang bei uns im Tor", wirbt der Flyer für „Fußball zum ‚Anfassen'". 350 Zuschauer folgen dem Ruf und sehen ein „hochklassiges Landesligaspiel" („Hamburger Abendblatt"), aber

Der ETV 1980/81: Lürssen, Richert, Fischer, Riedmann, Reimer, Sass, Bartsch, Trainer Knubbe (stehend), Buttgereit, Heitzig, Stielert, Kayser, Gerth, Kohlmetz (kniend).

keine Tore. Das 0:0 lässt das Kopf-an-Kopf-Rennen andauern, drei Runden vor Schluss liegen Eimsbüttel und Pinneberg gleichauf.

Das folgende Heim-1:1 gegen Buxtehude und ein 2:2 bei Este 06/70 sind ein Remis zu viel für den ETV, dem auch modernste Technik nicht mehr hilft. Obmann Kurt Lüth sitzt in der Schlussrunde mit einem Sprechfunkgerät auf der Bank, um sich über das Geschehen in Pinneberg auf dem Laufenden zu halten. Er hört nichts Gutes: Der SC schlägt HNT 5:0, Eimsbüttels 2:0 gegen die SV Blankenese ist wertlos.

Der ETV tröstet sich mit einem Freundschaftsspiel gegen Bundesliga-Aufsteiger Werder Bremen, der am 18. Mai zum 75-jährigen Jubiläum der Fußballabteilung zu Gast ist. Ralf-Peter Kohlmetz trifft vor 800 Zuschauern beim 1:7 gegen die Bremer, für die nach Erwin Kosteddes 1:0 unter anderem noch zweimal Benno Möhlmann und einmal Uwe Reinders ins Tor schießen. „Besonders technisch haben sie mir gefallen", lobt Rudi Assauer, damals Werder-Manager, die Eimsbütteler Landesliga-Kicker.

1981/82 **Das TV kommt zum ETV**

Da Trainer Knubbe vorab angekündigt hat, nur im Aufstiegsfall zu bleiben, übernimmt Holger Bensow die Mannschaft. Nach zwei turbulenten Jahren ohne krönenden Abschluss kehren wieder ruhigere Zeiten ein. Vier Mannschaften streiten um den Aufstieg in Hamburgs höchste Liga, der ETV ist nicht dabei und führt als Fünfter das Verfolgerfeld an.

Nur einmal gerät Eimsbüttel ins Rampenlicht. Weil mit Altona 93 mittlerweile ein weiterer Hamburger Traditionsverein bis in die Landesliga abgestürzt ist, schaut am 20. September 1981 sogar das Fernsehen an der Hoheluft vorbei, um die Nachfolger von Hans Rohde und Adolf Jäger aufzuzeichnen. Das nostalgisch umrahmte Duell endet vor immerhin 700 Zuschauern 2:2. Im Rückspiel hat Altona am Karfreitag 5:0 die Nase vorn. Kameras fehlen diesmal, dafür erhalten die Zuschauerinnen Marzipaneier geschenkt, während männliche Fans sich über Gratis-Nassrasierer freuen dürfen.

1982/83 **Wiederauferstehung im Wald**

Neuer Übungsleiter an der Hoheluft wird Wilhelm Proföhr, und mit dem Trainer wird auch die Staffel gewechselt. In der Landesliga Hansa soll der Weg nach oben führen. Doch nach einem 1:6 zum Auftakt beim SC Condor ziert der ETV das Tabellenende. In der Folgezeit wird es nicht besser. „Junge Spieler von 20, 21 Jahren, die nach 20 Minuten am Ende sind – das gibt's doch gar nicht", staunt Obmann Lüth nach einem 0:4 zuhause gegen Meiendorf. Als die Mannschaft zehn Runden vor Schluss durch ein 0:5-Heimdebakel gegen TuRa Harksheide auf dem vorletzten Platz rangiert, ergreifen die gescholtenen Kicker die Initiative. Mit 10:3 Stimmen spricht sich die Mannschaft gegen eine weitere Zusammenarbeit mit Proföhr aus.

Sein Nachfolger wird Kalle Stark, der von seinen 47 Jahren bereits 40 im ETV verbracht hat. Stark befördert Bartsch vom Libero zum Regisseur und lässt Stürmer Riedmann fortan in der Außenverteidigung agieren. Nach Spielausfällen und einem 2:2 in Duvenstedt ist Eimsbüttel sogar Schlusslicht, gewinnt dann aber 2:1 beim Zweiten Norderstedt. „Eine Wiederauferstehung!", jubelt Lüth. Die Mischung aus rigidem Konditionsbolzen und Waldspaziergängen in Sieversen zur Aufpäppelung der Seelen erweist sich als goldrichtig. Mit frisch getankter mentaler Stärke sorgt ein 3:1 in Aumühle für den Klassenerhalt.

1983/84 **Die Luft wird dünn**

Dass die Luft in der Landesliga langsam dünn wird, muss Trainer Kalle Stark schnell erkennen. Mitte Oktober steht seine Elf nach zehn absolvierten Spielen mit 5:15 Punkten noch sieglos da. Ein 2:1 bei Curslack-Neuengamme beendet die Durststrecke. Im November gelingen wichtige 4:1-Siege gegen die Abstiegskonkurrenz aus Poppenbüttel und Duvenstedt, die Ende des Monats durch ein überraschendes 1:0 bei DuWO 08 gekrönt werden – DuWO, eine Abkürzung für Duvenstedt-Wohldorf-Ohlstedt, wird schließlich Meister und steigt in die Verbandsliga auf.

So hoch hinauf geht es für Eimsbüttel nicht, doch zumindest aus dem Abstiegssumpf hat sich das Stark-Team befreit. Nach spannenden Derbys gegen HEBC (0:2, 3:2) läuft der ETV auf Platz acht ein.

1984/85 **Der Tiefpunkt**

Diesmal gelingt der Start, doch bald ist der Tiefpunkt erreicht. Nur der SC Pinneberg steht noch schlechter da, als nach 30 Spielen abgerechnet wird: Mit 21:39 Punkten muss Eimsbüttel als Vorletzter in die Bezirksliga absteigen.

Als zum Saisonauftakt ein 1:0 gegen Hausbruch-Neugrabens Turner (HNT) erzielt wird, rechnet noch kaum jemand mit dem Unheil, zumal Unentschieden bei Eisenbahn Altona und Raspo Elmshorn folgen. Doch während der gesamten Serie bleibt der ETV bei sechs Unentschieden auswärts ohne Sieg. Ein seltener Erfolg ist das 4:4 beim Vizemeister Harburger TB. Als am Maifeiertag 1985 beim späteren Mitabsteiger Niendorfer TSV 0:1 verloren wird, schwinden die letzten Hoffnungen. Mittlerweile hat Peter Gras das Traineramt von Kalle Stark übernommen. Am letzten Spieltag verabschiedet sich Eimsbüttel mit einem 1:0-Derbysieg gegen HEBC aus der Landesliga.

1985/86 Jedem Abstieg wohnt ein Anfang inne

Trainer Gras steht vor der schwierigen Aufgabe, ein neues Team aufzubauen und das Durchrutschen in die Kreisliga zu verhindern. Sechs Kicker verlassen den Verein. Allerdings gibt es auch Gegenbeispiele. „Ich kann doch jetzt nicht alles hinschmeißen", sagt Torwart Wolfgang Kayser und schlägt ein Angebot von Altona 93 aus.

Ansonsten baut Gras aus eigenen Jugendspielern ein neues Team auf - ergänzt durch Kicker, die ihre Jugend (mit Trainer Gras) beim ETV verbracht haben und sich nun ihrer Ursprünge besinnen. „Tröch to de Wöddeln", sagt man auf Platt dazu – „zurück zu den Wurzeln". „Alles schien schon zu Ende", erinnert sich der langjährige Jugendobmann Richard Wenzing, „unsere letzte Hoffnung galt Spielern, denen vorher kaum Beachtung geschenkt wurde".

In der Bezirksliga Nord heißen die Gegner nun Eppendorf-Groß-Borstel, Duvenstedter SV oder Hinschenfelder FC. Für das junge Team echte Prüfungen, die es allerdings besteht. Beim 5:0 gegen Neu-Steilshoop und einem 6:1 beim USC Paloma stillt die Elf um Vito Avantario, Frank Barisch und Steve Ralfs ihren Torhunger. Weil der Klassenerhalt gesichert ist und im Mai langsam die Luft ausgeht, rutscht Eimsbüttel in der Tabelle noch auf den 13. Platz – nicht aber in die Kreisliga. Mission erfüllt.

1986/87 Bezirksamt inspiziert Sparbierplätze

Der Sommer wird dazu genutzt, die beiden Grandplätze gegenüber dem Vereinssitz in der Bundesstraße komplett zu renovieren. Am 29. August inspiziert das Bezirksamt Eimsbüttel den aufpolierten „roten Rasen" mit einem Eröffnungsspiel gegen die „Fünften Herren", das schiedlich-friedlich 2:2 endet – kein Grund zu Beanstandungen.

Auch die Liga-Mannschaft, die vom Verband in die West-Staffel versetzt worden ist, bietet in ihrem zweiten Bezirksliga-Jahr wenig Anlässe zum Meckern. An der Hoheluft wird attraktiver Offensivfußball geboten. In 30 Spielen schießt Eimsbüttel 62 Tore und muss 56 hinnehmen. Einem 6:1 gegen Fortuna Langelohe und einem 6:2 über TuS Hasloh steht ein 0:4 beim Tangstedter SV gegenüber. In der Endabrechnung steht Platz zehn.

1987/88 **Tore hüben, Tore drüben**

Der Offensivfußball des Vorjahres wird auf die Spitze getrieben, als würden sich die Spieler – wieder in der Nord-Staffel gelandet – am „Husarenstil" ihrer berühmten Vorgänger orientieren. „Willst du viele Tore seh'n, musst du nach Eimsbüttel geh'n", lautet das Motto: Durchschnittlich 4,83 Treffer fallen in den Spielen des ETV, der am Saisonende das eindrucksvolle Torverhältnis von 72:73 aufweist!

Höhepunkte der Torfestivals sind ein 7:2 gegen Friedrichsgabe sowie jeweils 7:1-Erfolge gegen TuS Hamburg und Eppendorf-Groß-Borstel. Ausgeglichener verteilt sind die Treffer beim 5:5 gegen Hoisbüttel sowie einer 4:6-Niederlage beim Jenfelder SV. Mit dem achten Platz hat der ETV den Sturz vollends gebremst und kann sich langsam wieder nach oben orientieren. Nach dreieinhalb Jahren als Feuerwehrmann und Aufbauhelfer verabschiedet sich Peter Gras von der Seitenlinie der Rot-Weißen.

1988/89 **Keine griechische Tragödie**

Seit einem knappen halben Jahrzehnt beginnt der FC St. Pauli als „etwas anderer Verein" den deutschen Profifußball aufzumischen. Der Höhenflug der Millerntor-Elf führt dazu, dass es auch eine Amateur-Mannschaft der Braun-Weißen gibt. Und die macht dem ETV das Leben in der Bezirksliga West (mal wieder ein Wechsel...) schwer.

Lange liegt Eimsbüttel vorn, doch schließlich zieht der Nachwuchs vom Kiez vorbei und zwingt den ETV als Vizemeister – zum bislang letzten Mal – in eine Aufstiegsrunde. Nach einem 1:3 beim SV Rugenbergen und einem 5:2 gegen TuS Aumühle auf neutralem Platz genügt im abschließenden Heimspiel gegen

▲ An der Hoheluft gelingt zum Jubiläum die Rückkehr in die Landesliga.

◀ Zum Hundertjährigen des Gesamtvereins gibt es zwischenzeitlich auch ein neues ETV-Logo.

den FC Ellas bereits ein Unentschieden. Die Begegnung mit dem Verein griechischer Einwanderer entwickelt sich zu einem Drama, an dem Alexis Sorbas vermutlich seine Freude gehabt hätte.

Zum Glück wird es keine Tragödie für das von Werner Heusel trainierte Eimsbüttel. Kurz vor Schluss führt der ETV deutlich 4:1 – doch Schluss ist erst, wenn der Schiedsrichter abpfeift. Und der macht keine Anstalten. Erst fällt das 4:2, nach 95 Minuten das 4:3, nach 98 Minuten das 4:4. Weitere vier (!) Minuten später ertönt der Schlusspfiff, mit dem Eimsbüttel den ersten Aufstieg seit 1948 (und den zweiten überhaupt) geschafft hat.

Henning Voscherau zählt nicht zu den über 1.000 Zuschauern, die die Hoheluft säumen, aber auch Hamburgs Bürgermeister gratuliert dem Gesamtverein zum Hundertjährigen – mit einem kleinen Seitenhieb gegen den finanziell gerade recht klammen HSV: „Der ETV – der zwar weniger Schulden als ein anderer

Großverein hat – aber in den letzten 100 Jahren denselben oft geschlagen hat. Der ETV war auch ein großer Fußballverein und hat auf nationaler, auf norddeutscher und auf Hamburger Ebene sehr häufig hohe Ehren an seine Fahnen geheftet."

Im Jubiläumsjahr des Gesamtvereins gratulieren die Fußballer mit einer besonderen Neuerung: ein Turnier um den „Eimsbüttel-Cup" in der Alsterdorfer Sporthalle. Das prominent besetzte Amateur-Hallenturnier besteht zehn Jahre und wird von Eimsbütteler Gewinnern umrahmt. Siegte der HEBC beim Premiere-Turnier, so gewann Ausrichter ETV das bislang letzte Turnier 1999. Die Gewinner:

1989 HEBC
1990 HEBC
1991 VfL 93
1992 (I) SV Lurup
1992 (II) Verbandsliga-Auswahl
1993 Wandsbeker FC
1994 Harburger TB
1995 FC St. Pauli Amateure
1996 Harburger TB
1997 HEBC
1998 FC St. Pauli Amateure
1999 ETV

Ball frei zum Budenzauber:
Peter Clasen, Kalle Stark und Werner Thomsen werben für den Eimsbüttel-Cup.

Einwurf

„Urvater Schorsch" spielte die erste Geige

Junge Leute und alte Hasen – die Schiedsrichter im ETV

Nach der Gründung der ETV-Fußballabteilung im Jahr 1906 gab es schon bald auch Schiedsrichter im Verein. Zudem fanden bei den monatlichen „Hauptversammlungen" der Fußballer nicht nur Wahlen, Berichte und Beschlüsse, sondern auch Vorträge und Unterweisungen statt. Für die Hauptversammlung am 10. Oktober 1908 beispielsweise fand sich als Punkt 4 der Tagesordnung die „Unterweisung der für die Bezirksspiele namhaft gemachten Schiedsrichter". Es folgten aufgelistet stattliche 37 Vereinsmitglieder, „die dem Schiedsrichterausschuss namhaft gemacht worden sind". Im Folgejahr wurden gleich 49 Einladungen zur Schiedsrichter-Versammlung versandt. Viele der Schiedsrichter waren – wie die Namen zeigen – gleichzeitig in den verschiedenen Herren-Mannschaften als Spieler aktiv.

Das mochte zum besseren Verständnis der Konfliktparteien beigetragen haben, doch die Sitten änderten sich auch in Eimsbüttel schnell. Im Juni 1930 wurde in der Vereinszeitung unter dem Titel „Das sportliche Verhalten des Fußballspielers" auf das beliebte Thema „Spieler und Schiedsrichter" eingegangen: „Nicht streng genug zu verurteilen ist es, wenn Schiedsrichter, die auf dem Felde unantastbar sind, angeschrien, angerempelt, beschimpft oder gar tätlich angegriffen werden, selbst wenn der Schiedsrichter parteiisch oder im Unrecht ist. Es steht nach dem Spiele immer noch der Beschwerdeweg offen. Leider sind die Fälle noch immer erschreckend hoch, wo wegen solcher Delikte gegen einzelne Spieler vorgegangen werden muss." Beim ETV, so hieß es, seien die Zustände zwar „nicht so krass wie oben geschildert", dennoch gäbe es auch hier „noch manches zu verbessern".

1930 war auch das Jahr, in dem mit Max Staeben ein erster „prominenter" Schiedsrichter den Weg zum ETV fand. Bis 1950 war er fast jedes Wochenen-

Seit über 40 Jahren treten die ETV-Schiedsrichter auch selbst gegen den Ball. Hier die Pioniere aus dem Jahr 1963.

de auf Hamburger Sportplätzen zu finden, um seine Spiele zu leiten. Danach fungierte er als Beobachter und übernahm die Aufgabe des Schiedsrichterobmannes. Als Staeben 1961 aus gesundheitlichen Gründen zurücktrat, übernahm Hermann Studtmann seine Aufgaben. In diesen Jahren kamen immer wieder Spitzenschiedsrichter aus Eimsbüttel – unter anderem Werner Spiewak, der 1963 zu den ersten Bundesliga-Schiedsrichtern gehörte. Die ETV-Kicker hatten ihn da allerdings bereits zum Wechsel nach Barmbek-Uhlenhorst gezwungen, da Schiedsrichter aus Oberliga-Vereinen selbst keine Oberliga-Spiele pfeifen durften – was bis zum Oberliga-Abstieg Eimsbüttels 1956 ein Problem für vereinstreue Top-Referees des ETV war.

1962 trat Georg Passini auf den Plan, der von seinen Schiedsrichter-Kollegen in der Regel nur „Schorsch" oder gleich „Urvater" gerufen wurde. Denn Passini pilgerte über die ETV-Sportplätze und redete mit Engelszungen auf Kicker ein, die er mit Pfeife im Mund besser aufgehoben sah als mit dem Ball am Fuß. Seine Missionstour war dringend notwendig, denn zahlreiche Organisationsmängel hatten die Eimsbütteler Schiedsrichter-Abteilung dezimiert und bereits zu Strafgeldern von Seiten des Verbandes geführt. Zweiter Quell des neuen Eimsbütteler Schiedsrichter-Hochs war die Deutsche Bundespost, für die Passini als Zusteller arbeitete. Eine kommunikationsintensive Tätigkeit, durch die mancher Postler als Pfeifenmann gewonnen werden konnte. 1963/64 leiteten 18 aktive Schiedsrichter bereits 454 Spiele in Hamburg, womit die noch vor kurzem daniederliegende Abteilung zur zweitgrößten Hamburgs aufgestiegen war.

Die „Men in Black" beließen es nicht bei – mehr oder minder – strittigen Entscheidungen, sondern entschieden sich, auch selbst gegen den Ball zu treten. Im September 1963 wurde die erste ETV-Fußballmannschaft aus Schiedsrichtern gebildet. Der Kader, der sich formvollendet in schwarze Hemden, schwarze Hosen und schwarze Stutzen kleidete, bestand aus Passini – Drucklieb, Blume, Facklam – Seifert, Boers, Ehlers, Feldhusen – Behrens, Mechow, Möller, Zander, Gmelin, Dreyer, Michaelsen I, Michaelsen II. Im November 1963 bestritt das Team gegen die vierten Herren des ETV sein erstes Spiel – der Schiedsrichter erschien dabei ganz in Weiß…

Passini, der bei Feierlichkeiten gern zur Geige griff, initiierte auch ein norddeutsches Pokalturnier für Schiedsrichter, das die Eimsbüttler Schwarzkittel nach Kiel oder Bremen führte. 1970 gab der längst mit der Silbernen Ehrennadel des Vereins ausgezeichnete „Urvater Schorsch" den Posten als Obmann an Uwe Feldhusen ab. Bis zu seinem unerwarteten Tod im September 1984 blieb Passini jedoch als Schieds- und Linienrichter in den Jugend- und unteren Herrenklassen tätig.

Passinis Fundament von 25 Schiedsrichtern baute Feldhusen (1963 von Passini „entdeckt") gemeinsam mit dem für die Ansetzungen verantwortlichen Günter Mechow, Schriftführer Gerhard Schultz und Beisitzer Helmut Boers zur florierenden Abteilung aus. „Der traditionsreiche Eimsbüttler TV ist mit seiner Ligamannschaft schon lange Zeit aus den Schlagzeilen. Legt man jedoch die Meldeergebnisse für die Schiedsrichter zugrunde, so ist der ETV mit 47 Unparteiischen die Nummer eins in Hamburg", lobte eine Hamburger Zeitung Ende 1979 die Eimsbüttler Blütezeit, während der zeitweise 55 Unparteiische im Dienst standen. Auch eine Konsequenz verstärkter Bemühungen der Jugendabteilung um Artur Ermes und Alfred Köbe, die zahlreiche Nachwuchskicker von der Attraktivität der Nebenaufgabe Schiedsrichterei überzeugten. Welche persönlichen Gewinne mit der Leitung eines Fußballspiels verbunden sein können, demonstrierten im Juni 1971 Eva Gast und Helmut Boers, die mit ihren ETV-Schwarzkitteln gemeinsam in den Hafen der Ehe steuerten. 1991 erhielt Feldhusen für seine Verdienste die Goldene Ehrennadel des ETV. Unter seine Ägide fallen auch die Kontakte ins dänische Birkerød, wo die ETV-Schiedsrichter über viele Jahre beim über mehrere Tage stattfindenden internationalen Jugendturnier eingesetzt wurden. Die Leitung der Abteilung hatte Feldhusen 1980 an Gerhard Schultz abgegeben, der zum Einstand gleich mit einer Neuerung aufwartete: Die mehrmals im Jahr erscheinende DIN-A5-Zeitschrift „Die Pfeife", die als Informationsorgan für die ETV-Referees diente.

1981 zog es die „ETV-Schiris nach Las Vegas", wie das „Eimsbütteler Wochenblatt" bemerkte. Die Glücksspiel-Metropole war Zwischenetappe einer dreiwöchigen USA-Reise, auf der die 13 Schiedsrichter in San Francisco auch ihre Kräfte mit einheimischen Soccer-Teams maßen.

Trotz derlei attraktiver Ausflüge – Besichtigung von Grand Canyon, Hoover-Staudamm und Disneyland inklusive – mussten die Eimsbütteler Schiedsrichter in den 1980er Jahren eine sinkende Bereitschaft beim Nachwuchs registrieren, selbst Hand an die Pfeife zu legen. Bis 1986 sank die Zahl der aktiven Schiedsrichter auf 16. Im Gegensatz zur bröckelnden Breite demonstrierten einzelne Unparteiische gehobene Qualität. Miguel Fabrega, der seine Laufbahn 1989 aus beruflichen Gründen beenden musste, schaffte 1988 unter Wilfried Diekert den Sprung zum Bundesliga-Linienrichter. Andreas Bandt stieg 1989 zum Regionalliga-Schiedsrichter auf.

Auch Jörg Groß, der die Abteilung von 1990 bis 1998 leitete, hatte mit Nachwuchssorgen zu kämpfen und unternahm seinen Teil dagegen, indem er bevorzugt junge Spielleiter als Linienrichter in sein Gespann integrierte, um ihnen seine Erfahrung weiterzugeben. Seit 1999 steht Stefan Thoren den Schiedsrichtern vor. Sein Hauptaugenmerk galt zunächst der Wiederbelebung des traditionsreichen ETV-Schiedsrichterturniers, das seit 2001 wieder an jedem zweiten Novemberwochenende in der Halle Wegenkamp ausgetragen wird – 2005 mit Gästen aus Berlin, Bremen und Mönchengladbach.

Im Juli 2005 wechselten 18 Schiedsrichter, darunter zwei Frauen, vom Nachbarverein HEBC zum ETV. Die Abteilung verfügte damit Ende 2005 wieder über 45 Schiedsrichter im Alter von 15 bis 65 Jahren. „Wir sind nach den goldenen Siebzigern wieder auf dem Weg, eine große Abteilung mit vielen jungen Leuten und alten Hasen zu werden", blickt Stefan Thoren optimistisch in die Zukunft.

Einwurf

„Gar nicht zimperlich"
Fast vergessen, bald wieder belebt? Der Frauenfußball im ETV

Eimsbüttels letzter Nationalspieler ist eine Spielerin! Nun, ganz stimmt das nicht, denn Susanne Scharras bestritt ihre Einsätze im DFB-Trikot, als sie längst für den SC Poppenbüttel aktiv war. Doch in den 1970er Jahren schnürte sie ihre Stiefel beim ETV – und ist damit die prominenteste Vertreterin einer im Verein zwischenzeitlich in Vergessenheit geratenen Sparte: dem Frauenfußball.

Dabei gehörte Eimsbüttel zu den Teams der ersten Stunde, als der DFB nach langem Zögern und Zaudern den Ball für Frauen 1970 endlich freigab. Im Frühjahr 1971 wurde in Hamburg der Meisterschaftsbetrieb aufgenommen. Das erste Spiel verlor der ETV am 21. März 1971 mit 0:4 gegen den FC St. Pauli.

Auch auf organisatorischer Ebene waren Eimsbüttelerinnen in Hamburg früh führend. Am 2. Februar 1973 tagte erstmals die „AG Damenfußball" unter dem Vorsitz von Eva Boers. Im Juni 1974 übergab ETV-Mitglied Boers an eine Kickerin von Grün-Weiß Eimsbüttel: Hannelore Ratzeburg, die als DFB-Vorstandsmitglied mittlerweile zur führenden Fußballfunktionärin aufgestiegen ist.

Auf dem Platz ging es nach der Auftaktniederlage gegen St. Pauli für die ETV-Frauen langsam voran. Ende der 1970er Jahre spielte das Team in der Verbandsliga, der höchsten Klasse Hamburgs und damit gleichzeitig auch Deutschlands – an überregionale Ligen war damals nicht zu denken. Überhaupt mussten die Pionierinnen gegen manche Vorurteile ankämpfen. Besorgte Herren in den Verbänden fragten sich, was und wie viel man(n) dem „schwachen Geschlecht" zumuten dürfte. Die Spieldauer betrug zweimal 30 Minuten, statt Stollenschuhen waren nur Buffer mit Noppen erlaubt, und das Runde, das ins Eckige musste, war ein Jugendfußball. Erst 1980 wurde den Frauen ein normaler Ball zugespielt und auch die Verwendung von Schraubstollen erlaubt.

Zum zehnjährigen Jubiläum des offiziellen Frauenfußballs gratulierte auch die „Bild Hamburg" mit einer Reportage zum Verbandsliga-Spiel ETV – TSG Bergedorf (0:1) im April 1980. „Mit ihren Sprüchen sind die Damen gar nicht zimperlich", stellte Jürgen Schnittgerhans fest, der später zum Sportchef der „Bild" aufstieg. Die Reportage trug die zeittypische Überschrift „Nicht fummeln – sonst meckert der Hintermann". Damit waren nicht die Ehegatten und Lebensgefährten gemeint, die am Spielfeldrand mitfieberten. „Hinter-Frau sagt hier keiner", stellte Schnittgerhans beruhigt fest, dass die gewohnten Begriffe nicht in Unordnung gerieten.

Die spätere Nationalspielerin Susanne Scharras mühte sich im Sturm, ihre Schwester Lilo, eigentlich Torhüterin, gab den „Bubikopf im Mittelfeld". Um die Rolle der „Manjas im Frauenfußball" bewarb sich die Familie Erich. Vater Dieter trainierte die Elf, seine Frau Gerda stand im Tor, die Töchter Angelika und Sabine verteidigten. Die Verbandsliga-Jahre schloss der ETV zumeist im unteren Mittelfeld ab, wobei einige spektakuläre Erfolge gelangen, zum Beispiel ein Sieg gegen das damals führende Lorbeer Rothenburgsort.

1984 feierte Susanne Scharras in Helmstedt gegen die Niederlande ihr Länderspiel-Debüt. Da war der Frauenfußball im ETV schon zum Erliegen gekommen. Nach langer Durststrecke ist 2006 aber wieder Land in Sicht: Eine weibliche C-Jugend und eine E-Jugend beleben die lange brachliegende Tradition in Eimsbüttel.

Doku

„Vorbei, die Eimsbütteler Tage"
Walter Jens 1974 über „Fußball vor seiner Industrialisierung"

Als ich zur Schule ging, war alles ganz einfach: Das Identifikationsobjekt hieß TV Eimsbüttel; die Heroen, zu denen ich aufsah, waren Gemüsehändler (Nationalspieler Hans Rohde, ein- und ausgehend im elterlichen Geschäft), Eisverkäufer (Herbert Panse, Nationalspieler auch er, beim Füllen der Tüten: „Sonntag geht der HSV baden"), Lehrer (wie Otto Lüdeke, der die Ehre hatte, in einer sogenannten Akademiker-Mannschaft spielen zu dürfen – einmal sogar gegen den eigenen Verein: „Das ist doch Otto", sagte Schindowski zu Kleikamp, als der, irritiert durch den fremden Dress, seinen Freund und Nebenspieler in die Zange nahm), Angestellte (Rohwedder, ebenso schussgewaltig wie launisch, mit der Aktentasche unter dem Arm), Mechaniker, Maurer und Dreher. Die meisten waren Eimsbütteler Kinder; man kannte sie aus der Jugendmannschaft, hatte ihnen zugeschaut, Sonntagmorgen in der Hoheluftchaussee oder auf einem Grandplatz, mal Martinistraße, mal Weidenallee; ein Vereinswechsel war selten; wenn Derle Ahlers aus Harburg oder Erni Timm (der Eisenharte, früher bei Union) aus Altona kamen, waren das nur die Ausnahmen, die die Regel bestätigten. Wir schauten beim Training zu, fuhren mit der Mannschaft bis nach Wilhelmsburg. Ereignisse wie der legendäre 3:2-Erfolg über Schalke, errungen im Volksparkstadion, blieben Gesprächsstoff über Jahre hinweg: Es stand schon 2:0 für Schalke, dann schoss Rohwedder zwei Tore, eins aus vollem Lauf und eins bei einem Strafstoß (Lüdeke, das war damals noch neu, hatte sich in die feindliche Mauer gedrängt), Panse, ein Müller ohne Geld, war wie immer zur Stelle, als ein Schalker – ich glaube Nattkämper – nicht konsequent genug deckte. Die Stars, mit einem Satz, waren Menschen, die man in der Straßenbahn ansprechen konnte; die Fünferreihe des Sturms bestand aus Eimsbütteler Werktätigen (Anrainer dazu gerechnet): Derle Ahlers, Otto Rohwedder, Herbert Panse, Kalli Mohr und Hanno Maack – wenn ich den letzten Goethe-Vers vergessen habe, werde ich den Eimsbütteler Sturm noch aufzählen können.

Jeder ein Individualist: ein Grätscher (Ebbe Stührk, seiner Zeit weit voraus), ein Fangkünstler (Böhlke im Tor), ein Spaßvogel (Kalli Mohr); bisweilen wurden die Rollen gewechselt; von Mechanisierung und Zweckrationalität, Diktat der Arbeit und bürokratischer Organisation war beim ETV nicht die Rede. Gab es das alles nicht? Gehörten meine Eimsbütteler – anders als die Heutigen: diese zu Disziplin und Fleiß verpflichteten, straffen Handlungsvorschriften unterworfenen Angestellten mächtiger Vereine („Mrosko, Ihre Haltung gefällt mir nicht. Sitzen Sie gefälligst gerade!") – gehörten sie noch zu der legendären Garde kickender Old Boys? Ich glaube ja: Mag die Erinnerung manches verklären – die Identität von Arbeit und Fußball (beide gleich abstrakt und leistungsbestimmt), die das Geschäft „Fußball" heute charakterisiert, ist ein Phänomen der Gegenwart. Meine Manjas und Kowalkowski, Risse (junior, der Senior trainierte die Mannschaft) und Weber (der Eckenspezialist) handelten nicht arbeitskonform (keine Rede von Reglementierung und profitbezogener Effizienz), sondern spontan. Die berühmte Auseinandersetzung zwischen Rohwedder und dem St. Pauli-Torwächter Quest: Ein Tritt in den Hintern, anschließend wurde gefeiert). Sie waren unabhängig (ein Turnverein: keine Herrschaft der Besitzenden über die Abhängigen) und der Unvernunft der Muskeln mehr anheimgegeben als der Unvernunft des Kapitals: Ein Hamburger Meister (Eimsbüttel jedoch siegt weiter, war der letzte Sieg auch hart, dann nur, weil der alte Streiter, Panse, trat auf seinen Bart: so die Lokalpresse damals), der, sobald es um die „Deutsche" ging, kläglich versagte, weil die Maurer und Eisverkäufer zu wenig erfolgsprogrammiert waren.

Eine Idylle? Ein kulturkritischer Rückblick, geprägt von der Sehnsucht nach einer Epoche, in der es, statt reibungsloser Abläufe, noch Spontaneität gab und Insubordination gegenüber dem Verein und dem Trainer? Nun, es gab ja immerhin auch schon den HSV, und da nun kündigte sich, zumindest aus der Eimsbütteler Kleine-Leute-Perspektive, etwas an, das der Schüler Jens zwar noch nicht unter dem Begriff „Wer Gewinn will, hat zu gewinnen" subsumieren konnte, das er aber – ein bisschen allgemein, gewiss, auf den Nenner brachte: „Der HSV kauft alles auf." Wer Geld hat, hat auch die entsprechenden Kicker, und wer am reichsten ist, kann sich bessre halten als ein anderer, der weniger reich ist: Das wollten wir Eimsbütteler sagen, wenn wir von der Rothenbaumchaussee sprachen – zornig über Rohwedders Treulosigkeit, der den Verein gewechselt hatte („Vor Wandervögeln wird gewarnt", stand in der Zeitung: so idealistisch gab sich damals Ideologie), nachdenklich beim Anhören eines on dits, das besagte, der

Ewerführer Old Erwin (Seeler, der Vater) sei nach dem Übertritt zum HSV gesellschaftlich avanciert – der gleiche Seeler, dem niemand den Wechsel vom Arbeitersportverein Lorbeer zum SC Victoria nachgetragen hatte. Aber jetzt zum HSV: das, glaubten wir, sei Klassen-Verrat – Old Erwin spielt fürs Kapital!

Tempi passati. Zeiten, deren Sportbetrieb, an der Produktionsweise und deren Reglement gemessen, durchaus altertümlich war – auch der Spitzensport! Wie antiquiert nimmt sich selbst die Fußballprogrammatik der fünfziger Jahre aus: Kameradschaft! (Heute sagt der Vorstand: „Uns ist es wurscht, wenn Ihr Euch nicht riechen könnt, Leute. Schließlich seid ihr ja Konkurrenten. Am Samstag aber… keinen Ärger, verstanden?") Individualität! (Anno `74 wäre eine Figur wie Boss Rahn in der Bundesliga untragbar; selbst Seeler, der Jüngere, erscheint, gegenüber den Angestellten des FC Bayern, als gestandenes Mannsbild.) Ideologie à la Sepp Herberger! (Im Zeichen von Neudecker und Schwan geradezu rührend: Der „Chef" als liberale Figur, Erik Ode auf der Trainerbank, eher väterlicher Freund als Manager eines Wirtschaftsbetriebes kapitalistischer Prägung: Der Chef und sein Fritz, unser Bundessepp mit seinen Buben – liebt Katholiken, kann nach dem Sieg seinen Namen nicht schreiben, sagt Kameradschaft – und meint es auch wirklich!)

Wie viele Relikte aus vorkapitalistischer Zeit hat gerade der Fußballsport bis in die fünfziger, ja, sechziger Jahre bewahrt, welche Widersprüche zur herrschenden Ökonomie entwickelt (nicht nur Anachronismen, nicht nur Verschleierungen – auch Widersprüche gegen das regierende System, ein Hauch von Antizipation, ein Hinweis auf nicht eingelöste Versprechen: Boss Rahn macht wieder einmal, was er will. Leider darf er es nur auf dem Spielplatz. Boss müsste man sein – aber nicht allein im Spiel!), wie viel Ungleichzeitigkeit im Verhältnis zwischen Wirtschaft und Sport! Sogar ein Max Merkel – „ich bin ein Diktator" – wirkt, aus der Perspektive Latteks, heute schon wie ein Regent aus der Zeit des Manchester-Kapitalismus, mit seiner barocken Gebärde, der zornigen Rede und dem koketten Zynismus – Urgestein geradezu, verglichen mit jenen beflissenen Männchen, die das Sprachreglement des Vorstandes mit einer Inbrunst befolgen, als sei es kanonisch: „Kein Wort von Politik bitte! Wer sagt, was wir denken – Brandt ist der Untergang Deutschlands – schadet der Kasse."

Der Zweck heiligt die Mittel, heißt die Devise, wir wollen verkaufen – und zwar für dumm: Eintrittspreise um die Hälfte erhöht; gekauft und verkauft; Gersdorff rein und Gersdorff raus! Müller gefallen, Beckenbauer behauptet, Netzer schwächer notiert. Man leiht mit Zins, und zwar nicht nur Geld, sondern, dem Kurswert entsprechend, auch Spieler, man lässt Körperteile versichern (die teuerste Wade der Welt, dieser Spann hat drei Villen gekostet), man kalkuliert mit Klima, Atmosphäre und Stimmung, als ob sie berechenbar seien wie Wertpapiere und Häuser: Wie bezeichnend, dass selbst die „Notlüge" des Bayern-Präsidenten dem Diktat des Quantifizierens folgte (München 530, Dresden 106 Meter über dem Meer): Lieber die pure Absurdität als ein Verzicht auf Zahlenvergleiche, besser ein skurriles Äquivalent als überhaupt keins! Und unter solchen Zeichen hebt sich dann die Ungleichzeitigkeit auf, wird deckungsgleich, was lange getrennt war, sind die Tage der Eisverkäufer für immer vorbei, heißen die Spieler Maier und die Trainer Herr Maier (Abstand muss sein im Betrieb), hat der Trainer die Schnauze zu halten, wenn sein Duisburger SV, wiewohl in Abstiegsgefahr, in Afrika antreten muss, weil es der Vorstand so will, werden die Zuschauer weiterhin lachen, wenn Bayern verliert, lachen die kleinen Knechte über die Privilegierten: als ob sie ahnten, dass auch die Balltreter unten in der Arena ihr sogenanntes Spiel zu 90 Prozent mechanisch verrichten – mechanisch bis zum Ritual des Jubelschreis nach dem Tor. (Abgemessen wie ein Hofzeremoniell: Beim Ausgleichstor ein Faustschlag durch die Luft, auch wenn's ein Abstauber war, beim Bilderbuchtor, das in der 89. Minute aus einem 0:3 ein 1:3 macht, allenfalls ein müder Händedruck.)

Vorbei, die Eimsbütteler Tage, die Zeit der Breslauer Wunderelf, die Ära der lieben Frühkapitalisten (der rührende Fritz Walter, Frau Italia, die Wäscherei), die Phase der Einzelhändler, Patriarchen und Käuze! Der Spätkapitalismus ist, da er nur Sachen kennt, sachlich. Längst sprechen auch die Reporter am Bildschirm wie Bilanzbuchhalter, die schönen Tage der Maibohm und Michel kommen nicht wieder: „Zehn gibt zu Elf, X wechselt aus, Z auf der Trainerbank". Wenn noch umschrieben wird, dann kommt Unsinn heraus (A. geht soll heißen A. läuft), und was den Kommentar angeht, so beschränkt man sich im allgemeinen auf eine standardisierte Aufzählung von berechenbaren Faktoren: „Eben erst für 100.000 Pfund verkauft; und das an seinem siebenundzwanzigsten Geburtstag; jetzt kommt die dreiundfünfzigste Minute."

Freilich, es gibt Ausnahmen, die die Regel bestätigen. Und darum (nur darum?) schauen wir ja immer noch so lustvoll zu, jeden Samstag, freuen uns, wenn Bayern verliert, das große schwarze Monopol, auf das wir unsere Aggressionen abladen können, freuen uns, wenn Schnellinger in der dreiundneunzigsten Minute den Ausgleich erzielt, freuen uns, wenn Wendelsheim in die A-Klasse aufsteigt, freuen uns, wenn wir an Seppl Fath denken und Ricardo Zamora (und auch an den „Papierenen", den großen Sindelar, anno 30 das Vorbild des Kleinstkickers Jens), freuen uns, wenn man den Dirigenten Overath mit dem Dirigenten Karajan vergleicht (und finden es – ehrlich! – richtig, dass Wolfgang nicht schlechter als Herbert verdient), freuen uns, wenn irgendwo ein David einen Goliath besiegt, der Kleine aus Polen den Großen aus England, freuen uns, wenn der eine oder andere unter den Zweiundzwanzig alle Verhaltensvorschriften, alles Trainings-Reglement, allen Leistungszwang und alle Wertnormen der Arbeitswelt plötzlich vergisst und – ohne an seinen Marktwert zu denken – Fußball spielt, weil es ihm Spaß macht: witzig, frei und improvisierend. Und freuen uns sogar auf die Weltmeisterschaft, obwohl wir doch ganz genau wissen…

Rot-weißer Faden 6
1989 bis 2006
Neue Wege im Großverein

1989/90 **Rettung nach Katastrophen-Start**

In der neuen Landesliga Hammonia ist der ETV als Aufsteiger zunächst chancenlos. 0:3 gegen St. Paulis Amateure, 0:7 in Buxtehude, 1:5 gegen Halstenbek-Rellingen, 0:3 bei Rugenbergen, 0:4 gegen Rot-Gelb Harburg, 1:3 in Glashütte, 1:3 gegen Grün-Weiß Eimsbüttel – als nach sieben Runden Bilanz gezogen wird, steht Eimsbüttel mit 0:14 Zählern und lediglich zwei erzielten Toren abgeschlagen am Tabellenende.

Mit einem 1:0 bei Harburg Türksport gelingt am achten Spieltag der Durchbruch zu Punkten – einen Monat und einen Tag, bevor in Berlin die Mauer fällt. Mit drei anschließenden Erfolgen gegen den Harburger TB (2:1), in Hausbruch-Neugraben (4:0) und bei Buchholz 08 (4:3) robbt sich der Aufsteiger langsam ins Mittelfeld. Anfang Mai wird der Klassenerhalt mit Siegen über Buchholz und bei Holsatia Elmshorn sichergestellt.

1990/91 **Hellenen nehmen Revanche**

Mit einem 2:1 an der Hoheluft nimmt der mittlerweile ebenfalls aufgestiegene FC Ellas zum Saisonauftakt erfolgreich Revanche für das Drama von 1989 – eine von nur drei Heimniederlagen für Eimsbüttel, das sich im zweiten Landesliga-Jahr konstant von den Abstiegsrängen fern hält und nach einigen spektakulären Ergebnissen (5:3 in Glashütte, 2:5 gegen Rugenbergen) auf Rang neun einläuft. Im Team befinden sich viele Spieler aus der eigenen Jugend, die sich auch über den Liga-Bereich hinaus die Freude am gemeinsamen Fußballspiel erhalten sollen.

Anfang der 1990er Jahre entsteht der Kern der 1995 gegründeten Alten Herren, die auch in der Jubiläums-Saison 2005/06 noch zusammen gegen den Ball treten – mit inzwischen weit über 300 Jahren addierter Vereinsmitgliedschaft... „Damit beweisen wir, dass sich auch entgegen den heutigen Sitten Vereinstreue noch lohnt", erklärt Thomas „Lulu" Lüders, Kapitän der dienstältesten Mannschaft des Vereins. Von einer reinen Spaßtruppe sind die Alten Herren weit entfernt, wie die Staffelmeisterschaften 1997 und 2003 belegen, mit denen jeweils der Aufstieg in die – auch derzeit aktuelle – B-Leistungsklasse verbunden ist.

1991/92 Derby-Siege versüßen den Start

In der Landesliga kehren die Derbys zurück, und diese verhelfen Eimsbüttel zu einem prächtigen Start. In den beiden ersten Runden wird bei Grün-Weiß Eimsbüttel und zuhause gegen HEBC jeweils 2:1 gewonnen. Nur Halstenbek-Rellingen, das die Staffel gewinnt, liegt den Eimsbüttelern überhaupt nicht. 1:8 und 0:6 wird gegen den Verein aus der Baumschulen-Region verloren. Mit einem 3:3 bei Absteiger FC Süderelbe wird die Saison auf dem siebten Platz beschlossen.

Zu einigen Einsätzen kommt auch ein 17-jähriges Sturmtalent: A-Jugend-Goalgetter Jens Scharping springt mit acht Toren spektakulär ins kalte Wasser. „Auch im Training arbeitet er nie mit angezogener Handbremse", lobt Trainer Klaus Vogel den Nachwuchs-Stürmer.

1992/93 Torfestival gegen Holsaten

Die gesamte Mannschaft steigert sich, geht gegen Holsatia Elmshorn (11:0) und Viktoria Wilhelmsburg-Veddel (8:0) auf Torejagd und wird am Ende Fünfter – doch wenn in Hamburg vom ETV die Rede ist, wird in der Regel von Jens Scharping gesprochen. „Für ihn ist es sehr wichtig, dass er in einer Mannschaft das Umfeld genau kennt und sich wohl fühlt", charakterisiert Richard Wenzing das Talent, das als Sechsjähriger in Wenzings F-Jugend zum ersten Mal – noch als Linksaußen – das rot-weiße Trikot übergestreift hat.

Ein Angebot des HSV, in die A-Jugend der Rothosen zu wechseln, schlägt Scharping daher aus. „Ich habe dem ETV sehr viel zu verdanken", sagt der Bayern-München-Fan, aber dass der Verein den gebürtigen Eimsbütteler nicht halten kann, ist klar. Als der 18-Jährige (Monatsgehalt: 400 Mark) nach 18 Landesliga-Spielen schon 20 Tore auf seinem Konto verbucht hat, klingelt zuhause permanent das Telefon. Zahlreiche Vereine melden ihr Interesse am Goalgetter an, der sich schließlich für den FC St. Pauli entscheidet. Dort erzielt Scharping zwischen 1995 und 1997 zwölf Tore bei 46 Einsätzen in der Ersten Bundesliga. Nach einer Odyssee mit den Stationen Oberhausen, Norderstedt, Lüneburg, Lübeck und Aachen kehrt „Gerdl" – so genannt wegen der Ähnlichkeit mit Gerd Müller in Spielweise und Statur – Anfang 2006 zum FC St. Pauli zurück. In die Nähe von „Eumsbüddel", wie Scharping auf der Pressekonferenz zu seiner Rückkehr sein Heimatviertel nennt.

1993/94 **Endspurt erhält die Landesliga**

Eine Ligenreform bewirkt einmal mehr eine besondere Situation. Weil die Oberliga-Hamburg/Schleswig-Holstein zwischen die Amateuroberliga und der norddeutschen Verbandsligen installiert wird, werden in der Verbandsliga Hamburg zahlreiche Plätze frei. Gleich vier Mannschaften jeder Landesliga-Staffel steigen daher in Hamburgs Oberhaus auf – ein Ziel, das der ETV als Vorjahres-Fünfter auch verfolgt.

Doch der Verlust von Jens Scharping schlägt in der Torbilanz voll durch: Gegenüber 81 Treffern in der Vorsaison netzt Eimsbüttel nur noch 38-Mal ins Gehäuse der Gegner ein. Folge der Torflaute ist die Trennung von Trainer Ronald Krüger, dessen Nachfolger Ulrich Natusch die Mannschaft vor dem Abstieg zu retten versucht. Trotz einiger Tor-Kuren wie beim 6:1 gegen Eisenbahn Altona oder einem 6:3 gegen Buchholz 08 muss Eimsbüttel bis zuletzt zittern. Erst im Mai sichern Erfolge bei Rot-Gelb Harburg (2:1) und zuhause gegen Glashütte (1:0) den Klassenverbleib.

1994/95 **Stiche ins Wespennest**

In seiner ersten Ganzjahres-Saison startet Natusch glänzend. Nach neun Spielen ohne Niederlage befinden sich 13:5 Punkte auf dem Eimsbütteler Konto, überragend dabei ein 5:0 gegen den benachbarten SV West-Eimsbüttel, in Hamburg nur „Wespe" genannt. Stichhaltige Argumente, doch die Trauben hängen im Herbst dann doch zu hoch: Ein 1:2 gegen Rugenbergen und, eine Woche später, ein 3:4 gegen den Aufstiegsaspiranten Rot-Gelb Harburg zeigen dem Team, das schließlich auf dem achten Platz landet, die Grenzen auf.

1995/96 **Die ersten acht „Dreier"**

Am 31. Juli schafft Eimsbüttel den ersten „Dreier" seiner Geschichte. Das 2:0 gegen Harburg Türksport zum Saisonauftakt beschert der Natusch-Elf drei Zähler, weil die FIFA weltweit durchgesetzt hat, Siege mit einem Extrapunkt zu belohnen. Die Bestrebungen des Weltverbandes, damit den Offensivfußball zu fördern, schlagen in Eimsbüttel allerdings zunächst fehl. Statt 54 Treffern wie im Vorjahr erzielt der ETV nur 48 Tore, die gerade acht „Dreier" und einen elften Platz einbringen.

Ein Viertel der Treffer wird in den Heimspielen gegen die abgeschlagenen Teams vom FC Ellas (6:0) und Komet Blankenese (6:1) erzielt. Auch auswärts wird dort gewonnen. Ansonsten steht in der Ferne nur noch ein 4:1 bei der zweiten Mannschaft von Altona 93 zu Buche – zu wenig, um sich oben festzusetzen, zumal gegen die ersten sieben der Tabelle auch daheim kein Sieg gelingt.

1996/97 Zwanzig Siege reichen nicht

Im gerade erschienenen Kinderbuch „Pokalfieber" von Ulli Schubert schlägt sich ein „FC Eimsbüttel" auf einem Jugendturnier hervorragend gegen den Bundesliga-Nachwuchs. Nach zahlreichen Sensationen wird erst das Finale mit 1:3 gegen Werder Bremen verloren – ausgerechnet gegen den ETV-Angstgegner aus der Gauliga-Zeit…

Trotz hervorragender Leistungen müssen auch die Liga-Spieler Eimsbüttels mit Platz zwei vorlieb nehmen. 5:0 gegen Geesthacht, 6:1 in Sasel, 7:1 gegen Wentorf, 8:0 in Tonndorf-Lohe, gar 12:0 beim SC Wentorf – 93:33 lautet die beeindruckende Tordifferenz, doch vor dem ETV landet die TuS Dassendorf, ein nahe des Sachsenwaldes beheimateter Verein, der mit Hilfe des Kiesunternehmers Günter Wunder zahlreiche Amateurfußball-Prominenz um sich schart. Eimsbüttel bleibt die Genugtuung, gegen den Aufsteiger-Klub ungeschlagen zu bleiben (1:1, 3:2). Als Vizemeister bestreitet die Elf ein Entscheidungsspiel gegen den Zweiten der Hansa-Staffel. Rot-Gelb Harburg wird 2:1 geschlagen, doch aufgrund der Aufstiegs-Entscheidungen in den höheren Ligen ist der 20. Sieg im 31. Spiel wertlos. Nur die Landesliga-Staffelsieger steigen auf.

1997/98 Rückkehr in Hamburgs Oberhaus

Mit dem Trainerduo Michael Crawaack und Holger Podein wird Versäumtes nachgeholt. Souverän dominiert Eimsbüttel die Hansa-Staffel, liegt bereits zur Halbserie mit sieben Zählern vorn und steigt schließlich mit vierzehn Punkten Vorsprung vor dem VfL Lohbrügge in die Verbandsliga auf.

Mit einem 7:0-Heimsieg gegen Poppenbüttel werden bereits zum Auftakt keine Zweifel an den Ambitionen gelassen. Das 0:1 gegen den Wandsbeker FC im

Peter von Appen vom Hamburger Verband gratuliert Eimsbüttels Jugendleiter Richard Wenzing: Wegen seiner hervorragenden Jugendarbeit wird der ETV im November 1997 mit dem DFB-Ehrenpreis ausgezeichnet.

nächsten Heimspiel ist nur ein Ausrutscher, der die Regel bestätigt: Der ETV zieht unangefochten seine Kreise. Erst als der Aufstieg praktisch in trockenen Tüchern ist, folgen die Saisonniederlagen zwei und drei gegen Curslack-Neuengamme und Lohbrügge. Ein 6:1 über Barmbek-Uhlenhorst am letzten Spieltag unterstreicht die Wirksamkeit der Eimsbütteler Tormaschinerie, die in 30 Spielen auf ein Torverhältnis von 94:32 kommt.

Mit befeuert wird sie von Marco Hölder, Chef der Restaurantkette „Schweinske", der selbst bei den zweiten Herren Eimsbüttels gespielt hat und nun als Sponsor die ETV-Fußballer unterstützt.

1998/99 **Oberliga, wir kommen!**

Nach 32 Jahren zurück in Hamburgs Eliteklasse, darf der ETV zum Auftakt gleich bei Nachbar Victoria antreten. Das 0:0 zeigt, dass der Aufsteiger auf gleicher Augenhöhe angekommen ist, doch bald wird deutlich, dass es um mehr geht als bloßes Mitspielen im Oberhaus. Nach einem 1:1 zuhause gegen die SV Blankenese platzt der Knoten am dritten Spieltag mit einem 1:0 bei Germania Schnelsen.

Fortan setzt sich das Team aus erfahrenen Kräften oben fest. Was das Durchschnittsalter angeht, ist der ETV ohnehin nicht zu schlagen. „Wir wurden ja schon als die Rolling Stones der Verbandsliga beschrieben", scherzt Trainer Holger Podein mit Blick auf seine „Oldies". Die meisten sind schon über 30, der Älteste ist Torjäger Jörg Steffens. Als der „1963 das Licht der Welt erblickte, brachten die Rolling Stones mit dem Chuck-Berry-Titel ‚Come on in England' gerade ihre erste Single heraus", rechnet das Magazin „Durchblick" nach. Aber auch der überragende Regisseur Dirk Ströh und die Abwehrrecken Nils Piwon und Peter Paczkowski sorgen mit ihrer Routine für den Höhenflug. „Die Spieler haben noch gewusst, worum es beim Fußball geht", urteilt Trainer Podein im Rückblick: „Auch dass man nach dem Spiel vernünftig feiern sollte, und das haben sie genauso erstklassig getan." Vermutlich wie Mick Jagger & Co. nach ihren Auftritten…

Während die musizierenden rockenden und rollenden Steine reich und berühmt werden, ist in Eimsbüttel wenig mehr als Ehre zu ernten. „Das große Geld gibt es bei uns nicht zu verdienen", betont Trainer Holger Podein und stellt sogar Kürzungen in den Raum. Sportlich hat das keine Beeinträchtigung zur Folge. Am letzten Spieltag wird der Meiendorfer SV mit 6:1 bezwungen. Vier Tore mehr, und der ETV wäre sogar erstmals seit 1959 wieder Hamburger Meister geworden. So wandert der Titel an den alten Landesliga-Rivalen TuS Dassendorf, der gemeinsam mit Eimsbüttel in die Oberliga Hamburg/Schleswig-Holstein aufsteigt. Das direkte Duell (3:1, 0:0) hat der ETV übrigens erneut gewonnen.

Eine besondere Würdigung erfährt die Erfolgsmannschaft, indem von ihr im Klubhaus ein Wandbild angefertigt wird. Verewigt ist ihr Ruhm damit allerdings nicht, weil ein Brand Inneneinrichtung und Wände des Klubhauses später zerstört.

1999/2000 **Finanzprobleme und Flutlichtpläne**

Vor Saisonbeginn gastiert der FC St. Pauli an der Hoheluft, die nach dem Match noch einen Auftritt der Punk-Band „Phantastix" erlebt. Mit einiger Mühe siegt der Zweitligist 5:2, doch für Aufsehen sorgt der ETV-Stürmer Luis Zim Fer-

Die Oberliga-Mannschaft des ETV.

nandes, der die Gastgeber in der 3. Minute in Führung schießt und den zweiten Treffer durch Alao-Fary vorbereitet. In den beiden ersten Punktspielen hält Torwart Sven Bernhardt jeweils einen Elfmeter und rettet seiner Elf damit die Unentschieden gegen Dassendorf und bei Concordia. Zwei Wochen später steht der Aufsteiger nach Siegen über Lurup (3:1) und beim TSV Altenholz (4:0) auf Platz zwei. Der Kantersieg in Kiel-Altenholz ist laut Trainer Podein „das beste Spiel seit langem". ETV-Anhänger können dank eines Fanbusses verfolgen, wie Bernhardt – Paczkowski – Suaidy, Kuzel – Zulfic, Hardekopf, Ströh (80. Mandel), Großkopf, Schnell (72. Lendt) – Alao-Fary, Fernandes (76. Klingenhoff) sich in die Spitzengruppe hieven.

Es ist die Zeit der hehren Träume und der ehrgeizigen Projekte. Falls man sich in der Oberliga etabliere, sei sogar ein Wiederaufbau der Tribüne denkbar, heißt es, und Liga-Obmann Henner Woiwod ruft zu Spenden für eine Flutlichtanlage auf – der ETV will mittelfristig seine Heimspiele am Freitagabend austragen.

Doch Ende September gerät der Haussegen in eine Schieflage. Zim Fernandes wechselt zu den Amateuren des VfL Bochum, die Suche nach adäquatem Ersatz zieht sich über Wochen hin, in denen der ETV immer weiter abrutscht. „Langsam muss der Vorstand reagieren, sonst hat die Mannschaft keine Lust mehr weiterzuspielen", droht Ex-Profi Jörn Großkopf. Nach dem 1:3 beim Itzehoer SV steht nach 13 Spieltagen der vorletzte Platz zu Buche.

Podein wird daraufhin entlassen und durch Bert Ehm ersetzt, dem aus Norderstedt mit Frank Grobitzsch auch der lang gesuchte Sturm-Ersatz zur Verfügung gestellt wird. Ehm beordert das „Kraftpaket" („Sport-Mikrofon") Oliver Hardekopf vom Mittelfeld auf den Libero-Posten. Der Defensive tut das gut, wie die ersten drei Begegnungen zeigen: Wird das 2:0 gegen Raspo Elmshorn noch von Torwart Rainer Kokartis festgehalten, orientiert sich das Team nach Erfolgen in Dassendorf (1:0 – Grobitzsch trifft bei seiner Premiere in der ersten Minute!) und Concordia (2:0) in Richtung Mittelfeld.

Während der ETV auf Platz zehn sportlich gefestigt überwintert, ziehen im Umfeld bedrohliche Wolken auf. Am 13. Januar 2000 gibt Hauptsponsor Marco Hölder seinen Rückzug bekannt. „ETV – Super-GAU", dichtet daraufhin das „Sport-Mikrofon". Ende Februar erklärt Hölder seine Bereitschaft, die Fußballer weiterhin zu unterstützen. Der Gesamtverein sagt im Gegenzug zu, eine Flutlichtanlage zu installieren.

Auf dem Rasen lassen Lichtblicke derweil auf sich warten. „Nach Niederlagen kann er so schön traurig gucken wie kein anderer Coach der Oberliga", beschreibt das „Sport-Mikrofon" die Mimik von Trainer Ehm – und es gibt genug Gelegenheit zu derlei Studien. Da der TSV Pansdorf sich aus finanziellen Gründen aus der Liga zurückzieht, ist der Klassenerhalt aber zwei Runden vor Schluss mit einem 3:1 gegen Itzehoe unter Dach und Fach. Großkopf und Paczkowski stellen den Erfolg in der Schlussviertelstunde sicher.

Am letzten Spieltag gleicht der SV Lurup in Heide in der 90. Minute aus und überholt dadurch den ETV, für den lediglich Abstiegsplatz 14 bleibt. Sportlich zwar folgenlos, da Pansdorf zurückgezogen hat, doch zugleich der Beginn einer Serie…

2000/01 Teilerfolge in der „Totenliga"

Bert Ehm hat einen Umbruch mit vielen Ab- und Zugängen zu gestalten. Neu an der Hoheluft auch Pal-Janko „Paul" Keuter vom SC Concordia, dessen mehrjährige Liaison mit TV-Plaudertasche Barbara Schöneberger einige Klatschspalten füllt. Einziger überlieferter Satz vom „blonden Gift" Schöneberger zum ETV: „Paul sagt mir immer, Ole Schlichting ist der beste Manndecker überhaupt."

Keuter, Schlichting & Co. haben genug damit zu tun, ihre Gegenspieler nicht aus den Augen zu verlieren. Als auf ein 0:6 gegen Norderstedt ein 0:5 bei St. Paulis Amateuren folgt, tobt Ehm: „Die Alten ziehen die Mannschaft mit nach unten statt Verantwortung zu übernehmen. Ab sofort wird hier absolut auf die Jugend gesetzt, der Nachwuchs kämpft wenigstens. Ich weiß, dass ich vom Verein volle Rückendeckung habe, und dann kommen wir da unten auch wieder heraus." Keuter und Schlichting, teilweise persönlich angegriffen, verlassen daraufhin den Verein. „Es ist einiges falsch gelaufen", blickt Schlichting zurück, „vor allem in der Kommunikation mit den Spielern haperte es".

3:0 gegen Dassendorf im Oktober, 2:0 gegen Billstedt im November, 1:0 gegen Pinneberg im Dezember – hin und wieder gelingen Erfolge, doch Eimsbüttel bleibt unten, und die Rückendeckung schwindet. Zum Saisonende geht Ehm, nachdem in der gesamten Rückrunde nicht ein Sieg zu verzeichnen ist und der ETV als Schlusslicht auf dem 17. Platz landet. Siebzehnter, weil der Harburger TB seine Mannschaft in der Winterpause zurückgezogen hat. Nach Saisonende flüchten auch Vizemeister (!) TuS Hoisdorf, der TuS Felde und die TuS Dassendorf aus der kostenintensiven, aber unattraktiven Klasse. „Oberliga – Totenliga", wird düster geraunt. Für Eimsbüttel bedeuten diese Rückzüge jedoch ein weiteres Jahr in der Viertklassigkeit.

2001/02 Die „Unabsteigbaren" zum Dritten

Der neue Trainer ist ein alter: Holger Podein kehrt an die Hoheluft zurück, und auch anderes Vertrautes bleibt: Erneut landet Eimsbüttel auf einem Abstiegsplatz, erneut bleibt Eimsbüttel in der Oberliga, weil andere Vereine sich aus der Oberliga verabschieden. Diesmal verlieren Kilia Kiel und der Eichholzer SV die Lust. Drei Jahre in Folge als sportlicher Absteiger in der immerhin vierthöchsten deutschen Liga zu bleiben, ist ein Novum, mit dem der ETV selbst in der „Süddeutschen Zeitung" Erwähnung findet.

Der zwiespältige Charme solcher „Unabsteigbarkeit" scheint zu erlöschen, als zum Saisonauftakt unter neu installiertem Flutlicht ein 2:1 gegen Vorwärts-Wacker Billstedt gelingt und auch beim TSV Lägerdorf 3:2 gewonnen wird. Mit Ex-Profi Kai Dittmer und dem Niendorfer Talent Amir Shapourzadeh erhält der Offensivbereich zwei Verstärkungen, die sich zunächst auszahlen. Shapourzadeh trumpft im Laufe der Saison so sehr auf, dass er von den HSV-Amateuren unter Vertrag genommen wird. 2005/06 ist der mittlerweile bei Hansa Rostock stürmende Iraner der einzige aktuelle Profifußballer (ein Erstliga-Einsatz), der einmal bei Eimsbüttel gespielt hat. Unheil kündigt sich für den ETV im Oktober an, als zwei Sponsoren abspringen und daraufhin auch einige Spieler den Verein verlassen. Im November 2001 steht aber erst eine Gala-Vorstellung auf dem Plan: Die „lange Nacht des Hoheluufter Fußballs", bei der Interessierte für 15 Mark zuerst das Verbandsliga-Duell SC Victoria – Altona 93 und im Anschluss – nach einem 200-Meter-Spaziergang zum ETV – die Oberliga-Partie Eimsbüttel – Concordia verfolgen können. Mit 0:3 versäumen die ETV-Kicker bei der Doppelveranstaltung allerdings Werbung in eigener Sache.

Doch es kommt noch schlimmer. Gespickt mit Nachwuchsspielern, verliert eine Not-Elf zuhause 2:10 gegen die HSV-Amateure. „Das war A-Jugend gegen Bundesliga", stöhnt Abteilungsleiter Henner Woiwod. Nach 34 Begegnungen, in denen 24 Punkte verbucht werden können, lautet die Tordifferenz 53:120. Dennoch landet Eimsbüttel noch vor Flensburg 08 auf dem 17. Platz – und beide Klubs dürfen in der Klasse bleiben, weil den HSV-Amateuren der Aufstieg in die Regionalliga gelingt.

Aus traurigem Anlass wird im Jugendbereich eine Tradition ins Leben gerufen. Am 1. Juli 2002 stirbt der Nachwuchsspieler Ole Niebers, der 1998 in der D-Jugend beim ETV begonnen hat, an einer Tumorerkrankung. Ihm zum Gedenken veranstaltet Eimsbüttel seit dem Juni 2003 das Ole-Niebers-Benefizturnier, bei dem alljährlich vierstellige Summen zu Gunsten von Kinderkrebshilfe-Organisationen eingespielt werden.

2002/03 **Abschied am Millerntor**

Auch das vierte Jahr in der Oberliga Hamburg/Schleswig-Holstein steht unter keinem günstigen Stern. Als Hauptsponsor „Schweinske" im Januar 2003 erneut – und diesmal endgültig – ankündigt, sein Engagement zurückzufahren, steht über Wochen sogar ein Rückzug aus der ungeliebten Spielklasse zur Diskussion.

Der Spielbetrieb kann zwar mit größter Mühe aufrechterhalten werden, doch zugleich wird klar: Selbst wenn sich wie in den Vorjahren Vereine zurückzögen, würde Eimsbüttel die Lücke nicht mehr füllen – vier Jahre in der Viertklassigkeit haben allzu sehr an der Substanz gezehrt. Auch die Nerven liegen manchmal blank: Akeem Adewunmi gelingt das Kunststück, im März 2003 in vier aufeinander folgenden Spielen jeweils die gelb-rote Karte gezeigt zu bekommen. Die farbenprächtige Serie ist möglich, weil im Amateurfußball nur noch nach

Gruppenbild mit Idol: Für vorbildliche Jugendarbeit erhält der ETV im November 2002 den Uwe-Seeler-Preis.

roten Karten eine Sperre erfolgt. Mit dem TSB Flensburg wird erneut ein Verein aus der nördlichsten deutschen Stadt auf Distanz gehalten, doch die Spiele des Vorletzten stoßen auf immer geringeres Interesse. „Das größte Problem in einer solchen Liga ist die Finanzierung", schaut Podein zurück, „die Mannschaft ist über die Jahre schon mit ihren Aufgaben gewachsen, das Umfeld aber nicht in allen Punkten". Ganze 53 Besucher sehen das letzte Heimspiel gegen den TSV Altenholz, das 0:1 verloren wird.

Wesentlich stimmungsvoller verläuft der endgültige Abschied aus der Oberliga, der an einem Freitagabend unter Flutlicht vor 1.500 Zuschauern am Millerntor stattfindet. Bei den längst als Meister feststehenden St. Pauli-Amateuren geht Eimsbüttel durch ein Tor von Rusdorf in der 38. Minute 1:0 in Führung und verliert erst in der Schlussphase mit 1:3. „Sven Kuzel tankt sich in Beckham-Manier auf der rechten Seite durch und zieht den Ball mit einem Spannschlag traumhaft in den Sechzehner. Im Training tritt er meistens den Ball kaputt, aber in diese Flanke musste ich nur noch mit dem Schädel gegenlaufen. Da dachte ich mir: Hau ihn schön in den Knick rein", schildert der Torschütze Sebastian „Buddy" Rusdorf den letzten Treffer Eimsbüttels in einer überregionalen Liga.

In den Katakomben des St. Pauli-Stadions wird dann Abschied gefeiert, „so lange es ging". Nicht nur der ETV verlässt die Oberliga, auch die meisten Kicker zieht es zu anderen Klubs. „Die Oberliga war eine schöne Erfahrung", bilanziert Liga-Beauftragte Katja Gehrmann, die Anfang 2003 als erste Frau die Leitung der Fußballabteilung übernimmt, „aber wenn die Rahmenbedingungen nicht stimmen, ist sie sehr anstrengend".

2003/04 **Drama mit Überlänge**

Da die Mannschaft nach vier kräftezehrenden Oberliga-Jahren für die Verbandsliga praktisch komplett ausgewechselt werden muss, wird der ETV vor Saisonbeginn nicht nur vom „Sport-Mikrofon" „als sicherer Absteiger gehandelt". Podeins Assistent Michael Richter übernimmt das Training von fünf Verbliebenen und 18 Neuzugängen. „Wir haben Spieler verpflichtet, die letzte Saison in ihren Klubs nur zweite Wahl waren oder schlecht gespielt haben. Die brennen nun drauf, es allen zu zeigen", gibt sich Richter optimistisch und setzt auf „körperliche Stärke und mannschaftliche Geschlossenheit."

Tatsächlich überrascht der zusammengewürfelte Haufen sämtliche Experten mit einem leidenschaftlichen Kraftfußball, der inspiriert von Mittelfeld-Regisseur Sasa Tomic oft noch in der letzten Viertelstunde das Spiel zugunsten Eimsbüttels dreht. Nach dem achten Spieltag ist der designierte Absteiger sogar – zum bislang letzten Mal – die Nummer eins in Hamburg. Ein 2:1 bei der SV Halstenbek-Rellingen durch Treffer von Thomas Agemo und Sheriff Adewunmi reicht zur Tabellenführung, die in folgender Aufstellung erlangt wird: Sager – Feddern, Gülay, Yilmaz, Tomic – Acar, Agemo (78. Aksoy), Prostran (30. Coban), Zeqiraj – Adewunmi (59. Büyükodabasi), Rusdorf.

Zum Heimspiel gegen TuS Dassendorf vier Tage danach hat der programmatisch benannte Fanklub „Leere Kassen" T-Shirts mit der aktuellen Tabelle angefertigt. „4 Years of Hurt – Never stopped us dreaming", steht dort in Anspielung auf die schmerzensreichen Jahre in der Oberliga. Die kühnsten Träume werden jedoch gestoppt, als Dassendorf mit einem Tor von Ex-Profi Marcus Marin 2:0 an der Hoheluft gewinnt. Dank eines dramatischen 3:2 gegen HEBC beendet der ETV die Hinrunde auf einem sensationellen vierten Platz.

In der Rückrunde zeigt sich, dass die junge Mannschaft ein halbes Jahr am absoluten Limit gespielt hat. Ein Einbruch nach der Winterpause lässt sogar das Abstiegsgespenst an der Hoheluft auftauchen. Weil die beiden Staffeln der Oberliga Nord zusammengelegt werden, müssen bis zu sechs der 16 Verbandsligisten absteigen. Als am letzten Spieltag der SV Rugenbergen vier Minuten vor Schluss zum 3:3-Endstand gegen den ETV trifft, sind die Eimsbütteler durch das Gegentor von Platz acht auf Platz elf zurückgefallen. Der Abstieg scheint besiegelt, doch weil die HSV-Amateure sich in der Regionalliga halten und Verbandsliga-Meister BU sich in der Aufstiegsrunde zur Oberliga durchsetzt, bleibt der ETV doch noch in der Verbandsliga – was viele Kicker per SMS auf ihren Mobiltelefonen erfahren. Es ist Mitte Juni, und die meisten haben längst ihre Koffer gepackt und sind in Urlaub gefahren.

2004/05 Projekt „Einsbüttel" unvollendet

Die Hoffnung, mit dem späten Klassenerhalt ausreichend Zeit für einen Neuaufbau der Verbandsliga-Mannschaft gewonnen zu haben, erfüllt sich nicht. Zwar gelingen einige spektakuläre Erfolge – so wird der Hamburger Pokalsieger von 2002, USC Paloma, zweimal geschlagen –, doch ansonsten verfolgt das Pech eine oftmals überforderte Mannschaft, die mit André Feddern (Bergedorf 85) nicht nur einen wichtigen Verteidiger, sondern auch den Glanz der Vorjahres-Hinrunde eingebüßt hat.

Symptomatisch der Daumenbruch von Andreas Daase, den sich der Torwart im Training zuzieht, als er versucht, einen Gewaltschuss von Trainer Michael Richter zu parieren. Als Tabellenletzter muss die Mannschaft die Verbandsliga nach zwei Jahren wieder verlassen.

Ambitioniertere Pläne werden abseits des grünen Rasens verfolgt. Im Januar 2005 werden Bestrebungen vorgestellt, die Eimsbütteler Fußballabteilung mit dem 1911 gegründeten Nachbarverein HEBC als „Eimsbütteler FC 06/11" unter dem Dach des ETV zusammenzulegen. „Wir ergänzen uns", wirbt Liga-Beauftragte Katja Gehrmann für die Fusion, „und würden eine der stärksten Jugendabteilungen in Hamburg haben". Nach mehrwöchiger Diskussion scheitert das Projekt „Einsbüttel" („tageszeitung") jedoch an Vorbehalten auf der HEBC-Seite.

2005/06 Schwere Schritte ins Jubiläumsjahr

Trainer Michael Richter zieht es zum Ligakonkurrenten SC Sperber, Nachfolger wird sein Zwillingsbruder Peter, der zuvor die zweite Mannschaft des ETV in der Bezirksliga gecoacht hat. Eben diese „Reserve" bildet das Gerüst für den

Neuaufbau, der sich aufgrund mangelnder Erfahrung der Spieler jedoch als schwierig erweist. In der gesamten Hinrunde gelingt nur ein einziger Sieg, wobei dieser mit 6:0 gegen Croatia Hamburg umso deutlicher ausfällt. Doch viele Spiele werden durch Unerfahrenheit und individuelle Fehler verloren, so dass Eimsbüttels Fußballer das zehnte Jahr in Folge ruhelos verbringen. Seit 1996 geht es entweder um den Aufstieg oder darum, die bedrohlichen Regionen zu verlassen.

Zur Halbserie liegt das Team auf dem 17. Platz, acht Zähler entfernt vom rettenden Ufer. Drei Verstärkungen in der Winterpause sollen noch eine Wende herbeiführen. Serder Aksoy, Viktor Zequiraj und Dejan Prostran, allesamt schon zuvor im ETV-Trikot zu erleben, kehren an die Hoheluft zurück.

Die Ligamannschaft in der Saison 2005/06: Hintere Reihe stehend v.l.n.r.: Trainer Peter Richter, Betreuer Joachim Böke, Dan-Claas Suaidy, Markus Schwarz, Nikolas Pulian, Ivan Sa Borges Dju, Simon Mensah, Dejan Prostran, knieend v.l.n.r.: Serdar Yilmaz, Sheriff Adewunmi, Sahabettin Yilmaz, Levent Gürcan, Pius Nyarko, Abdullah Shirdel, Serdar Bahtiyar, Ilker Ulus, Viktor Zeqiraj im Vordergrund die Torhüter Ivica Ljubic und Nico Kriesten Es fehlen : Co-Trainer Mohamed Ben Chaabane, Mannschaftsführer Ismet Coban, Serdar Aksoy, Andre Alves Lopes, Lars Aurich, Johannes Berndt, Nzaki Loa, Marcel Morek, Robert Seevaldt, Benjamin Stoltenberg, Tim Werner, Timorschah Yasini.

Doku

Rock'n'Roll in Eimsbush

Die „tageszeitung" über das Derby ETV-HEBC am 15. August 2003

DDR-Schlagerstern Frank Schöbel wusste es: „Die Fans sind eine Macht/ Und hast du nur sieben oder acht/ Es sind Fans/ Und Fans sind eine Macht", sang er. Und brachte damit die Situation von Amateurvereinen – gewollt oder nicht – ziemlich genau auf den Punkt.

Ganz so bescheiden musste Fußball-Eimsbüttel dann doch nicht sein. Beim Hamburger Verbandsliga-Derby (5. Liga) zwischen dem Eimsbütteler TV (ETV) und dem Hamburg-Eimsbütteler Ballspiel-Club (HEBC) tummelten sich nicht nur sieben oder acht, sondern knapp 200 Zuschauer. Alles war klein und gut. Ein schwarzer Polo wurde ausgerufen, weil er eine Ausfahrt versperrte. Zur Halbzeit gab es Gratis-Kaffee für die Sponsoren im „Club 100". Und der Stadionsprecher schickte als Aufmunterung das Thema von „Rocky III" aus den Boxen – zusammen mit dem Tipp, dass seine Favoriten namens „Rock House" demnächst im Studentenschuppen „Logo" konzertieren. Private Nachrichten aus der Fußball-Provinz. Wenn Rock'n'Roll tatsächlich ein hartes Leben ist, hat das kaum ein Verein zuletzt besser nachempfunden als der ETV. Ein großer Verein – der ETV hat über 11.000 Mitglieder – ist eine große Familie. Im März brannte das Clubheim. Den Verdacht, dass vereinsinterne Differenzen zu einem Brandanschlag führten, konnte die Polizei nicht erhärten. Zum Derby wurde das Clubheim neu eingeweiht. Die Heldenbilder ehemaliger Mannschaften sind noch nicht wieder aufgehängt. Max, einer der neuen Wirte, hat in seiner Jugend für Dynamo Omsk gekickt und singt mit ostdeutschen Gästen russische Pionierlieder. Als der Schatzmeister schon gegangen ist, zahlt er die Gebühren für den Schiedsrichter erst mal aus seiner Kasse.

Improvisation, die man gelernt hat. Die letzten vier Jahre verbrachte der ETV auf einem Abstiegsplatz in der Oberliga. Weil Konkurrenten kein Geld hatten, um sich die Viertklassigkeit zu leisten, blieb der ebenfalls klamme Club bis zum Sommer in der Klasse. Immer noch weit weg von den letzten großen Erstliga-Zeiten des ETV in den fünfziger Jahren. Eine Zeit, für manche so weit entfernt wie der Gedanke, ernsthafte Fußballmannschaften könnten auch auf anderem Untergrund spielen als auf ausfahrbarem Luxus-Rasen. Willkommen in der Verbandsliga Hamburg! Der Lokalrivale HEBC trägt seine Heimspiele auf tiefrotem Grand aus. Pogo statt Ballett, Sepultura statt Schwanensee. Auf einigermaßen vernutztem Grün hat der ETV aber mehr Glück. Lennart Ekelund macht eine Minute vor Schluss das 3:2-Siegtor. Danach sorgen beide Trainer für die Aufrechterhaltung der Derby-Stimmung: „Obwohl wir nicht viel gemacht haben, waren wir besser", stichelt Stilianos Vamvakidis (HEBC). Sein Counterpart Michael Richter darauf: „Danke, HEBC, jeder andere Gegner hätte uns von der Koppel geschossen." Koppel as Koppel can. Derby-Rivalität, für die Hamburger Fußballfans nicht mal nach Celle oder Hannover fahren müssen.

Anmerkung:
„Celle oder Hannover" – Im Vorfeld der Regionalliga-Begegnung FC St. Pauli – HSV Amateure war diskutiert worden, das Spiel aus Sicherheitsgründen vom Millerntor zu verlegen. Als Ausweichorte waren Celle und Hannover im Gespräch. Die Partie fand schließlich doch am Millerntor statt.

Interview

„Das hat auch zum ETV gepasst"

Eimsbüttels bislang letzter Profi Jens Scharping über Kreisliga-Anfänge, Croque-Läden und Karriere-Pläne

Als er auf einer Pressekonferenz nach seiner Herkunft gefragt wurde, sagte er einfach „Eumsbüddel". Jens Scharping, Anfang 2006 zum FC St. Pauli nach Hamburg zurückgekehrt, wuchs – wie auch Werder Bremens Patrick Owomoyela – in der Lenz-Siedlung auf. Hochgetürmte Wohnblöcke, die nach der betreffenden Wohnungsbaugesellschaft auch gerne „SAGA-Ghetto" genannt werden. Als Achtjähriger fing Scharping auf den Grandplätzen des ETV an, gegen das runde Leder zu treten. Mit seinem Wechsel zum FC St. Pauli 1993 begann die Profi-Karriere des bislang letzten Erstliga-Kickers, der aus der ETV-Jugend hervorgegangen ist. In zwei Bundesliga-Jahren erzielte Scharping in 46 Einsätzen zwölf Tore für St. Pauli, in der Zweiten Liga stehen für St. Pauli, Oberhausen, Lübeck und Aachen 38 Treffer in 144 Spielen zu Buche.

> *Wissen Sie noch, wie viel Sie in Ihrem Landesliga-Jahr beim ETV an „Aufwandsentschädigung" erhalten haben?*

400 Mark. Damals waren's noch Mark. Ich war ja zehn Jahre beim ETV. Eine lange Zeit: die ganze Jugend und ein Herrenjahr. Ich bin 1983 durch einen Klassenkameraden hingekommen, der da schon gespielt hat. Das erste Training war auf dem August-Bosse-Platz an der Schlankreye, der damals noch ein richtiger Fußballplatz war.

> *Trotz der langen Zeit: Sie hatten in Ihren neun Jugendjahren immer denselben Trainer...*

Richard Wenzing, ja, bis zum Herrenbereich. Das war eine absolut gute Schule in allen Bereichen. Viel Wert hat er auf etwas gelegt, das heute selbstverständlich ist: dass untereinander, auch von den ausländischen Spielern, grundsätzlich Deutsch gesprochen wird. Wir hatten in meinen ganzen Jugendjahren beim ETV ja immer einen hohen Ausländeranteil. Das war auch eine tolle Zeit, man hat von denen auch viel gelernt und mitbekommen. Man ist ja mit vielen aufgewachsen, mit einigen habe ich bestimmt acht Jahre zusammengespielt. Das hat auch zum ETV gepasst. Es war… einfach ein schöner Verein, auch ein sehr familiärer und bodenständiger Verein.

Wenzing hat auch immer darauf geachtet, dass die Disziplin stimmt. Wie man sich zu benehmen hat, diese ganze Geschichte. Manche kriegen das von zuhause mit, manche halt nicht so, weil die Eltern nicht so darauf achten. Er hat das schon sehr gut gemacht. Das war für uns natürlich manchmal auch ein bisschen nervig… Es war teilweise eine harte Zeit, weil er als Trainer auch sehr hart sein konnte, aber hat mich absolut geprägt. Davon habe ich während meiner ganzen Zeit auch am meisten profitiert. Als ich dann Profi war, habe ich ab und an auch noch vorbeigeschaut und die Mannschaften von Richard Wenzing mittrainiert. Das hat Spaß gemacht, dass man auf den Sparbier-Plätzen, wo man selber mal gespielt hat, gerade an die Kleinen vielleicht ein bisschen was weitergeben konnte. War eine schöne Erfahrung.

> *Ein Highlight neben dem Platz sind meistens die Ausfahrten, die man als Fußballer unternimmt. Welche Erinnerungen haben Sie da?*

Wir haben viele Reisen gemacht, eigentlich fast jedes Jahr eine: In die Türkei oder auf Malta, auch mal näher dran an Hamburg. Besonders gerne erinnere ich mich an ein mehrtägiges Turnier mit Mannschaften aus ganz Deutschland in der Heide, als ich in der A-Jugend war. Das war insofern ganz witzig, als dass wir zuerst unser Finale gewonnen haben und danach unsere B-Jugend anfeuern konnten, die auch im Endspiel stand – und das als kleiner Verein, das erinnere ich noch gut.

> *Stichwort kleiner Verein. Würden Sie einem heutigen Talent empfehlen, es zunächst dort zu versuchen statt sich gleich an den großen Adressen zu orientieren?*

Ich habe ja zunächst nie in den Hamburger Jugend-Auswahlen gespielt. Da bin ich erst in meinem ersten Herrenjahr reingekommen und habe dann auch Länderpokal gespielt. Normalerweise wirst du ja mit 14, 15 gesichtet, aber da wollten sie mich nicht haben. Was für viele der Weg zum Fußballprofi ist, habe ich alles nicht gemacht – Jugend-Nationalmannschaft, der ganze Kram…

Ich kenne viele Spieler aus anderen Mannschaften, die damals Auswahl oder sogar Jugend-Nationalmannschaft gespielt haben, die dann ab dem Herrenbereich praktisch völlig untergegangen sind. Viele sind ständig gewechselt, haben zum Beispiel beim HSV Jugend-Oberliga gespielt und mussten danach wieder wechseln, weil sie nicht viel zum Einsatz kamen oder den Sprung in die Amateur-Mannschaft nicht geschafft haben. Durch die ganze Wechselei hat dann oft die Konstanz gefehlt, um diesen Sprung von der Jugend in den Herrenbereich zu schaffen. Für mich ist das der wichtigste Schritt auf dem Weg zum Fußballprofi, den muss man einfach gut schaffen. Viele sind da untergegangen, Otto Addo ist einer der wenigen, der es nach vielen Wechseln verspätet noch gepackt hat.

Ich habe immer im ETV gespielt, und mir hat's gut getan. Im letzten A-Jugend-Jahr habe ich schon regelmäßig oben in der Landesliga-Mannschaft mittrainiert und auch gespielt. Dadurch war der Übergang vom Jugend- in den Herrenbereich überhaupt kein Problem. Ich hatte zuvor auch schon Angebote und hätte auch höher spielen können als Landesliga. Aber beim ETV habe ich immer gespielt, und das war optimal.

> *Wie hat Ihr Übergang vom Jugendfußball in den Herrenbereich konkret ausgesehen?*

Unsere zweiten Herren haben damals in der Kreisliga gespielt und brauchten Leute. Zwei Spieler aus der A-Jugend, Daniel Berlin und ich, haben einmal abends mittrainiert und sollten dann am Sonntag dort statt in der Jugend spielen. Mein Jugendtrainer Wenzing, der mich immer gefördert hat, dass ich oben reinkomme, war tierisch sauer, weil man uns dann dort auf die Bank gesetzt hat. Wofür wollen sie die beiden jetzt haben, wenn sie sie nur auf die Bank setzen? 20 Minuten vor Schluss sind wir dann eingewechselt worden und haben mit drei Toren noch das ganze Spiel gedreht. Der Trainer der ersten Mannschaft war auch da, und die hatten auch einen Engpass, so dass ich am nächsten Wochenende gleich in der Landesliga gespielt habe. Mein erstes Spiel war gleich ein Derby gegen Grün-Weiß Eimsbüttel. Ein 0:0, nicht so toll für einen Stürmer, aber es war halt das erste Spiel.

> *Die Tore sind dann bald gefolgt. Welche Angebote haben Sie als Landesliga-Goalgetter 1993 bekommen?*

Da gab's natürlich viele. Ich habe mich mit St. Pauli getroffen, das war am Anfang aber gar nicht interessant für mich, weil die mich nur für die Amateur-Mannschaft haben wollten. Wenn ihr mich haben wollt, dann nur als

Vertragsamateur, habe ich gesagt: damit ich oben in der Zweitliga-Mannschaft mittrainieren und auch spielen könnte. Da waren sie erst wohl ein bisschen überrascht, ich habe dann aber später einen Anruf vom damaligen Profitrainer Seppo Eichkorn bekommen. Der hat mich zum Probetraining eingeladen, und nach zwei Tagen hieß es: Okay, machen wir, du wirst bei uns Vertragsamateur. Zum HSV hätte ich auch wechseln können, aber dort nur zu den Amateuren. Die haben gesagt, oben mitzutrainieren sei ausgeschlossen, das kam für mich daher nicht in Frage. Für mich war dieser Spagat wichtig, zwischen Amateur-Mannschaft und Profis wechseln zu können. Ich wusste, dass es bei St. Pauli am schnellsten gehen kann, wenn ich oben vernünftig mittrainiere und gut in der Amateur-Mannschaft spiele.

> *Was fällt Ihnen spontan zu Eimsbüttel ein?*

Eumsbüddel? Da bin ich aufgewachsen und habe Jahre meines Lebens gewohnt. Wenn ich heute durch die Osterstraße (eine Art Stadtteil-Boulevard, Anm. F.H.) fahre, fühle ich mich immer noch zuhause. Eimsbüttel ist auch ein allgemein attraktiver Stadtteil.

> *Wo würden Sie einen Touristen aus Bayern oder Pinneberg hinführen?*

Auf jeden Fall in Hamburgs besten Croque-Laden an der Ecke Telemannstraße: „Croque Francais". Einfach überragend, das war der erste Weg, den ich gemacht habe, als ich wieder in Hamburg war. Ansonsten würde ich mit ihm einfach durch die Osterstraße laufen und ihm ein paar Läden zeigen und mich mit ihm ins Café setzen und die Gegend erklären. Man kann in Eimsbüttel auch gut wohnen, es gibt noch viele Altbauten. Und es ist ein relativer Multi-Kulti-Stadtteil, auf angenehme Weise. Nicht voneinander abgetrennt, sondern alles querbeet gemischt.

> *So wie die Eimsbütteler Vereinslandschaft. Wie haben Sie die ETV-Nachbarn in Erinnerung?*

Schön waren die Derbys mit HEBC auf deren Reinmüller-Acker oder auch mit Grün-Weiß Eimsbüttel. Ich habe ja in der Julius-Vosseler-Straße in dem Ghetto gewohnt. Vom dritten Stock aus habe ich direkt auf den Grün-Weiß-Platz Tiefenstaaken geguckt. Wenn die Blätter an den Bäumen weg waren, konnte ich die Spiele im Herbst umsonst sehen. Wenn ich im Sommer nichts sehen konnte, bin ich in der zweiten Halbzeit runter, da musste man keinen Eintritt mehr bezahlen. Aus der Haustür über die Straße, dann stand ich auf dem Platz. Als Kleiner hat man da noch geguckt, als Großer hat man dann selbst die Duelle mit Grün-Weiß gehabt.

Einwurf

„Keine Grenze nach oben"

Sportlicher Erfolg trifft soziale Integration: In der ETV-Jugendabteilung liegt die Zukunft

Es herrscht Hochbetrieb an der Bundesstraße. Die beiden Grandplätze gegenüber dem Vereinssitz werden von Kindern und Jugendlichen geradezu belagert. Gut 700 Mitglieder zählt die Jugendfußball-Abteilung im ETV, montags, mittwochs und freitags sind es 17 Mannschaften, die hier oder auf Ausweichplätzen (wie etwa dem Reinmüller von HEBC) dem Ball nachjagen und sich oft zu viert einen Platz teilen. Begehrter Raum im innerstädtischen Viertel, in dessen Kerngebiet auf 3,2 Quadratkilometern über 50.000 Menschen leben.

2006 knüpft Eimsbüttel an seine Tradition guter und erfolgreicher Nachwuchsarbeit an. Ob 1906 wirklich schon eine Fußballjugendmannschaft am Spielbetrieb teilgenommen hat, lässt sich heute nicht mehr nachvollziehen. Sicher ist, dass es 1909 bereits drei Schülermannschaften im ETV gab. Und schon 1911 schafften gleich drei Jugendspieler den Sprung in die erste Herrenmannschaft, die dort die Abwehr verstärkten.

Während 1924 im Bezirk „Groß-Hamburg" die meisten Vereine einen großen Rückgang an fußball spielenden Kindern und Jugendlichen verzeichnen mussten – die Zahl der gemeldeten Nachwuchsmannschaften nahm um 50 Prozent ab –, schickte Eimsbüttel statt wie bislang vier nun sechs Mannschaften ins Rennen. Am Ende des Jahrzehnts war die stark wachsende Jugendabteilung bereits mit zehn Mannschaften vertreten. Die „Erste Jugend" des ETV war in diesen Jahren immer ganz vorne mit dabei, Vereine wie St. Pauli oder HSV oft nur Punktelieferanten. Von den „Lieferungen" der Nachwuchsabteilung profitierte die Liga-Mannschaft, die in den 1930ern gestützt auf die eigenen Talente ihre größten Erfolge erreichte.

Die absolute Spitze der Fußballjugend konnte 1949 mit 31 am Spielbetrieb teilnehmenden Mannschaften verzeichnet werden. Ein Jahr zuvor hatten die „Jungmannen" des ETV ein internationales Jugendturnier gewonnen, das als inoffizielle deutsche Meisterschaft galt. In dieser Zeit inserierte der Jugend-Obmann in der Vereinszeitung, um „Begleiter" für Jugendmannschaften zu finden. Es wurde im Vorstand auch über einen Aufnahmestopp nachgedacht, da es an Trainern, Betreuern und Spielflächen mangelte. Ab 1952 sank die Anzahl der Mitglieder langsam, aber stetig, so dass 1961 nur noch 22 Mannschaften antraten und 1966 gar nur noch 14 Kinder- und Jugendmannschaften in den ETV-Farben spielten. Erst 1975, im Jahr nach der von Beckenbauer & Co. gewonnenen Weltmeisterschaft, konnten wieder 17 Mannschaften gemeldet werden. Der Zulauf zum ETV resultierte wohl nicht zuletzt daraus, dass die Jugendmannschaften stets in den Leistungsklassen vertreten waren.

Vom allgemein starken Rückgang an fußball spielenden Kindern in Hamburg war Anfang der 1990er Jahre auch der ETV betroffen. Der „Boris-Becker-Effekt" hatte auch die Eimsbütteler Sportjugend fest im Griff. Zudem war Eimsbüttel in dieser Zeit ein tendenziell überalterter Stadtteil, in dem sogar einzelne Schulen (Moorkamp) wegen Nachwuchsmangels geschlossen werden mussten. 1993 zählte die Fußballjugend nur noch 128 Mitglieder, die in sechs Mannschaften spielten. Doch „im tiefsten Tief liegt bereits das Fundament für das nächste Hoch", bemüht der langjährige Jugendobmann Richard Wenzing eine chinesische Weisheit. Nur ein Jahr später konnte der ETV bereits wieder elf Mannschaften an den Start schi-

Gothia-Cup 2005: Der ETV beim weltweit größten Jugendturnier in Göteborg.

cken, da die Mitgliederzahl sich fast verdoppelt hatte. „Mitverantwortlich für diese spezielle Entwicklung war nicht nur der verstärkte Zuzug junger Familien nach Eimsbüttel, sondern in hohem Maße auch der sportliche Werdegang des Jens Scharping", verweist Wenzing auch auf die Galionsfigur der jüngeren Vergangenheit. „Scharping hat elf Jahre lang in der ETV-Jugend gekickt, immer in derselben Mannschaft gespielt und immer dieselben Trainer um sich gehabt", blickt Wenzing zurück: „So konnte er ganz in Ruhe und ohne übertriebenen Leistungsdruck von außen seine Fähigkeiten und seine Fertigkeiten entwickeln."

Innerhalb von vier Jahren stieg die Anzahl der Mannschaften von sechs auf 21. Im Jahr 2002 meldete die Jugend des ETV bereits wieder 28 Mannschaften. Dieser Erfolg der ehrenamtlichen Mitarbeiter blieb auch dem Hamburger Fußball-Verband (HFV) nicht verborgen. 2002 erhielt der ETV den Uwe-Seeler-Preis für hervorragende Jugendarbeit. Angenehmer Nebeneffekt bei der Übergabe der Urkunde und der 3.000 Euro Preisgeld: der persönliche Handschlag von Hamburgs Fußball-Idol Uwe Seeler. Schon 1996 hatte der DFB Eimsbüttel mit einer Auszeichnung für seine Jugendarbeit und einer Woche Trainingsferienlager an der Ostsee bedacht. Alljährlich zieht es die ETV-Jugend seit 2001 nach Göteborg zum Gothia-Cup – dem weltweit größten Turnier für Nachwuchsmannschaften, an dem in jedem Sommer über 1.500 Mannschaften im Alter zwischen elf und 19 Jahren teilnehmen und bei dem Talentsucher auch schon die Künste des jungen Alan Shearer begutachten konnten.

Bis heute hält der Zulauf zum ETV in der Fußballjugend an. Im Jahre 2004 konnte die Höchstmarke von 35 Mannschaften, in denen 537 Kinder und Jugendliche spielten, erreicht werden. Ehemalige Eimsbütteler Jugendspieler sind derzeit in fast allen Spielklassen vertreten, nicht zuletzt auch in den ersten und zweiten Herren des ETV in Landesliga und Bezirksliga.

Wenngleich Spielklassen wie die A-Jugend-Bundesliga für den ETV derzeit in weiter Ferne liegen, haben zahlreiche Talente im rot-weißen Trikot auf Hamburger Ebene beachtliche Erfolge erzielen können, aus denen die Ergebnisse der Jahrgänge 1983, 1987 und 1993 herausragen.

2000 wurde die von Wilfried Waack aufgebaute und nun von Christian Hahne trainierte D-Jugend (Jahrgang 1987) durch ein 2:1 gegen HT 16 Hamburger Pokalsieger. In der darauf folgenden Spielzeit wurde als jüngere C-Jugend wiederum gegen HT 16 die Hamburger Meisterschaft errungen. In einem dramatischen Endspiel verwandelte Jan Savelsberg den entscheidenden Elfmeter, nachdem auch eine Verlängerung keine Entscheidung herbeigeführt hatte.

2002 verpasste die A-Jugend in der Sonderklasse (jüngerer Jahrgang, 1983) nur um einen Punkt den Aufstieg in die Regionalliga Nord. Gleichzeitig kamen fünf ihrer Spieler auch in der Herren-Mannschaft in der Oberliga Hamburg/Schleswig-Holstein zum Einsatz. Kurios spielte sich in der gleichen Saison der ältere A-Jugend-Jahrgang nach vorn, der sich von den Punktspielen aufgrund der ungewöhnlich hohen Belastung durch Abstellungen von Kickern in den Herrenbereich zurückgezogen hatte. Im Pokal noch vertreten, sorgte das vom bundesligaerfahrenen ETV-Gewächs Jörn Großkopf trainierte Team für Furore.

Im Halbfinale gewann die Elf im Elfmeterschießen gegen die A-Jugend des FC St. Pauli, in der mit Alexander Meier ein späterer Bundesliga-Spieler stand. Meier war bei Alexander Bielefeld gut aufgehoben, Keeper Sven Wolgast hielt erst einen und verwandelte dann unter Flutlicht den entscheidenden Elfmeter zum 6:4. Mit Ismet Coban und Dejan Prostran versuchten zwei der damals Beteiligten, 2005/06 den Absturz der Herren in die Bezirksliga zu vermeiden. „Eimsbüttel ist über sich hinausgewachsen", anerkannte Andreas Bergmann, der damals St. Paulis Nachwuchs betreute. „Wir sind eine Phantommannschaft", schmunzelte ETV-Trainer Ben Shaabane: „Wir tauchen auf und sind wieder weg."

Das Finale gegen den Niendorfer TSV ging nach Verlängerung 1:2 verloren, auch weil einige Spieler am Vortag noch in der Not leidenden Herren-Oberliga-Mannschaft gefordert waren.

Im Winter 2004 konnte der Jahrgang 1993 auftrumpfen. Die Erste E-Jugend nahm mit zwei Mannschaften an der Hamburger Hallenrunde teil, in der insgesamt 262 Teams um Tore und Punkte stritten. War es schon außergewöhnlich, dass beide ETV-Mannschaften den Sprung in die Endrunde der besten fünf schafften, kam die Konkurrenz nach dieser Endrunde aus dem Staunen nicht mehr heraus. Nur dank der besseren Tordifferenz landete der ETV II auf dem ersten Platz, dicht gefolgt vom… ETV I. Während dem HSV nur der fünfte Platz blieb, würdigte Frank Schein vom Verbandsjugendausschuss bei der Siegerehrung das Novum im Hamburger Jugendfußball: „Das hatten wir noch nie: Meister und Vizemeister von ein und demselben Verein!"

„Unser nächstes Ziel muss sein, möglichst durchgängig in den höchsten Jugendspielklassen vertreten zu sein", möchte Wenzing die Erfolge auf eine breitere Basis stellen. Derzeit könnten einzelne Mannschaften mit Hamburgs Spitze mithalten, zukünftig soll die gesamte Abteilung als Größe wahrgenommen werden – auch um zu verhindern, dass eigenen Talenten von Auswahltrainern nahe gelegt wird, doch den Verein zu wechseln.

Der aktuelle Zulauf zu den Sparbierplätzen an der Bundesstraße ist bunt gemischt. „Unser 1988er-Jahrgang bestand aus 13 verschiedenen Nationen", schildert Michael Bade, der den „Völkerbund" trainierte und derzeit als Obmann der Jugendabteilung tätig ist. Insgesamt liegt der Anteil von Spielern nichtdeutscher Herkunft bei etwa 30 Prozent – eine Marke, die Bades Mitstreiter Wenzing als hilfreich für eine „echte Integration in die deutsche Gesellschaft" ansieht, da sie ethnischen Grüppchenbildungen vorbeuge. „Ein Sportverein, wie wir ihn verstehen, hat schließlich auch eine soziale Funktion", sagt Wenzing, der nach jahrzehntelanger Erfahrung manche Schnellschüsse und Aktionismen der Verbände belächelt: „Nun wollen sie in Deutschland brasilianischen Straßenfußball einführen, weil daraus in Brasilien so viele Talente erwachsen. Nur geben sich dort die jungen Spieler die Regeln selbst, während hierzulande alles möglichst bis ins kleinste Detail vorgegeben sein soll."

„Unser Ziel ist es, so viel Breitensport wie möglich anzubieten", gibt Bade als Leitlinie aus und räsoniert über die neu zu koordinierenden Trainingstermine, die mit dem in Hamburg eingeführten „Modell Ganztagsschule" verbunden sind. Stößt die integrative Arbeit, mit der Heranwachsende vom Gameboy zum Goal gelockt werden, nicht bald an ihre Grenzen? Wie viele kickende Jugendliche kann der ETV mit seinen Kapazitäten noch aufnehmen? „Wenn man genug Leute findet, die Zeit haben und die Kinder betreuen können, gibt es eigentlich keine Grenze nach oben", sagt Bade, der 2004 als einer der ersten Hamburger die Ausbildung zum DFB-Jugendleiter absolvierte.

Die sozialen und pädagogischen Aufgaben in einer großen Jugendabteilung relativieren den Leistungsgedanken insofern, als dass sie ihn in einen vernünftigen Rahmen einordnen. Verdrängt wird er nicht, wie nicht allein die angeführten Erfolge veranschaulichen. 2005 meldete der ETV „nur noch" 32 Jungenmannschaften zum Spielbetrieb. Anlass war der HFV-Beschluss, für die jüngsten, fünf oder sechs Jahre alten Fußballer keine Spiele, sondern nur noch „Spielnachmittage" auszutragen, bei denen Tore und Schiedsrichter fehlen. „Für Spielnachmittage braucht ein Kind keinen Verein und schon gar keinen Verband, der diese organisiert", kritisiert Wenzing diese Maßnahme, „zu einem vernünftigen Fußballspiel gehören zum einen Tore und zum anderen ein Spielleiter".

Im Zuge der WM 2006 in Deutschland richtet sich der ETV auf weiteren Zulauf ein und bemüht sich „um weitere Sportplätze, Sporthallen und vor allem ehrenamtliche Mitarbeiter". Die beiden Grandplätze in der Bundesstraße werden in näherer Zukunft vermutlich dem Ausbau eines benachbarten Krankenhauses weichen. In Aussicht gestellt wurde dem ETV die Anlage eines Kunstrasenplatzes auf dem verbleibenden Gelände. „Ein solcher Platz wäre ganzjährig bespielbar und würde unsere Attraktivität für die Jugendlichen steigern", erklärt Richard Wenzing.

Innerhalb des Stadtteils und des Vereins bestehen allerdings auch Befürchtungen, der mitgliederstarke Verein würde nach einer Expansion des Krankenhauses mit leeren Händen dastehen und kaum noch in der Lage sein, seinen Jugendlichen genügend Trainingsmöglichkeiten anzubieten. Eine Bürgerinitiative engagiert sich gegen den Bau des Diakonieklinikums, der ETV als Gesamtverein und seine Fußballabteilung befürworten das Lösungsmodell eines Sportzentrums für Fußball und Beachvolleyball. Auf ihrer Jahreshauptversammlung im Februar 2006 erhielt die Fußball-Abteilungsleitung um den Vorsitzenden Peter Clasen mit 57 Prozent der Stimmen ein Mandat, um ihren Kurs fortzuführen.

Hat dieser Kurs Erfolg, liegt möglicherweise auch der Wunsch von Richard Wenzing nicht mehr ganz so fern: „Vielleicht sehen wir bald wieder ein ETV-Junggewächs im Nationaltrikot bei einer WM für Deutschland auflaufen."

Jung, rot und weiß: Eimsbüttels Nachwuchs.

▲ **7. F-Jugend**
hinten v.l.: R. Elling, Henry, Eren Can, Winston, Paul, Nicolas, Lukas, F. Off vorne v.l.: Leonard, Alessandro, Jan-Jonas, Sebastian, Leonidis.

▼ **6. F-Jugend**
hinten v.l.: R. Elling, Jasper, Dominik, Louis, Alexander, Janosch, T. Gau vorne v.l.: Anton, Josua, Toni, Lucas, David.

▲ 5. F-Jugend
hinten v.l.: S. Möller, Felix, Ebou, Julian, Maximillian, Noah, N. Hartwig vorne v.l.: Andre, Alper, Otto, Phillip, Vanessa.

▼ 4. F-Jugend
hinten v.l.: Rainer Elling, Nicolas, Lasse, Alexander vorne v.l.: Thiago, Luca, Torben, Sandro, Julian.

▲ **3. F-Jugend**
hinten v.l.: Rebecca (Betreuerin) Yigithan, Anton, Maxime, Sebastian, Stefan (Betreuer) vorne v.l.: Marvin, Furkan, Carlos, Tom, Luca nicht dabei: Citak Özgül (Trainer).

◀ **2. F-Jugend**
hinten v.l.: Lucas Raphael, Levin Grossmann, Finn Reiprich, Finn Ole Janssen, Henri Gruhl, Leon Dombrowsky vorne v.l.: Paul Altmann; Ben Reinitzer; Finn Jonas Christensen Portraits v.o.:Maxim Legrand; Tim Gellersen; Tom Brasch Trainer und Betreuer: Peter Wolff und Michael Böse.

▶ **1. F-Jugend**
hinten v.l.: Andreas (Trainer), Miles, Erkut, Lino, Jonas, Erkan (Betreuer)
vorne v.l.: Felix, Niklas, Fabio.

▲ 5. E-Jugend
▶ 3. E-Jugend
hinten v.l.: Julian Schmidt, Inan Arslan, Linus Starke, Louis Henschel, Aike Schuirmann, Jannick Steller, Trainer: Klaus Papist vorne v.l.: Max Henrik Berger, Aaron Kreher, Lion Haase, Henrik Papist, Sven Bohnhoff, Dustin Hoffmann.
▼ 2. E- Jugend
hinten v.l.: Klaus Kammradt (Trainer) Luigi Knüppel, Julius Grandjean, Julian Schmidt, Lee Schneider Vorne v.l.: Konstantin Schlossmacher, Robert Hahne, Max Grobecker, Michel Dencker Nicht dabei: Daniel Pfeiffer, Desmond Suhr.

▲ **1. E-Mädchen**
hinten v.l.: Melina, Jacqueline, Virginia L., Lara, Virginia W., Sebastian T.(Trainer) hinten v.l.: Sina, Clara, Magdalena, Celine, Antonia.

▼ **1. E-Jugend**
hinten v.l.: Fabian Holst, Tim Sudeck, Cedric Bathke, Paul Bagelmann, Omar Hujdurovic, Frank Kessler (Trainer) Vorne v.l.: Alexander Duteau, Ben Fischer, Daniel Shijaku Liegend: Moritz Kessler.

▲ 4. D-Jugend
hinten v.l.: Michael Bade (Trainer), Elias Blank, Berkant Özel, Leif-Gerrit Vogt, Jan-Philipp Perschel, Anton Marchel, Burak Guel, Francesco Distefano (Trainer) Vorne v.l.: Salih Kabalakoglu, Lucas Kunz, Okan Arik, Esad Furkan Güzelel, Sinan Özarslan.

▼ 2. D-Jugend
hinten v.l.: Akim, Leif, Niklas G., Niklas D., Lennard, Finn, Louis, Deniz, Mladen (Trainer) vorner v.l.: Rifat, Justus, Paul, Jannes, Tugay, Mete.

▲ **1. D-Jugend**
hinten v.l.: Laszlo Steinwaerder, Danny Schiller, Achim Herbold, Thomas (Jimmy) Hanstein, Idrissa (Eddi) Sambou, Magnus Hartwig, Tarak Ben Saad, Richard Wenzing (Trainer), Konrad Ladendorf, Lukas Urbanowski vorne v.l.: Sascha Bartold, Loic Fave, Fabio Wenzing, Toni Henßler, Yannick Mehlert, Robin Geist, Sebastian Bernheim, Andre Hamer, Marcel Balic.

▼ **4. C-Jugend**
hinten v.l.: Mirco Kroll (Trainer) , Niki, Malte, Merlin, Finn, Lenni, Phil, Joma, Kevin, Moritz, Alpha vorne v.l.: Lucas, Luca, William, Dennis, Onur, Dierk, Sezer, Marek.

▲ **2. C-Jugend**
hinten v.l.: Wolfgang (Betreuer), Robert, Max, Okan, Attila, Ilkan, Niclas, Georgi, Michel (Trainer) Vorne v.l.: Nico, Victor, Alex, Paul, Tim, Valentino, Sino.

▼ **1. C-Mädchen**
hinten v.l.: Jelle, Carlotta, Kim, Sophie, Wolfgang (Trainer), Ellen, Barnu, Johanna, Betti mitte v.l.: Emma, Eliza, Katharina S., Anna-Sophie, Katharina K., Janne vorne: Pia.

▲ C- Leistungsklasse

▲ 2. A-Jugend
von links: Volker Scharrnbeck (Trainer), Ershat Nouroozi, Paul Hartmann, Enrico Engel, Stephan „Steppel" Wulf, Gerrit Hielscher, Lukas Montag, Dawid Meczykowski, Tristan Krüger, Dejan Glisovic, Stephan Rumke, Lars Behre (Trainer).

▼ 1. A-Jugend
hinten v.l.: Süleyman Sütcü (Trainer), Tim Werner, John Gyimah, Leroy Delmar, Tobias Harling, Nick Heppke, Tony Arthur (Trainer), Peter Clasen (Betreuer) unten v.l.: Selman Coban, Tim Schürmann, Volkan Coban, Collins Egege, Valdo Miguel Dias Silva Lima, Pana Giotes Tsavalias.

▲ **2. Herren**
Stehend v.l.n.r : Ricardo Fonseca, Tino Bracker, Leandro Indulto, Roberto Rodriguez, Daniele Cassara, Erich Offen, Tony Arthur, Trainer Dennis Mitteregger Knieend v.l.n.r. Valdo Dias Silva Lima, Moritz Kleist, Daniel Cyganek, Yavus Karabulut, Kadir Tokus, Julian Meins, Hüseyin Dogu Es fehlen : Deniz Alkan, Malte Brack,Patrick Loeding,Ange Watusia Teka,Oktay Ucar und Alex Vnuk.

▼ **Alte Herren**
Stehend v.l.n.r.: Dirk Hoffmann, Jens Nordmann, Tom Bodenbender,Carsten Heysen,Sven Grützmacher,Hubert Schmees,Dr.Tim Jennerjahn, Niels Rühlicke, knieend v.l.n.r. :Thomas Lüders,Thorsten Braun, Frank Storr, Andreas Mäder, Michael Torkler, Elmar Weiss.

Anhang

Eimsbütteler TV e.V.
Bundesstraße 96
20144 Hamburg
Tel.:   040/40 17 69 - 0
Fax :   040/40 17 69 - 69
E-Mail: info@etv-hamburg.de
Internet : www.etv-hamburg.de

1. Vorsitzende :   Iris Kleinert
Geschäftsführer : Frank Fechner

Fußball-Abteilung :
ETV - Sportzentrum Hoheluft
Lokstedter Steindamm 75
22529 Hamburg
Tel.:   040/ 41 09 33 28/29
Fax :   040/ 41 09 33 30
1.Vorsitzender: Peter Clasen
Mobil: 0171/120 18 48
E-Mail: pclasen@etv-hamburg.de
Jugendobmann: Michael Bade
Mobil: 0173/820 17 89
E-Mail: mibade@gmx.de
Schiedsrichter-Obmann : Stefan Thoren
Mobil: 0172/4362185
E-Mail: stefan.thoren@europa-carton.de

Übersicht Punktspiele

1906/07 A-Klasse

1. FC Victoria   24.03.07   3 : 7
2. Altonaer FC 93   27.01.07   0 : 7
3. H F C 88   07.04.07   1 : 2
4. FC Union 03   11.11.06   3 : 2
5. SC Germania   09.09.06   1 : 2
6. St Georger FC   07.10.06   0 : 8
7. ETV
8. FC Britannia   21.10.06   1 : 0
9. FC Alemannia 96 03.03.07   4 : 2
10. SC Sperber   23.09.06   1 : 1

Platz 7 | 7:11 Punkte | 14:31 Tore | 3 Siege, 1 Unentschieden, 5 Niederlagen
Es wurde nur eine einfache Runde ausgetragen. Die Spiele fanden auf unterschiedlichen Plätzen statt.

1907/08 A-Klasse

1. FC Victoria   17.11.07   2 : 11
2. Altonaer FC 93   13.10.07   1 : 2
3. SC Germania   05.04.08   3 : 2
4. ETV
5. FC Union 03   27.10.07   4 : 1
6. St Georger FC   24.11.07   2 : 1
7. H F C 88   22.03.08   1 : 2
8. FC Britannia   10.11.07   3 : 0

Platz 4 | 8:6 Punkte | 16:19 Tore | 4 Siege, 0 Unentschieden, 3 Niederlagen
Es wurde nur eine einfache Runde ausgetragen. Die Spiele fanden auf unterschiedlichen Plätzen statt.

1908/09 A-Klasse

1. SC Victoria   28.03.09   0 : 5
2. Altonaer FC 93   21.03.09   5 : 3
3. ETV
4. H F C 88   07.03.09   1 : 3
5. SC Germania   18.10.08   0 : 0
6. FC Britannia   29.11.08   2 : 1
7. SC Sperber   14.03.09   5 : 2
8. St Georger FC   04.10.08   4 : 1
9. FC Union 03   15.11.08   2 : 0

Platz 3 | 11:5 Punkte | 19:15 Tore | 5 Siege, 1 Unentschieden, 2 Niederlagen
Es wurde nur eine einfache Runde ausgetragen. Die Spiele fanden auf unterschiedlichen Plätzen statt.

1909/10 A-Klasse

		Herbst		Frühjahr	
1.	Altonaer FC 93	07.11.09	1 : 2	06.02.10	1 : 4
2.	SC Victoria	31.10.09	3 : 5	13.02.10	1 : 7
3.	St Georger FC	21.11.09	1 : 5	05.05.10	1 : 2

Dieses Spiel wurde wg. Regelverstoßes wiederholt (zuvor am 14.11.09 1:3)

4.	FC Union 03	12.12.09	3 : 1	20.02.10	2 : 3
5.	H F C 88	05.09.09	3 : 3	23.01.10	2 : 0
6.	ETV				
7.	FC Britannia	17.10.09	2 : 1	24.04.10	3 : 0
8.	SC Germania	03.10.09	5 : 1	20.03.10	1 : 2
9.	SC Sperber	28.11.09	0 : 4	03.04.10	3 : 2

Platz 6 | 13:19 Punkte | 32:42 Tore | 6 Siege, 1 Unentschieden, 9 Niederlagen

1910/11 A-Klasse

		Herbst		Frühjahr	
1.	Altonaer FC 93	06.11.10	3 : 1	15.01.11	1 : 3
2.	SC Victoria	18.09.10	1 : 1	22.01.11	2 : 1
3.	ETV				
4.	FC Union 03	11.12.10	1 : 2*	08.01.11	3 : 2
5.	H F C 88	27.11.10	1 : 0	12.02.11	2 : 2
6.	SC Sperber	20.11.10	6 : 2	05.03.11	3 : 0
7.	St Georger FC	02.10.10	3 : 1	29.01.11	2 : 0
8.	SC Germania	30.10.10	1 : 0	12.03.11	2 : 3
9.	FC Britannia	04.12.10	3 : 1	05.02.11	3 : 1

Platz 3 | 24:8 Punkte | 37:20 Tore | 11 Siege, 2 Unentschieden, 3 Niederlagen
* Dieses Spiel wurde nach Protest wiederholt (zuvor am 16.10.10 1:3)

1911/12 1. Klasse

		Herbst		Frühjahr	
1.	Altonaer FC 93	19.11.11	2 : 1	28.01.12	1 : 6
2.	ETV				
3.	SC Victoria	05.11.11	4 : 0	03.03.12	5 : 2
4.	SC Sperber	15.10.11	4 : 1	18.02.12	2 : 3
5.	H F C 88	03.12.11	1 : 0	21.01.12	1 : 3
6.	FC Britannia	01.10.11	3 : 0	10.03.12	2 : 1
7.	St Georger FC	26.11.11	2 : 0	17.03.12	3 : 1
8.	FC Union 03	23.10.11	3 : 0	25.02.12	1 : 1
9.	SC Germania	24.09.11	8 : 0	07.01.12	3 : 1

Platz 2 25:7 Punkte | 45:20 Tore | 12 Siege 1 Unentschieden, 3 Niederlagen

1912/13 1. Klasse

	Herbst		Frühjahr	
1. SC Victoria	08.12.12	1:1	23.02.13	1:3
2. Altonaer FC 93	09.02.13	2:5	02.03.13	0:2
3. ETV				
4. FC Britannia	10.11.12	3:1	06.04.13	0:3
5. Borussia Harburg	22.09.12	0:3	16.03.13	2:3
6. HFC 88	24.11.12	3:2	27.04.13	4:1
7. FC Union 03	17.11.12	2:1	20.04.13	0:1
8. SC Germania	06.10.12	4:2	30.03.13	4:0
9. SC Sperber	03.11.12	4:2	19.04.13	3:0
10. St Georger FC	08.09.12	5:2	26.01.13	3:1

Platz 3 | 21:15 Punkte | 41:33 Tore | 10 Siege, 1 Unentschieden, 7 Niederlagen

1915/16 A-Klasse

	Herbst		Frühjahr	
1. St Georger FC	17.10.15	2:4	30.01.16	0:2
2. SC Sperber	19.09.15	1:9	06.02.16	3:3
3. Altonaer FC 93	28.11.15	2:4	12.03.16	2:7
4. FC Union 03	24.10.15	2:1	05.03.16	1:3
5. ETV				
6. SC Victoria	14.11.15	1:1	09.04.16	4:1
7. Hamburger SV 88	12.12.15	3:4	19.03.16	7:1
8. SC Blücher 1901	07.11.15	3:1	23.01.16	7:0
9. SC Germania	26.09.15	1:1	16.01.16	4:1

Platz | 2 15:17 Punkte | 43:43 Tore | 6 Siege, 3 Unentschieden, 7 Niederlagen

1913/14 NFV-Verbandsliga

		Heim		Auswärts	
1.	Altonaer FC 93	11.01.14	0 : 2	22.03.14	1 : 1
2.	Holstein Kiel	25.01.14	1 : 2	30.11.13	0 : 5
3.	Hannover 96	15.03.14	2 : 1	14.09.13	2 : 1
4.	ETV				
5.	E. Braunschweig	05.10.13	2 : 2	26.04.14	1 : 4
6.	Eintr.t Hannover	23.11.13	3 : 3	15.02.14	1 : 4
7.	Borussia Harburg	12.10.13	4 : 2	17.05.14	5 : 0
8.	SC Victoria	21.09.13	2 : 0	01.02.14	2 : 2
9.	FC Union 03	03.05.14	2 : 1*	07.12.13	1 : 0
10.	Werder Bremen	26.10.13	3 : 0	08.02.14	3 : 2

Platz 4 | 22:14 Punkte | 35:32 Tore | 9 Siege, 4 Unentschieden, 5 Niederlagen
* Dieses Spiel (4:2) wurde wg. zu langer Spielzeit (11.03.14) wiederholt.

1914/15 A-Klasse

1.	ETV		
2.	SC Victoria	20.09.04	0 : 0
3.	SC Sperber	27.09.04	0 : 0
4.	SC Blücher 1901	18.10.04	3 : 1
5.	St Georger FC	11.04.05	3 : 0
6.	Hamburger SV 88	01.11.04	2 : 1
7.	FC Union 03	08.11.04	2 : 1
8.	Borussia Bahrenfeld	25.10.04	1 : 0
9.	Altonaer FC 93	15.11.14	2 : 1
10.	SC Germania	21.02.05	10 : 1
11.	SV Blankenese	29.11.04	6 : 0
12.	FC Teutonia 05	14.03.05	13 : 1
13.	Ottensener SV 07	03.01.05	3 : 0
14.	Bergedorfer FC 02	23.09.04	9 : 0
15.	SV Wacker 04	07.02.05	15 : 0

Meister | 26:2 Punkte | 69:6 Tore | 12 Siege, 2 Unentschieden, 0 Niederlagen
Es wurde nur eine einfache Runde ausgetragen. Die Spiele fanden auf unterschiedlichen Plätzen statt.

1916/17 A-Klasse

		Herbst		Frühjahr	
1.	Altonaer FC 93	01.10.16	1 : 2	07.01.17	0 : 5
2.	SC Victoria	19.11.16	0 : 5*	29.04.17	3 : 0
3.	St Georger FC	26.11.16	0 : 5*	11.02.17	1 : 3
4.	FC Union 03	10.12.16	0 : 5*	04.03.17	2 : 2
5.	Hamburger SV 88	05.11.16	1 : 0	25.03.17	1 : 1
6.	ETV				
7.	SC Germania	03.12.16	0 : 5*	28.01.17	9 : 0
8.	SC Sperber	15.10.16	2 : 2	14.01.17	14 : 0
9.	SC Blücher 1901	22.10.16	2 : 1	04.02.17	10 : 0

Platz 6 | 15:17 Punkte | 46:36 Tore | 6 Siege, 3 Unentschieden, 7 Niederlagen
*Diese Spiele wurden wg. fehlender Spielberechtigung des ETVer Lorenz umgewertet.

1916/17 A-Klasse

		Herbst		Frühjahr	
1.	Altonaer FC 93	01.10.16	1 : 2	07.01.17	0 : 5
2.	SC Victoria	19.11.16	0 : 5*	29.04.17	3 : 0
3.	St Georger FC	26.11.16	0 : 5*	11.02.17	1 : 3
4.	FC Union 03	10.12.16	0 : 5*	04.03.17	2 : 2
5.	Hamburger SV 88	05.11.16	1 : 0	25.03.17	1 : 1
6.	ETV				
7.	SC Germania	03.12.16	0 : 5*	28.01.17	9 : 0
8.	SC Sperber	15.10.16	2 : 2	14.01.17	14 : 0
9.	SC Blücher 1901	22.10.16	2 : 1	04.02.17	10 : 0

Platz 6 | 15:17 Punkte | 46:36 Tore | 6 Siege, 3 Unentschieden, 7 Niederlagen
*Diese Spiele wurden wg. fehlender Spielberechtigung des ETVer Lorenz umgewertet.

1917/18 A-Klasse

		Herbst		Frühjahr	
1.	St Georg-Sperber	21.10.17	4 : 2	03.03.18	2 : 3
2.	SC Victoria	07.10.17	2 : 5	24.02.18	0 : 1
3.	ETV				
4.	Altonaer FC 93	23.09.17	0 : 3	14.04.18	1 : 0
5.	Ottensener SV 07	28.10.17	8 : 0	10.03.18	4 : 0
6.	FC Union 03	30.09.17	4 : 0	21.04.18	3 : 1
7.	Germania-Herta	18.11.17	5 : 0*	17.02.18	4 : 1
8.	Hamburger SV 88	04.11.17	9 : 0	07.04.18	6 : 0

Platz 3 | 20:8 Punkte | 52:16 Tore | 10 Siege, 0 Unentschieden, 4 Niederlagen
* Umwertung 1:2

gratuliert dem ETV
zum 100. Geburtstag
und wünscht weiterhin viel
Erfolg beim
ODDSET-Pokal!

www.lotto-hh.de

Mannschaftswagen!

Toyota Corolla Verso 7-Sitzer

Autos sollten genauso dynamisch und flexibel sein, wie die Menschen, die Sie fahren. Dabei ist der Corolla Verso mit 5 von 5 Sternen im Euro-NCAP-Crashtest 2004 auch einer der Sichersten seiner Klasse.

Erleben Sie bei Dello in Eppendorf, Norderstedt und Rellingen die ganze Vielfalt der Toyota Modelle, Gebrauchtwagen zu günstigen Preisen, den gewohnt zuverlässigen Service und ein breit gefächertes Spektrum an Teilen und Zubehör.

Wir freuen uns auf Ihren Besuch.

Nichts ist unmöglich. **TOYOTA**

Dello Eppendorf
Nedderfeld 65
Tel. 0 40 / 421 04-0
Fax 0 40 / 421 04-280

Dello Norderstedt
Niendorfer Str. 137
Tel. 0 40 / 55 44 09-0
Fax 0 40 / 55 44 09-70

NEU Dello Rellingen
Halstenbeker Weg 87
Tel. 0 41 01 / 517-0
Fax 0 41 01 / 517-180

Leistung von Mensch zu Mensch

www.dello.de

HEINZ REIMERS
Obst- und Gemüse-Großhandels-GmbH
Kühltransporte und Spedition

Tägliche Lieferung von Obst und Gemüse aus dem Hamburger Umland. Für uns kein Problem!!!

Wir sind ein führender Betrieb in der Vermarktung von Gemüse aus den Anbaugebieten Vier- und Marschlande, Lüneburg und der Pfalz. Unser Name steht für Qualität und Flexibilität. Besuchen Sie uns doch einmal auf dem Hamburger Großmarkt.

Büro: Kirchwerder Elbdeich 189 a · 21037 Hamburg · Tel.: 040/723 04 34 und 040/732 05 35 · Fax: 040/723 95 66
Verkauf: Großmarkt Stand F 209/E 187 · Tel.: 040/32 68 95 u. 040/33 73 08 u. 040/33 86 67 · Fax: 040/30 39 27 77
Autotelefon: 0172/900 25 66 und 0172/406 01 66

1918/19 A-Klasse

		Herbst		Frühjahr	
1.	Victoria-HH 88	27.10.18	0 : 2	16.03.19	0 : 3
2.	Altonaer FC 93	20.10.18	0 : 2	09.03.19	2 : 2
3.	ETV				
4.	FC Union 03	08.12.18	3 : 3	02.03.19	1 : 1
5.	St Georg-Sperber	01.12.18	8 : 0	26.01.19	1 : 1
6.	Ottensener SV 07	17.11.18	6 : 1	16.02.19	0 : 2
7.	Eintracht Lokstedt	24.11.18	6 : 1	19.01.19	2 : 1
8.	Rothenb. FK	03.11.18	0 : 0	09.02.19	6 : 0
9.	Germ.-Concordia	06.10.18	8 : 0	02.02.19	11 : 0

Platz 3 | 19:13 Punkte | 54:19 Tore | 7 Siege, 5 Unentschieden, 4 Niederlagen

1919/20 Norddeutsche Liga 1

		Herbst		Frühling	
1.	SC Victoria	19.10.19	1 : 1	15.02.20	2 : 2
2.	ETV				
3.	VfL Altona (Altona 93)	08.02.20	1 : 4	14.03.20	1 : 2
4.	Ottensener SV 07	09.11.19	2 : 3	29.02.20	2 : 2
5.	Hamburger SV	02.11.19	5 : 0*	21.03.20	6 : 2*
6.	FC Union 03	30.11.19	7 : 1	07.03.20	1 : 0

Nach Beendigung der Herbstserie wurde die Liga in Bezirksliga und A-Klasse geteilt.

7.	St Georg-1816	14.12.19	3 : 0
8.	Rasensport (Sperber)	28.09.19	2 : 1
9.	Eintracht Lokstedt	28.03.20	4 : 1
10.	SC Concordia	05.10.19	4 : 0
11.	Rothenburgsorter FK	14.09.19	2 : 0
12.	SV Blankenese	07.12.19	7 : 1
13.	St Pauli TV	21.12.19	5 : 0

Platz 2 | 25:9 Punkte | 55:20 Tore | 11 Siege, 3 Unentschieden, 3 Niederlagen

* Die Wertungen der beiden Spiele gegen den HSV waren Gegenstand von Protesten.
Beim Heimspiel (0:0) soll der Spieler Popp keinen gültigen Pass gehabt haben, das 6:2 wurde als Freundschaftsspiel ausgetragen, dann jedoch vom Verband als Punktspiel gewertet.

1920/21 NFV-Verbandsliga (Nordkreis)

		Herbst		Frühjahr	
1.	Hamburger SV	31.10.20	0 : 0	12.12.20	2 : 3
2.	Holstein Kiel	20.02.21	0 : 2	24.10.20	0 : 3
3.	VfL Altona (AFC 93)	17.04.21	0 : 1	03.10.20	1 : 2
4.	FC Union 03	05.12.20	0 : 1	29.05.21	0 : 2
5.	ETV				
6.	SC Victoria	20.03.21	1 : 0	26.09.20	2 : 1
7.	Kilia Kiel	12.09.20	0 : 2	30.01.21	3 : 1
8.	Ottensener SV 07	06.03.21	1 : 1	14.11.20	2 : 1
9.	St Georg-1816	23.01.21	4 : 1	21.11.20	3 : 1
10.	Borussia Harburg	16.01.21	1 : 0	22.08.20	1 : 1

Platz 5 | 17:19 Punkte | 21:23 Tore | 7 Siege, 3 Unentschieden, 8 Niederlagen

1921/22 Norddeutsche Liga (Elbekreis)

		Heim		Auswärts	
1.	ETV				
2.	VfL Altona (AFC 93)	26.03.22	3 : 1	20.11.21	0 : 1
3.	FC Union 03	30.10.21	2 : 1	26.02.22	4 : 4
4.	Rothenburgs. FK	19.03.22	4 : 1*	11.09.21	4 : 2
5.	Borussia Harburg	27.11.21	2 : 1	12.03.22	4 : 3
6.	Vik. W'burg	05.02.22	5 : 0	16.10.21	4 : 0
7.	SV Blankenese	15.01.22	6 : 1	18.09.21	6 : 0
8.	SC Sperber	25.09.21	5 : 1	08.01.22	8 : 0

Platz 1 | 25:3 Punkte | 57:16 Tore | 12 Siege, 1 Unentschieden, 1 Niederlage
* Wiederholungspiel nach Spielabbruch am 03.12.21.

1922/23 Norddeutsche Liga (Alsterkreis)

		Heim		Auswärts	
1.	Hamburger SV	28.02.23	1 : 5	29.10.22	1 : 4
2.	SV St Georg	28.01.23	1 : 2	17.12.22	3 : 3
3.	SC Victoria	01.10.22	1 : 1	04.03.23	0 : 1
4.	ETV				
5.	St Pauli TV	22.10.22	2 : 1	28.01.23	2 : 2
6.	SC Concordia	07.02.23	2 : 0	03.09.22	5 : 2
7.	SV Uhlen.-Herta	24.09.22	7 : 0	21.01.23	7 : 4
8.	SC Sperber	27.08.22	6 : 1	03.12.22	7 : 0

Platz 4 | 17:11 Punkte | 45:26 Tore | 7 Siege, 3 Unentschieden, 4 Niederlagen

1923/24 Norddeutsche Liga (Alsterkreis)

	Heim		Auswärts	
1. Hamburger SV	24.02.24	2 : 5	07.10.23	2 : 2
2. SC Victoria	30.09.23	0 : 1	10.02.24	1 : 2
3. ETV				
4. Polizei SV	19.08.23	1 : 3	16.12.23	5 : 3
5. SV St Georg	06.04.24	3 : 0	25.11.23	1 : 0
6. SC Concordia	30.12.23	6 : 2	09.09.23	5 : 4
7. St Pauli TV	23.03.24	6 : 0	18.11.23	1 : 1
8. SV Uhlen.t-Herta	02.09.23	5 : 0	13.04.24	2 : 0

Platz 3 | 18:10 Punkte | 40:23 Tore | 8 Siege, 2 Unentschieden, 4 Niederlagen

1924/25 Norddeutsche Liga (Alsterkreis)

	Heim		Auswärts	
1. Hamburger SV	28.09.24	1 : 5	07.12.24	1 : 4
2. ETV				
3. SC Victoria	11.01.25	1 : 2	14.09.24	4 : 1
4. SV St Georg	23.11.24	2 : 3	07.09.24	2 : 0
5. Polizei SV	14.12.24	0 : 0	24.08.24	1 : 0
6. FC St Pauli	10.08.24	9 : 1	16.11.24	1 : 0
7. Wandsbeker FC	09.11.24	1 : 0	19.10.24	3 : 0
8. SC Concordia	31.08.24	4 : 0	26.10.24	8 : 0

Platz 2 | 19:9 Punkte | 38:16 Tore | 9 Siege, 1 Unentschieden, 4 Niederlagen
Von Beginn dieser Saison bis zum Ende der Spielzeit 32/33 trat die FA als „SV Eimsbüttel" an.

1925/26 Norddeutsche Liga (Alsterkreis)

	Heim		Auswärts	
1. Hamburger SV	17.01.26	0 : 6	11.10.25	1 : 2
2. SC Victoria	27.09.25	7 : 3	11.04.26	2 : 1
3. ETV				
4. Polizei SV	25.04.26	1 : 4	09.08.25	1 : 2
5. SV St Georg	25.10.25	1 : 0	03.01.26	1 : 2
6. Wandsbeker FC	06.09.25	6 : 1	10.01.26	3 : 1
7. SC Concordia	21.03.26	6 : 2	22.11.25	5 : 2
8. FC St Pauli	02.03.26	3 : 1	22.08.25	3 : 0

Platz 3 | 18:10 Punkte | 40:27 Tore | 9 Siege, 0 Unentschieden, 5 Niederlagen

1926/27 Norddeutsche Liga (Alsterkreis)

	Heim		Auswärts	
1. Hamburger SV	09.01.27	1 : 8	19.09.26	2 : 12
2. SC Victoria	08.09.26	3 : 5	02.01.27	2 : 8
3. Polizei SV	03.10.26	3 : 2	30.01.27	0 : 0
4. ETV				
5. SV St Georg	08.08.26	3 : 1	20.12.27	2 : 3
6. SC Sperber	27.03.27	4 : 4	10.10.26	4 : 0
7. Wandsbeker FC	07.11.26	2 : 3	19.08.26	1 : 0
8. SC Concordia	17.10.26	4 : 2	24.10.26	0 : 1

Platz 4 | 12:16 Punkte | 31:49 Tore | 5 Siege, 2 Unentschieden, 7 Niederlagen

1927/28 Norddeutsche Liga (Alsterkreis)

	Heim		Auswärts	
1. Hamburger SV	18.09.27	0 : 5	12.02.28	0 : 9
2. SC Victoria	04.12.27	3 : 3	16.10.27	0 : 2
3. Polizei SV	15.01.28	4 : 3	29.09.27	0 : 2
4. ETV				
5. SC Unitas 02	30.10.27	0 : 1	31.07.27	7 : 2
6. SV St Georg 1)	09.10.27	2 : 1	04.03.28	0 : 5*
7. FC St Pauli 2)	19.02.28	0 : 5*	28.08.27	4 : 1
8. Wandsbeker FC	23.10.27	4 : 0	27.12.27	3 : 1
9. SC Sperber	07.08.27	2 : 2	26.02.28	1 : 3

Platz 4 | 14:18 Punkte | 30:45 Tore | 6 Siege, 2 Unentschieden, 8 Niederlagen
* Umwertungen wg. fehlender Spielberechtigung Michelsen. Zuvor: 1) 2:1; 2) 4:0

1928/29 Runde der Zehn

	Heim		Auswärts	
1. Hamburger SV	09.12.28	0 : 13		
2. KSV Holstein Kiel			28.10.28	1 : 5
3. FC Union 03			11.11.28	1 : 4
4. ETV				
5. Altonaer FC 1893	16.09.28	5 : 1		
6. St Pauli Sport	23.09.28	5 : 1		
7. Polzei SV	07.10.28	5 : 2		
8. Ottensener SV 07	14.10.28	6 : 0		
9. SV St Georg	21.10.28	2 : 0		
10. SC Victoria			16.12.28	6 : 5

Platz 4 | 12:6 Punkte | 31:31 Tore | 6 Siege, 0 Unentschieden, 3 Niederlagen

1929/30 Nordd. Oberliga (Groß-Hamburg)

	Heim		Auswärts
1. Hamburger SV	15.09.29	0 : 1	1 : 2
2. Polzei SV	15.12.29	2 : 6	2 : 2
3. FC Union 03	27.10.29	3 : 2	2 : 0
4. ETV			
5. Altonaer FC 1893	23.02.30	2 : 1	1 : 3
6. SC Victoria	25.08.29	4 : 4	1 : 0
7. SC Unitas 02	11.08.29	2 : 1	1 : 4
8. St Pauli Sport	05.01.30	6 : 0	4 : 1
9. Ottensener SV 07	26.01.30	3 : 1	0 : 3
10. Rothenb. FK	12.08.29	6 : 2	4 : 5

Platz 4 | 20:16 Punkte | 44:38 Tore | 9 Siege, 2 Unentschieden, 7 Niederlagen

1930/31 Nordd. Oberliga (Groß-Hamburg)

		Heim		Auswärts	
1.	Hamburger SV	11.01.31	2 : 6	14.09.30	1 : 4
2.	FC Union 03	01.02.31	2 : 6	17.08.30	4 : 4
3.	Altonaer FC 1893	12.10.30	2 : 5	28.12.30	3 : 1
4.	SC Victoria	21.09.30	7 : 3	14.12.30	2 : 2
5.	FC St Pauli	10.09.30	8 : 1	04.01.31	4 : 3
6.	ETV				
7.	St Pauli Sport	18.01.31	2 : 2	05.10.30	3 : 3
8.	SV St Georg	01.03.31	3 : 1	08.02.31	2 : 6
9.	Polzei SV	21.12.30	5 : 2	26.10.30	2 : 4
10	SC Unitas 02	07.12.30	11 : 2	12.11.30	4 : 6

Platz 6 | 18:18 Punkte | 67:61 Tore | 7 Siege, 4 Unentschieden, 7 Niederlagen
Spiel um Platz 5 auf dem Victoria-Sportplatz: 08.03.31 gegen FC St Pauli 3:4

1931/32 Nordd. Oberliga (Groß-Hamburg)

		Heim		Auswärts	
1.	Hamburger SV	21.02.32	0 : 4	18.10.31	2 : 8
2.	Altonaer FC 1893	28.02.32	6 : 1	06.09.31	3 : 3
3.	SC Union 03	24.01.32	4 : 2	16.08.31	1 : 4
4.	SC Victoria	15.11.31	1 : 2	06.12.31	3 : 4
5.	ETV				
6.	FC St Pauli	29.11.31	1 : 3	25.10.31	1 : 4
7.	SV Wacker 04	30.08.31	5 : 0	10.01.32	5 : 3
8.	SV St Georg	01.11.31	5 : 4	06.03.32	1 : 1
9.	H E B C	09.08.31	5 : 2	22.11.31	2 : 2
10.	St Pauli Sport	21.01.32	4 : 1	20.09.31	3 : 1

Platz 5 | 19:17 Punkte | 52:49 Tore | 8 Siege, 3 Unentschieden, 7 Niederlagen

Der Spezialist für professionelle Reinigung und Service!

- ○ Büroreinigung
- ○ Fensterreinigung
- ○ Gartenpflege
- ○ Gebäudereinigung
- ○ Hausmeisterservice
- ○ Schnee- und Eisbeseitigung
- ○ Treppenhausreinigung
- ○ und vieles mehr...

R&S
Reinigung & Service

Stoeckhardtstraße 33
20535 Hamburg

Tel.: 040 / 21 25 69
Fax: 040 / 21 98 03 45

e-Mail: rs@reinigung-und-service.de
www.reinigung-und-service.de

1932/33 Nordd. Oberliga (Groß-Hamburg)

	Heim		Auswärts	
1. Hamburger SV	20.11.32	2 : 1	15.01.33	1 : 1
2. Altonaer FC 1893	30.10.32	2 : 5	19.02.33	2 : 0
3. SC Union 03	02.10.32	4 : 0	18.12.32	3 : 1
4. Polizei SV	04.12.32	1 : 2	16.10.32	3 : 2
5. ETV				
6. FC St Pauli	27.08.32	1 : 3	27.11.32	0 : 2
7. SC Victoria	22.01.33	0 : 2	21.08.32	4 : 2
8. SV St Georg	26.02.33	0 : 3	25.09.32	4 : 2
9. SV Wacker 04	11.11.32	2 : 2	23.10.32	2 : 2
10.SV Uhlenh.-Herta	05.03.33	6 : 0	22.08.32	1 : 3

Platz 5 | 19:17 Punkte | 38:33 Tore | 8 Siege, 3 Unentschieden, 7 Niederlagen

1933/34 Gauliga Nordmark

	Heim		Auswärts	
1. ETV				
2. Hamburger SV	04.02.34	2 : 5	10.12.03	2 : 3
3. KSV Holstein Kiel	11.03.34	1 : 1	17.09.03	2 : 1
4. Viktoria Wilh.	05.11.33	6 : 0	18.03.34	3 : 0
5. Altonaer FC 1893	17.12.33	5 : 1	25.02.34	1 : 0
6. Polizei SV	28.01.34	7 : 1	07.01.34	2 : 1
7. SC Union 03	04.03.34	6 : 0	01.10.03	3 : 2
8. Borussia Kiel	15.10.33	5 : 1	31.12.03	3 : 3
9. Polizei SV Lübeck	21.01.34	3 : 1	22.10.03	4 : 0
10.FC Schwerin 03	10.09.33	3 : 0	14.01.34	8 : 1

Meister | 30:6 Punkte | 66:21 Tore | 14 Siege, 2 Unentschieden, 2 Niederlagen

1934/35 Gauliga Nordmark

	Heim		Auswärts	
1. ETV				
2. Hamburger SV	02.12.34	8 : 3	10.02.35	2 : 1
3. KSV Holstein Kiel	25.11.34	1 : 2	24.02.35	3 : 1
4. SC Victoria	28.10.34	2 : 2	14.06.35	2 : 2
5. Polizei SV Lübeck	14.10.34	3 : 2	20.02.35	3 : 1
6. SC Union 03	30.03.35	3 : 1	21.10.34	8 : 0
7. Altonaer FC 1893	09.12.34	5 : 0	31.03.35	3 : 1
8. Polizei SV	13.01.35	3 : 1	11.11.34	5 : 1
9. Borussia Kiel	17.02.35	2 : 1	16.09.34	2 : 0
10.FC St Pauli	23.09.34	4 : 0	17.03.35	4 : 0

Meister | 32:4 Punkte | 62:19 Tore | 15 Siege, 2 Unentschieden, 1 Niederlage

1935/36 Gauliga Nordmark

	Heim		Auswärts	
1. ETV				
2. SC Victoria	03.11.35	7 : 0	23.02.36	3 : 2
3. Hamburger SV	09.02.36	5 : 3	29.09.35	7 : 0
4. KSV Holstein Kiel	27.10.35	6 : 0	12.01.36	4 : 1
5. Polizei SV Lübeck	22.12.35	6 : 2	06.10.35	6 : 1
6. Altonaer FC 1893	08.03.36	2 : 1	24.11.35	3 : 4
7. Phönix Lübeck	19.01.36	10:3	13.10.35	3 : 1
8. SC Sperber	26.01.36	5 : 0	15.09.35	7 : 1
9. SC Union 03	10.11.35	4 : 3	15.12.35	2 : 1
10.MSV Hansa	08.12.35	4 : 1	02.02.36	5 : 0

Meister | 34:2 Punkte | 89:26 Tore | 17 Siege, 0 Unentschieden, 1 Niederlage

1936/37 Gauliga Nordmark

	Heim		Auswärts	
1. Hamburger SV	04.10.36	1 : 4	21.02.37	0 : 1
2. KSV Holstein Kiel	21.03.37	3 : 5	27.09.36	1 : 3
3. SC Victoria	14.03.37	5 : 0	18.10.36	4 : 1
4. FC St Pauli	11.04.37	2 : 2	20.09.36	3 : 2
5. ETV				
6. Polizei SV Lübeck	09.05.37	2 : 6*	11.10.36	1 : 2
7. Phönix Lübeck	06.09.36	4 : 2	29.11.36	6 : 1
8. Altonaer FC 1893	01.11.36	6 : 2	07.02.37	10: 0
9. Rothenb. FK	25.10.36	7 : 1	10.01.37	5 : 2
10.SC Sperber	13.12.36	8 : 1	08.11.36	6 : 1

Platz 5 | 23:13 Punkte | 74:36 Tore | 11 Siege, 1 Unentschieden, 6 Niederlagen

* Dieses Spiel fand auf ETV-Wunsch in Lübeck statt

1937/38 Gauliga Nordmark

	Heim		Auswärts	
1. Hamburger SV	09.09.37	2 : 2	26.12.37	1 : 1
2. ETV				
3. Polizei SV Lübeck	11.09.37	5 : 2	02.01.38	2 : 1
4. KSV Holstein Kiel	12.09.37	3 : 2	06.02.38	3 : 1
5. FC St Pauli	17.10.39	2 : 1	20.02.38	3 : 1
6. SC Victoria	13.03.38	4 : 3	16.01.38	2 : 1
7. SK Komet 08	09.01.38	9 : 0	05.09.37	9 : 2
8. Borussia Harburg	22.08.37	5 : 1	27.03.38	2 : 1
9. Altonaer FC 1893	30.01.38	6 : 1	03.10.37	5 : 0
10.Phönix Lübeck	23.01.38	4 : 0	28.11.37	7 : 1
11.Polizei SV HH	14.11.37	3 : 1	13.02.38	1 : 1
12.Wilh. FV 09	19.12.37	7 : 0	24.10.37	4 : 3

Platz 2 | 41: 3 Punkte | 89:27 Tore | 19 Siege, 3 Unentschieden, 0 Niederlagen

1938/39 Gauliga Nordmark

	Heim		Auswärts	
1. Hamburger SV	06.11.38	2:1	12.02.39	1:3
2. ETV				
3. KSV Holstein Kiel	26.03.39	3:2	26.03.09	6:2
4. SC Victoria	05.02.39	4:2	05.02.39	0:2
5. FC St Pauli	22.01.39	3:2	22.01.39	4:1
6. SK Komet 08	30.10.38	12:1	30.10.38	5:0
7. Polizei SV Lübeck	13.11.38	4:1	13.11.38	5:2
8. Altonaer FC 1893	18.09.38	4:1*	18.09.38	1:5
9. Rasens. Harburg	11.09.38	0:1	19.02.39	0:0
10. Borussia Harburg	02.04.39	4:0	28.08.38	3:0
11. SV Schwerin 03	26.02.39	5:1	23.10.38	6:1

Platz 2 | 31:9 Punkte | 72:28 Tore | 15 Siege, 1 Unentschieden, 4 Niederlagen

1939/40 Kriegsmeisterschaft Hamburg

	Heim		Auswärts	
KSG St.G.-Sperber			24.09.39	5:2
Borussia Harburg	08.10.39	5:0		
SC Concordia			22.10.39	2:3
SC Victoria	29.10.39	1:1		
Barmbecker SG			06.11.39	2:2
Altonaer FC 1893	19.11.39	7:1		

Meister | 8:4 Punkte | 22:9 Tore | 3 Siege, 2 Unentschieden, 1 Niederlage

Nach Kriegsbeginn sollte lediglich eine Hamburger Meisterschaft ausgespielt werden. Doch nach sechs Spieltagen wurde diese Absicht wieder fallen gelassen und eine Gaumeisterschaft in zwei Staffeln

1939/40 Gauliga Nordmark Staffel B

	Heim		Auswärts	
1. ETV				
2. Altonaer FC 1893	10.03.40	4:2	14.04.40	3:1
3. KSV Holstein Kiel	07.04.40	2:2	03.03.40	4:2
4. Barmbecker SG	31.12.39	9:0	31.03.40	1:4
5. KSG St.G..-Sperb.	07.01.40	4:1	17.03.40	7:1
6. SK Komet 08	11.02.40	2:0	10.12.39	2:1

Entscheidungsspiele um die Gaumeisterschaft:
Hamburger SV 28.04.40 4:1 12.05.40 6:0

Platz 1 | 17:3 Punkte | 38:13 Tore | 8 Siege, 1 Unentschieden, 1 Niederlage

1940/41 Gauliga Nordmark

	Heim		Auswärts	
1. Hamburger SV	16.02.41	1:4	01.12.40	1:3
2. ETV				
3. Polizei SV Lübeck	19.01.41	3:2	15.09.40	4:1
4. SC Victoria	20.10.40	1:3	16.03.40	7:2
5. KSV Holstein Kiel	08.12.40	2:2	09.03.41	4:2
6. Altonaer FC 1893	23.03.41	7:3	13.10.40	4:1
7. Barmbecker SG	11.04.41	1:2	24.11.40	9:0
8. Wilhelmsb. FV 09	29.09.40	2:2	30.03.41	2:1
9. Fortuna Glückstadt	04.09.41	5:3	10.11.40	4:0
10. KSG St G.-Sperber	27.10.40	2:0	15.12.40	1:0
11. Borussia Harburg	22.12.40	3:0	08.09.40	4:0
12. SC Concordia	01.09.40	13:1	05.01.41	6:3

Platz 2 | 34:10 Punkte | 86:35 Tore | 16 Siege, 2 Unentschieden, 4 Niederlage

1941/42 Gauliga Nordmark

	Heim		Auswärts	
1. ETV				
2. Hamburger SV	30.11.41	1:2	26.04.42	2:1
3. KSV Holstein Kiel	19.04.42	3:2*	26.10.41	2:0
4. Polizei SV Lübeck	31.08.41	5:3	04.01.42	1:1
5. WSV Schwerin	10.05.42	4:0	14.09.41	4:0
6. SC Victoria	25.12.41	8:2	22.03.42	6:1
7. Altonaer FC 1893	03.05.42	2:1	02.11.41	2:3
8. Kilia Kiel	21.09.41	9:3	18.01.42	2:2
9. Wilh. FV 09	14.12.41	4:1	12.10.41	2:0
10. Barmbecker SG	01.02.42	7:0	07.09.41	4:0

Meister | 30:6 Punkte | 68:22 Tore | 14 Siege, 2 Unentschieden, 2 Niederlage

*Wiederholungsspiel nach Abbruch am 11.08.42 beim Stande von 0:1

1942/43 Gauliga Hamburg

	Heim		Auswärts	
1. SC Victoria	04.10.42	2:1	03.01.43	0:3
2. Hamburger SV	07.02.43	3:2	08.11.42	0:2
3. Altonaer FC 1893	13.12.42	2:5	11.10.42	2:6
4. FC St Pauli	29.08.42	1:1	21.02.43	1:2
5. Wilh. FV 09	13.09.42	3:3	06.12.42	0:2
6. ETV				
7. Polizei SV HH	16.08.42	3:1	14.02.43	0:4
8. KSG St G.-Sperber	31.01.43	1:2	18.10.42	4:2
9. Viktoria Wilh.	20.12.42	5:0	23.08.42	4:1
10. Barmbeker SG	10.01.43	8:0	25.10.42	2:2

Platz 6 | 17:19 Punkte | 41:39 Tore | 7 Siege, 3 Unentschieden, 8 Niederlage

1943/44 Gauliga Hamburg

	Heim		Auswärts	
1. LSV Hamburg	09.01.44	1 : 8	28.11.43	0 : 6
2. Hamburger SV	13.02.44	0 : 3	31.10.43	0 : 5
3. SC Victoria	02.01.44	1 : 4	24.10.43	0 : 5
4. Altonaer FC 1893	19.12.43	3 : 8	12.09.43	0 : 3
5. FC St Pauli	23.01.43	5 : 3	14.11.43	0 : 1
6. ETV				
7. Herm.-Komet	30.01.43	5 : 2	12.12.43	0 : 3
8. Wilh.r FV 09	12.03.44	3 : 1	16.04.44	1 : 0
9. KSG St G.-Sperber	19.09.43	2 : 1	19.03.44	2 : 0
10.HEBC-Sport 01	20.02.44	3 : 3	30.10.43	9 : 1

Platz 6 | 15:21 Punkte | 35:57 Tore | 7 Siege, 1 Unentschieden, 10 Niederlagen

1944/45 Gauliga Hamburg

	Heim		Auswärts	
1. Hamburger SV	11.02.45	1 : 4	08.10.44	1 : 3
2. Altonaer FC 1893	24.09.44	0 : 5	17.12.44	2 : 3
3. FC St Pauli	12.11.44	2 : 7	07.01.45	4 : 0
4. KSG Alsterdorf	29.10.44	1 : 3	23.02.45	4 : 2
5. KSG Blank.-Wedel	04.03.45	3 : 1	10.09.44	0 : X*
6. Wilh. FV 09	18.03.45	3 : 3	19.11.44	1 : 7
7. ETV				
8. Herm.-Komet	03.12.44	2 : 1	21.01.45	2 : 4
9. SC Victoria	15.10.44	2 : 2	18.02.45	2 : 2
10.Barmbeker SG	26.12.44	3 : 2	22.10.44	7 : 1

Platz 7 | 15:21 Punkte | 40:50 Tore | 6 Siege, 3 Unentschieden, 9 Niederlagen
* Lt Gauverordnungsblatt war der ETV für dieses Spiel gesperrt

1946 einfache Runde Liga Hamburg

	Heim		Auswärts	
1. Hamburger SV			16.06.46	1 : 2
2. FC St Pauli			17.03.46	1 : 5
3. Altonaer FC 1893			24.03.46	1 : 3
4. SV Blankenese	07.04.46	1 : 4		
5. SC Union 03	20.01.46	1 : 2		
6. SC Concordia			13.01.46	2 : 3
7. ETV				
8. SC Victoria	27.04.46	3 : 0		
9. Post SV	28.04.46	9 : 1		
10.Viktoria Wilh.			26.05.46	5 : 1
11.SV West-Eimsb.			10.02.46	7 : 1
12.Wilh. FV 09	17.02.46	9 : 1		
13.TuS Finkenwerder	12.05.46	7 : 0		

Platz 7 | 12:12 Punkte | 47:23 Tore | 6 Siege, 0 Unentschieden, 6 Niederlagen

1946/47 Liga Hamburg

	Heim		Auswärts	
1. FC St Pauli	10.11.46	1 : 2	04.05.47	2 : 5
2. Hamburger SV	24.11.46	6 : 2	01.06.47	2 : 4
3. SC Concordia	27.04.47	0 : 4	22.09.46	2 : 3
4. SC Victoria	20.11.46	2 : 0	01.02.47	1 : 4
5. ETV				
6. Altonaer FC 1893	20.04.47	4 : 1	01.09.46	4 : 3
7. TuS Hamburg	15.09.46	5 : 0	11.05.46	3 : 3
8. SC Union 03	30.03.47	3 : 0	08.12.46	3 : 0
9. SV Blankenese	25.08.46	2 : 0	13.04.47	2 : 3
10.SC Sperber	08.06.47	3 : 2	20.10.46	5 : 1
11.Viktoria Wilh.	22.12.46	11:1	26.01.47	9 : 2
12.Post SV	18.05.47	16:1	13.10.46	3 : 2

Platz 5 | 29:15 Punkte | 89:43 Tore | 14 Siege, 1 Unentschieden, 7 Niederlagen

1947/48 Verbandsliga Alster-Staffel

	Heim		Auswärts	
1. ETV				
2. SC Sperber	13.03.48	3 : 0	07.12.47	4 : 0
3. TuS Hamburg	02.11.47	6 : 1	07.03.48	3 : 0
4. Lüneburger SK	07.09.47	4 : 1	18.04.48	6 : 2
5. Vorwärts Billstedt	24.04.48	3 : 0	19.10.47	3 : 0
6. Wilh. FV 09	23.11.47	4 : 0	08.02.48	1 : 1
7. Post SV	31.08.47	5 : 2	21.03.48	6 : 3
8. Borussia Harburg	25.01.48	4 : 0	28.09.47	7 : 1
9. SV West-Eimsb.	05.10.47	4 : 3	18.01.48	11: 2
10.TuS Finkenwerder	22.02.48	8 : 0	4.09.47	5 : 2

Meister und Aufsteiger | 35:1 Punkte | 87:18 Tore | 17 Siege, 1 Unentschieden, 0 Niederlagen

1948/49 Oberliga Nord

	Heim		Auswärts	
1. FC St Pauli	06.03.49	0 : 6	11.09.48	1 : 5
2. Hamburger SV	26.09.48	2 : 1	23.01.49	1 : 2
3. VfL Osnabrück	13.02.49	0 : 0	05.09.48	1 : 6
4. Eintr. Braunschw.	29.12.48	2 : 1	30.01.49	1 : 2
5. Bremer SV	16.01.49	0 : 1	03.10.48	4 : 2
6. ETV				
7. VfB Lübeck	10.04.49	0 : 3	19.12.48	2 : 1
8. Werder Bremen	14.11.48	0 : 1	27.03.49	3 : 0
9. SC Concordia	09.10.48	1 : 1	06.02.49	2 : 1
10.Göttingen 05	12.12.48	1 : 0	20.03.49	2 : 3
11.Bremerhaven 93	01.05.49	7 : 0	07.11.48	1 : 2
12.Arminia Hannover	29.09.48	1 : 1	09.02.49	3 : 1
Holstein Kiel	31.10.48	5 : 1*		

Platz 6 | 21:23 Punkte | 35:40 Tore | 9 Siege, 3 Unentschieden, 10 Niederlagen
*Der KSV Holstein wurde ausgeschlossen - Ergebnis ohne Wertung

1949/50 Oberliga Nord

	Heim		Auswärts	
1. Hamburger SV	26.02.50	1 : 3	20.11.49	1 : 1
2. FC St Pauli	06.11.49	1 : 0	12.03.50	1 : 1
3. VfL Osnabrück	16.10.49	2 : 0	19.02.50	2 : 4
4. Werder Bremen	10.04.50	1 : 3	25.09.49	3 : 0
5. Eintr. Braunschw.	23.04.50	2 : 4	09.10.49	0 : 1
6. SC Concordia	15.04.50	2 : 4	29.01.50	5 : 5
7. Hannover 96	14.01.50	4 : 0	29.04.50	2 : 5
8. ETV				
9. VfB Oldenburg	06.05.50	1 : 6	08.01.50	1 : 0
10. Bremerhaven 93	04.03.50	3 : 0	11.09.49	0 : 3
11. Holstein Kiel	02.04.50	0 : 1	30.10.49	1 : 0
12. Arminia Hannover	03.02.50	0 : 0	04.09.49	0 : 1
13. Göttingen 05	11.02.50	7 : 2	27.11.49	1 : 2
14. Bremer SV	23.10.49	3 : 0	26.03.50	2 : 1
15. VfB Lübeck	31.12.49	4 : 0	18.05.50	1 : 3
16. HTB	17.09.49	2 : 0	19.03.50	5 : 0

Platz 8 | 30:30 Punkte | 58:50 Tore | 13 Siege, 4 Unentschieden, 13 Niederlagen

1950/51 Oberliga Nord

	Heim		Auswärts	
1. Hamburger SV	22.10.50	1 : 0	26.03.51	1 : 4
2. FC St Pauli	21.01.51	3 : 2	12.11.50	0 : 0
3. Holstein Kiel	20.08.50	3 : 1	14.01.50	1 : 2
4. VfL Osnabrück	10.12.50	1 : 4	11.04.51	0 : 3
5. ETV				
6. Werder Bremen	18.02.51	3 : 1	26.12.50	0 : 4
7. Bremer SV	05.05.51	1 : 0	03.12.50	3 : 4
8. Bremerhaven 93	05.11.50	2 : 1	20.05.51	1 : 3
9. Göttingen 05	28.04.51	5 : 0	27.08.50	2 : 2
10. Eintr. Braunschw.	15.04.51	2 : 0	29.10.50	0 : 3
11. Hannover 96	08.04.51	1 : 1	23.09.50	1 : 2
12. SC Concordia	19.11.50	0 : 0	11.02.51	2 : 0
13. Arminia Hannover	10.09.50	2 : 1	04.03.51	2 : 2
14. Eintr.t Osnabrück	12.05.51	2 : 1	08.10.50	1 : 1
15. Altonaer FC 93	11.03.51	0 : 0	26.11.50	0 : 0
16. VfB Oldenburg	01.10.50	2 : 1	04.02.51	2 : 1
17. Itzehoer SV	16.09.50	5 : 1	22.04.51	2 : 2

Platz 5 | 37:27 Punkte | 51:47 Tore | 14 Siege, 9 Unentschieden, 9 Niederlagen

1951/52 Oberliga Nord

	Heim		Auswärts	
1. Hamburger SV	23.03.52	2 : 2	15.09.51	2 : 5
2. VfL Osnabrück	25.08.51	3 : 1	10.02.52	2 : 4
3. FC St Pauli	09.09.51	1 : 2	29.03.52	1 : 2
4. ETV				
5. Holstein Kiel	27.01.52	5 : 0	21.10.51	2 : 6
6. Göttingen 05	17.02.52	4 : 1	19.08.51	2 : 4
7. Werder Bremen	11.11.51	3 : 0	03.02.52	1 : 6
8. Bremerhaven 93	08.03.52	3 : 2	02.09.51	2 : 1
9. Arminia Hannover	25.11.51	6 : 1	16.12.51	4 : 3
10. Bremer SV	01.03.52	2 : 2	18.11.51	0 : 3
11. Hannover 96	30.12.51	2 : 0	04.11.51	0 : 1
12. SC Concordia	23.09.51	1 : 1	23.12.51	0 : 2
13. Eintr. Osnabrück	05.04.52	1 : 0	08.12.51	1 : 1
14. Eintr. Braunschw.	14.10.51	3 : 2	20.01.52	4 : 2
15. SC Victoria	13.01.52	5 : 1	30.09.51	5 : 1
16. Lüneburger SK	06.10.51	2 : 2	16.03.52	2 : 0

Platz 4 | 35:25 Punkte | 71:58 Tore | 15 Siege, 5 Unentschieden, 10 Niederlagen

1952/53 Oberliga Nord

	Heim		Auswärts	
1. Hamburger SV	29.10.52	1 : 2	22.02.53	1 : 2
2. Holstein Kiel	02.11.52	0 : 3	15.03.53	1 : 6
3. Werder Bremen	15.02.53	3 : 2	12.10.52	3 : 4
4. VfL Osnabrück	25.01.53	2 : 1	21.09.52	1 : 2
5. Göttingen 05	28.12.52	4 : 3	24.08.52	4 : 2
6. Altonaer FC 93	16.11.52	3 : 3	22.03.53	1 : 2
7. Hannover 96	28.09.52	2 : 1	08.02.53	2 : 2
8. Bremerhaven 93	28.03.53	3 : 3	26.10.52	2 : 5
9. FC St Pauli	06.12.52	3 : 2	01.02.53	2 : 0
10. ETV				
11. VfB Lübeck	29.03.53	1 : 2	23.11.52	1 : 2
12. Arminia Hannover	20.11.52	2 : 0	12.04.53	1 : 2
13. Bremer SV	14.09.52	2 : 0	06.04.53	1 : 4
14. HTB	31.08.52	5 : 0	08.01.53	0 : 2
15. SC Concordia	11.01.53	3 : 0	07.09.52	1 : 1
16. Eintr.t Osnabrück	26.04.53	3 : 1	08.03.53	1 : 3

Platz 10 | 28:32 Punkte | 59:62 Tore | 12 Siege, 4 Unentschieden, 14 Niederlagen

1953/54 Oberliga Nord

	Heim		Auswärts	
1. Hannover 96	24.01.54	1:1	15.11.53	0:0
2. FC St Pauli	03.01.54	0:3	06.12.53	2:3
3. Altonaer FC 93	11.04.54	1:1	04.10.53	0:3
4. Eintr. Braunschw.	04.04.54	4:2	08.11.53	1:1
5. Werder Bremen	13.12.53	1:5	30.08.53	4:1
6. Arminia Hannover	12.09.53	2:3	10.01.54	3:2
7. Bremerhaven 93	20.02.54	1:1	25.10.53	1:2
8. ETV				
9. Holstein Kiel	13.03.54	2:1	20.09.53	1:2
10. Göttingen 05	01.11.53	1:1	31.01.54	0:2
11. Hamburger SV	27.09.53	2:2	21.03.54	3:2
12. VfL Osnabrück	29.11.53	2:0	27.12.53	0:4
13. Bremer SV	22.08.53	3:2	17.01.54	0:1
14. HTB	06.09.53	1:3	07.03.54	3:4
15. VfB Lübeck	07.02.54	6:1	09.08.53	2:0
16. SC Victoria	18.10.53	2:1	17.02.54	2:1

Platz 8 | 29:31 Punkte | 51:55 Tore | 11 Siege, 7 Unentschieden, 12 Niederlagen

1954/55 Oberliga Nord

	Heim		Auswärts	
1. Hamburger SV	10.02.55	1:8	07.11.54	3:5
2. Bremerhaven 93	14.11.54	4:0	27.04.55	0:0
3. Werder Bremen	02.11.54	2:1	24.04.55	1:1
4. Altonaer FC 93	28.10.54	2:2	13.02.55	0:1
5. Hannover 96	10.10.54	2:1	27.02.55	1:1
6. Eintr. Braunschw.	22.08.54	1:3	03.04.55	0:1
7. FC St Pauli	19.09.54	0:2	19.03.55	0:5
8. ETV				
9. VfL Osnabrück	27.03.55	4:4	12.09.54	2:8
10. Holstein Kiel	01.05.55	4:0	24.10.54	3:3
11. VfB Oldenburg	31.10.54	3:0	17.04.55	2:3
12. Arminia Hannover	09.01.55	3:0	21.11.54	5:4
13. Göttingen 05	13.03.55	1:1	05.12.54	0:2
14. VfL Wolfsburg	09.04.55	0:0	29.08.54	1:3
15. Bremer SV	06.03.55	2:0	26.12.54	0:0
16. HTB	06.02.55	1:1	03.10.54	3:0

Platz 8 | 28:32 Punkte | 51:60 Tore | 9 Siege, 10 Unentschieden, 11 Niederlagen

1955/56 Oberliga Nord

	Heim		Auswärts	
1. Hamburger SV	17.09.55	0:5	03.03.56	2:9
2. Hannover 96	15.02.56	3:3	13.11.55	0:5
3. Arminia Hannover	02.10.55	2:4	12.05.56	1:2
4. Holstein Kiel	16.11.55	0:1	08.01.56	1:1
5. VfR Neumünster	22.04.56	1:1	11.12.55	0:0
6. Werder Bremen	16.10.55	2:2	25.03.56	1:6
7. Bremerhaven 93	01.05.56	2:4	09.10.55	1:4
8. Göttingen 05	30.10.55	3:2	15.04.56	3:3
9. Altonaer FC 93	15.02.56	1:2	23.10.55	0:2
10. VfL Osnabrück	29.01.56	2:5	28.08.55	0:2
11. Eintr. Braunschw.	05.02.56	3:2	06.11.55	2:4
12. Eintr. Nordhorn	04.09.55	2:2	26.02.56	3:3
13. FC St Pauli	11.03.56	1:2	10.09.55	0:2
14. VfL Wolfsburg	08.04.56	2:2	20.11.55	2:1
15. VfB Oldenburg	04.12.55	3:0	22.01.56	0:1
16. ETV				

Platz 16 | 17:43 Punkte | 43:82 Tore | 4 Siege, 9 Unentschieden, 17 Niederlagen

1956/57 Amateurliga

	Heim		Auswärts	
1. TSV Uetersen	03.02.57	0:2	18.11.56	0:5
2. SC Sperber	28.10.56	0:2	30.12.56	0:1
3. FC Grün-Weiß 07	10.03.57	1:0	07.10.56	0:6
4. SC Union 03	19.08.56	1:2	27.01.57	1:3
5. Güldenstern Stade	02.09.56	2:1	07.04.57	0:2
6. ASV Bergedorf 85	30.09.56	2:1	16.12.56	0:1
7. HTB	09.09.56	1:5	31.03.57	1:3
8. HSSV (Am.)	11.11.56	2:5	24.02.57	0:3
9. SC Victoria	20.01.57	5:2	16.09.56	0:4
10. Wandsbeker FC	14.10.56	2:1	14.04.57	0:2
11. VfL Stade	09.12.56	1:1	21.10.56	3:4
12. Einigkeit Wilh.	17.02.57	3:1	26.08.56	3:1
13. ETV				
14. Lüneburger SK	17.03.57	11:1	12.08.56	1:2
15. TSV Duwo 08	25.11.56	2:0	13.01.57	2:5
16. Viktoria Wilh.	07.04.57	3:1	02.12.56	4:2

Platz 13 | 23:37 Punkte | 51:69 Tore | 11 Siege, 1 Unentschieden, 18 Niederlagen

1957/58 Amateurliga

	Heim		Auswärts	
1. ASV Bergedorf 85	13.04.58	1 : 2	01.09.57	2 : 0
2. SC Union 03	06.10.57	1 : 5	16.03.58	1 : 0
3. TSV Uetersen	20.10.57	1 : 1	12.01.58	0 : 5
4. HTB	26.01.58	0 : 0	13.10.57	1 : 4
5. SC Sperber	09.02.58	2 : 3	24.11.57	2 : 2
6. FC Grün-Weiß 07	19.01.58	3 : 2	29.09.57	3 : 3
7. HSV (Am.)	05.01.58	2 : 2	22.09.57	3 : 1
8. H E B C	30.03.58	2 : 3	01.12.57	1 : 7
9. VfL Stade	23.02.58	1 : 5	10.11.57	1 : 3
10. Wilh. FV 09	09.03.58	2 : 3	25.08.57	5 : 3
11. SC Victoria	08.09.57	3 : 3	16.02.58	1 : 2
12. Wandsbeker FC	17.11.57	2 : 2	07.04.58	0 : 0
13. ETV				
14. Güldenstern Stade	11.08.57	1 : 1	29.12.57	0 : 0
15. Ahrensburger TSV	18.08.57	1 : 1	23.03.58	2 : 1
16. Einigkeit Wilh.	03.11.57	4 : 2	20.04.58	3 : 0

Platz 13 | 27:33 Punkte | 51:66 Tore | 8 Siege, 11 Unentschieden, 11 Niederlagen

1958/59 Amateurliga

	Heim		Auswärts	
1. ETV				
2. HTB	19.04.59	2 : 1	17.08.58	5 : 2
3. Wilh. FV 09	14.12.58	2 : 2	05.10.58	2 : 1
4. SC Union 03	04.04.59	0 : 1	31.08.58	2 : 0
5. H E B C	24.08.58	2 : 1	25.01.59	2 : 4
6. SC Sperber	15.03.59	4 : 1	12.10.58	4 : 0
7. FC Vikt. Harburg	07.12.58	3 : 2	15.02.59	1 : 1
8. Komet Blankenese	09.11.58	5 : 1	08.02.59	1 : 1
9. TSV Uetersen	12.04.59	2 : 1	23.11.58	3 : 1
10. FC Grün-Weiß 07	07.09.58	1 : 1	01.02.59	3 : 0
11. Wandsbeker FC	10.08.58	1 : 3	08.03.59	0 : 1
12. SC Victoria	22.02.59	4 : 1	14.09.58	1 : 0
13. VfL Stade	28.12.58	4 : 2	02.11.58	3 : 1
14. HSV (Am.)	01.03.59	2 : 0	30.11.58	2 : 1
15. Raspo Elmshorn	19.10.58	2 : 1	04.01.59	3 : 2
16. Düneberger SV	28.09.58	4 : 0	22.03.59	2 : 3

Meister | 46:14 Punkte | 71:36 Tore | 21 Siege, 4 Unentschieden, 5 Niederlagen

LAUBVOGEL SANITÄRTECHNIK GmbH

BÄDER · GASHEIZUNG · BEDACHUNG

0 40 / 56 00 83 80

Lokstedter Steindamm 47 · 22529 Hamburg

www.laubvogel.de

1959/60 Amateurliga

	Heim		Auswärts	
1. SC Victoria	06.09.59	5 : 3	06.03.60	0 : 1
2. HTB	13.03.60	2 : 4	25.10.59	3 : 2
3. Rasensp.Harburg	27.03.60	2 : 2	15.11.59	2 : 6
4. ETV				
5. FC Vik. Harburg	29.11.59	4 : 0	10.01.60	0 : 0
6. SC Union 03	20.03.60	3 : 2	29.08.59	0 : 0
7. Komet Blankenese	28.02.60	1 : 0	20.09.59	2 : 0
8. Wilh. FV 09	01.11.59	0 : 1	31.01.60	3 : 0
9. TSV Uetersen	03.01.60	1 : 2	11.10.59	3 : 2
10. Wandsbeker FC	27.09.59	1 : 3	21.02.60	1 : 0
11. SC Sperber	18.10.59	3 : 3	18.04.60	2 : 2
12. FC Grün-Weiß 07	10.04.60	0 : 0	16.08.59	1 : 0
13. Ahrensburger TSV	23.08.59	1 : 4	27.12.59	1 : 1
14. FC St Pauli (Am.)	22.11.59	1 : 3	14.04.60	5 : 1
15. VfL Stade	20.08.59	2 : 2	24.01.60	4 : 1
16. H E B C	14.02.60	4 : 2	06.12.59	2 : 2

Platz 4 | 35:25 Punkte | 59:49 Tore | 13 Siege, 9 Unentschieden, 8 Niederlagen

1960/61 Amateurliga

	Heim		Auswärts	
1. HTB	09.04.61	4 : 1	14.08.60	0 : 1
2. Wilh. FV 09	25.09.60	1 : 3	26.03.61	1 : 2
3. SC Sperber	15.04.61	0 : 1	12.11.60	2 : 2
4. SC Conc. (Am.)	31.03.61	0 : 1	04.03.61	0 : 1
5. SC Victoria	19.02.61	1 : 3	17.09.60	1 : 3
6. FC Vik. Harburg	23.10.60	4 : 2	08.01.61	3 : 2
7. TSV Uetersen	18.12.60	1 : 2	08.10.60	2 : 0
8. Rasensp.Harburg	05.02.61	2 : 2	02.04.61	3 : 2
9. FC Grün-Weiß 07	02.10.60	3 : 0	12.02.61	2 : 3
10. ETV				
11. VfL Pinneberg	21.08.60	3 : 1	23.04.61	2 : 2
12. SC Union 03	04.09.60	6 : 1	26.02.61	1 : 1
13. Ahrensburger TSV	06.11.60	3 : 3	19.03.61	1 : 1
14. Güldenstern Stade	12.03.61	1 : 2	28.08.60	0 : 2
15. Komet Blankenese	11.12.60	2 : 0	26.12.60	3 : 1
16. Wandsbeker FC	15.01.61	2 : 1	30.10.60	3 : 4

Platz 10 | 28:32 Punkte | 57:50 Tore | 11 Siege, 6 Unentschieden, 13 Niederlagen

1961/62 Amateurliga

	Heim		Auswärts	
1. SC Victoria	09.04.61	2 : 4	10.12.61	0 : 4
2. TSV Uetersen	25.09.60	2 : 1	17.12.61	1 : 2
3. TSV Langenhorn	15.04.61	0 : 1	29.04.62	1 : 3
4. SC Sperber	31.03.61	1 : 2	14.01.62	3 : 2
5. Wilh. FV 09	19.02.61	0 : 3	19.11.61	2 : 1
6. SC Union 03	23.10.60	1 : 0	16.10.61	0 : 4
7. SC Conc. (Am.)	18.12.60	4 : 3	16.09.61	0 : 0
8. VfL Pinneberg	05.02.61	2 : 2	15.04.62	2 : 2
9. Raspo Elmshorn	02.10.60	1 : 0	29.10.61	1 : 3
10. Rasensp. Harburg	21.08.60	5 : 1	10.09.61	1 : 2
11. HTB	04.09.60	1 : 10	01.04.62	2 : 2
12. HSV (Am.)	06.11.60	0 : 0	20.04.62	2 : 2
13. ETV				
14. FC Grün-Weiß 07	12.03.61	1 : 1	19.08.61	2 : 3
15. Ahrensburger TSV	11.12.60	6 : 2	06.08.61	2 : 2
16. FC Vik.Harburg	15.01.61	1 : 0	12.11.61	3 : 1

Platz 13 | 28:32 Punkte | 49:63 Tore | 10 Siege, 8 Unentschieden, 12 Niederlagen

1962/63 Amateurliga

	Heim		Auswärts	
1. HSV Barmb.-Uh.	28.10.62	2 : 5	12.04.63	2 : 3
2. SC Victoria	23.02.63	3 : 1	15.09.62	1 : 0
3. VfL Pinneberg	11.11.62	4 : 1	30.04.63	0 : 4
4. SC Sperber	13.10.62	2 : 0	23.12.62	1 : 1
5. HTB	25.08.62	0 : 1	27.01.63	1 : 4
6. TSV Langenhorn	02.12.63	0 : 0	31.03.63	1 : 2
7. TSV Uetersen	09.12.63	3 : 2	09.02.63	0 : 0
8. HSV (Am.)	12.08.62	3 : 2	06.04.63	1 : 1
9. Rasensp. Harburg	28.04.63	3 : 1	18.08.62	0 : 1
10. Wilh.FV 09	22.09.62	1 : 3	30.12.62	2 : 1
11. ETV				
12. SC Conc. (Am.)	20.01.63	2 : 3	18.11.62	0 : 4
13. Raspo Elmshorn	17.02.63	3 : 4	04.11.62	2 : 2
14. TuS G.Schnelsen	04.05.63	2 : 2	30.09.62	2 : 2
15. Güldenstern Stade	16.12.62	3 : 2	07.10.62	5 : 1
16. SC Union 03	23.03.63	0 : 2	02.09.62	3 : 3

Platz 11 | 28:32 Punkte | 52:58 Tore | 10 Siege, 8 Unentschieden, 12 Niederlagen

1963/64 Landesliga

	Heim		Auswärts	
1. VfL Pinneberg	08.12.63	3 : 0	11.08.63	1 : 3
2. HSV (Am.)	29.02.64	2 : 1	08.09.63	0 : 0
3. Rasensp. Harburg	12.01.64	1 : 0	12.10.63	1 : 1
4. TSV Uetersen	01.09.63	1 : 0	30.03.64	1 : 2
5. SC Sperber	16.02.64	0 : 2	27.10.63	0 : 1
6. HTB	09.11.63	6 : 1	01.05.64	2 : 1
7. SV Blankenese	05.04.64	3 : 5	25.08.63	0 : 1
8. Wilh.FV 09	24.11.63	1 : 2	01.09.63	1 : 0
9. ETV				
10. SC Langenhorn	19.01.64	3 : 0	16.11.63	3 : 5
11. SC Conc. (Am.)	06.10.63	2 : 0	26.04.64	1 : 1
12. BSV Buxtehude	02.02.64	3 : 0	22.09.63	1 : 1
13. SC Urania	19.04.64	3 : 2	01.12.63	1 : 3
14. Raspo Elmshorn	15.09.63	3 : 2	14.03.64	0 : 2
15. Bramfelder SV	02.10.63	2 : 0	08.03.64	1 : 2
16. VfL Stade	18.08.63	0 : 1	22.02.64	2 : 1

Platz 9 | 32:28 Punkte | 48:40 Tore | 14 Siege, 4 Unentschieden, 12 Niederlagen

1964/65 Landesliga

	Heim		Auswärts	
1. SC Sperber	12.11.64	0 : 4	20.12.64	0 : 1
2. TSV Uetersen	13.12.64	1 : 1	26.09.64	1 : 3
3. TSV Langenhorn	13.09.64	2 : 0	11.04.65	1 : 1
4. HSV Barmb.-Uhl.	19.08.64	3 : 0	13.01.65	1 : 1
5. HSV (Am.)	21.02.65	1 : 0	06.09.64	0 : 2
6. VfL Pinneberg	08.10.64	0 : 0	27.03.65	0 : 5
7. Wilh.FV 09	10.01.65	3 : 3	09.08.64	1 : 1
8. H E B C	21.03.65	3 : 0	11.10.64	4 : 0
9. HTB	17.01.65	0 : 3	26.08.64	2 : 4
10. TuS Hamburg	27.02.65	1 : 1	15.11.64	4 : 2
11. TSV Sasel	29.08.64	3 : 4	24.01.64	1 : 2
12. ETV				
13. SV Blankenese	25.10.64	2 : 3	25.04.65	3 : 4
14. SC Conc. (Am.)	29.11.64	1 : 1	07.02.65	5 : 3
15. BSV Buxtehude	20.09.64	1 : 2	07.03.65	2 : 2
16. SC Urania	04.04.65	4 : 1	08.11.64	1 : 1

Platz 12 | 26:34 Punkte | 51:55 Tore | 8 Siege, 10 Unentschieden, 12 Niederlagen

1965/66 Landesliga

	Heim		Auswärts	
1. HSV Barmb.-Uhl.	16.01.66	1 : 2	08.08.65	2 : 2
2. SC Sperber	31.10.65	1 : 1	06.03.66	0 : 5
3. Holsatia Elmshorn	07.05.66	3 : 2	07.11.65	1 : 3
4. TSV Langenhorn	02.01.66	0 : 3	19.09.65	1 : 1
5. TSV Uetersen	24.10.65	0 : 1	03.04.66	0 : 1
6. TSG Bergedorf	13.03.66	2 : 1	05.09.65	1 : 2
7. VfL Pinneberg	22.08.65	1 : 2	09.08.64	3 : 1
8. H E B C	14.11.65	2 : 2	06.02.66	2 : 0
9. HSV (Am.)	12.09.65	1 : 0	27.03.66	2 : 3
10. HTB	21.11.65	1 : 1	12.12.65	0 : 3
11. TuS Hamburg	14.08.65	0 : 2	09.01.66	0 : 1
12. Wilh.r FV 09	27.02.66	1 : 2	20.03.66	0 : 1
13. Rasensp.Harburg	03.10.65	3 : 3	28.11.65	1 : 3
14. Borussia Harburg	17.04.66	0 : 2	17.10.65	1 : 3
15. TSV Sasel	23.01.66	1 : 1	29.09.65	1 : 2
16. ETV				

Platz 16 | 17:43 Punkte | 32:56 Tore | 5 Siege, 7 Unentschieden, 18 Niederlagen

1966/67 Verbandsliga (Germania-Staffel)

	Heim		Auswärts	
1. TuS G. Schnelsen	28.08.66	3 : 0	19.02.67	2 : 2
2. Wedeler TSV	05.03.67	1 : 2	04.09.66	1 : 3
3. ETV				
4. Eidelstedter SV	09.10.66	3 : 0	12.03.67	5 : 1
5. Raspo Elmshorn	27.11.66	4 : 0	12.02.67	3 : 0
6. Fichte Langenhorn	14.08.66	3 : 0	30.04.67	0 : 1
7. FC Union Tornesch	15.04.67	4 : 3	21.08.66	4 : 1
8. E S V	22.01.67	0 : 0	02.10.66	3 : 1
9. FC Pinneberg	19.03.67	1 : 1	16.10.66	1 : 2
10. SV West Eimsb.	11.09.66	3 : 1	04.12.66	2 : 2
11. TSV Stellingen 88	13.11.66	3 : 2	09.04.67	4 : 1
12. Ko. Blankenese	08.01.67	2 : 1	25.09.66	1 : 0
13. SV Lurup	06.11.66	3 : 0	15.01.67	3 : 0
14. TuRa Harksheide	02.04.67	1 : 0*	30.10.66	5 : 2

Platz 3 | 40:12 Punkte | 65:26 Tore | 18 Siege, 4 Unentschieden, 4 Niederlagen

*Wiederholungsspiel (zuvor 3:0 am 29.01.67)

1967/68 Verbandsliga (Hansa-Staffel)

		Heim		Auswärts	
1.	TuS Finkenwerder	20.08.67	1 : 3	21.01.68	1 : 1
2.	VfL Stade	22.10.67	2 : 0	04.02.68	1 : 2
3.	BSV Buxtehude	28.01.68	3 : 1	27.08.67	0 : 2
4.	Niendorfer TSV	14.01.68	1 : 1	12.11.67	1 : 3
5.	ETV				
6.	Viktoria Wilh.	19.11.67	0 : 0	06.04.68	2 : 0
7.	E S V	10.03.68	1 : 1	29.10.67	0 : 1
8.	Güldenstern Stade	10.12.67	5 : 1	13.08.67	2 : 1
9.	FTSV Altenwerder	05.05.68	1 : 1	17.09.67	0 : 2
10.	FC Vik.Harburg	01.05.68	3 : 1	03.12.67	1 : 0
11.	TV Jahn Wilh.	24.09.67	3 : 2	24.03.68	1 : 0
12.	FC Grün-Weiß 07	15.10.67	2 : 1	30.03.68	4 : 3
13.	TSV Stellingen 88	03.09.67	3 : 0	07.01.68	2 : 2
14.	SV West Eimsb.	18.02.68	1 : 1	08.10.67	3 : 0

Platz 5 | 33:19 Punkte | 44:30 Tore | 13 Siege, 7 Unentschieden, 6 Niederlagen

1968/69 Verbandsliga (Germania-Staffel)

		Heim		Auswärts	
1.	SC Victoria	21.09.68	0 : 5	18.05.69	0 : 3
2.	SV Lurup	26.01.69	1 : 4	20.10.68	0 : 1
3.	Komet Blankenese	27.10.68	1 : 2	02.02.69	0 : 3
4.	BW 96 Schenefeld	20.04.69	2 : 1	29.09.68	2 : 3
5.	SC Union 03	01.06.69	1 : 4	25.08.68	1 : 0
6.	Groß Flottb. Spvgg	01.09.68	0 : 3	13.04.69	1 : 1
7.	Wedeler TSV	10.11.68	2 : 1	22.12.68	1 : 5
8.	ETV				
9.	Eidelstedter SV	01.12.68	3 : 0	08.06.69	1 : 3
10.	Niendorfer TSV	15.05.69	1 : 1	17.11.68	1 : 1
11.	Raspo Elmshorn	06.10.68	2 : 2	03.05.69	2 : 0
12.	E S V	10.05.69	1 : 0	08.09.68	2 : 1
13.	FC Grün-Weiß 07	18.08.68	3 : 0	27.04.69	7 : 0
14.	FC Un. Tornesch	30.03.69	8 : 0	03.11.68	2 : 1

Platz 8 | 26:26 Punkte | 45:45 Tore | 11 Siege, 4 Unentschieden, 11 Niederlagen

1969/70 Verbandsliga (Germania-Staffel)

		Heim		Auswärts	
1.	SC Union 03	07.06.70	1 : 0	07.09.69	1 : 3
2.	Wedeler TSV	16.11.69	0 : 2	14.06.70	5 : 2
3.	Eidelstedter SV	12.04.70	3 : 4	05.10.69	1 : 1
4.	ETV				
5.	SC Vorw. Billstedt	31.08.69	2 : 1	10.05.70	4 : 0
6.	BW 96 Schenefeld	23.11.69	0 : 0	21.12.69	0 : 4
7.	SV Lurup	17.08.69	1 : 1	05.04.70	1 : 3
8.	TuS Hamburg	19.10.69	4 : 0	02.05.70	1 : 3
9.	Ko. Blankenese	07.12.69	2 : 1	24.08.69	4 : 0
10.	Raspo Elmshorn	22.03.70	1 : 1	30.11.69	0 : 0
11.	Groß Flottb. Spvgg	28.09.69	2 : 1	19.04.70	2 : 2
12.	Niendorfer TSV	02.11.69	0 : 0	31.05.70	2 : 0
13.	Rissener SV	04.01.70	1 : 1	14.09.69	4 : 0
14.	SV Lieth	26.04.70	3 : 1	26.10.69	3 : 2
15.	E S V	09.11.69	4 : 2	24.05.70	5 : 0

Platz 4 | 36:20 Punkte | 57:35 Tore | 14 Siege, 8 Unentschieden, 6 Niederlagen

1970/71 Verbandsliga (Hammonia-Staffel)

		Heim		Auswärts	
1.	BW 96 Schenefeld	18.04.71	2 : 1	16.08.70	1 : 2
2.	Polizei SV	06.12.70	1 : 3	22.11.70	0 : 0
3.	TSV Uetersen	04.04.71	1 : 1	26.09.70	1 : 2
4.	SV Lurup	21.03.71	1 : 1	29.11.70	2 : 1
5.	Meiendorfer SV	31.01.71	2 : 2	30.08.70	1 : 7
6.	ETV				
7.	TuRa Harksheide	19.09.70	1 : 0	24.01.71	4 : 0
8.	Eidelstedter SV	15.11.70	2 : 2	27.02.71	2 : 2
9.	Wedeler TSV	18.10.70	2 : 3	09.05.71	5 : 1
10.	Ko. Blankenese	21.01.71	5 : 2	08.11.70	0 : 2
11.	HSV Bar.-Uhl. (Am)	01.11.70	2 : 0	13.12.70	1 : 2
12.	Bramfelder SV	04.10.70	0 : 0	28.03.71	1 : 1
13.	DSC Stern-Pfeil	07.03.71	4 : 1	13.09.70	2 : 1
14.	H E B C	25.04.71	3 : 1	25.10.70	2 : 0
15.	TSV Altona	06.09.70	2 : 3	16.05.71	2 : 1
16.	SuS Waldenau	23.08.70	3 : 1	14.02.71	0 : 0

Platz 6 | 35:25 Punkte | 55:43 Tore | 13 Siege, 9 Unentschieden, 8 Niederlagen

1971/72 Amateurliga (Hammonia-Staffel)

	Heim		Auswärts	
1. Eidelstedter SV	03.10.71	2:2	12.12.71	1:3
2. VfL 93	15.08.71	0:0	09.01.72	0:3
3. TuRa Harksheide	29.08.71	2:4	30.04.72	1:2
4. Meiendorfer SV	28.11.71	3:5	23.01.72	1:0
5. SV Lurup	24.10.71	0:0	26.02.72	1:1
6. Holsatia Elmshorn	23.04.72	2:4	14.11.71	1:0
7. ETV				
8. TSV Uetersen	16.01.72	4:3	31.10.71	0:2
9. Wedeler TSV	16.04.72	2:1	22.08.71	2:2
10.Ko. Blankenese	07.11.71	0:1	08.03.72	4:2
11.Moorreger SV	06.02.72	2:0	04.09.71	1:1
12.Eintracht Garstedt	19.02.72	2:2	17.10.71	0:0
13.Bramfelder SV	19.03.72	4:0	26.09.71	4:3
14.DSC Stern-Pfeil	26.03.72	3:0	19.09.71	0:1
15.HSV B.-Uhl. (Am)	11.09.71	2:2	30.01.72	2:1
16.Polizei SV	05.12.71	2:0	09.04.72	1:0

Platz 7 | 33:27 Punkte | 49:45 Tore | 12 Siege, 9 Unentschieden, 9 Niederlagen

1972/73 Amateurliga (Hammonia-Staffel)

	Heim		Auswärts	
1. VfL 93	29.10.72	1:1	15.04.73	0:1
2. TuRa Harksheide	15.10.72	1:1	18.03.73	3:0
3. Holsatia Elmshorn	208-8-72	2:1	17.12.72	1:0
4. Wandsbeker FC	12.11.72	0:0	25.03.73	0:2
5. Wedeler TSV	21.01.73	1:1	05.11.72	2:3
6. ETV				
7. Meiendorfer SV	07.01.73	1:3	08.10.72	2:2
8. TuS G. Schnelsen	01.04.73	4:0	23.12.72	4:1
9. SV Lurup	26.11.72	2:0	11.02.73	2:0
10.SC Condor	17.09.72	2:3	14.01.73	4:1
11.ETSV Altona	11.03.73	2:0	24.09.72	1:2
12.1. SC Norderstedt	03.12.72	1:3	28.01.73	3:3
13.TSV Uetersen	08.04.73	1:1	19.11.72	2:4
14.Moorreger SV	06.05.73	3:0	12.08.72	3:3
15.Bramfelder SV	17.02.73	3:0	10.09.72	0:1
16.Ko. Blankense	01.10.72	4:0	25.02.73	8:0

Platz 6 | 34:26 Punkte | 63:37 Tore | 13 Siege, 8 Unentschieden, 9 Niederlagen

1973/74 Amateurliga (Hammonia-Staffel)

	Heim		Auswärts	
1. Holsatia Elmshorn	02.12.73	0:0	09.03.73	0:2
2. 1. SC Norderstedt	24.03.74	2:1	24.02.74	2:3
3. HSV (Am.)	03.03.74	2:0	02.09.73	1:2
4. SV Lurup	21.04.74	2:4	30.09.73	1:1
5. HEBC	18.11.73	1:0	06.01.74	2:2
6. Wedeler TSV	23.09.73	2:3	17.03.74	1:1
7. ETV				
8. SV H.-Rellingen	12.08.73	1:2	03.02.74	1:2
9. SC Condor	30.03.74	0:1	28.10.73	8:1
10.TuS G. Schnelsen	27.01.74	1:0	19.08.73	0:2
11.BW 96 Schenefeld	13.01.74	0:3	07.10.73	3:0
12.Meiendorfer SV	16.09.73	1:0	28.04.74	3:2
13.E TSV Altona	26.08.73	0:1	10.02.74	3:3
14.Raspo Elmshorn	25.11.73	3:1	27.04.74	1:3
15.TSV Uetersen	17.02.74	3:1	09.09.73	2:1
16.Moorreger SV	04.11.73	5:0	20.01.74	3:2

Platz 5 | 31:29 Punkte | 54:44 Tore | 13 Siege, 5 Unentschieden, 12 Niederlagen

1974/75 Amateurliga (Hammonia-Staffel)

	Heim		Auswärts	
1. SV Lurup	18.08.74	0:1	04.05.74	1:3
2. Wedeler TSV	26.04.75	0:3	08.02.75	1:6
3. 1. SC Norderstedt	09.03.75	1:2	03.11.74	1:4
4. SC Union 03	22.09.74	1:1	26.01.75	0:0
5. TuS H. Quickborn	23.03.75	3:1	16.11.74	1:1
6. Eidelstedter SV	06.04.75	0:0	01.12.74	1:3
7. HEBC	24.11.74	2:1	02.03.75	0:2
8. SC Condor	10.11.74	4:0	16.03.75	1:3
9. ETV				
10.TuS G. Schnelsen	23.02.75	0:0	30.10.74	0:0
11.Meiendorfer SV	02.02.75	4:1	09.09.74	3:1
12.BW 96 Schenefeld	22.12.74	3:3	13.04.75	2:2
13.Raspo Elmshorn	12.01.75	1:0	01.09.75	1:2
14.SV H.-Rellingen	05.01.75	2:2	05.08.74	2:1
15.BSV 19	06.10.74	3:2	16.02.75	2:4
16.ETSV Altona	19.01.75	1:1	15.09.74	4:0

Platz 9 | 28:32 Punkte | 45:50 Tore | 9 Siege, 10 Unentschieden, 11 Niederlagen

---

maler wortmann
erhalten und gestalten

Rellinger Str. 37, 20257 Hamburg
Tel./Fax: 040/850 94 32
Handy: 0172/54 77 667
E-Mail: klauswortmann@t-online.de

- Ausführung sämtlicher Maler- und Tapezierarbeiten
- Bodenbeläge
- Fassadenbeschichtung
- Wärmedämmung
- Gerüstbau

1975/76 Amateurliga (Hammonia-Staffel)

	Heim		Auswärts	
1. Wedeler TSV	16.05.76	1 : 1	28.09.75	2 : 0
2. Vik. W'bg/Veddel	24.08.75	0 : 1	11.01.76	0 : 4
3. Güldenstern Stade	21.09.75	0 : 2	23.05.76	0 : 1
4. HTB	28.03.76	2 : 2	25.10.75	1 : 1
5. Spvgg Este 06/70	07.09.75	0 : 2	09.05.76	3 : 0
6. SC Egenbüttel	08.02.76	0 : 0	14.09.75	0 : 1
7. Eidelstedter SV	18.01.76	0 : 1	31.08.75	0 : 1
8. SC Union 03	11.04.76	0 : 0	16.11.75	1 : 0
9. BW 96 Schenefeld	04.01.76	0 : 2	17.08.75	1 : 3
10. HEBC	05.10.75	0 : 0	07.03.76	0 : 2
11. WSV 93	02.05.76	3 : 1	07.12.75	0 : 0
12. Raspo Elmshorn	09.11.75	2 : 2	04.04.76	3 : 2
13. ETV				
14. TuS G. Schnelsen	14.03.76	2 : 3	12.10.75	3 : 1
15. TuS H. Quickborn	30.11.75	0 : 0	24.04.76	0 : 0
16. TuS Finkenwerder	19.10.75	1 : 1	21.03.76	1 : 3

Platz 13 | 23:37 Punkte | 26:37 Tore | 6 Siege, 11 Unentschieden, 13 Niederlagen

1976/77 Amateurliga (Hammonia-Staffel)

	Heim		Auswärts	
1. HTB	27.03.77	0 : 1	07.11.76	1 : 3
2. Wedeler TSV	15.08.76	0 : 2	05.06.77	0 : 2
3. Güldenstern Stade	17.04.77	0 : 4	28.11.76	1 : 2
4. TuS H. Quickborn	26.09.76	0 : 1	05.02.77	2 : 1
5. Spvgg Este 06/70	31.10.76	2 : 0	11.04.77	2 : 1
6. SC Egenbüttel	08.04.77	1 : 1	17.11.76	1 : 3
7. Bostelbeker SV	20.03.77	1 : 3	05.09.76	4 : 0
8. SC Union 03	13.02.77	1 : 2	03.10.76	0 : 1
9. GW Eimsbüttel	05.12.76	2 : 1	04.05.77	3 : 0
10. Eidelstedter SV	22.05.77	0 : 1	22.08.76	0 : 1
11. W S V 93	12.09.76	0 : 1	08.05.77	2 : 2
12. FC St Pauli (Am)	14.11.76	0 : 0	03.04.77	2 : 4
13. ETV				
14. HEBC	01.05.77	1 : 1	12.12.76	2 : 0
15. BW 96 Schenefeld	17.10.76	2 : 1	27.02.77	0 : 2
16. TuS G. Schnelsen	15.05.77	6 : 1	19.09.76	3 : 0
17. TuS Finkenwerder	29.08.76	3 : 0	20.02.77	2 : 0

Platz 13 | 28:36 Punkte | 44:42 Tore | 12 Siege, 4 Unentschieden, 16 Niederlagen

1977/78 Landesliga (Hammonia-Staffel)

	Heim		Auswärts	
1. FC St Pauli (Am)	05.02.78	1 : 1	25.09.77	3 : 3
2. Wedeler TSV	20.11.77	0 : 1	02.04.78	1 : 2
3. Holsatia Elmshorn	06.11.77	1 : 2	12.03.78	1 : 3
4. Harburger SC	11.12.77	3 : 1	07.05.78	2 : 7
5. TuS H. Quickborn	28.08.77	1 : 1	15.01.78	1 : 1
6. SC Egenbüttel	27.11.77	1 : 1	09.04.78	0 : 1
7. Spvgg Este 06/70	23.04.78	0 : 1	06.12.77	1 : 4
8. Bostelbeker SV	23.10.77	2 : 3	16.04.78	3 : 2
9. Güldenstern Stade	11.09.77	3 : 1	29.01.78	1 : 2
10. HEBC	05.03.78	6 : 2	30.10.77	0 : 0
11. WSV 93	08.01.78	2 : 0	21.08.77	2 : 3
12. ETV				
13. TSV Uetersen	22.01.78	2 : 1	04.09.77	2 : 0
14. GW Eimsbüttel	19.02.78	3 : 3	16.10.77	2 : 2
15. SC Union 03	02.10.77	0 : 2	11.02.78	2 : 4
16. Eidelstedter SV	19.03.78	2 : 2	13.11.77	4 : 2

Platz 12 | 25:35 Punkte | 52:58 Tore | 8 Siege, 9 Unentschieden, 13 Niederlagen

1978/79 Landesliga (Hammonia-Staffel)

	Heim		Auswärts	
1. TuS H. Quickborn	19.11.78	0 : 2	08.04.79	0 : 3
2. Vik. W'bg/Veddel	23.09.78	3 : 0	28.04.79	1 : 4
3. Güldenstern Stade	27.05.79	0 : 5	23.12.78	3 : 2
4. SV Blankenese	25.01.79	2 : 3	12.11.78	1 : 1
5. Wedeler TSV	01.05.79	1 : 2	08.10.78	0 : 1
6. FSV Harburg	13.05.79	5 : 3	22.10.78	3 : 2
7. Holsatia Elmshorn	20.08.78	2 : 2	24.05.79	2 : 2
8. Spvgg Este 06/70	30.05.79	3 : 3	02.06.79	1 : 3
9. ETV				
10. TSV Uetersen	16.04.79	3 : 1	17.09.78	1 : 0
11. WSV 93	05.11.78	0 : 1	25.04.79	1 : 1
12. Harburger SC	26.11.78	1 : 0	21.04.79	1 : 3
13. TV Haseldorf 09	20.05.79	1 : 1	09.05.79	2 : 0
14. SC Egenbüttel	15.10.78	2 : 0	06.05.79	0 : 1
15. HEBC	01.04.79	1 : 1	27.08.78	1 : 1
16. Bostelbeker SV	03.09.78	2 : 0	13.04.79	1 : 0

Platz 9 | 30:30 Punkte | 44:48 Tore | 11 Siege, 8 Unentschieden, 11 Niederlagen

1979/80 Landesliga (Hammonia-Staffel)

		Heim		Auswärts	
1.	Güldenstern Stade	09.09.79	3 : 3	20.01.80	1 : 2
2.	Vik. W'bg/Veddel	23.03.80	2 : 2	04.11.79	3 : 3
3.	SC Egenbüttel	11.11.79	2 : 0	30.03.80	1 : 2
4.	ETV				
5.	Harburger SC	19.08.79	3 : 2	06.01.80	3 : 2
6.	Jahn Wilh.	09.12.79	1 : 4	11.05.80	5 : 0
7.	Ko. Blankenese	21-1079	2 : 2	09.03.80	2 : 3
8.	FSV Harburg	20.04.80	1 : 0	02.12.79	1 : 2
9.	SC Pinneberg	16.03.80	1 : 2	27.10.79	2 : 0
10.	SV Blankenese	02.03.80	1 : 2	14.10.79	1 : 1
11.	HNT	23.09.79	3 : 3	02.02.80	0 : 0
12.	Holsatia Elmshorn	13.01.80	1 : 1	21.11.79	1 : 4
13.	Spvgg Este 06/70	07.10.79	1 : 1	04.05.80	4 : 1
14.	TSV Uetersen	25.11.79	4 : 3	13.04.80	2 : 0
15.	Wedeler TSV	04.04.80	4 : 1	16.09.79	4 : 0
16.	W S V 93	27.04.80	5 : 1	30.09.79	4 : 0

Platz 4 | 35:25 Punkte | 68:47 Tore | 13 Siege, 9 Unentschieden, 8 Niederlagen

1980/81 Landesliga (Hammonia-Staffel)

		Heim		Auswärts	
1.	SC Pinneberg	08.03.80	0 : 0	02.11.80	3 : 0
2.	ETV				
3.	Ko. Blankenese	15.02.81	3 : 4	12.10.80	3 : 1
4.	TV Haseldorf 09	17.04.81	1 : 1	28.09.80	3 : 2
5.	HTB	15.11.80	2 : 2	29.03.81	5 : 1
6.	Harburger SC	25.10.80	1 : 2	01.03.81	1 : 1
7.	BSV Buxtehude	02.05.81	1 : 1	06.09.80	2 : 1
8.	FC Süderelbe	16.08.80	2 : 1	21.12.80	3 : 1
9.	Holsatia Elmshorn	30.08.80	1 : 2	11.01.81	0 : 2
10.	SC Egenbüttel	04.01.81	2 : 0	24.08.80	2 : 4
11.	FSV Harburg	21.09.80	1 : 0	20.04.81	3 : 2
12.	SV Blankenese	10.05.81	2 : 0	21.02.81	3 : 1
13.	Jahn Wilh.	22.03.81	1 : 1	09.11.80	4 : 0
14.	FTSV Altenwerder	05.04.81	3 : 1	23.11.80	7 : 2
15.	HNT	29.11.80	2 : 0	11.04.81	3 : 2
16.	Spvgg Este 06/70	04.10.80	4 : 0	07.05.81	2 : 2

Platz 2 | 43:17 Punkte | 70:37 Tore | 18 Siege, 7 Unentschieden, 5 Niederlagen

1981/82 Landesliga (Hammonia-Staffel)

		Heim		Auswärts	
1.	Altonaer FC 93	20.09.81	2 : 2	09.04.82	0 : 5
2.	FSV Harburg	09.05.82	0 : 5	15.11.81	3 : 4
3.	HTB	09.08.81	5 : 4	06.12.81	1 : 5
4.	FC Süderelbe	18.04.82	0 : 3	26.09.81	0 : 3
5.	ETV				
6.	SV Blankenese	04.04.82	2 : 0	30.08.81	3 : 2
7.	SC Egenbüttel	28.02.82	4 : 0	11.10.81	0 : 6
8.	TSV Buchholz 08	14.03.82	3 : 1	01.11.81	0 : 2
9.	BSV Buxtehude	23.08.81	0 : 2	21.03.82	0 : 3
10.	TV Haseldorf 09	08.11.81	3 : 1	28.03.82	2 : 0
11.	Harburger SC	25.10.81	2 : 1	07.03.82	0 : 0
12.	Ko. Blankenese	06.05.82	0 : 3	15.05.82	1 : 1
13.	Holsatia Elmshorn	03.10.81	2 : 1	14.02.82	2 : 0
14.	SV Rugenbergen	06.09.81	4 : 2	25.04.82	3 : 2
15.	Jahn Wilh.	29.04.82	2 : 2	13.09.81	4 : 2
16.	SSV Rantzau	02.05.82	8 : 1	16.08.81	2 : 0

Platz 5 | 34:26 Punkte | 58:63 Tore | 15 Siege, 4 Unentschieden, 11 Niederlagen

1982/83 Landesliga (Hansa-Staffel)

		Heim		Auswärts	
1.	Meiendorfer SV	29.08.82	0 : 4	16.01.83	0 : 2
2.	SC Condor	28.11.82	2 : 1	15.08.82	1 : 6
3.	1. SC Norderstedt	10.10.82	1 : 4	13.03.83	2 : 1
4.	SV Cursl.-Neueng.	24.10.82	0 : 4	27.03.83	1 : 2
5.	SC Eilbek	17.04.83	0 : 3	07.11.82	1 : 2
6.	Barsbütteler SV	01.05.83	4 : 0	31.10.82	0 : 2
7.	TuRa Harksheide	23.01.83	0 : 5	04.09.82	3 : 0
8.	SC Vorw. Billstedt	11.12.82	2 : 4	26.08.82	1 : 1
9.	Bramfelder SV	20.03.83	1 : 3	17.10.82	0 : 0
10.	HSV Barm.-Uhl.	24.04.83	3 : 0	19.09.82	1 : 2
11.	ETV				
12.	Duvenstedter SV	03.10.82	4 : 2	06.03.83	2 : 2
13.	TuS Aum.-Wohlt.	14.11.82	3 : 4	08.05.83	3 : 1
14.	TuS Neu-Steilsh.	22.08.82	1 : 0	05.12.82	1 : 2
15.	SC Poppenbüttel	15.05.83	1 : 2	20.11.82	2 : 2
16.	Wandsbeker FC	12.09.82	0 : 0	04.04.83	2 : 1

Platz 11 | 23:37 Punkte | 42:62 Tore | 9 Siege, 5 Unentschieden, 16 Niederlagen

1983/84 Landesliga (Hansa-Staffel)

	Heim		Auswärts	
1. TSV Duwo 08	14.08.83	0 : 0	26.11.83	1 : 0
2. 1. SC Norderstedt	04.03.84	1 : 4	25.09.83	1 : 3
3. SC Eilbek	04.09.83	1 : 1	20.04.84	0 : 4
4. TSV Schwarzenbek	18.08.83	0 : 1	26.02.84	1 : 2
5. H E B C	30.10.83	0 : 2	08.04.84	3 : 2
6. Barsbütteler SV	15.01.84	3 : 2	28.08.83	1 : 5
7. SC Vorw. Billstedt	25.03.84	1 : 3	09.10.83	1 : 1
8. ETV				
9. TuRa Harksheide	20.05.84	2 : 2	19.11.83	1 : 2
10. Ahrensburger TSV	04.12.83	3 : 2	21.08.83	2 : 2
11. Bramfelder SV	02.10.83	2 : 2	18.03.84	2 : 1
12. SC Poppenbüttel	15.04.84	3 : 2	05.11.83	4 : 1
13. SC Langenhorn	23.08.83	0 : 2	11.12.83	4 : 0
14. Duvenstedter SV	13.11.83	4 : 1	13.05.84	3 : 2
15. SV Cursl.-Neueng.	01.04.84	3 : 0	16.10.83	2 : 1
16. HSV Barm.-Uhl.	11.02.84	2 : 0	11.09.83	3 : 4

Platz 8 | 32:28 Punkte | 54:54 Tore | 13 Siege, 6 Unentschieden, 11 Niederlagen

1984/85 Landesliga (Hammonia-Staffel)

	Heim		Auswärts	
1. FC Süderelbe	11.11.84	1 : 2	11.05.85	2 : 3
2. HTB	28.04.85	1 : 1	09.11.84	4 : 4
3. HEBC	19.05.85	1 : 0	18.11.84	1 : 4
4. Raspo Elmshorn	21.08.84	1 : 1	09.12.84	1 : 3
5. SC Egenbüttel	14.10.84	0 : 3	31.03.85	2 : 2
6. VfL Stade	10.02.85	2 : 2	09.09.84	3 : 5
7. ETSV Altona	02.12.84	1 : 2	19.08.84	2 : 2
8. HNT	12.08.84	1 : 0	24.11.84	0 : 0
9. TSV Buchholz 08	30.09.84	2 : 3	05.05.85	1 : 4
10. FTSV Altenwerder	14.04.85	1 : 0	23.09.84	2 : 5
11. TSV Uetersen	21.04.85	1 : 3	27.10.84	0 : 1
12. BSV Buxtehude	02.09.84	2 : 4	05.04.85	1 : 1
13. FSV Harburg	13.01.85	2 : 1	26.08.84	2 : 3
14. Niendorfer TSV	16.09.84	2 : 1	01.05.85	0 : 1
15. ETV				
16. SC Pinneberg	24.03.84	1 : 0	06.10.84	0 : 0

Platz 15 | 21:39 Punkte | 40:61 Tore | 6 Siege, 9 Unentschieden, 15 Niederlagen

1985/86 Bezirksliga (Staffel-Nord)

	Heim		Auswärts	
1. HSV Barm.-Uhl.	25.05.86	1 : 6	08.12.85	1 : 3
2. TuRa Harksheide	02.02.86	0 : 3	31.08.85	3 : 1
3. SC Langenhorn	14.12.85	1 : 2	25.08.85	3 : 3
4. Duvenstedter SV	13.04.86	2 : 2	27.10.85	2 : 3
5. USC Paloma	20.04.86	0 : 1	03.11.85	6 : 1
6. TSC Wellingsbüttel	06.04.86	1 : 3	05.10.85	1 : 3
7. Farmsener TV	08.09.85	0 : 0	16.02.86	1 : 1
8. TuS Berne	22.02.86	3 : 3	15.09.85	1 : 4
9. Niendorfer TSV	16.11.85	0 : 1	27.04.86	2 : 0
10. VfL 93	10.11.85	1 : 0	31.03.86	4 : 1
11. Hinschenfelder FC	01.12.85	3 : 1	17.05.86	1 : 4
12. TSV Sasel	13.10.85	1 : 1	06.05.86	1 : 2
13. ETV				
14. TSV Ep.-Gr. Borstel	27.08.85	0 : 0	29.04.86	0 : 1
15. Post SV	04.05.86	0 : 1	24.11.85	2 : 2
16. TuS Neu-Steilsh.	20.10.85	5 : 0	22.04.86	3 : 3

Platz 13 | 23:37 Punkte | 49:56 Tore | 7 Siege, 9 Unentschieden, 14 Niederlagen

1986/87 Bezirksliga (Staffel-West)

	Heim		Auswärts	
1. SV Blankenese	07.12.86	1 : 2	17.08.86	3 : 3
2. Wedeler TSV	14.09.86	1 : 3	14.03.87	1 : 3
3. SV Osdorfer Born	09.11.86	0 : 3	24.05.87	4 : 2
4. SC Pinneberg	12.10.86	1 : 2	11.04.87	3 : 0
5. Niendorfer TSV	08.03.87	1 : 2	07.09.86	4 : 0
6. Tangstedter SV	22.02.87	4 : 4	26.08.86	0 : 4
7. SSV Rantzau	26.10.86	1 : 3	03.05.87	1 : 2
8. TSV Sparrieshoop	21.09.86	1 : 3	10.05.87	1 : 1
9. TV Haseldorf 09	12.08.86	1 : 0	30.11.86	1 : 1
10. ETV				
11. BW 96 Schenefeld	17.05.87	2 : 2	02.11.86	0 : 3
12. Fortuna Langelohe	24.08.86	6 : 1	14.12.86	0 : 1
13. SuS Waldenau	23.11.86	2 : 2	10.08.86	4 : 1
14. FC Un. Tornesch	26.04.87	0 : 0	19.10.86	4 : 2
15. SV Rugenbergen	29.03.87	2 : 2	27.09.86	4 : 0
16. TuS Hasloh	31.08.86	6 : 2	20.04.87	3 : 2

Platz 10 | 28:32 Punkte | 62:56 Tore | 10 Siege, 8 Unentschieden, 12 Niederlagen

1987/88 Bezirksliga (Staffel-Nord)

	Heim		Auswärts	
1. Wandsbeker FC	17.04.88	0 : 2	03.10.87	1 : 4
2. Duvenstedter SV	09.08.87	0 : 4	22.11.87	1 : 5
3. SV W.t-Eimsbüttel	04.04.89	0 : 2	13.09.87	2 : 5
4. Niendorfer TSV	06.09.87	3 : 5	13.03.88	3 : 5
5. VfL 93	25.08.87	1 : 1	28.02.88	3 : 0
6. Hinschenfelder FC	29.11.87	1 : 2	11.08.87	3 : 0
7. SV Großhansdorf	06.03.88	2 : 1	30.08.87	1 : 3
8. ETV				
9. SV Friedrichsgabe	15.11.87	7 : 2	19.05.88	4 : 2
10. TuS Hamburg	13.12.87	7 : 1	23.08.87	0 : 3
11. Eidelstedter SV	15.05.88	2 : 1	08.11.87	2 : 1
12. Hoisbütteler SV	16.08.87	5 : 5	05.12.87	1 : 0
13. USC Paloma	01.05.88	2 : 4	18.10.87	0 : 1
14. Jenfelder SV	25.10.87	2 : 1	08.05.88	4 : 6
15. TSV Sasel	11.10.87	4 : 2	24.04.88	2 : 2
16. TSV Epp.-G. Bors.	01.11.87	7 : 1	10.04.88	2 : 2

Platz 8 | 28:32 Punkte | 72:73 Tore | 12 Siege, 4 Unentschieden, 14 Niederlagen

1988/89 Bezirksliga (Staffel-West)

	Heim		Auswärts	
1. FC St Pauli (Am)	02.10.88	2 : 0	16.04.89	1 : 1
2. ETV				
3. ETSV Altona	26.02.89	4 : 2	30.08.88	3 : 2
4. SV West-Eimsb.	09.10.88	2 : 2	23.04.89	2 : 3
5. Großflottb. Spvgg	06.11.88	4 : 1	11.05.89	0 : 0
6. SC Nienstedten	21.05.89	1 : 1	13.11.88	2 : 2
7. BW 96 Schenefeld	28.08.88	5 : 1	10.12.88	4 : 1
8. Wedeler TSV	07.05.89	1 : 1	30.10.88	5 : 1
9. SC Union 03	12.03.89	2 : 2	11.09.88	2 : 1
10. TuS Ottensen 93	09.04.89	0 : 1	16.10.88	2 : 1
11. Niendorfer TSV	04.09.88	2 : 0	05.03.89	3 : 3
12. TV Haseldorf 09	16.08.88	1 : 0	12.02.89	3 : 0
13. Rissener SV	20.11.88	1 : 2	14.08.88	5 : 1
14. Eidelstedter SV	02.04.89	3 : 2	25.09.88	2 : 3
15. SV Osdorfer Born	19.02.89	1 : 0	21.08.88	3 : 1
16. SV Lurup II	18.09.88	4 : 1	19.03.89	2 : 0

Platz 2 | 44:16 Punkte | 72:34 Tore | 18 Siege, 8 Unentschieden, 4 Niederlagen

1988/89 Landesliga (Hammonia-Staffel)

	Heim		Auswärts	
1. FC St Pauli (Am)	20.08.89	0 : 3	0.12.89	1 : 1
2. BSV Buxtehude	01.04.90	2 : 4	27.08.89	0 : 7
3. GW Eimsbüttel	01.10.89	1 : 3	25.03.90	0 : 1
4. SV Rugenbergen	16.04.90	4 : 3	10.09.89	0 : 3
5. Glashütter SV	18.03.90	1 : 6	24.09.89	1 : 3
6. Holsatia Elmshorn	12.11.89	0 : 4	13.05.90	2 : 1
7. Rot-Gelb Harburg	17.09.89	0 : 4	10.03.90	0 : 2
8. HTB	15.10.89	2 : 1	22.04.90	2 : 1
9. HNT	20.04.90	1 : 1	28.10.89	4 : 0
10. SV Halst.-Rellingen	03.09.89	1 : 5	25.02.90	2 : 2
11. Jahn Wilh.	24.05.90	2 : 5	26.11.89	3 : 0
12. ETV				
13. TuS Hol. Quickb.	19.11.89	3 : 1	19.05.90	0 : 1
14. SSV Rantzau	03.12.89	6 : 0	27.05.90	0 : 2
15. Harburger Türk.	08.04.90	7 : 0	08.10.89	1 : 0
16. TSV Buchholz 08	06.05.90	3 : 0	05.11.89	4 : 3

Platz 12 | 27:33 Punkte | 53:67 Tore | 12 Siege, 3 Unentschieden, 15 Niederlagen

1990/91 Landesliga (Hammonia-Staffel)

	Heim		Auswärts	
1. SC Langenhorn	10.03.91	0 : 2	16.09.90	1 : 2
2. HTB	18.04.91	1 : 0	02.09.90	0 : 3
3. GW Eimsbüttel	11.11.90	1 : 1	04.05.91	0 : 3
4. FC Ellas	19.08.90	1 : 2	08.12.90	2 : 4
5. Holsatia Elmshorn	28.04.91	1 : 0	04.11.90	2 : 3
6. SV Hals.-Rellingen	09.05.91	4 : 2	01.04.91	1 : 2
7. Glashütter SV	07.04.91	0 : 0	07.10.90	5 : 3
8. SV Rugenbergen	02.12.90	2 : 5	16.05.91	3 : 2
9. ETV				
10. HEBC	28.10.90	3 : 2	21.04.91	0 : 0
11. Rot-Gelb Harburg	14.10.90	1 : 1	13.04.91	1 : 1
12. TSV Sparrieshoop	26.08.90	4 : 0	23.04.91	2 : 1
13. TuS Hol. Quickb.	23.09.90	2 : 1	17.03.91	1 : 2
14. TuRa Harksheide	10.02.91	1 : 1	30.03.91	0 : 3
15. Jahn Wilh.	09.09.90	1 : 1	03.03.91	1 : 4
16. HNT	24.03.91	2 : 1	29.09.90	3 : 2

Platz 9 | 29:31 Punkte | 46:54 Tore | 11 Siege, 7 Unentschieden, 12 Niederlagen

1991/92 Landesliga (Hammonia-Staffel)

		Heim		Auswärts	
1. SV Hal.-Rellingen	22.08.91	1 : 8	08.12.91	0 : 6
2. HTB	15.09.91	3 : 7	15.03.92	1 : 1
3. Glashütter SV	05.04.92	4 : 0	05.10.91	1 : 2
4. Holsatia Elmshorn	01.12.91	2 : 1	18.08.91	1 : 2
5. FC Ellas	01.09.91	2 : 1	29.02.92	0 : 2
6. ETSV Altona	14.12.91	0 : 2	25.08.91	2 : 1
7. ETV				
8. Rot-Gelb Harburg	27.10.91	1 : 6	25.04.92	3 : 0
9. TSV Sparrieshoop	12.10.91	1 : 2	12.04.92	0 : 1
10. H E B C	11.08.91	2 : 1	24.11.91	1 : 4
11. GW Eimsbüttel	17.11.91	0 : 1	06.08.91	2 : 1
12. SV Rugenbergen	08.03.92	5 : 1	08.09.91	2 : 0
13. W S V 93	29.03.92	6 : 2	29.09.91	3 : 3
14. TuS Hol. Quickb.	22.09.91	6 : 0	21.03.92	2 : 1
15. BW96 Schenefeld	03.05.92	4 : 0	03.11.91	1 : 1
16. FC Süderelbe	10.11.91	2 : 2	10.05.92	3 : 3

Platz 7 | 31:29 Punkte | 61:62 Tore | 13 Siege, 5 Unentschieden, 12 Niederlagen

1992/93 Landesliga (Hammonia-Staffel)

		Heim		Auswärts	
1. Horner TV	27.09.92	1 : 1	21.03.93	0 : 1
2. HEBC	18.10.92	2 : 4	18.04.93	2 : 0
3. SV Blankenese	06.12.92	1 : 4	16.08.92	3 : 1
4. Rot-Gelb Harburg	01.11.92	1 : 2	01.05.93	0 : 2
5. ETV				
6. WSV 93	09.05.93	2 : 3	08.11.92	0 : 2
7. Billstedt Ay Yildiz	14.03.93	3 : 3	20.09.92	5 : 2
8. SV Rugenbergen	15.11.92	3 : 0	16.05.93	1 : 2
9. TSV Uetersen	23.08.92	2 : 2	13.12.93	3 : 1
10. TSV Buchholz 08	11.10.92	3 : 2	04.04.96	2 : 1
11. FC Ellas	11.08.92	4 : 0	29.11.92	3 : 2
12. ETSV Altona	28.03.93	1 : 1	04.10.92	2 : 1
13. GW Eimsbüttel	28.02.93	3 : 2	06.09.92	0 : 0
14. Vik. W'bg/Veddel	22.11.92	8 : 0	09.08.92	1 : 3
15. Holsatia Elmshorn	13.09.92	11 :	07.03.93	3 : 0
16. TSV Sparrieshoop	26.04.93	5 : 0	25.10.92	6 : 0

Platz 5 | 37:23 Punkte | 81:42 Tore | 15 Siege, 5 Unentschieden, 9 Niederlagen

1993/94 Landesliga (Hammonia-Staffel)

		Heim		Auswärts	
1. EMTV	24.03.94	0 : 4	02.10.93	0 : 5
2. HEBC	08.08.93	1 : 5	28.11.93	0 : 2
3. GW Eimsbüttel	19.09.93	1 : 1	12.04.94	0 : 2
4. Glashütter SV	12.05.94	1 : 0	13.11.93	0 : 2
5. SV Blankenese	05.05.94	0 : 1	10.08.94	0 : 3*
6. Rot-Gelb Harburg	07.11.93	0 : 2	07.05.94	2 : 1
7. BSV Buxtehude	17.10.93	6 : 3	17.04.94	0 : 0
8. TSV Buchholz 08	24.04.94	6 : 3	24.10.93	2 : 1
9. WSV 93	15.08.93	3 : 1	19.04.94	0 : 0
10. TSV Uetersen	31.10.93	1 : 1	30.04.94	0 : 2
11. ETV				
12. FC Ellas	01.04.94	1 : 1	12.09.93	1 : 4
13. SV Rugenbergen	21.11.93	0 : 2	15.05.94	1 : 3
14. Billstedt Ay Yildiz	05.09.93	0 : 2	04.04.94	1 : 3
15. Eidelstedter SV	10.04.94	0 : 0	10.10.93	2 : 1
16. ETSV Altona	20.02.94	6 : 1	22.08.93	3 : 1

Platz 11 | 24:36 Punkte | 38:57 Tore | 9 Siege, 6 Unentschieden, 15 Niederlagen
* Umwertung (2:0) wg. fehlender Spielberechtigung

1994/95 Landesliga (Hammonia-Staffel)

		Heim		Auswärts	
1. SV Blankenese	21.05.95	0 : 2	04.12.94	0 : 4
2. Rot-Gelb Harburg	06.11.94	3 : 4	23.04.95	1 : 1
3. BW 96 Schenefeld	26.02.95	0 : 1	18.09.94	2 : 1
4. Wedeler TSV	14.04.95	2 : 3	21.08.94	0 : 0
5. FC Teutonia 05	12.02.95	3 : 2	04.09.94	2 : 2
6. FC Süderelbe	11.09.94	1 : 1	19.02.95	4 : 2
7. SV Rugenbergen	30.10.94	1 : 2	09.04.95	1 : 4
8. ETV				
9. FC Ellas	28.08.94	4 : 2	05.02.95	0 : 2
10. TSV Uetersen	03.10.94	2 : 2	26.03.95	2 : 4
11. BSV Buxtehude	20.11.94	0 : 0	13.05.95	1 : 3
12. Harburger Türk.	02.04.95	2 : 4	23.10.94	2 : 0
13. SV W.-Eimsbüttel	25.09.94	5 : 0	12.03.95	2 : 0
14. TSV Buchholz 08	1112-94	4 : 2	28.05.95	3 : 1
15. W S V 93	07.05.95	0 : 1	13.11.94	4 : 2
16. SSV Rantzau	30.04.95	2 : 0	09.10.94	1 : 1

Platz 8 | 29:31 Punkte | 54:53 Tore | 11 Siege, 7 Unentschieden, 12 Niederlagen

1995/96 Landesliga (Hammonia-Staffel)

	Heim		Auswärts	
1. Wedeler TSV	08.10.95	2 : 5	14.04.96	0 : 4
2. Harburger SC	17.03.96	1 : 3	09.09.95	1 : 1
3. SV Rugenbergen	05.11.95	3 : 3	12.05.96	1 : 3
4. FC Süderelbe	12.11.95	3 : 3	19.05.96	0 : 3
5. SV H.-Rellingen 2	21.04.96	1 : 2	15.10.95	1 : 1
6. Spvgg Este 06/70	22.10.95	1 : 3	28.04.96	0 : 2
7. FC Teutonia 05	17.09.95	0 : 0	24.03.96	1 : 2
8. TSV Uetersen	31.03.96	3 : 1	24.09.95	1 : 1
9. Altonaer FC 93 2	23.04.96	0 : 0	26.08.95	4 : 1
10.1. SC Norder. 2	05.05.96	2 : 0	28.10.95	0 : 0
11.ETV				
12.Harburger Türk.	31.07.95	2 : 0	07.05.96	0 : 0
13.BSV Buxtehude	20.08.95	2 : 4	08.04.96	1 : 1
14.SV W.-Eimsbüttel	03.09.95	1 : 1	01.05.96	0 : 0
15.FC Ellas	03.12.95	6 : 0	18.11.95	1 : 0
16.Komet Blankenese	05.04.96	6 : 1	13.08.95	4 : 0

Platz 11 | 36 Punkte | 48:45 Tore | 8 Siege, 12 Unentschieden, 10 Niederlagen

1996/97 Landesliga (Hansa-Staffel)

	Heim		Auswärts	
1. TuS Dassendorf	23.03.97	1 : 1	06.10.96	3 : 2
2. ETV				
3. HSV B.-Uhlenhorst	08.12.96	1 : 1	25.08.96	2 : 3
4. TSV Kirchwerder	15.09.96	1 : 2	02.03.97	3 : 1
5. TSV Duwo 08	04.05.97	3 : 0	04.11.96	2 : 1
6. H E B C	28.03.96	3 : 1	18.08.96	2 : 2
7. Wandsbeker FC	29.09.96	1 : 1	16.03.97	3 : 3
8. SV Uhlenh.-Adler	11.08.96	2 : 1	24.11.96	3 : 2
9. TSV Sasel	01.09.96	3 : 0	31.03.97	6 : 1
10.SC Poppenbüttel	13.04.97	2 : 2	20.10.96	1 : 1
11.TSV Reinbek	09.03.97	2 : 0	21.09.96	1 : 0
12.Willinghusener SC	13.10.96	2 : 2	06.04.97	3 : 1
13.Farmsener TV	27.10.96	3 : 3	27.04.97	4 : 1
14.FC Geesthacht	23.02.97	5 : 0	08.09.96	1 : 0
15.SV Tonndorf-Lohe	20.04.97	3 : 0	17.11.96	8 : 0
16.SC Wentorf	10.11.96	7 : 1	11.05.97	12 : 0

Platz 2 | 66 Punkte | 93:33 Tore | 19 Siege, 9 Unentschieden, 2 Niederlagen

1997/98 Landesliga (Hansa-Staffel)

	Heim		Auswärts	
1. ETV				
2. VfL Lohbrügge	02.11.97	4 : 4	03.05.98	1 : 2
3. TSV Kirchwerder	22.02.98	4 : 1	07.09.97	2 : 2
4. HSV B.-Uhlenhorst	24.05.98	6 : 1	23.11.97	2 : 0
5. TSV Duwo 08	10.05.98	3 : 0	08.11.97	5 : 1
6. SC Poppenbüttel	10.08.97	7 : 0	29.11.97	1 : 1
7. SV Cur.-Neueng.	19.04.98	1 : 2	26.10.97	2 : 2
8. Wandsbeker FC	31.08.97	0 : 1	15.02.98	2 : 0
9. TSV Reinbek	14.09.97	7 : 1	13.04.98	0 : 0
10.Willingh. SC	10.04.98	4 : 0	21.09.97	2 : 1
11.TSV Sasel	29.03.98	4 : 2	12.10.97	3 : 2
12.SC Urania	19.10.97	3 : 2	05.04.98	5 : 2
13.SV Uhl.-Adler	07.12.97	3 : 1	24.08.97	3 : 1
14.Farmsener TV	05.10.97	6 : 1	22.03.98	3 : 0
15.GW Eimsbüttel	16.11.97	2 : 0	17.05.98	2 : 0
16.SV Och./Moorfleet	15.03.98	2 : 2	28.09.97	5 : 0

Platz 1 | 69 Punkte | 94:32 Tore | 21 Siege, 6 Unentschieden, 3 Niederlagen

1998/99 Verbandsliga

	Heim		Auswärts	
1. TuS Dassendorf	14.03.99	3 : 1	27.09.98	0 : 0
2. ETV				
3. TuS G. Schnelsen	27.04.99	1 : 2	30.08.98	1 : 0
4. SC Condor	20.09.98	3 : 1	07.03.99	1 : 1
5. Barsbütteler SV	08.11.98	0 : 0	09.05.99	0 : 0
6. SC Langenhorn	28.02.99	1 : 2	13.09.05	3 : 3
7. SC Victoria	02.04.99	4 : 2	16.08.98	0 : 0
8. SV Blankenese	23.08.98	1 : 1	06.12.98	0 : 2
9. BW 96 Schenefeld	02.05.99	2 : 0	11.04.99	2 : 2
10.ASV Bergedorf 85	22.11.98	2 : 1	30.03.99	1 : 2
11.Wedeler TSV	11.10.98	2 : 1	27.03.99	1 : 3
12.Glashütter SV	06.09.98	4 : 2	05.04.99	0 : 0
13.Altonaer FC 93	07.02.99	4 : 1	18.04.99	6 : 1
14.Meiendorfer SV	16.05.99	6 : 1	15.11.98	2 : 2
15.TuS H. Quickborn	04.10.98	6 : 2	21.03.99	3 : 1
16.VfL 93	08.04.99	3 : 1	18.10.98	4 : 3

Platz 1 | 69 Punkte | 94:32 Tore | 21 Siege, 6 Unentschieden, 3 Niederlagen

1999/00 Oberliga HH/SH

	Heim		Auswärts	
1. TuS Felde	30.04.00	0 : 2	31.10.99	0 : 2
2. Raspo Elmshorn	14.11.99	2 : 0	13.05.00	2 : 5
3. TSV Altenholz	21.04.00	2 : 2	05.09.99	4 : 0
4. TuS Hoisdorf	28.05.00	0 : 1	11.12.99	0 : 5
5. VfL Pinneberg	26.09.99	0 : 2	12.02.00	1 : 4
6. TSV Pansdorf	19.03.99	0 : 2	02.10.99	1 : 1
7. Eichholzer SV	10.10.09	0 : 4	26.03.00	1 : 1
8. TSV Lägerdorf	05.03.00	2 : 0	19.09.99	3 : 2
9. *TuS Dassendorf*	*15.08.99*	*1 : 1*	*28.11.99*	*1 : 0*
10. SC V.-Wacker 04	11.09.99	3 : 4	27.02.00	0 : 3
11. HTB	24.10.99	1 : 2	16.04.00	1 : 2
12. Heider SV	02.04.00	0 : 1	17.10.99	0 : 4
13. SV Lurup	28.08.99	3 : 1	09.04.00	3 : 2
14. ETV				
15. Itzehoer SV	07.05.00	3 : 1	07.11.99	1 : 3
16. SC Concordia	05.12.99	2 : 0	20.08.99	2 : 2

Platz 14 | 32 Punkte | 39:59 Tore | 9 Siege, 5 Unentschieden, 16 Niederlagen

2000/01 Oberliga HH/SH

	Heim		Auswärts	
1. KSV Holstein Kiel	22.04.01	2 : 3	27.10.00	1 : 3
2. TuS Hoisdorf	10.12.00	1 : 3	13.08.00	1 : 2
3. HSV (Am)	19.11.00	0 : 3	17.05.01	2 : 3
4. 1. SC Norderstedt	10.09.00	0 : 6	25.02.01	1 : 4
5. FC St Pauli (Am)	04.03.01	0 : 3	16.09.00	0 : 5
6. TuS Felde	13.05.01	1 : 3	11.11.00	1 : 3
7. SC V.-Wacker 04	05.11.00	2 : 0	06.05.01	0 : 1
8. Raspo Elmshorn	18.03.01	1 : 2	30.09.00	0 : 0
9. VfR Neumünster	08.10.00	1 : 1	02.05.01	1 : 3
10. TSV Altenholz	11.02.01	0 : 0	27.08.00	3 : 2
11. Eichholzer SV	20.08.00	2 : 4	04.02.01	1 : 1
12. VfL Pinneberg	03.12.00	1 : 0	27.05.01	0 : 7
13. Heider SV	03.09.00	0 : 2	17.02.01	0 : 2
14. TuS Dassendorf	22.10.00	3 : 0	08.04.01	0 : 1
15. TSV Lägerdorf	01.04.01	3 : 3	15.10.00	1 : 2
16. SV Lurup	23.05.01	0 : 5	26.11.00	0 : 1
17. ETV				
18. HTB	24.09.00	0 : 0*		

Platz 17 | 17 Punkte | 29:78 Tore | 4 Siege, 5 Unentschieden, 23 Niederlagen
* Der HTB zog sich nach 18 Spielen zurück, dessen Ergebnisse wurden annulliert

2001/02 Oberliga HH/SH

	Heim		Auswärts	
1. HSV (Am)	07.11.01	2 : 10	10.03.02	2 : 5
2. FC St Pauli (Am)	01.03.02	1 : 5	16.09.01	1 : 6
3. 1. SC Norderstedt	19.03.02	1 : 6	19.08.01	0 : 2
4. ASV Bergedorf 85	24.08.01	1 : 1	10.02.02	1 : 5
5. SC Concordia	23.11.01	0 : 3	17.05.02	2 : 5
6. VfR Neumünster	03.05.02	3 : 2	11.11.01	2 : 3
7. VfL Pinneberg	19.10.01	0 : 3	13.04.02	2 : 3
8. Husumer Spvgg	09.09.01	0 : 3	30.03.02	1 : 4
9. SC V.-Wacker 04	10.08.01	2 : 1	08.12.01	0 : 8
10. Eichholzer SV	10.05.02	2 : 5	18.11.01	4 : 1
11. Heider SV	20.04.02	2 : 7	27.10.01	1 : 0
12. SV Lurup	25.05.02	2 : 4	02.12.01	2 : 2
13. FC Kilia Kiel	05.10.01	1 : 2	23.03.02	0 : 4
14. Raspo Elmshorn	05.04.02	3 : 5	14.10.01	2 : 2
15. TSV Altenholz	15.03.02	1 : 2	29.09.01	2 : 3
16. TSV Lägerdorf	17.02.02	4 : 3	02.09.01	3 : 2
17. ETV				
18. Flensburg 08	02.11.01	3 : 0	27.04.02	0 : 3

Platz 17 | 24 Punkte | 53:120 Tore | 7 Siege, 3 Unentschieden, 24 Niederlagen

2002/03 Oberliga HH/SH

	Heim		Auswärts	
1. FC St Pauli (Am)	29.11.02	0 : 4	25.05.03	1 : 3
2. VfR Neumünster	13.09.02	1 : 2	02.03.03	0 : 4
3. SC Concordia	15.11.02	2 : 3	09.05.03	0 : 3
4. ASV Bergedorf 85	11.04.03	0 : 2	15.12.02	0 : 4
5. SV Lurup	04.10.02	2 : 2	23.03.03	1 : 3
6. Meiendorfer SV	02.05.03	0 : 2	09.11.02	1 : 5
7. Raspo Elmshorn	01.11.02	0 : 1	25.04.03	2 : 1
8. Altonaer FC 93	14.03.03	1 : 2	29.09.02	1 : 4
9. VfL Pinneberg	30.08.02	2 : 0	09.04.03	2 : 8
10. Husumer Spvgg	22.03.03	0 : 1	08.09.02	3 : 1
11. Flensburg 08	16.08.02	1 : 2	19.04.03	1 : 2
12. TSV Altenholz	16.05.03	0 : 1	23.11.02	1 : 1
13. Heider SV	20.09.02	2 : 2	16.04.03	0 : 2*
14. SC V.-Wacker 04	07.02.03	3 : 2	25.08.02	1 : 2
15. KSV Hol. Kiel II	05.12.02	1 : 1	11.08.02	2 : 6
16. ETV				
17. TSB Flensburg	26.03.03	6 : 3	12.10.02	1 : 5

Platz 16 | 19 Punkte | 38:84 Tore | 5 Siege, 4 Unentschieden, 23 Niederlagen
*Umwertung (1:2) wg. Verstoßes gegen die U-24-Regelung

2003/04 Verbandsliga Hamburg

	Heim		Auswärts	
1. HSV B.-Uhlenhorst	31.10.03	1 : 2	02.05.04	1 : 3
2. BSV Buxtehude	07.05.04	2 : 0	08.11.03	1 : 4
3. TuS G. Schnelsen	28.02.04	0 : 3	14.09.03	2 : 4
4. SC Condor	17.10.03	0 : 2	18.04.04	2 : 0
5. USC Paloma	05.09.03	3 : 1	22.02.04	1 : 3
6. SV Rugenbergen	21.11.03	0 : 3	23.05.04	3 : 3
7. Barsbütteler SV	22.08.03	1 : 1	08.02.04	1 : 2
8. VfL 93	13.02.04	3 : 4	31.08.03	2 : 1
9. HEBC.	15.08.03	3 : 2	07.12.03	2 : 1
10. SV Hal.-Rellingen	19.03.04	2 : 2	28.09.03	2 : 1
11. ETV				
12. SC Concordia II	02.04.04	1 : 1	16.11.03	1 : 0
13. TuS Dassendorf	02.10.03	0 : 2	23.04.04	0 : 2
14. SC Sperber	23.04.04	0 : 0	25.10.03	2 : 0
15. VfL Lohbrügge	28.11.03	2 : 6	09.08.03	1 : 0
16. TuS Hol. Quickb.	19.09.03	2 : 1	12.04.04	2 : 2

Platz 11 | 39 Punkte | 43:56 Tore | 11 Siege, 6 Unentschieden, 13 Niederlagen

2004/05 Verbandsliga Hamburg

	Heim		Auswärts	
1. TSV Sasel	08.04.05	1 : 2	24.10.04	0 : 3
2. SV Hal.-Rellingen	27.05.05	0 : 4	05.12.04	1 : 3
3. SV Lurup	01.10.04	2 : 2	16.05.05	1 : 3
4. VfL Pinneberg	13.05.05	0 : 3	26.09.04	1 : 3
5. Barsbütteler SV	15.10.04	0 : 1	03.04.05	0 : 2
6. Wedeler TSV	29.10.04	0 : 1	16.04.05	0 : 1
7. Niendorfer TSV	10.12.04	0 : 2	04.06.05	2 : 5
8. VfL 93	12.11.04	2 : 3	29.04.05	0 : 3
9. SC Condor	22.04.05	0 : 3	07.11.04	0 : 3
10. USC Paloma	17.09.04	4 : 2	05.05.05	3 : 1
11. HEBC.	17.12.04	1 : 1	08.05.05	0 : 4
12. BSV Buxtehude	24.03.05	2 : 0	14.08.04	0 : 3
13. TuS G.Schnelsen	27.04.05	2 : 1	10.10.04	0 : 5
14. SV Eidelstedt	05.04.05	1 : 5	22.08.04	1 : 1
15. SC V.-Wacker 04	03.09.04	0 : 0	19.04.05	1 : 2
16. SV Rugenbergen	26.11.04	0 : 0	22.05.05	3 : 1
17. FC Elmshorn	11.02.05	2 : 2	29.08.04	4 : 4
18. ETV				

Platz 18 | 22 Punkte | 34:79 Tore | 5 Siege, 7 Unentschieden, 22 Niederlagen

Der Ausrüster des Eimsbütteler TV

SPORT KRIBIC

HOHELUFTCHAUSSEE 2 · 20253 HAMBURG
Telefon: 040/ 420 05 16 · Fax: 040/ 420 72 62

FÜR DEN VEREINSSPORT ABSOLUTE SPITZE!

Übersicht Pokalspiele

WETTBEWERB	RUNDE	DATUM	WO?	GEGNER	ERGEBNIS
Bezirkspokal	Vorrunde	21.06.25	H	SC Nienstedten	5:0
Bezirkspokal I	Zwischenrunde	27.06.25	H	Rothenburgsorter FK	5:3
Bezirkspokal	Viertel-Finale	12.07.25	H	Hamburger SV	2:1
Bezirkspokal	Halb-Finale	02.08.25	A	St Pauli Sport	1:0
Bezirkspokal	Endspiel	16.08.25	H	Altonaer FC 93	2:1 n.Verl.
Nordpokal	Vorrunde	15.11.25	A	FC Schwerin 03	3:0
Nordpokal	Zwischenrunde	29.11.25	A	HSC Hannover	1:0
Nordpokal	Endspiel	13.12.25	H	KSV Holstein Kiel	1:3
Bezirkspokal	2. Runde	14.10.25	A	SuS Bergedorf	2:2 n.Verl.
Bezirkspokal	2. Runde – Wh.	09.05.26	A	SuS Bergedorf	1:2 n.Verl.
Bezirkspokal	1. Runde	06.03.27	A	H E B C	6:1
Bezirkspokal	2. Runde	01.05.27	A	Rothenburgsorter FK	3:1
Bezirkspokal	3. Runde	19.06.27	A	SC Victoria	3:2
Nord-Pokal	Vorrunde	02.10.27	H	VfB Komet Bremen	1:6
Tschammer-Pokal	1. Schlussrunde	01.09.35	H	H E B C	7:0
Tschammer-Pokal	2. Schlussrunde	22.09.35	A	VfL Benrath	3:5
Tschammer-Pokal	1. Schlussrunde	14.06.36	A	Hertha BSC	2:3
Tschammer-Pokal	1. Hauptrunde	02.05.37	A	Schleswig 06	8:0
Tschammer-Pokal	2. Hauptrunde	30.05.37	H	MSV Blücher-Neustrelitz	10:0
Tschammer-Pokal	3. Hauptrunde	06.06.37	A	VfL Merseburg	5:1
Tschammer-Pokal	1. Schlussrunde	29.08.37	A	Dunlop Hanau	2:0
Tschammer-Pokal	2. Schlussrunde	19.09.37	H	Spvgg Köln-Sülz 07	2:0
Tschammer-Pokal	Achtel-Finale	31.10.37	A	Dresdner SC	0:3
Tschammer-Pokal	1. Hauptrunde	08.05.38	A	Gut-Heil Neumünster	1:2
Tschammer-Pokal	1. Hauptrunde	16.04.39	A	Husumer FV 1918	3:0
Tschammer-Pokal	2. Hauptrunde	07.05.39	H	Arminia Hannover	4:1
Tschammer-Pokal	3. Hauptrunde	21.05.39	A	SC Steinach 08	3:1
Tschammer-Pokal	1. Schlussrunde	20.08.39	H	Borussia Dortmund	2:3
Tschammer-Pokal	1. Schlussrunde	18.08.40	H	Spandauer SV	0:3
Tschammer-Pokal	1. Hauptrunde	20.04.41	A	Borussia Kiel	2:1
Tschammer-Pokal	2. Hauptrunde	18.05.41	H	Hochbahn Hamburg	13:0
Tschammer-Pokal	3. Hauptrunde	08.06.41	A	Wilhelmshaven 05	2:0
Tschammer-Pokal	4. Hauptrunde	22.06.41	H	TuRa Gröpelingen	8:5
Tschammer-Pokal	1. Schlussrunde	13.07.41	H	Werder Bremen	1:2
Tschammer-Pokal	1. Schlussrunde	19.07.42	A	Hamburger SV	0:6
Tschammer-Pokal	3. Zwischenrunde	11.04.43	A	SC Union 03	3:5
Tschammer-Pokal	1. Hauptrunde	02.04.44	A	KSG Harvestehude-Eintr.	3:1
Tschammer-Pokal	2. Hauptrunde	23.04.44	H	SC Victoria	2:3
Nord-Pokal	1. Runde	25.05.52	A	Heider SV	4:3
Nord-Pokal	2. Runde	08.06.52	H	VfR Neumünster	3:1
Nord-Pokal	3. Runde	22.06.52	A	Eintracht Braunschweig	0:6
Nord-Pokal	1. Runde	23.05.53	A	MTV Leck	3:1
Nord-Pokal	2. Runde	31.05.53	A	VfB Kiel	4:3
Nord-Pokal	3. Runde	07.06.53	A	Harburger Turnerbund	1:4
Nord-Pokal	1. Runde	10.06.54	A	SC Hansa 1911	6:2
Nord-Pokal	2. Runde	16.06.54	A	Altonaer FC 93	2:5

Nord-Pokal	1. Runde	15.06.55	A	TSV Siems	2:0
Nord-Pokal	2. Runde	29.06.55	A	FC St Pauli	0:7
Verbands-Pokal HH	1. Runde	20.11.57	H	SV Rönneburg	1:2
Verbands-Pokal HH	1. Runde	19.11.58	H	Rot-Gelb Harburg	7:2
Verbands-Pokal HH	2. Runde	27.03.59	H	Fortuna Langelohe	1:2 n.Verl.
Verbands-Pokal HH	1. Runde	04.10.59	A	H E B C	7:2
Verbands-Pokal HH	2. Runde	18.11.59	H	Blau-Weiß 96 Schenefd	3:1
Verbands-Pokal HH	3. Runde	29.05.60	H	Komet Blankenese	3:1
Verbands-Pokal HH	4. Runde	12.06.60	H	Wedeler TSV	3:2
Verbands-Pokal HH	5. Runde	19.06.60	H	Hamburger SV (Am)	1:3
Verbands-Pokal HH	1. Runde	11.09.60	A	Walddörfer SV	3:2
Verbands-Pokal HH	2. Runde	16.11.60	A	SV Bergstedt	5:0 k.los
Verbands-Pokal HH	3. Runde	07.05.61	A	TuS Hamburg	0:1
Verbands-Pokal HH	1. Runde	22.11.61	H	FC Alsterbrüder	4:1
Verbands-Pokal HH	2. Runde	26.12.61	H	TuS Finkenwerder	4:1
Verbands-Pokal HH	3. Runde			Freilos	
Verbands-Pokal HH	4. Runde	09.09.62	H	FTSV Altenwerdser	5:2
Verbands-Pokal HH	5. Runde	21.10.62	H	Barmbeker SV	9:0
Verbands-Pokal HH	6. Runde	21.11.62	A	Rasensport Harburg	0:3
Verbands-Pokal HH	1. Runde	29.09.63	A	FC Hanseat 1928	6:2
Verbands-Pokal HH	2. Runde	05.01.64	H	SC Nettelnburg	3:1
Verbands-Pokal HH	3. Runde	16.05.64	H	Rissener SV	2:0
Verbands-Pokal HH	4. Runde	31.05.64	H	Hinschenfelder FC	6:0
Verbands-Pokal HH	5. Runde	14.06.64	H	TSV Reinbek	5:4 n.Verl.
Verbands-Pokal HH	6. Runde	28.06.64	H	Wedeler TSV	1:3
Verbands-Pokal HH	1. Runde	04.10.64	A	Farmsener TV	3:2

Wettbewerb	Runde	Datum	H/A	Gegner	Ergebnis
Verbands-Pokal HH	2. Runde	01.11.64	A	Wilhelmsburger FV 09	1:0
Verbands-Pokal HH	3. Runde			Freilos	
Verbands-Pokal HH	4. Runde	23.05.65	A	FTSV Neuhof	0:5
Verbands-Pokal HH	1. Runde	25.09.65	H	Post SV	1:1 n.Verl. *
Verbands-Pokal HH	1. Runde	23.10.66	A	VfL Pinneberg	1:2
Verbands-Pokal HH	1. Runde			Freilos	
Verbands-Pokal HH	2. Runde	26.11.67	A	TuS Hamburg	3:0
Verbands-Pokal HH	3. Runde	05.02.68	H	Hamburger SV (Am)	1:2
Verbands-Pokal HH	1. Runde			Freilos	
Verbands-Pokal HH	2. Runde	24.11.68	H	Einigkeit Wilhelmsburg	6:2
Verbands-Pokal HH	3. Runde	15.02.69	H	Eintracht Garstedt	0:3
Verbands-Pokal HH	1. Runde			Freilos	
Verbands-Pokal HH	2. Runde	18.11.70	A	SC Langenhorn	3:1
Verbands-Pokal HH	3. Runde	07.02.71	H	Grün-Weiß 07	5:1
Verbands-Pokal HH	4. Runde	23.05.71	A	Harburger SC	2:1
Verbands-Pokal HH	5. Runde	05.06.71	A	Wilhelmsburger FV 09	2:1 n.Verl.
Verbands-Pokal HH	6. Runde	12.06.71	H	SC Victoria	0:1
Verbands-Pokal HH	1. Runde	10.10.71	H	FC Hansa 05	4:1
Verbands-Pokal HH	2. Runde	02.01.72	H	Bramfelder SV	0:1
Verbands-Pokal HH	1. Runde			Freilos	
Verbands-Pokal HH	2. Runde	22.11.72	A	VfL Lohbrügge	1:2 n.Verl.
Verbands-Pokal HH	1. Runde	14.10.73	H	SC Eilbek	5:1
Verbands-Pokal HH	2. Runde	21.11.73	H	SV Großhansdorf	2:1
Verbands-Pokal HH	3. Runde	12.05.74	H	SV West-Eimsbüttel	3:1
Verbands-Pokal HH	4. Runde	19.05.74	H	B S V 19	2:1
Verbands-Pokal HH	5. Runde	26.05.74	A	SC Sperber	6:7 n. Elfm.
Verbands-Pokal HH	1. Runde	08.09.74	A	Bostelbeker SV	2:0
Verbands-Pokal HH	2. Runde	13.10.74	H	VfL Stade	2:3 n.Verl.
Verbands-Pokal HH	1. Runde			Freilos	
Verbands-Pokal HH	2. Runde			Freilos	
Verbands-Pokal HH	3. Runde	02.11.75	A	TuS Dassendorf	1:2 n.Verl.
Verbands-Pokal HH	1. Runde	10.10.76	H	TuS Neu-Steilshoop	3:0
Verbands-Pokal HH	2. Runde	21.11.76	A	FSV Harburg	2:1
Verbands-Pokal HH	3. Runde	10.05.77	H	VfL Lohbrügge	4:1
Verbands-Pokal HH	4. Runde	24.05.77	A	SC Poppenbüttel	5:0
Verbands-Pokal HH	5. Runde	01.06.77	A	Harburger SC	0:2
Verbands-Pokal HH	1. Runde	18.09.77	H	Rissener SV	2:0
Verbands-Pokal HH	2. Runde	09.10.77	A	Moorfleeter SV	0:1
Verbands-Pokal HH	1. Runde	10.09.78	H	Türkspor	12:3
Verbands-Pokal HH	2. Runde	22.11.78	A	TuS Wandsbek 81	3:1
Verbands-Pokal HH	3. Runde	09.06.79	H	SV Wacker 04	1:2
Verbands-Pokal HH	1. Runde	26.08.79	H	SC Arminia	5:0 k.los
Verbands-Pokal HH	2. Runde	18.11.79	A	TuS Alstertal	4:2
Verbands-Pokal HH	3. Runde	06.02.80	A	Cosmos Cranz	3:0
Verbands-Pokal HH	4. Runde	24.02.80	H	SC Victoria	2:1
Verbands-Pokal HH	5. Runde	18.05.80	H	1. SC Norderstedt	5:4 n. Elfm.
Verbands-Pokal HH	6. Runde	28.05.80	A	Hummelsbütteler SV	3:2 n.Verl.
Verbands-Pokal HH	7. Runde	08.06.80	A	Bramfelder SV	0:2 n.Verl.
Verbands-Pokal HH	1. Runde	14.09.80	A	SV Osdorfer Born	4:2
Verbands-Pokal HH	2. Runde	19.11.80	A	Wandsbeker FC	1:4
Verbands-Pokal HH	1. Runde	20.08.81	H	H E B C	3:0

Verbands-Pokal HH	2. Runde	18.10.81	H	Hamburger SV (Am)	4:5 n.Elfm.
Verbands-Pokal HH	1. Runde	08.08.82	H	FC Süderelbe	2:3
Toto-Pokal	1. Runde	06.08.83	A	SC Pinneberg	2:1
Toto-Pokal	2. Runde			Freilos	
Toto-Pokal	3. Runde	16.11.83	H	SC Willinghusen	3:0
Toto-Pokal	4. Runde	19.02.84	H	ASV Bergedorf 85	4:5 n.Elfm.
Toto-Pokal	1. Runde	05.08.84	H	TuS Osdorf	7:1
Toto-Pokal	2. Runde			Freilos	
Toto-Pokal	3. Runde	15.12.84	H	SC Adler 25	5:1
Toto-Pokal	4. Runde	17.03.85	H	Einigkeit Wilhelmsburg	2:0
Toto-Pokal	5. Runde	16.04.85	A	Harburger Turnerbund	3:2
Toto-Pokal	6. Runde	23.04.85	A	Meiendorfer SV	1:3
Toto-Pokal	1. Runde	18.08.85	H	TSV Duwo 08	0:2
Toto-Pokal	1. Runde	03.08.86	H	Sc Ellerau II	5:1
Toto-Pokal	2. Runde	05.10.86	H	DJK Hamburg	4:0
Toto-Pokal	3. Runde	16.11.86	A	TSV Holm	3:1 n.Verl.
Toto-Pokal	4. Runde	19.12.86	A	1. SC Norderstedt	1:5
Toto-Pokal	1. Runde	02.08.87	A	TuS Hamburg	4:2 n.Verl.
Toto-Pokal	2. Runde	27.09.87	A	Glashütter SV	3:5 n.Verl.
Toto-Pokal	1. Runde	07.08.88	H	TuS Dassendorf	3:1
Toto-Pokal	2. Runde	23.10.88	H	SV Rönneburg	4:2
Toto-Pokal	3. Runde	17.12.88	H	FSV Harburg	4:2 n.Verl.
Toto-Pokal	4. Runde	21.02.89	A	SC Concordia	0:1
Toto-Pokal	1. Runde	13.08.89	A	TSV Glinde	0:1
Toto-Pokal	1. Runde	20.10.90	A	Einigkeit Wilhelmsburg	4:0
Toto-Pokal	2. Runde	25.11.90	H	SC Wentorf	1:0
Toto-Pokal	3. Runde	15.12.90	A	Wandsbeker FC	4:1
Toto-Pokal	4. Runde	03.02.91	H	Viktoria W'burg/Veddel	2:4 n.Verl.
Toto-Pokal	1. Runde	04.08.91	H	Elmshorn Gencler Birliigi	5:1
Toto-Pokal	2. Runde	20.10.91	A	SV Bergstedt	1:0
Toto-Pokal	3. Runde	17.12.91	A	SC Concordia	0:9 n.Elfm.
Toto-Pokal	4. Runde	01.04.92	H	SV Lurup	0:2
Toto-Pokal	1. Runde	02.08.92	H	VfL Lohbrügge	3:0
Toto-Pokal	2. Runde	30.08.92	H	Harburger Türksport	9:2
Toto-Pokal	3. Runde	19.12.92	H	SSV Rantzau	1:4
Toto-Pokal	1. Runde	01.08.93	H	Fortuna 72	4:1 n.Verl.
Toto-Pokal	2. Runde	17.08.93	H	W S V 93	4:2
Toto-Pokal	3. Runde	27.08.93	A	Oststeinbeker SV	8:2
Toto-Pokal	4. Runde	26.09.93	H	SC Urania	8:2 n.Verl.
Toto-Pokal	5. Runde	17.11.93	H	SC Concordia	0:3
Toto-Pokal	1. Runde	06.08.94	A	TuS Berne	1:0
Toto-Pokal	2. Runde	23.08.94	H	TuS Alstertal	2:0
Toto-Pokal	3. Runde	30.08.94	H	TuRa Harksheide	2:4
Toto-Pokal	1. Runde	29.07.95	H	SV Havighorst	3:0 k.los
Toto-Pokal	2. Runde	15.08.95	H	Grün-Weiß Eimsbüttel	2:4
Toto-Pokal	1. Runde	04.08.96	H	Viktoria W'burg/Veddel	4:2
Toto-Pokal	2. Runde	13.08.96	H	TSV Kirchwerder	1:4
Toto-Pokal	1. Runde	02.08.97	A	SC Ellerau	7:2
Toto-Pokal	2. Runde	16.08.97	A	Rot-Gelb Harburg	3:0
Toto-Pokal	3. Runde	27.08.97	H	Germania Schnelsen	1:2 n.Verl.
Toto-Pokal	1. Runde	02.08.98	A	FC Porto	4:0

Toto-Pokal	2. Runde	09.08.98	A	1. FC Hellbrook	3:0 k.Toto-
Pokal	3. Runde	18.08.98	A	SC Nienstedten	1:0
Toto-Pokal	4. Runde	13.04.99	H	1. SC Norderstedt	1:5
Toto-Pokal	1. Runde	31.07.99	H	CVJM Hamburg	9:1
Toto-Pokal	2. Runde	07.08.99	A	TuS Wandsbek 81	2:4
Toto-Pokal	1. Runde	27.07.00	A	BFSV Atlantik	5:0
Toto-Pokal	2. Runde	05.08.00	A	Eidelstedter SV	4:0
Toto-Pokal	3. Runde			Freilos	
Toto-Pokal	4. Runde	17.12.00	A	TuS Holstein Quickborn	3:1
Toto-Pokal	5. Runde	11.03.01	A	TSV Buchholz 08	3:1 n.Verl.
Toto-Pokal	6. Runde	27.04.01	A	BSV Buxtehude	0:3
Oddset-Pokal	1. Runde	29.07.01	A	TuS Osdorf	8:0
Oddset-Pokal	2. Runde	04.08.01	A	TSV Uetersen	2:0
Oddset-Pokal	3. Runde	14.08.01	A	FC Porto	3:0 k.los
Oddset-Pokal	4. Runde	10.10.01	A	VfL Hammonia	5:2
Oddset-Pokal	5. Runde	14.12.01	A	SC Victoria	0:4
Oddset-Pokal	1. Runde	28.07.02	A	TSV Sparrieshoop	4:2
Oddset-Pokal	2. Runde	06.08.02	A	Hummelsbütteler SV	2:0
Oddset-Pokal	3. Runde	20.08.02	A	Blau-Weiß 96 Schenefd	3:4 n.Verl.
Oddset-Pokal	1. Runde	26.07.03	A	DSC Hanseat	4:5 n.Elfm.
Oddset-Pokal	1. Runde	28.07.04	A	AC Italia	11:0
Oddset-Pokal	2. Runde	31.07.04	A	Post SV	3:0
Oddset-Pokal	3. Runde	06.08.04	A	SC Vier- & Marschlande	1:2
Oddset-Pokal	1. Runde	30.07.05	A	Glashütter SV	3:1
Oddset-Pokal	2. Runde	05.08.05	H	V f L 93	0:2

Eimsbüttel gegen Arminia Hannover.

Das Festprogramm

Sonnabend, 06. Mai 2006, 11 Uhr
Festzelt im ETV - Sportzentrum Hoheluft
Festakt um 100-jährigen Bestehen der Fußballabteilung
Festredner : Prof. Dr. Dr. h.c. Walter Jens

Sonntag, 07. Mai 2006
ETV - Sportzentrum Hoheluft
4. Ole Niebers-Gedächtnis-Turnier (C-Junioren)

Dienstag, 09. Mai 2006
ETV - Sportzentrum Hoheluft
Jubiläumsspiel der Liga-Mannschaft

Mittwoch, 10. Mai 2006
ETV - Sportzentrum Hoheluft
Jubiläumsspiel der Zweiten Herren

Donnerstag, 11. Mai 2006
ETV - Sportzentrum Hoheluft
Jubiläumsspiel der Liga-Mannschaft

Sonnabend, 13. Mai 2006
ETV - Sportzentrum Hoheluft
Abteilungsturnier - Jung und Alt
Festzelt im ETV - Sportzentrum Hoheluft
Festabend für die Mitglieder und Freunde der Fußball-Abteilung im ETV

Die Gegner der Jubiläumsspiele der Ligamannschaft standen bei Redaktionsschluss noch nicht fest.

Literatur

> **Bitter, Jürgen:** Deutschlands Fußball-Nationalspieler. Das Lexikon, Berlin 1997
> **Carsten, Norbert:** Altona 93. 111 Ligajahre im Auf und Ab, Göttingen 2003
> **Eggers, Erik:** Fußball in der Weimarer Republik, Kassel 2001
> **Evans, Richard J.:** Tod in Hamburg. Stadt, Gesellschaft und Politik in den Cholera-Jahren 1830–1910, Reinbek 1996
> **Grüne, Hardy:** Legendäre Fußballvereine – Norddeutschland. Zwischen TSV Achim, Hamburger SV und TuS Zeven, Kassel 2004
> **Grüne, Hardy:** Zwischen Hochburg und Provinz. 100 Jahre Fußball in Göttingen, Göttingen 2001
> **Grüne, Hardy:** 100 Jahre Deutsche Meisterschaft. Die Geschichte des Fußballs in Deutschland, Göttingen 2003
> **Hamburger Fußball-Verband (Hg.):** 100 Jahre Fußball in Hamburg, Hamburg 1994
> **Havekost, Folke:** „'Sportplätze sollen Zentren der Volksgemeinschaft sein'. Fußball in Hamburg 1933/34", erschienen in: Unhaltbar! 24, Juni 1998
> **Jankowski, Bernd, Harald Pistorius und Jens R. Prüß:** Fußball im Norden. 100 Jahre Norddeutscher Fußball-Verband, Kassel 2005
> **Koppehel, Carl:** Geschichte des deutschen Fußballsports, Frankfurt a.M. 1954
> **Martens, René:** Wunder gibt es immer wieder. Die Geschichte des FC St. Pauli, Göttingen 2002
> **Meyer, Andreas, Volker Stahl und Uwe Wetzner:** Fußball-Lexikon Hamburg, unveröffentlichtes Manuskript
> **Meyer, Beate:** „Goldfasane" und „Nazissen". Die NSDAP im ehemals „roten" Stadtteil Hamburg-Eimsbüttel, Hamburg 2002
> **Prüß, Jens-Reimer (Hg.):**, Spundflasche mit Flachpasskorken. Die Geschichte der Oberliga Nord, Essen 1991
> **Schubert, Ulli:** Pokalfieber, Würzburg 2000
> **Skrentny, Werner und Jens R. Prüß:** Immer erste Klasse. Die Geschichte des Hamburger SV, Göttingen 2004
> **Warnke, Helmuth:** „... nicht nur die schöne Marianne". Das andere Eimsbüttel, Hamburg 1998

Autor

Folke Havekost, geboren 1973, lebt in Hamburg und arbeitet als freier Journalist zu Politik, Stadtgeschehen und Sport. Co-Autor der Bücher „Fußballweltmeisterschaft 1930", „Fußballweltmeisterschaft 1974" (beide mit Volker Stahl), „Fußballweltmeisterschaft 1970" (mit Volker Stahl und Hans Vinke), jeweils erschienen im AGON-Sportverlag, Kassel. Mitarbeit an der dreibändigen Reihe „Die größten Stars/ Spiele/ Deutschen der WM-Geschichte", erschienen im Weltbild-Verlag, Augsburg.

Bücher zur Fußballgeschichte

Das „Standardwerk" (taz) zur WM-Geschichte, über das die Zeitschrift Reviersport schrieb: „Das Werk kann für sich in Anspruch nehmen, die abwechslungsreiche Historie des Turniers erstmals ausführlich und fundiert zu erzählen."

Dietrich Schulze-Marmeling / Hubert Dahlkamp
Die Geschichte der Fußball-Weltmeisterschaft 1930 - 2006
592 Seiten, gebunden, Fotos
ISBN 3-89533-513-4, 24,90 Euro

Eine liebevolle und intelligente Hommage an all die berühmten „letzten Männer", die auf den Fußballfeldern der Welt im Tor standen. „Kenntnisreich, leidenschaftlich und mit sprachlichem Witz geschrieben" (Rheinische Post).

Christoph Bausenwein
Die letzten Männer
Zur Gattungsgeschichte und Seelenkunde der Torhüter
416 Seiten, gebunden
ISBN 3-89533-425-1, 21,90 Euro

VERLAG DIE WERKSTATT
www.werkstatt-verlag.de

Die ideale Ergänzung

„Ein absolutes Muss für jeden Nostalgiker und Fußballfan"
Nordsee-Zeitung

„Es ist auf den ersten Blick das Dokument einer erstaunlichen Fleißarbeit, auf den zweiten ist es eine liebevolle Sammlung von Geschichte und Geschichten, die der norddeutsche Fußball und seine Vereine in mehr als 100 Jahren geschrieben haben."
Welt am Sonntag

Legendäre Fußballvereine
NORDDEUTSCHLAND
392 Seiten, reichlich bebildert, Hardcover
ISBN: 3-89784-223-8
25 €

Porträts von mehr als 400 norddeutschen Fußballvereinen

Frankfurter Straße 92 a
D - 34121 Kassel
Telefon: 0 56 65 - 4 05 84 20
info@agon-sportverlag.de

www.agon-sportverlag.de